Bernhard Kahle

# Die Sprache der Skalden auf Grund der Binnen- und Endreime

verbunden mit einem Rimarium

Bernhard Kahle

**Die Sprache der Skalden auf Grund der Binnen- und Endreime**
*verbunden mit einem Rimarium*

ISBN/EAN: 9783744600323

Hergestellt in Europa, USA, Kanada, Australien, Japan

Cover: Foto ©ninafisch / pixelio.de

Weitere Bücher finden Sie auf **www.hansebooks.com**

# DIE
# SPRACHE DER SKALDEN

AUF GRUND DER

BINNEN- UND ENDREIME

VERBUNDEN

MIT EINEM RIMARIUM

VON

BERNHARD KAHLE.

STRASSBURG.

VERLAG VON KARL J. TRÜBNER.

1892.

# Verzeichniss der Abkürzungen.

*Aarb.* = Aarbøger for nordisk oldkyndighed og historie.

*A(nz). f. d. A.* = Anzeiger für deutsches Altertum und deutsche Litteratur.

*Ark.* = Arkiv for nordisk Filologi.

*Beitr.* = Beiträge zur Geschichte der deutschen Sprache und Litteratur.

*Bp.* = Biskupa sögur. Kopenh. 1858. 1878.

*Fgrsk.* = Fagrskinna, edidd. Munch & Unger. Christ. 1847.

*F. Jónss. stud.* = Finnur Jónsson, kritiske studier over en del af de ældste norske og islandske skjaldekvad. (Akad. avh.) Kopenh. 1884.

*Flb.* = Flateyjarbók, edidd. Vigfusson & Unger. Christ. 1860—68.

*Fms.* = Fornmanna sögur. Kopenh. 1825—37.

*Forns.* = Fornsögur, edidd. Vigfusson & Möbius. Lpzg. 1860.

*(Cod.) Fris.* = Codex Frisianus, ed. Unger. Christ. 1871.

*Ger.* = Kvæþabrot Braga ens gamla, ed. Gering. Halle a. S. 1886.

*Gisl. Njál.* = Njála, ed. Gislason. Kopenh. 1875 ff.

*Gisl. om helr.* = Gislason, om helrim í förste og tredje linie af regelmæssigt 'drottkvætt' og 'hrynhenda'. Judbydelses-skrift til Kjøbenhavns universitets aarsfest til erindring om kirkens reformation. Kopenh. 1877.

*Heil.* = Heilagra manna sögur, ed. Unger. Christ. 1877.

*Hkr.* = Heimskringla eller Norges kongesagaer, ed. Unger. Christ. 1868.

*Kgs.* = Konunga sögur, ed. Unger. Christ. 1873.

*Kph.* = Heimskringla, edidd. Schöning, Sk. & B. Thorlacius, Werlauff. Kopenh. 1777—1826.

*Mork.* = Morkinskinna, ed. Unger. Christ. 1867.

*NGL* = Norges gamle love indtil 1387, edidd. Keyser & Munch. Christ. 1846. ff.

*OHS* = Saga Olafs konungs en helga. Udförligere saga . . ., edidd. Munch & Unger. Christ. 1853.

*Ohs.* = Olafs saga hins helga. En kort saga . . ., edidd. Keyser
      & Unger. Christ. 1849.

*Pering.* = Heimskringla, ed. Peringskjöld. Stockh. 1697.

*Plac.* = Brot af Placidusdrápa, ed. Egilsson (Prgr. schol. Bessastad).
      Videyar Klaustri. 1833.

*Post.* = Postola sögur, ed. Unger. Christ. 1874.

*SnE.* = Edda Snorra Sturlusonar. Sumptibus legati Arna Magnæaui.
      Hafniæ 1848 ff.

*TfPh* = Tidskrift for Philologie og Pædagogik.

*Thork.* = Thorkelsson. Bemærkningar til vers i Heimskringla.

*Wis.* = Carmina norrœna I, ed. Wisén. Lund 1886.

*Wis. II* = Carmina norrœna II, Glossarium, ed. Wisén. Lund 1889.

*ZfdA* = Zeitschrift für deutsches Altertum.


    Bei den aus den *Carmina norrœna* genommenen Texten sind
im Allgemeinen die von *Wisén* für die Handschriften und Ausgaben
gebrauchten Abkürzungen zur Verwendung gekommen.

# Verzeichniss der Skalden.

(¹⁄₂ — erste Hälfte; ²⁄₂ — zweite Hälfte; ¹⁄₄ — erstes Viertel; ³⁄₄ — drittes Viertel. Die Zahl bezeichnet das Jahrhundert.)

*Arnórr jarlaskald* en. 1011 — nach 1073.

*Bersi skald Torfuson* ¹⁄₂ 11.

*Bjarni gullbrárskald* ¹⁄₄ 11.

*Bjarni Kalfsson* ²⁄₂ 12.

*Bjarni Kolbeinsson* 1188 — 1222 (Bischof der Orkneys).

*Bjórn h. krepphendi* ³⁄₄ 11.

*Blakkr* ³⁄₄ 12.

*Braye h. gamle* en. 800.

*Bólverkr* en. 1150.

*Egill Skallagrimsson* en. 904 — 990.

*Eilífr Guþrúnarson* ²⁄₂ 10.

*Einarr jarl (Torf-Einarr)* ²⁄₂ 9 (Jarl der Orkneys).

*Einarr skálaglam* ²⁄₂ 10.

*Einarr Skúlason* en. 1150.

*Eldjarn* ³⁄₄ 11.

*Eyjólfr dáðaskald* en. 1000.

*Eysteinn Ásgrimsson* † 1361.

*Eyvindr skáldaspillir* en. 920 — en. 995.

*Gizurr gullbrá* † 1030.

*Gizurr Þorvaldsson* 1209 — 1268.

*Glúmr Geirason* † en. 970.

*Grani* en. 1050.

*Gunnlaugr Ormstunga* en. 983 — 1008.

*Guthormr sindri* † nach 955.

*Guþmundr Oddson* ¹⁄₂ 13.

*Hallarsteinn* 12.

*Halldórr skvaldri* ¹⁄₂ 12.

*Halldór úkristni* ¹⁄₂ 11.

*Hallfreþr vandræþaskald* en. 968 — en. 1014.

*Hallr Snorrason* ²⁄₂ 12.

*Hallvarþr Háreksblesi* ¹⁄₂ 11.

*Haraldr konungr harþráþi* 1015 — 1066.

*Haraldr konungr hárfagri* 850 — 933.

*Hárekr ór Þjóttu* ¹⁄₂ 11.

*Haukr Valdísarson* ¹⁄₂ 13.

*Hildr Hrólfsdóttir* en. 900.

*Hofgarþarefr* 11.

*Jatgeirr* ¹⁄₂ 13.

*Illugi Bryndólaskald* en. 1050.

*Jórunn skaldmær* 10.

*Jökull Barþarson* ¹⁄₄ 11.

*Kolli skald* ¹⁄₂ 12.

*Kormakr Ögmundarson* en. 937 — en. 967.

*Magnús konungr berfóttr* 1073 — 1103.

*Markús Skeggjason* ²⁄₂ 11. — 1107.

*Nefari* ³⁄₄ 12.

*Oddr Kikinaskald* 11.

*Óláfr konungr helgi* 995 — 1030.

*Óláfr Þórþarson hvítaskald* en. 1212 — 1259.

# I. Kapitel.

# Die Reimtechnik der Skalden.

Wenn ich es versuche, eine Darstellung des lautlichen Standes der Sprache der Skalden aus ihren Reimen zu geben, so dürfte es angebracht sein, bevor ich mich meiner eigentlichen Aufgabe unterziehe, die Reimtechnik der Skalden zu schildern. Das von mir benutzte Material umfasst ca. 7613 Verse, von denen 3840 *aþalhendingar*, 3504 *skothendingar* und 269 *rúnhendingar* sind. Es sind die Verse der *Heimskringla* und der *konunga sǫgur*, die ich nach den Ungerschen Ausgaben citire, sowie die von *Wisén* in seinen *carmina norrœna* gesammelten. Von diesen habe ich die *Skíþarímur* ausgeschlossen sowie das vom *Háttatal* angeführte Stück, dagegen die dem *Brage Boddason* ausser der *Ragnarsdrápa* noch zugeschriebenen Verse hinzugefügt, die ich nach *Gering* citire. Dass die dem *Brage* zugeschriebenen Verse ihm tatsächlich angehören, oder doch zum Wenigsten zu den ältesten uns erhaltenen Skaldenversen zu rechnen sind, unterliegt wol heute keinem Zweifel mehr[1]. Nach einer genauen Untersuchung der Verse *Brages* kommt *Gering* a. a. O. 11 zu folgendem Ergebniss: In der Vermessung seiner *dróttkvætt*strophen folgt *Brage* schon durchaus den strengen Regeln der späteren Kunst; in der Stellung des *hǫfuþstafr* erlaubt er sich eine kleine Licenz — es können nämlich unbetonte einsilbige Wörter wie Conjunctionen und Præpositionen dem-

---

[1] Vgl. *Sn. E.* III, S. 307 f., *G. Þorláksson Udsigt over de norsk-islandske skjalde*, S. 9 ff., *Gering Kræpabrot Brage ens gamla* 1 f., *Mogk* Beitr. XII, S. 383—391 f., *F. Jónsson Ark.* VI, 141 ff.

selben vorausgehen, vgl. S. 9. —; in den geraden Zeilen
verwendet er fast durchweg Silbenreim, lässt aber an allen
Stellen neben der *apalhending* *skothending* zu; in den
ungeraden Zeilen kommt neben der *skothending* selten *apal-
hending*, häufig *háttlausa* vor, die *skothending* ist in Bezug
auf die auslautenden Consonanten weniger streng als die
*apalhending;* in den *Skothent*zeilen darf die *viprhending*
auch auf der dritten Silbe stehen. Vergleicht man mit diesem
Bilde der Verstechnik *Brages* die *dróttkvætt*strophen der
späteren Skalden, bei welchen das Gesetz herrscht, dass den
geraden Zeilen ohne Ausnahme *apalhending* eignet, den
ungeraden aber im Allgemeinen *skothending* zukommt und
nur vereinzelt hier *apalhending* steht, so wird man zugeben
müssen, dass zwar in jener frühen Zeit, im Beginn des
9. Jahrhunderts, die Dichtkunst *Brages* noch nicht die Form-
vollendung der jüngeren erreicht hat, dass aber doch in ihr
schon all die Keime der späteren Entwicklung liegen. Dass
es unwahrscheinlich ist, dass die Technik der späteren
Skalden, gewissermassen aus dem Nichts geschaffen, von
Beginn ihres Auftretens in ihrer Vollendung erschienen, hat
schon *K. Gislason*, der beste Kenner der Skaldenpoesie, in
*Njál*. II, 20 ausgesprochen, wenn er sagt: „Zum Mindesten
ist das für mich klar, dass (wenn man von der Alliteration
absieht) die Periode der reimlosen Dichtung von einer andern
abgelöst wurde, in welcher man hier und da den Reim als
hinzukommenden Schmuck anwandte und so die dritte Periode
vorbereitete mit ihrer regelmässigen Verwendung des Reims,
neben welcher natürlich die Dichtkunst in freierer Form
auch hier und da hervortreten konnte". Ähnlich äussert sich
*Edzardi* Beitr. V, 575. „Doch können wir eine stufenweise
fortschreitende Vervollkommnung in der Reimtechnik beim
*dróttkv.* verfolgen." „Überhaupt tritt eine grundsätzliche
Unterscheidung zwischen *skothending* und *apalhending* erst
mit der Zeit hervor und wird erst allmählich durchgeführt;
offenbar war sie zunächst nicht beabsichtigt: man reimte so
gut es gieng, genau oder ungenau, und erst die späteren
Skalden liessen sich diese Gelegenheit, ihr metrisches System

noch künstlicher zu gestalten, nicht entgehen". Die Bemerkung
*Edzardis*, dass eine grundsätzliche Scheidung zwischen
*aþalhending* und *skothending* erst später eintritt, darf wol
als Annahme für eine vorhistorische Zeit gelten, aus dem uns
vorliegenden Material kann man diesen Schluss nicht ziehen.
Schon bei *Brage* steht die *aþalhending*, wofern sie überhaupt zur
Verwendung kommt, fasst ausschliesslich in den geraden Versen,
während sie an ungerader Stelle nur zweimal, 4³ und 11⁷ [1]),
vorkommt. Nach *Gering* begegnet *aþalhending* im Ganzen
35 mal [2]), ich zähle 36, da ich mit *Wisén* in 10⁸ *hringu:
fingu* lese, wie die Codd. haben. *F. Jónsson* in *krit. stud.* 16,
der *fengi* liest und dem sich *Gering* anschliesst, hält es
nicht für wahrscheinlich, dass in so früher Zeit die Form
mit *i* vorgekommen sei und beruft sich dabei auf *Gisl. om
helr.* S. 12 f. Allerdings fallen die dort angeführten Beispiele
in eine späte Zeit: *hróþr finginn góþingi Kolb. Tumason*
(† 1208) in *Sturl.* I, 175; *herfingum lét stinga Þjóþ. Arn.
Sn. E.* I, 514; *naþrbings tonuþ finginn Bjorn h. krepph.
Hkr.* 647,2 a; *hringþollr skapa fingit Plac.* 15; *adþfinginn
hofþingja Sturla Þórþars. Fms.* IX, 39, (*Kgs.* 320,14 a).
Der Vers des *Bjarni gullbr. Hkr.* 447,2 a *Erlingr var þar
finginn* beweist nichts für ein früheres Vorkommen der Form
(Anf. 11. Jahrh.), da hier sehr wol auch gelesen werden kann
*Erlengr:fenginn* wie bei *Sighv. sk. Hkr.* 445,4 a *Erlengr
sá es vel lengi* [3]). Man wird die *i*-Formen von *ganga* zur
Vergleichung heranziehen können. Hier treffen wir sichere Bei-
spiele aus früherer Zeit: *hringskyrtur fram gingu Hallfr. v.*
(ca. 968—ca. 1014) *hringbálkar fram gingu Eil. Guþr.* (ein
Norweger des 10. Jahrh.) *Wis.* 32; 13,4; *fylking Haralds gingu
Þjóþ. sk.* († ca. 1066) *Hkr.* 606,21 a; *heiþingja lið gingi Ein.
Skúl.* (*Geisli* gedichtet 1152) *Wis.* 60; 55,4; *erfingja fram gingu*

---

[1]) Ich citire hier nach *Gering*.

[2]) Nach Berichtigung des Fehlers, der dadurch entstanden,
dass *G.* 4⁸ *laufe : hofþe* zu den *aþalh.* gerechnet hatte, da er
ursprünglich *hanfþe* las.

[3]) Ohne Zweifel mit *i* heisst es bei *Þorbj. skakkarsk. Hkr.* 795,6 a
*Erlingr at ríkingum* (12. Jahrh.).

*Haukr Vald.* (13. Jahrh.) *Wis.* 80; 13,8 und *hrings ófáir gingu Wis.* 80; 14,6. Ich meine nun, aus dem Vorkommen einer Form wie *gingu* uns Jahr 1000 wird man auch auf Gleichzeitigkeit eines *fingu* schliessen können, und wenn uns handschriftlich die Form *fingu* fürs Jahr 800 überliefert ist an einer geraden Stelle im Vers im Reim auf *hringu*, so meine ich ferner, dass man wol berechtigt ist diese Lesart für die ursprüngliche zu halten; denn sogut wie die Form vom Jahre 1000—1300 im Gebrauch war, konnte sie dieses auch schon von 800 an sein. Statt des Verses $2^2$ *gjǫld baugnafaþs vildi*, in welchem *Gering gilde* für *gjǫld* - setzen will, rechne ich sodann mit *Wis.* $117,11^8$ zu den *apalhendingar*: *ráþálfs af mar bráþum*, während *Ger. rapurálfs* im Anschluss an *F. Jónsson* a. a. O. 18 liest. Auch bei den *skothendingar* ist meine Zählung etwas anders. Zunächst kommt wie erwähnt $2^2$ hinzu. Alsdann rechne ich hierher: *meyjar hjóls enn mære* $2^3$, wo *Ger. meyjar hjóls ef merkþak* liest und somit den Vers zu den reimlosen rechnet. Dass langer Vocal zu langem Vocal in der *skothending* reimt, begegnet bei *Brage* noch $22^3$ *hinn's mjótygel máva*. Weitere Beispiele vgl. man später. Auch $5^3$ rechnet *Ger.* zu den *háttlausar*, während doch nichts im Wege steht, hier eine regelrechte *skothending r : r* zu sehen: *urþu snemst ok Sǫrle*. Schliesslich glaube ich, dass man auch in $15^1$ *þat esomk sýnt at snimma* unbedenklich den Reim *m : mm* annehmen darf, denn es ist keineswegs ohne Beispiel, dass der Reim auf schwachtonigen Endungen und suffigirten Elementen ruhen kann, wie z. B. *frdkat flótta rdkut Eldjárn Hkr.* $652,12\,a$. Ich zähle also, statt *Gerings* 58,62 *skothendingar*, während für die *háttlausar* nur 31 bleiben, von denen nur 2 ($3^6$, $9^6$) an geraden Stellen stehen.

Das Resultat, das wir für die Technik *Brages* erhalten, ist also: in den geraden Zeilen steht fast ausnahmslos Binnenreim, *apalhending* wird fast nur in ihnen angewendet. Die Fülle der Verse ohne *hending* mag zum Teil auf schlechter Überlieferung beruhen, ganz werden sich dieselben aber auch bei dieser Annahme nicht aus der Welt schaffen lassen.

*Edzardi* hat nun in Beitr. V, 577 f. eine Tabelle aufgestellt, in welcher er neben einer Übersicht über die Verwendung der *skoth.* und *apalhending* auch das allmähliche Verschwinden der reimlosen Verse zu zeigen sucht. Hierbei hat er aber gar nicht darauf Rücksicht genommen, dass ein grosser Teil der als reimlos angeführten Verse auf schlechter Überlieferung beruhen muss. Es soll keineswegs geleugnet werden, dass auch bei späteren als *Brage* hier und da ein reimloser Vers vorkommen könne, besonders auch in den *lausavísur*, aber schon *Þjóþ. hr.* wendet doch, wie *Wisén* I, S. 182 f. und *F. Jónss.* a. a. O. 29 ff. zeigen, die Hauptgesetze des strengen *dróttkvætt* genau ebenso wie die späteren Skalden an und nur wenige Verse der *Haustlǫng*, nach *Wis.* $3^1$, $11^3$, $13^4$, $13^7$ ($20^7$), $18^7$ widerstehen einer Besserung, die den Reim ergeben würde, vgl. auch *F. Jónss.* a. a. O. S. 59.

Man wird also fast ausnahmslos im *dróttkvætt* Verse ohne Binnenreim oder gerade Zeilen mit *skothending* als verderbte ansehen müssen und *Gisl.* hat, besonders in seiner Abhandlung *om helrim* und in *Njdl.* II den Weg gezeigt, wie durch Einsetzen alter Lautformen gar oft das Ursprüngliche zu Tage tritt.

Im Eingang ist auf die Äusserung *Edzardis* hingewiesen, dass der Bau des *dróttkvætt* immer strenger wurde, und dass wiederum die geraden Zeilen, die *apalhendingar*, strenger gebaut sind als die ungeraden. Diese Beobachtung wird sich im Folgenden in den meisten Beziehungen bestätigen. *Edzardi* selbst hat schon gezeigt, dass bei Jüngeren das Vorkommen der *apalhending* in den ungeraden Zeilen seltener ist als bei Aelteren. Ich komme, zum Teil auf Grund anderen Apparates, zu demselben Ergebniss. Um die Entwicklung einer Erscheinung durch die Jahrhunderte hindurch zu verfolgen, habe ich eine Auswahl getroffen, indem ich die Zahlen für ihr Auftreten zunächst bei 10 Skalden von *Brage* bis zur Wende des Jahrtausends gebe, die ich dann wieder als erste Gruppe mit insgesammt 1312 Versen zusammenfasse. Sodann führe ich aus den folgenden Jahrhunderten einzelne Dichter an, deren Versanzahl genügen wird, um über das Vorkommen einer

Erscheinung Aufschluss zu geben; aus dem 11. Jahrhundert, *Sig-hvatr skald Þórþarson* mit 992 und *Þjóþolfr skald Árnórsson* mit 456, aus dem 12. *Einarr Skúlason* mit 532, aus dem 13. *Óláfr hvítaskald* mit 374 und aus dem 14. *Eysteinn Ásgrímsson* mit 768 Versen. Bei der nun folgenden Übersicht über das Vorkommen der *aþalhending* in ungeraden Versen lasse ich die Verse *Brages* fort, weil, wie wir sahen, bei ihm die Anwendung der *hendingar* noch nicht in so feste Regeln gekleidet ist, wie bei den späteren Skalden. In ( ) setze ich die Anzahl der an ungerader Stelle vorkommenden Verse und berechne die Anzahl der hier stehenden *aþalhendingar* nach Procenten.

I. *Aþalhendingar* an ungeraden Stellen:

| | | |
|---|---|---|
| Þjóþ. hv. | 9 (65) | = 13,85 |
| Þorbj. hornkl. | 0 (32) | = 0,00 |
| Eyv. skaldasp. | 2 (50) | = 4,00 |
| Guth. sindri | 2 (29) | = 6,90 |
| Glúmr Geir. | 3 (34) | = 8,82 |
| Ein. Skál. | 6 (90) | = 9,37 |
| Ulfr Ugg. | 4 (26) | = 15,38 |
| Eil. Guþr. | 9 (79) | = 11,39 |
| Hallfr. v. | 25 (149) | = 16,78 |

| | | |
|---|---|---|
| 1) | 60 (560) | = 10,71 |
| 2) Sighv. sk. | 43 (497) | = 8,65 |
| 3) Þjóþ. sk. | 6 (228) | = 2,63 |
| 4) Ein. Skúl. | 9 (311) | = 2,89 |
| 5) Sturla Þórþ. | 10 (187) | = 5,37 |
| 6) Eyst. Ásgr. | 3 (384) | = 0,78 |

a) *Sl*

| | f | g | k | l | m |
|---|---|---|---|---|---|
| Brage 14 | f : fr<br>f : fs<br>f : fþ<br>fr : fþ | g : gr<br>g : gþ<br>g : gs | ks : kn | ls : ld<br>lf : ld | m : m |
| Þjóþ. hv. 13 | | g : gn<br>g : gþ<br>gr : gn | | l : lr<br>l : ld | m : m |

Man ersieht aus dieser Tabelle, dass der Gebrauch der *aþalhending* an ungerader Stelle im Allgemeinen seltener wird. In der ersten Gruppe darf man natürlich kein zu grosses Gewicht auf die Zahlen bei den einzelnen Dichtern legen, sondern wird sich hier wie in späteren Fällen an das Gesammtresultat halten müssen. Auffallend selten branchten *Þjóþ. sk.* und *Ein. Skúl. aþalhending* für *skothending*. Ein kleines Plus ergibt sich bei *Sturla Þórþ.* gegenüber *Ein. Skúl.*, doch darf man auch hier das Resultat nicht zu hoch anschlagen, da bei der geringeren Anzahl von Versen dieses Dichters die Ergebnisse bei ihm ohnehin nicht allzu sicher sind.

Wir wenden uns nun zu einigen Erscheinungen des Reimes selbst. Für beide Arten, den Vollreim wie den Halbreim gilt im Allgemeinen die Regel, dass entweder Consonant mit Consonant oder Consonantengruppe zu Consonantengruppe reimt. Seltener sind die Fälle, in denen ein Consonant mit dem ersten einer Gruppe reimt oder diejenigen, in welchen von zwei Consonantengruppen je die ersten miteinander gebunden sind oder der Reim einer Geminate zum einfachen Consonanten. Auch der Reim zweier Consonanten mit zweien einer Gruppe von drei oder mehr Consonanten begegnet. Über das Vorkommen aller dieser Erscheinungen mögen die folgenden Tabellen Aufschluss geben.

II. Es reimt Consonant mit erstem Consonanten einer Gruppe oder die ersten Consonanten einer Gruppe:

|  | *f* | *g* | *k* |
|---|---|---|---|
| Þorbj. hornkl. 10 | f : fr |  | k : ks . |
| Eyv. skaldasp. 6 |  |  | kr : kn<br>kr : kl |
| Guth. s. 2 | fs : fþ |  |  |
| Glúmr Geir. 3 |  |  |  |
| Ein. Skál. 12 | f : fr<br>fs : fþ | g : gr<br>gþ : gs | k : ks |
| Ulfr Ugg. 5 | -v- : fr | g : gr |  |
| Eil. Guþr. 7 |  |  |  |
| Hallfr. vandr. 24 | f : fþ .<br>fs : fþ<br>fk : fr | 2 g : gs<br>g : gr<br>g : gþ | 2 k : kn |
| 1) 94 |  |  |  |
| 2) Sighv. sk. 59 | 3 f : fr<br>f : fs<br>fl : fr | 5 g : gr<br>g : gn | 3 k : kr<br>2 k : kn |
| 3) Þjóþ. sk. 25 | f : fr | g : gr<br>gt : gr |  |
| 4) Ein. Skúl. 57 | 3 f : fr<br>f : fþ<br>fs : fr<br>fl : fr | 2 g : gr<br>g : gþ<br>gl : gþ<br>ghv : gþ<br>g : gt | 2 k : kl<br>k : kn |

| | | | | | |
|---|---|---|---|---|---|
| | | rþ : rsk | s : sm | | 3 þ : þr<br>þ : þs |
| | | | | 4 t : tr | |
| | | | | t : tr | |
| | | | | t : tr | þ : þr |
| n : nd | | r : rs<br>r : rþ<br>rg : rf | | t : tr<br>t : ts | |
| n : ns | | | | | þ : þr |
| | | . | | ts : tr | 2 þ : þr<br>2 þ : þn |
| u : us | | r : rs | | t : tr<br>t : tn<br>tr : tn | 6 þ : þr |
| . | | | | | |
| n : nr<br>u : us<br>u : nd | | r : rk<br>r : rl<br>r : rs<br>r : rg | s : st | t : tk<br>4 t : tr<br>t : tl | þ : þk<br>7 þ : þs<br>11 þ : þr |
| n : ns | | | | 2 t : ts<br>5 t : tr<br>t : tn<br>tst : tl<br>(tz) | 5 þ : þr<br>þ : þr<br>þr : þl |
| n : ns<br>ir : nþ<br>n : nd | | 5 r : rs | s : sl<br>3 s : sn<br>sk : sl | st : tr<br>2 t : tk | 13 þ : þr<br>þ : þs |

| | | g | k |
|---|---|---|---|
| 5) Sturla Þórþ. 14 | | g : gs | k : kr |
| 6) Eyst. Ásgr. 19 | | 2 g : gþ | k : kr |

| | f | g | k |
|---|---|---|---|
| Brage 6 | | g : gþ<br>gr : gn | kr : kþ |
| Þjóþ. hv. 10 | | g : gs | k : ks |
| Þorbj. hornkl. 1 | | g : gr | |
| Eyv. sk. 6 | | g : gr | k : ks |
| Guth. s. 6 | f : fs | | k : ks |
| Glúmr Geir. 2 | | | |
| Ein. Skál. 9 | f : fs | | 2 k : kr |
| Ulfr Ugg. 4 | | | |
| Eil. Guþr. 7 | | g : gr | |
| Hallfr. vandr. 24 | fs : fþ | g : gr<br>g : gs | k : kr<br>· 2 k : ks<br>k : kl<br>kn : kr |

| . p | r | s | t | þ |
|-----|-----|-----|-----|-----|
| | 2 r : rs<br>rþ : rgr | s : sl | 2 t : tr | 4 þ : þr |
| | | | 2 t : tr | 8 þ : þr<br>2 þ : þs<br>þ : þg<br>þ : þn |

| p | r | s | t | þ |
|-----|-----|-----|-----|-----|
| | | | | þ : þr<br>þ : þl |
| p : pr | r : rs | | t : tr | 4 þ : þr<br>þ : þn<br>þs : þr |
| p : pn | r : rþ | | | þ : þr |
| | | | | 3 þ : þr |
| | r : rs | | | þ : þr |
| | 2 r : rs | | | 2 þ : þr<br>þ : þs |
| | | | | 2 þ : þr<br>þ : þs<br>þs : þr |
| | | | 2 t : ts<br>t : tr | 2 þ : þr |
| p : pn | 2 r : rs<br>r : rþ<br>rs : rþ | | t : ts | 6 þ : þr<br>2 þ : þs |

| | | | | | |
|---|---|---|---|---|---|
| 1) 80 | | | | | |
| 2) Sighv. sk. 58 | 2 f:fþ<br>f:fs<br>f:fsk | g:gþ<br>g:gn<br>g:gl | 2 k:kr<br>k:kl | | m:<br>4 m:<br>m:<br>ınr:<br>m: |
| 3) Þjóþ. sk. 18 | | g:gr<br>gn:gm | | 1:ls | |
| 4) Ein. Skúl. 50 | 2 f:fr<br>f:fþ | g:gþ<br>g:gs<br>gs:gþ | 2 k:kr<br>k:kn<br>k:kl<br>2 k:ks<br>ks:kl | 2 1:ls | 5 m:<br>m:<br>m:<br>ınr: |
| 5) Sturla Þórþ. 21 | 3 f:fr<br>f:fs | g:gr<br>j:gs<br>j:gr | | 2 1:ls | ıns: |
| 6) Eyst. Ásgr. 40 | f:fþ | g:gr | 2 k:kr | | m: |

Von Reimen der erwähnten Art kommen also aufs Hundert:

| III. | a) *Skothending* | b) *Apalhending* | c) *Skoth. + Apalh.* |
|---|---|---|---|
| Brage | 21,05 (62) | 16,67 (36) | 20,41 (98) |
| Þjóþ. hv. | 23,21 (56) | 15,00 (88) | 18,75 (144) |
| Þorbj.hornkl. | 31,25 (32) | 3,23 (31) | 19,05 (63) |
| Eyv. skald. | 12,50 (48) | 11,53 (52) | 12,00 (100) |
| Guth. s. | 7,41 (27) | 20,70 (29) | 14,28 (56) |
| Glúmr Geir. | 9,68 (31) | 5,40 (37) | 7,35 (68) |
| Ein. Skál. | 13,33 (90) | 9,18 (98) | 11,17 (188) |
| Ulfr Ugg. | 22,72 (22) | 13,79 (29) | 17,64 (51) |
| Eil. Guþr. | 10,00 (70) | 7,95 (88) | 8,86 (158) |
| Hallfr. v. | 13,35 (124) | 15,43 (162) | 17,13 (286) |
| 1) | 16,87 (562) | 12,46 (650) | 14,36 (1212) |
| 2) Sighv. sk. | 12,99 (454) | 10,78 (538) | 11,29 (992) |
| 3) Þjóþ. sk. | 11,26 (222) | 7,69 (234) | 9,43 (456) |
| 4) Ein. Skúl. | 19,07 (302) | 15,63 (320) | 17,20 (622) |
| 5) Sturla Þórþ. | 7,91 (177) | 10,66 (197) | 9,36 (374) |
| 6) Eyst. Ásgr. | 4,99 (381) | 5,43 (387) | 5,21 (768) |

| | | | | | |
|---|---|---|---|---|---|
| : us<br>: ur | | 3 r : rs | s : su | 2 t : tu<br>2 t : tr | 15 þ : þr<br>6 þ : þs<br>2 þ : þm<br>4 þs : þl |
| : ur<br>: us | p : pu | r : rs | | t : tr | 8 þ : þr<br>2 þ : þs |
| : us | | r : rs | | t : tu<br>2 t : tr<br>t : tl<br>t : tk | 14 þ : þr<br>5 þ : þs |
| : ur | | | | t : tr<br>2 t : tr<br>tr : tl | 5 þ : þr<br>þ : þs |
| | | r : rg | | 4 t : tr | 11 þ : þr |

Vorstehende Tabelle[1]) zeigt, wie das Reimen eines Consonanten mit dem ersten einer Gruppe immer seltener wird. Eine Ausnahme macht nur *Ein. Skál.*, der, wie noch öfters zu bemerken sein wird, auch sonst manche Eigentümlichkeit aufweist. Auch bei diesen Reimen tritt hervor, dass die *apalhending* strenger gebaut ist als die *skothending*, nur *Guth. s.* und *Sturla Þórþ.*, von denen der Erste mit seinen 56 Versen kaum in Betracht kommt, haben das umgekehrte Verhältniss; ausserdem ist noch *Eyst. Ásgr.* zu erwähnen, was bei der sonstigen strengen Art dieses Dichters allerdings auffallend ist; jedoch ist der Unterschied nur ein geringer.

In die Tabelle habe ich auch die Fälle aufgenommen, in welchen von zwei Gruppen die ersten Consonanten mit einander reimen. Ich führe dieselben noch besonders hier

---

[1]) Nicht aufgenommen habe ich die Reime von *ld : lþ*, *md : mþ*, *nd : nþ*. Über sie werde ich später handeln.

auf und berechne ihr Vorkommen im Verhältniss zur Gesammt-
zahl der Verse:

IV. Es reimen von 2 Consonantengruppen nur die
ersten Consonanten:

| a) *Skothending* | b) *Apalhending* | c) *Skoth.* + *Apalh.* |
|---|---|---|
| 1) 23 = 4,10 | 10 = 1,53 | 33 = 2,71· |
| 2) 1 = 0,22 | 6 = 0,74 | 7 = 0,71 |
| 3) 4 = 1,80 | 1 = 0,43 | 5 = 1,10 |
| 4) 10 = 3,31 | 3 = 0,94 | 13 = 2,03 |
| 5) 1 = 0,56 | 2 = 1,02 | 3 = 0,86 |
| 6) 0 = 0,00 | 0 = 0,00 | 0 = 0,00 |

Auch hier ist die wachsende Strenge in der Reimbildung
zu sehen, wofern man die erste Gruppe mit *Eyst. Ásgr.* ver-
gleicht, welcher diese Art des Reimes ganz verpönt; auch
hier ist mit einer Ausnahme, welche wieder *Sturla Þórþ.* bildet,
die *apalhend.* strenger gebaut als die *skothending*, auch hier
fällt wiederum *Ein. Skúl* mit seiner unverhältnissmässig
grossen Anzahl dieser Reime auf.

Es dürfte nun nicht ohne Interesse sein, zu sehen,
welcher Art die Consonantenverbindungen sind, welche mit
einfachen Consonanten reimen. Zunächst gebe ich ein Bild
von der lautlichen Art der Verbindungen, wobei ich wiederum
die Gesammtzahl dieser Reime — nach Abzug der Fälle, in
welchen von zwei Gruppen je die ersten Consonanten mit-
einander reimen — in Klammern setze und alsdann das
procentualische Verhältniss jeder einzelnen Art zu ihr gebe.

V. A. Es reimen *muta* : *muta + liquida*.[1])

| a) *Skothending* | b) *Apalhending* | c) *Skoth.* + *Apalh.* |
|---|---|---|
| 1) 42 (73) = 57,53 | 38 (70) = 54,29 | 80 (143) = 55,94 |
| 2) 30 (58) = 51,72 | 27 (52) = 51,92 | 57 (110) = 51,82 |
| 3) 12 (21) = 57,14 | 11 (17) = 64,71 | 23 (38) = 60,53 |
| 4) 30 (47) = 66,67 | 24 (47) = 51,06 | 54 (94) = 57,45 |
| 5) 8 (13) = 61,54 | 13 (19) = 68,45 | 21 (32) = 65,63 |
| 6) 12 (19) = 63,16 | 18 (21) = 85,71 | 30 (40) = 75,00 |

---

[1]) Die Ausdrücke *muta* u. *liquida* brauche ich hier der Kürze
halber. Unter *muta* verstehe ich: *f, g, k, p, s, t, þ*, unter *liquida*
*m, n, r, l*.

## B. Es reimen *muta : muta + muta*

| a) *Skothending* | b) *Apalhending* | c) *Scoth. + Apath.* |
|---|---|---|
| 1) 14 (73) = 19,18 | 17 (70) = 24,29 | 31 (143) = 21,67 |
| 2) 11 (58) = 20,34 | 11 (52) = 21,15 | 22 (110) = 20,00 |
| 3) 4 (21) = 19,05 | 2 (17) = 11,76 | 6 (38) = 15,79 |
| 4) 6 (47) = 13,89 | 11 (47) = 23,40 | 17 (94) = 18,09 |
| 5) 1 (13) = 7,69 | 3 (19) = 15,79 | 4 (32) = 12,50 |
| 6) 5 (19) = 26,32 | 1 (21) = 4,76 | 6 (40) = 15,00 |

## C. Es reimen *liquida : liquida + muta*

| | | |
|---|---|---|
| 1) 14 (73) = 19,18 | 14 (70) = 20,00 | 28 (143) = 19,86 |
| 2) 10 (58) = 17,27 | 11 (52) = 21,15 | 21 (110) = 19,09 |
| 3) 1 (21) = 4,76 | 3 (17) = 17,65 | 4 (38) = 10,53 |
| 4) 11 (47) = 23,40 | 10 (47) = 21,28 | 21 (94) = 22,34 |
| 5) 3 (13) = 23,08 | 2 (19) = 10,53 | 5 (32) = 15,63 |
| 6) 0 (19) = 0,00 | 1 (21) = 4,76 | 1 (40) = 2,50 |

## D. Es reimen *liquida : liquida + liquida*

| | | |
|---|---|---|
| 1) 3 (73) = 4,11 | 1 (70) = 1,43 | 4 (143) = 2,80 |
| 2) 7 (58) = 12,07 | 3 (52) = 5,77 | 10 (110) = 9,09 |
| 3) 4 (21) = 19,05 | 1 (17) = 5,88 | 5 (38) = 13,16 |
| 4) 0 (47) = 0,00 | 2 (47) = 4,26 | 2 (94) = 2,26 |
| 5) 1 (13) = 7,69 | 1 (19) = 5,26 | 2 (32) = 6,25 |
| 6) 2 (19) = 10,53 | 1 (21) = 4,76 | 3 (40) = 7,50 |

Die Reihenfolge der Verbindungen entspricht der Häufigkeit ihres Vorkömmens. Am beliebtesten ist die Verbindung von *muta + liquida*, *Eyst. Ásgr.* bedient sich ihrer unter 40 Fällen 30 mal, am wenigsten beliebt die von *liquida + liquida*.

*Gering* a. a. O. S. 10 führt als ferneres Characteristicum dafür, dass schon bei *Brage* die *apalhending* strenger gebaut ist als die *skothending*, an, dass die zweiten nicht mitreimenden Consonanten sich in der *apalhending* auf die Fälle beschränken, in denen sie suffixal sind oder der Endung angehören, während in der *skothending* auch stammhafte Consonanten vom Reime ausgeschlossen werden. Ich will dahin gestellt sein lassen, ob nicht das absolute Fehlen des zweiten Falles in der *apalhending* nur durch Zufall bewirkt ist, jedenfalls schliessen auch die folgenden Skalden die *apalhending* in weiterem Umfang von der Teilnahme an dieser Erscheinung aus; doch wird bei der Kleinheit des Materials kaum ein sicherer Schluss gestattet sein. Ich vermag diese Art des Reims in folgenden Fällen zu belegen:

## VI.

*Brage.* a) *skoth. ség : fǫgrom* 7[1], *Eynefes : ǫndre* 16[3];
  b) *aþalh.* — vgl. *Ger. a. a. O. S. 11.*

*Þjóþ. hv.* a) *eþr : Óþins Wis.* 11; 19,5; *áþr : hneigihlíþum Wis.* 11; 20,1;
  b) *sliþrliga : síþan Wis* 9; 6,1.

*Þorbj. hornkl.* a) *áþr : eljunfróþum Wis.* 15; 5,8;
  b) *hnigu : sigri Wis.* 15; 5,8.

*Eyv. sk.* a) *nú tregr : gǽtigauta IIkr.* 102,27 b; *beit : bitri IIkr.* 106,15 a; *akrmurur : jǫkla IIkr.* 123,26 b;
  b) *brums : sumri.*

*Guth. s.* a) —
  b) —

*Glúmr Geir.* a) —
  b) —

*Ein Skúl.* a) *þat : snytri Wis.* 27; 5,7; *folkverjandi : fyrþa Wis.* 28; 13,3; *sporgóli : svarfa Wis.* 28; 14,3;
  b) —

*Ulfr Ugg.* a) —
  b) —

*Eil. Guþr.* a) *þrjóts : eitri Wis.* 31; 5,7; *áþr : hǽþi Wis.* 31; 11,5;
  b) *hauþrs : nauþar Wis.* 31; 8,6; *jótrs : þrjótr Wis.* 32; 17,6.

*Hallfr. v.* a) *ítra : láta Wis.* 33; 6,3; *áþr : nǽþi Wis.* 36; 15,5; *áþr : góþu Wis.* 37; 28,5;
  b) —

---

1)      a) 16        b) 5
2) *Sighv. sk.* a) *áþr : góþa Hkr.* 274,16 a; *lét : ítri IIkr.* 310,11 a; *áþr : meiþar IIkr.* 499,12 a; *en því : frǽnda Hkr.* 310,15 b; *suþr : sǽskiþum IIkr.* 440,30 b; *snarir : sverþum IIkr.* 443,3 b; *drjúg : døgri IIkr.* 491,30 b; *góþi : hróþri IIkr.* 508,31 b; *drjúg : digri Wis.* 43; 16,3;
  b) *otrheims : flota IIkr.* 440,29 a; *áþr : ráþa IIkr.* 445,4 b; *áþr : ráþit Hkr.* 327,13 b; *áþr : ráþa IIkr.* 527,25 b;
    a) 8        b) 4
3) *Þjóþ. sk.* a) *suþr : súþir IIkr.* 529,11 b;
  b) —
    a) 2        b) 0

4) *Ein. Skúl.* a) *ljós : geisli Wis.* 65; 1,5; *ágætan : ltrum Wis.* 54; 1,7;
nú *skulum : geisla Wis.* 54; 7,1; *dpr : vípu Wis.*
56; 25,5; *dpr : hlýþu Wis.* 56; 26,3; *dpr : heiþi Wis.*
57; 28,5; *dpr : téþu Wis.* 57; 31,3; *dag : sigri Wis.*
57; 31,5; *hétu : ltran Wis.* 60; 54,1; *líti : ltrum*
*Wis.* 61; 66,5;

   b) *hróþr : róþu;*

      a) 10           b) 1

5) *Sturla Þórþ.* a) —

       b) —

6) *Eyst. Ásgr.* a) *dpr : slþan Wis.* 88; 6,5; *dpr : prýþi Wis.* 88; 10,3;
*dpr : hæþir Wis.* 96; 67,7; *eigi : regla Wis.* 100; 97,7;

   b) *hldlr : gráta Wis.* 92; 42,2; *hauþr : dauþa Wis.*
95; 59,8; *dægranna : hægar Wis.* 96; 67,6; *slitinn :*
*bitrum Wis.* 98; 82,8;

      a) 4           b) 4

Einige Fälle, in welchen wurzelhaftes *r* mit suffixalem
zusammenstossend vereinfacht wurde, habe ich nicht eingereiht.
Es sind: *ltr : róta Eyv. sk. Hkr.* 123,27b; *itr : skreytir*
*Þjóþ. sk. Hkr.* 560,33b; *ltr : heitir Ein. Skúl. Wis.* 54; 7,3.

In Tabelle II habe ich nicht alle Fälle mitgerechnet,
in denen der zweite Consonant einer Gruppe nicht mitreimt.
Unberücksichtigt sind nämlich diejenigen geblieben, in denen
die Gruppe in einer Compositionsfuge steht. Hier gilt ganz
allgemein die Regel, dass der das zweite Wort beginnende
Consonant nicht mitreimt. Es begegnen nur wenige Beispiele,
dass die durch Composition entstandene Gruppe zum Reim
benutzt worden ist. Ich führe im Folgenden die paar Fälle
an, die ich in dem gesammten von mir benutzten Material
gefunden habe.

### Skothending.

*ofrausn : jofri Sighv. sk. Wis.* 42; 11,3; *torrek : verra Sighv. sk.*
*Hkr.* 521,5b; *afreks : jofri Þórþr. Sjár. Hkr.* 107,5b.
*ofreiþi : jofra Anon. Hkr.* 603,1a; *hvergi : borgar Mark. Skeggj. Wis.*
53; 32,1; *slórráþr : knorru Hall. St. Herd. Wis.* 47; 12,5;
*herruþr : harra Hallst. Herd. Wis.* 48; 14,7; *byrromm : bera Þór.*
*loft. Hkr.* 441,7a; *iflaust : efla Ein. Skúl. Wis.* 55; 4,7; *helvíti :*
*bolvi Eyst. Ásgr. Wis.* 89; 20,7; *hvergi : saurgan* n. n. O.
90; 21,3; *borgarmúrr : hvergi* n. n. O. 91; 30,3; *byrgþr : hvergi*
n. n. O. 99; 92,7.

## Aþalhending.

*hamljót : gamlar Þjóþ. hv. Wis.* 10; 10,8; *farlands : jarla Þórþr Kolb. Hkr.* 217,31a; *snarlyndr : jarli Ein. Skúl Hkr.* 662,27b; *hvatlyndum : Þorkatli Hallarst. Herd. Wis.* 49; 29,6; *ǫrlyndr : Sǫrla Haukr Vald. Wis.* 79; 3,8; *ǫrleiks : jǫrlum Þjóþ. sk. Hkr* 592,22a; *hjǫrlautar : Sǫrla Ein. Skúl. Wis.* 29; 22,4; *hjǫrveþrs : fjǫrvi Ein. Skdl. Wis.* 27; 6,4.

Auch hier stehen wieder 13 *skothendingar* nur 8 *aþal-hendingar* gegenüber. In einer grossen Anzahl ist das eine Compositionsglied eine Partikel wie *of-, af-, -gi, tor-, ǫr-*, so dass hier die Composition als solche wol nicht allzu stark empfunden worden ist.

Ich komme nun zum letzten der im Eingang genannten Fälle, zu dem Reim einer Geminata zu einfachen Consonanten[1].

## VII.

### a) Skothending.

| | g : gg | k : kk | l : ll | m : mm | n : nn | r : rr | s : ss | t : tt |
|---|---|---|---|---|---|---|---|---|
| Brage | | 2 | 1 | 1 | | 1 | | |
| Þjóþ. hv. | 1 | 3 | | | | | | |
| Þorbj. hornkl. | 2 | . | | 1 | | | . | |
| Eyv. sk. | | | | | | | | 1 |
| Guth. s. | | 1 | | | | | | |
| Ein. Skál. | | | | | | | 1 | |
| Ulfr Ugg. | | | | | | | 1 | |
| Eil. Guþr. | | 1 | | | | | 1 | 1 |
| Hallfr. v. | | | | 1 | 1 | 3 | | 2 |
| 1) | 27 (562) = 4,81 % | | | | | | | |
| 2) Sighv. sk. | 1 38 (454) = 8,37 % | 9 | | | 8 | 7 | 1 | 12 |

---

[1] Vgl. *Hoffory*, Anz. f. d. Altert. VII, 199.

|  | g : gg | k : kk | l : ll | m:mm | n : nn | r : rr | s : ss | l : ll |
|---|---|---|---|---|---|---|---|---|
| 3) Þjóþ. sk. |  | 4 |  |  | 1 | 1 |  | 1 |
|  | 7 (222) = 3,15 % |  |  | p:pp |  |  |  |  |
| 4) Ein. Skál. |  |  |  | 1 |  | 1 | 1 | 2 |
|  | 5 (302) = 1,64 % |  |  |  |  |  |  |  |
| 5) Sturla Þórþ. | 1 | 1 |  |  |  |  |  | 1 |
|  | 3 (177) = 1,69 % |  |  |  |  |  |  |  |
| 6) Eyst. Ásgr. |  | 1 |  |  | 2 | 2 |  | 2 |
|  | 7 (381) = 1,84 % |  |  |  |  |  |  |  |

### b) Aðalhending.

|  | g : gg | k : kk | l : ll | m:mm | n : nn | r : rr | s : ss | l : ll |
|---|---|---|---|---|---|---|---|---|
| Brage |  |  |  |  |  |  |  |  |
| Þjóþ. hv. |  |  |  |  |  |  |  |  |
| Þorbj. hornkl. |  | 1 |  |  |  |  |  |  |
| Eyv. sk. |  |  |  |  |  |  |  | 1 |
| Guth. s. |  |  |  |  |  |  |  |  |
| Glúmr Geir. |  | 1 |  |  |  |  |  |  |
| Ein. Skál. |  |  |  |  |  |  |  | 1 |
| Ulfr Ugg. |  |  |  | 1 | 1 |  |  |  |
| Eil. Guþr. |  |  |  |  |  |  |  | 1 |
| Hallfr. v. | 1 |  |  |  |  | 4 |  |  |
| 1) | 12 (652) = 18,4 % |  |  |  |  |  |  |  |
| 2) Sighv. sk. |  | 4 |  | 1 | 9 | 5 | 1 | 4 |
|  | 24 (454) = 8,37 % |  |  |  |  |  |  |  |
| 3) Þjóþ. sk. |  | 2 |  | 1 | 1 |  |  | 1 |
|  | 5 (234) = 2,13 % |  |  |  |  |  |  |  |
| 4) Ein. Skúl. | 1 | 1 |  | 1 | 1 |  |  |  |
|  | 4 (320) = 1,25 % |  |  |  |  |  |  |  |

|  | $g:gg$ | $k:kk$ | $l:ll$ | $m:mm$ | $n:nn$ | $r:rr$ | $s:ss$ | $t:tt$ |
|---|---|---|---|---|---|---|---|---|
| 5) Sturla Þórþ. | 2 $\frac{}{4}$ (197) = 2,03 % |  |  |  | 1 |  |  | 1 |
| 6) Eyst. Ásgr. | 5 (387) = 1,29 % |  |  |  |  | 3 | 1 | 1 |

*Skothending* und *aþalhending* zusammengenommen ergeben:

1) 39 (1212) = 3,22 %   2) 62 (992) = 6,20   3) 12 (456) = 2,63
4) 9 (622) = 1,44   5) 7 (374) = 1,87   6) 12 (768) = 1,56

Auffallend ist die plötzliche Zunahme dieser Reime im
11. Jahrhundert, besonders bei *Sighv. sk.*, sonst tritt auch
hier wieder, mit Ausnahme von *Sturla Þorþ.*, die strengere
Form der *aþalhending* in Erscheinung.

In einigen Fällen wird der Binnenreim dadurch gebildet,
dass der Endvocal eines Wortes mit dem Anfangsconsonanten
des Folgenden zusammentritt, eine Erscheinung, die wiederum
in der *skothending* häufiger ist, als in der *aþalhending*. Ich
finde folgende Beispiele.

# VIII.

## a) *Skothending.*

*nú tregr : gœtigauta* Glúmr Geir. Hkr. 120,27 b; *svá þat : síþan* Þjóþ.
hv. Wis. 10; 12,1; *svá þykt : síþan* Þjóþ. *sk.* Hkr. 538,5 b;
*sé þú : reiþir* Steinn Herd. Hkr. 635,17 a; *nú rœþr : þeiri* Ótt.
sv. Hkr. 284,26 b [1]); *þó réþ : hváru* Ein. Skúl. Wis. 57; 32,5;
*hví sannr : dúsa* Eldjárn Hkr. 652,1 a; *svá fór : Eva* Eyst. Ásgr.
Wis. 87; 1,7 [2]); *þó var : reifa* a. a. O. 91; 35,1; *þú fyrdœmdir :
Evam* a. a. O. 96; 66,1; *því var : heyvi* a. a. O. 91; 35,3; *sé þér :
prýþi* a. a. O. 90; 26,5 u. ö.; *er þvít : varþa* a. a. O. 100; 96,7;
*þá rauþ : dreyra* Haukr Vald. Wis. 80; 13,5; *sá réþ : hlýra*
a. a. O. 80; 17,5; *þá vas : tívum* Þjóþ. hv. Wis. 9; 3,1; vgl.
Wis. II, 343.

---

[1]) Der Vers lautet *nú rœþr þú fyr þeiri*; dass *fyr* den Reim
trägt, ist kaum anzunehmen.

[2]) Über den Reim *f : v* S. 68 f.

## b) *Apalhending.*

svá frák: háva  Hallfr. v. Wis.   æ minnilig: eptir dœmi Eyst. Ásgr.
  84; 3,1.                              Wis. 94; 52,1.
þá rá: hávan  Haukr Vald. Wis.   sá vas: háva  Ein. Skúl. Wis. 59;
  81; 23,7.                             44,5.

Sämmtliche *apalhendingar* stehen, was vielleicht nicht zufällig ist, an ungerader Stelle. Sind sie wirklich hier einzureihen, so ist also bei den drei ersten das *v* der *riþrhending* zur ersten Silbe zu rechnen, was im Allgemeinen sonst bei ihm ebenso wie beim *j* nicht der Fall ist. Man kann aber auch ganz gut annehmen, dass hier nur *d : d* reimt, eine Art des Reims, die, wie wir sogleich sehen werden, des Öfteren vorkommt.

Ähnlich, wie die eben erwähnten, sind auch die Fälle, in welchen der Schlussconsonant eines Wortes mit dem Anfangsconsonanten des Folgenden zu einer reimenden Gruppe verbunden wird. Allerdings ist man nicht gezwungen diesen Reim gelten zu lassen, da, wie wir oben sahen, häufig nur der erste Consonant einer Gruppe reimt.

Von dieser Art habe ich folgende Beispiele gefunden:

## IX.

### a) *Skothending.*

af þvít: loþþa Sighv. sk. Wis. 42; 5,3; af því: hofþu Þjóþ. sk. Hkr. 529,13a; en því: frænda Sighv. sk. Hkr. 510,15b; en því: reyndisk Þjóþ. sk. Hkr. 605,12b; þar réþ: sverja Þjóþ. sk. Hkr. 532,2a; ok þeim: vakþi Ein. Skál. Wis. 59; 41,5; og þar: teygþi Eyst. Ásgr. Wis. 89; 18,3[1]); og þvílíkt: segþi a. a. O. 59; 41,5[1]).

### b) *Apalhending.*

gram þanns: frampi Hallfr. v. Wis. 35; 3,3; landher þar: verþa Hallfr. v. Wis. 37; 23,4[2]).

*Apalhendingar* dieser Art scheinen also streng verpönt zu sein und nur *Hallfr. v.* erlaubt sich eine solche ein-, resp.,

---

[1]) Vgl. *Wis.* II, 219 „propter concentum syllabarum". Wir sehen also, dass die moderne Form *og,* welche nach *Cl.-Vigf.* 465 erst in Handschriften des 15. Jahrhunderts erscheint, schon im 14. Jahrhundert vorkommt.

[2]) *land herþar Fms.* III, 8; *landherþer Forns.* 37, *Thorkelss.* 27.

wenn die Lesart *Wiséns* richtig ist, zweimal. Häufig ist auch das Reimen zweier Consonanten mit den beiden ersten einer Gruppe von dreien, zuweilen auch vieren in *skothending* wie in *apalhending*. Auch hier sind die nicht mitreimenden Consonanten fast ausschliesslich derselben Art wie in Tabelle II. Die vorkommenden Consonantenverbindungen sind folgende:

## X.

### a) In *skothending* und *apalhending*.

*dd : ddr, gg : ggr, gg : ggs, ld : ldr, ld : lds, lg : lgþ, ll : llr, ll : lls, lm : lms, lm : lmr, nd : ndr, nd : nds, ng : ngn, ng : ngl, ng : ngr, ng : ngs, nn : nnr, nn : nns, pt : ptr, rf : rfþ, rg : rgr, rk : rkr, rm : rms, rþ : rþr, rþ : rþs, st : str, tr : trs, tt : ttr, tt : tts, tt : ttn, tt : ttl, kk : kkr.*

### b) In *skothending*.

*gl : gls, gn : gnk, kk : kks, lf : lfs, lk : lks, lts : ltr, ngs : ngr, ngr : ngl, pp : ppn, pt : ps, rg : rgþr, rm : rmþ, sts : str, st : sts, st : stl.*

### c) In *apalhending*.

*dd : dds, fl : fls, fn : fns, gl : gls, gn : gns, gg : gl, gg : ggn, gþ : gþs, ldr : lds, lf : lfr, lþ : lpr, lg : lgs, lg : lgþ, mm : mmr, nn : nnk, rf : rfr, rf : rfs, rg : rgs, rl : rls, rm : rmr, rt : rtr, rk : rks, st : stn.*

Man sieht, es kommen fast alle nur möglichen Reime vor. Eine Regel aufstellen zu wollen, welche die bevorzugteste Art der Verbindung ist, wäre hier zwecklos, auch scheint man die Verwendung dieses Reims nicht als etwas ungewöhnliches empfunden zu haben, ja das Verhältniss der *apalhending* zur *skothending* ist hier gerade umgekehrt als wir es erwarten sollten und eine merkliche Abnahme dieser Reime überhaupt ist auch nicht zu spüren, wie die folgenden Zahlen lehren werden.

| *Skothending* | | *Apalhending* | | *Skoth. + Apalh.* | |
|---|---|---|---|---|---|
| 1) 43 = | 7,65 % | 84 = | 12,92 % | 127 = | 10,48 % |
| 2) 59 = | 13,00 „ | 58 = | 10,78 „ | 117 = | 13,27 „ |
| 3) 14 = | 6,31 „ | 27 = | 11,54 „ | 41 = | 8,90 „ |
| 4) 31 = | 10,40 „ | 50 = | 31,25 „ | 81 = | 13,02 „ |
| 5) 8 = | 4,52 „ | 26 = | 14,72 „ | 34 = | 9,09 „ |
| 6) 19 = | 4,99 „ | 30 = | 7,75 „ | 59 = | 8,63 „ |

Vorhin schon wurde gelegentlich eine Art des Binnen-
reims erwähnt, welche nur durch Vocale gebildet wird.
Selbstverständlich müssen dies lange Vocale sein und diese
Art des Reims kommt hauptsächlich in der *apalhending* vor,
begegnet jedoch auch in der *skothending* und zwar schon
bei *Brage*.

## XI.

### a) *Skothending.*

flö|ja : frý|ju *Sighv. sk. Hkr.* 437,30 a[1]); þás i | Qngulsey|jar *Ein.
Skál. Wis.* 57; 31,7; miö|tyggel : má|va *Brage Ger.* 26; 22,3;
mey|jar : mæ|re *Brage Wis.* 2; 2,3; flo|:ti|va *Þjóþ hv. Wis.*
19; 8,1[2]); lei|þiþir : læ|va *Þjóþ. hv. Wis.* 10; 11,3; há|:hlæ|ja
*Sighv. sk. Hkr.* 521,33 a; nú|:knú|ja *Þjóþ. sk. Hkr.* 542,15 a;
hvé|:Heiþabö|jar *Þorl. f. Hkr.* 572,28 a; þá|:ba!jar *Þorl. f.
Hkr.* 572,28 b; hái:hlý|ja *Þjóþ. sk. Hkr.* 592,27 b; Hlésey|jar:
há|van *Þjóþ. sk. Hkr.* 592,31 a; svá|:æ|vi *Þjóþ. sk. Hkr.*
621,17 b; svá:æ|vi *Þjóþ. sk. Hkr.* 621,17 b; Jó|an:frý|ja
*Anon. Hkr.* 640,1 b; þrí|:ný|ju *Þorbj. Skakk. Hkr.* 704,13 a.

### b) *Apalhending.*

má : svá *Ótt. sv. Wis.* 141; 6,2; á:há *Sighv. sk. Wis.* 40; 3,7; grá:
hjálmunlá *Sighv. sk. Wis.* 40; 4,6; blá:rá *Sighv. sk. Wis.*
41; 7,2; frá ek hvar fleina sjá|var *Eyj. Dap. Hkr.* 200,1 a[3]).

mjó:sjó *Ótt. sv. Wis.* 44; 4,4; sló:þó *Sighv. sk. Wis.* 40; 1,2; gný|s:
ský|jum *Hallfr. v. Wis.* 33; 1,6; gný|s:frý|ju *Sighv.
sk. Hkr.* skýlauss:hlýja *Sighv. sk. Hkr.* 491,33 a; boþský:
hnýjá *Þjóþ. sk. Hkr.* 538,17 b; bý:skýja *Anon. Hkr.* 640,4 b;
svanglýjaþi:frýja *Ein. Skál. Wis.* 26; 2,4; fáglýjaþa:þýja

---

[1] fleira *D. F. Ol. S. memb., Flb* II, 304, flóra *OHS* 178; flýia :
fryo *Pering.* I, 709.

[2] Vgl. *Wis.* 183.

[3] Ich bin zweifelhaft, ob der Vers hierherzusetzen ist. Zunächst
ist der Vocal von sjávar nicht gesichert; da der Vers an ungerader
Stelle steht, könnte auch die Lesart der *Kph. Hkr.* I, 297 mit sævar
das Richtige treffen. Zweitens könnte man auch vielleicht, worauf
Prof. *Hoffory* mich aufmerksam macht, unter Streichung des ek
frá hvar:sjávar lesen und auf einen Reim á (h) v:áv schliessen.
Alsdann wäre der Vers oben unter VIII einzureihen; vgl. über ähn-
liche Verse *Sievers,* Beitr. V, 512.

*Eyv. sk. Hkr.* 111,22 *b*; *lébrautar : flója Þorbj. hornkl. Wis.* 14; 8,8 [1]).

*mæ : sævar Eyv. sk. Hkr.* 123,32 *b* [2]); *hræ : ævi Sighv. sk. Wis.* 41; 1,4; *fræ : ævi Eyv. sk. Hkr.* 111,24 *a*; *glæheims : mævar Þórþr. Kolb. Hkr.* 157,13 *a*; *læ : ævi Þórþr. Kolb. Hkr.* 170,28 *a*; *slær : hrævi Þórþr. Sjár. Hkr.* 422,28 *b*; *Þórþr Sjár. Hkr.* 422,28 *b* [3]); *læbaugs : hlæja Hár. Hkr.* 428,29 *a.*

Auffallend sind hier die Reime *gnýs : skýjum, gnýs : frýja, slær : hrævi,* bei welchen die eine Silbe nicht mit dem langen Vocal endet. Die letzte *skothending* mit langem Vocal ist die des *Ein. Skúl.* aus der Mitte des 12. Jahrh., die letzte *aþalhending* die des *Anon.* um die Wende des 11. Jahrhunderts.

Zum Schluss dieses Kapitels will ich noch auf die Frage eingehen, reimen die Skalden tönenden mit tonlosem Consonanten? *Hoffory* hat in *Bezzenb. Beitr. IX, I* ff. das Wesen der Spiranten *f, g, þ* klargelegt, in Z. f. d. A. XXII, 375 ff. auch tonloses *l* und *n* neben tönendem nachgewiesen, vgl. dazu *Mogk* Anz. f. d. A. X, 64. Diese Unterschiede sind nun den Skalden entweder nicht zum Bewusstsein gekommen oder sie waren so gering, dass sie als unwesentlich für die Reimtechnik erachtet wurden [4]). Für *f* lautet die *Hoffory'sche* Regel a. a. O. 14: „das altnordische *f* bezeichnete überall eine labiolabiale Spirans. Es war tonlos im Anlaut und Inlaut vor tonlosen Consonanten, aber sonst immer tönend“. Ich führe die folgenden Beispiele mit der *Hoffory'schen* Bezeichnung für

---

[1]) So lese ich im Anschluss an *Gisl. Njál.* II, 387, vgl. auch *F. Jónns.* S. 78 f., *læbrautar : flója Hkr.* 64,24 *b* (*láþbrautar : flója Fms.* I, 194; *lébrautar : fløia Cod. Fris.* 50,26 *b*; *lý brautar : flýja Wis.* 124).

[2]) Doch kann der Reim vielleicht auch *mæ_viþ : sævar* sein, wäre dann aber die einzige *aþalh.* dieser Art an gerader Stelle.

[3]) So alle Lesarten, nur *Flb.* II, 281 *slægr; slæfr : hræfi Kph.* II, 273.

[4]) Vgl. *Hoffory, nord. Tidskr. f. Fil. ny række* III, 294: „wir haben nicht den mindesten Beweis dafür, dass die Isländer der Vorzeit überhaupt den Unterschied der Laute *þ* und *ð* hören konnten“.

die Spiranten auf: ꝼ zunächst also ist tonlose rein labiale
Spirans,· β der entsprechende tönende Laut.

## XII.

Es reimen ꝼ : β:

### a) Skothending

haβrita : hoꝼ | su Halld. ökr. Hkr. 215,5b; hliꝼþut : srarꝥi Arn. jarl.
Hkr. 621,29a; þjöꝼs : leyβu Brage Wis. 2; 1,4; lauβi : hoꝼþi Brage
Wis. 2; 48; hefk : joꝥri Hallfr. v.Wis. 37; 27,1; Öliꝼs : joꝥri Ein.
Skál. Wis. 62; 70,1; Hoꝼs : haβa Sighv. Hkr. 308,5a; liꝼspelli :
lauβa Bjorn krepph. Hkr. 648,10a; hliꝼskjoldr : haβa Sighv.
sk. Wis. 41; 8,7; sundrkliuβr : hoꝼþu Brage Ger. 24: 19,4.

### b) Aþalhending

haβa : kraꝼþir Sighv. sk. Wis. 42; 6,6; láþstaꝥr : haꝼþi Þórbr. Kolb.
Hkr. 170,26b; östaꝥrfoþur : haꝼþi Ein. Skál. Wis. 27; 6,2;
geꝥit : heꝼþi Eyst. Asgr. Wis. 90; 22,8; heꝼk. : steꝥjum Hallarst.
Wis. 49; 24,4; foþurleiꝼþ : greiꝥum Sighv. sk. Wis. 43; 14,8;
þreiꝼsk : Öleiꝥi Sighv. sk. Hkr. 480,21a; kliꝥ : liꝼþi Sighv. sk.
Hkr. 521,36a; driꝥu : liꝼþi Valg. Hkr. 580,13a; stafukliꝼs :
driꝥu Þór. loft. Hkr. 441,2a; oddariꝼs : driꝥu Ein. Skál. Wis.
26; 2,2; víꝼs : driꝥu Guth. s. Hkr. 102,4b; ijꝼs : tiꝥar Sighv. sk.
Hkr. 508,30a; þjoꝼs : höꝥi Sighv. sk. Wis. 43; 12,3; öꝼs : gröꝥu
Sturla Kgs. 482,16a; joꝥurs : hoꝼþi Ein. Skál. Wis. 56; 23,4;
goꝥug : hoꝼþi Ein. Skál. Wis. 58; 37,1.

Für das g stellt Hoffory a. a. O. 21 f. folgende Regel
auf: „das spirantische g war tonlos vor tonlosen Consonanten
(χ), sonst tönend (γ)“.

## XIII.

Es reimt γ : χ:

### a) Skothending.

ráꝼs : øge Brage Ger. 26; 22,2; loꝼs : loꝼþu Ein. Skál.Wis. 20; 20,10;
ráꝼs : lægir Hallfr. v. Wis. 34; 7,1; bauꝼs : vœrjask Hallfr.
v.Wis. 35; 10,3; Siꝼhratr : seꝼþi Ein. Skál. Wis. 55; 12,1; bauꝼs :
liꝼu Þjöþ. sk. Hkr. 538,7a; frœꝼl : faꝼran Þjöþ sk. 538,28a;
ráꝼs : frœgi Arn. jarl. Hkr. 541,12a; leꝼþrati : lauꝼask. Ein.

---

1) Hier findet sich in Cod. Fris. 112,20a die Lesart loks, für
deren k ein χ Vorbedingung ist, vgl. Hoffory a. a. O. 78 ff., der
Formen wie sakt, lakt, fylksnom, Noreks, loksk belegt, in denen
allen k für g steht.

*Skúl. Hkr.* 667,8b; *gnóχt : gýrjar Ein. Skúl. Hkr.* 766,14a; *fræχs : láχu Sturla Kgs.* 441,18a; *harþleyχs : fráχum Hallst. Wis.* 49; 29,5.

## b) *Aþalhending.*

*orþhaχs : sáχþar Ein. Skúl. Wis.* 62; 70,2; *hauχs : bauχi Þjóþ. hr. Wis.* 10; 14,4; *veχs : seχja Ein. Skúl. Wis.* 61; 64,2; *valteiχs : eiχi Har. harþr. Hkr.* 620,12a; *báleyχs : teyrja Hallfr. v. Wis.* 33; 4,2; *(leyχs : Suþreyjar Sturla Kgs.* 469,8a[1]); *Siχtún : hniχþu Valgarþr Hkr.* 559,10b; *stíχs : víχi Haukr Vald. Wis.* 79; 8,6; *viχs : stíχum Þorl. f. Hkr.* 572,2a; *víχs : stíχa Halld. skv. Hkr.* 707,16a; *róχsegl : bóχa Ein. Skál. Wis.* 26; 1,6.

Die Regel für *þ* lautet a. a. O. 33., „die interdentale Spirans *þ* war tonlos (ϑ) im Anlaut . . . ., ebenso im Inlaut in tonlosen Consonantenverbindungen, sonst aber stets tönend (ð)".

## XIV.

Es reimt ϑ : ð:

### a) *Skothending.*

*seiϑs : láði Þorbj. hornkl. Wis.* 15; 8,7; *biϑk : sniðar Sighv. sk. Wis.* 43; 15,1; *auϑskýfanda : óðar Ein. Skúl. Wis.* 58; 40,7; *skiϑs : báðum Eyv. sk. Hkr.* 106,17a; *auϑs : kvæði Þórþr..Kolb. Hkr.* 170,32a; *gjóϑs : hríðir Sighv. sk. Hkr.* 252,21a; *blóϑs : slæðusk Sighv. sk. Hkr.* 253,27b; *góϑs : gjóði Sighv. sk. Hkr.* 253,27b; *góϑs : róða Sighv. sk. Hkr.* 274,16b; *Eiϑs : óðumk Sighv. sk. Hkr.* 307,27a; *blóϑstara : bræðir Stúfr. sk. Hkr.* 630,22b; *guϑs : síðan Eyst. Ásgr. Wis.* 88; 8,3; *leiϑkunnandi : æðar Eyst. Ásgr. Wis.* 88; 11,7; *hljóϑs : þrýði Bjarni Kolb. Wis.* 68; 1,4; *hjálmskiϑs : viðum Bjarni Kolb. Wis.* 70; 20,6; *haukjóϑs : viða Hallarst. Wis.* 47; 8,1; *hjǫrflóϑs : hnykkimeiðum Wis* 49; 24,1; *gnýbjóϑs : geysitiðar* 24,7; *skýbóϑs : skelfihriðar* 29,3; *hringsköϑs : herþimeiðar Wis.* 50; 32,1.

### b) *Aþalhending.*

*leikblaϑs : fjaðrar Þjóþ. hr. Wis.* 10; 12,6; *vaϑs : naðri Ulfr. Uyg. Wis.* 29; 4,6; *Auϑs : trauðan Hallfr. v. Wis.* 33; 6,4; *auϑsætt : rauða Sighv. sk. Hkr.* 253,16a; *raudláϑs : kvæðu Hallfr. v. Wis.* 36; 17,6; *sóbnbráϑs : dáðir Ein. Skúl. Wis.* 55; 12,2; *ormláϑs : báða Sighv. sk. Hkr.* 343,2b; *snarráϑs : báða Þjóþ. sk. Hkr.* 620,17b; *ǫgnarbráϑs : láði Sturla Kgs.* 433,4a; *heiϑsær : reiði Jǫk. Hkr.* 455,4b; *breiϑskyggs : leiði Blakkr Kgs.* 120,32a;

---

[1] Über den Reim *g : j* siehe S. 69 f.

— 27 —

*itrgeðr : kveðja Ein. Skál. Wis.* 54; 10,4; *niðr : þriðja Sighv. sk. Wis.* 88; 3,4; *liðs : miðli Sighv. sk. Wis.* 39; 4,6; *biðk : þriðja Eyr. sk. Hkr.* 112,4a; *liðs : þriðja Tindr Hallk. Hkr.* 160,22b; *friðkaup : miðjo Sighv. sk. Hkr.* 378,4a; *liðs : miðli Sighv. sk. Hkr.* 510,23a; *niðs : miðli Sighv. sk. Hkr.* 522,12b; *liðs : miðli Þjóþ. sk. Hkr.* 542,32a; *liðs : miðju Þjóþ. sk. Hkr.* 593,32b; *liðs : miðli Steinn Herd. Hkr.* 595,8a; *fólkskiðs : siðan Ein. Skál. Wis.* 27; 6,6; *fjǫlbliðs : siðan Sighv. sk. Wis.* 42; 4,6; *lǫgskiðs : siðan Ein. Skál. Wis.* 56; 20,6; *friðs : siðan Sighv. sk. Hkr.* 308,26a; *riðs : siðan Bjǫrn krepph. Hkr.* 638,13b; *bliðs : friðum Ol. hvít. Kgs.* 349,10b; *goðs : boðnum Halld. skr. Hkr.* 663,21b; *kynfróðs : hlóðu Ulfr Ugg. Wis.* 30; 6,2; *góðs : þjóðar Hallfr. r. Wis.* 37; 25,6; *jóðs : góði Ein. Skál. Wis.* 57; 29,2; *þjóðskjǫldungr : góðra Ott. sv. Hkr.* 334,22a; *fljóðs : rjóða Þjóþ. sk. Hkr.* 540,24b; *sárflóðs : blóði Ein. Skál. Hkr.* 744,4a; *hljóðs : óði Hallarst. Wis.* 46; 1,2.

Die Grundsätze, welche für die Beurteilung der Reime im *dróttkvætt* massgebend sind, dürften somit gegeben sein. Zu erwähnen wäre vielleicht noch, dass *Sighv. sk.* in den im *toglag* gedichteten, von *Wisén* sogenannten, *Vikingarvisur*, in der *aþalhending* auch den Reim eines kurzen Vocals + Consonanten zu einem langen + Consonanten zu gestatten scheint, wie folgende Reime zeigen: *drsæll : fara Wis.* 40; 2,8; *Skáney : Dana* 5,6; *hér : ferr* 6,2; *frdneygr : Dana* 6,3; *fæstrdn : Dana Wis.* 41; 8,6; *Rúmsreg : suman* 9,6; *Jórctk : skorit* 11,4, doch liegt in diesem Reim vielleicht auch eine Verkürzung des *ó* vor, auf Grund von Position und Zusammensetzung, wie *Gislason Arb.* 1866, 279 meint. Hierher wäre alsdann vielleicht auch der Vers *Eysteins Ásgr.* zu stellen: *ldgraustaþr : fagri Wis.* 94; 52,6, während bei demselben Dichter in *linhjartaþr : þinum Wis.* 95; 59,4 Verlängerung des *i* anzunehmen ist.

Von den Endreimen ist wenig zu sagen. Sie bieten überhaupt nur eine geringe Ausbeute. Erforderlich ist unbedingte Gleichheit der reimenden Vocale und Consonanten, der Reim ist entweder männlich oder weiblich.

# II. Kapitel.

# Der Vocalismus.

### ·Der *u(v)*-Umlaut.

Die Wirkung des *u*-Umlauts erstreckt sich wie bekannt auf *a*, und zwar wird dieses, wie die allgemeine Regel lautet, durch ein *u* der folgenden Silbe zu *ǫ*. Da auch ein *v* dieselbe Wirkung ausübt, so werden beide Umlaute hier gemeinsam behandelt. Für die historische Zeit haben wir nun zu unterscheiden, ob das folgende *u(v)* noch erhalten ist oder nicht. Wir betrachten zunächst den *u*-Umlaut des *a*, und zwar führe ich, bevor ich zu einer Besprechung dieses Umlauts übergehe, zunächst diejenigen Verse der Skalden vor, in welchen der Reim im Gegensatz zu dem von der späteren Regel verlangten *ǫ* ein *a* fordert[1]).

### A. *U(v)*-Umlaut des *a*.

#### I. *a*-Formen.

##### a) bei geschwundenem *u*.

1) Nom. Neutr. Plur. von *a*-Stämmen:
  *Þjóþ. hv. band* : *randa Wis.* 11; 17,2; *Ein. Skál. austrland* : *banda Wis.* 26; 3,2; *land* : *banda Wis.* 27; 8,4; *ragn* : *magna Wis.* 29; 23,8[1]); *Ottarr sv. áttland* : *standa Hkr.* 235,19b: *Steinn Herd. all* : *falla Hkr.* 593,27b; *Þormóþr Kolbr. kald* : *valda Hkr.* 474,9b; *rann* : *manna Arn. jarl. Hkr.* 364,26a[2]).

2) Acc. Sg. Masc. von *u*-Stämmen:
  *Þjóþ. sk. skjald* : *sjaldan Hkr.* 542,18a; *Trollk. skjald* : *hjaldri Hkr.* 613,13a.

---

[1]) *Unger* setzt hier fast immer *ǫ*.
[2]) Vgl. *Gisl. helr.* 9; *Thorkelss.* 52.

3) Nom. Sg. Fem. von *a*-Stämmen:

*Egj. Dáp. harp* : *Garþa* Hkr. 199,32b; *þórþr Kolbr. [hall* : *fjalla* Hkr. 214,25b (?)/; *Ótt. sv. rand* : *Tuskalandi* Hkr. 229,2b; *Sighv. sk. hall* : *allan* Hkr. 521,34a; *hand* : *standa* Hkr. 510,23b; *Haraldr Sig. rand* : *standa*; *þorl. f. rand* : *landi* Hkr. 572,7a; *þorm. Kolbr. grann* : *manni* Hkr. 497,34a; *Ulfr stall. þarf* : *hvarfa* Hkr. 612,4a; *þjóþ. sk. jarþ* : *varþa* Hkr. 539,16b.

4) Im Wortinnern ist *u* geschwunden:

*Tindr Hallk. Sarla* : *jarli* Hkr. 157,35a.

5) In der Compositionsfuge:

*Sighv. sk. andprútt* : *landi* Hkr. 510,16a; *Eil. Guþr. Njarþ*- : *gjarþar Wis.* 31; 7,4[1]).

### b) bei erhaltenem *u*.

1) Dat. Sing. Masc. Adjectiv. von *a*-Stämmen:

*þorm. Kolbr. magni* : *gagnum* Hkr. 498,10b; *Ótt. sv. hratt* : *brattum* Hkr. 234,18b; *Sighv. sk. dagr* : *fagrum* Hkr. 491,3b; *þjóþ. sk. grand* : *vandum* Hkr. 621,20b; *Hárekr langum* : *ganga* Hkr. 427,28a; *þjóþ. sk. sjáfang* : *strangum* Hkr. 592,17a[2]); *Anon. glaþr* : *aþrum* Hkr. 603,17a; *Ein. Skúl. alls* : *snjallum Wis.* 55; 16,8; *Mark. Skeggj. hálfa* : *sjálfum Wis.* 53; 30,3 (?).

2) Dat. Sg. Neutr. Adject. von *a*-Stämmen:

*þjóþ. hv. glamma* : *óskammu Wis.* 9; 2,4; *svangr* : *langu Wis.* 9; 6,2; *Eil. Guþr. gammleiþ* : *skammu Wis.* 30; 2,2; *þjóþ. sk. gramr* : *skammu* Hkr. 537,27a; *Magn. berf. dagr* : *fagru* Hkr. 654,28a.

3) Dat. Sg. Fem. von *a*-Stämmen:

*þjóþ. hv. herfangs* : *stangu Wis.* 9; 8,6; *Eil. Guþr. angrþjóf* : *tangu Wis.* 32; 15,6; *Hallfr. e. barklaust* : *Danmarku Wis.* 34; 5,2; *Halle. Hár. barkrjóþr* : *Danmarku* Hkr. 412,4a; *þjóþ. sk. skark* : *Danmarku* Hkr. 542,10b; *geþvarþr* : *jarþu þorbj. hornkl. Wis.* 15; 6,4[3]).

4) Gen. Sg. Fem. von *ón*-Stämmen:

*Eil. Guþr. rargs* : *himintargu Wis.* 30; 4,2; *rann* : *Nannu Wis.* 31; 5,2.

---

[1]) *Njarþgjarþar* ein Wort.

[2]) *sjáfǫng* : *strǫngum* Cod. Fris. 226,15b.

[3]) Vgl. *Wis.* 124, *Kringla-Jǫfraskinna* lesen *goþvarþr*, welches nach *Thorkels.* 42·f. *goþ* + *varþr*, Part. Præt. von *verja* ist. *F. Jóns. stud.* 76 will fälschlich, wie ich meine, *geþharþr* lesen.

5) Acc. Plur. Masc. von *u*-Stämmen:

Þjóþ. *sk.* *hjaldr* : *skjaldu* *Hkr.* 538,4 *a*; *hjaldrs* : *skjaldu* *Hkr.* 542,26 *b*.

6) Dative Pluralis:

Þorbj. *hornkl.* *harþráþr* : *barþum* *Wis.* 14; 1,2; *Eyv. sk.* *skjaldum* : *aldri* *Hkr.* 112,2 *b*; *aldr* : *skaldum* *Hkr.* 111,29 *a*; *Glúmr* *Geir.* *allvaldr* : *skaldum* *Hkr.* 89,29 *a*; *Ein. Skál. folklandum* : *branda* *Wis.* 28; 13,6; *Anon.* *bandum* : *landi* *Hkr.* 151,21 *b*; *Þórþr* *Kolb.* *hann* : *mannum* *Hkr.* 217,31 *b*; *Sighv. sk. landfolk* : *handum* *Wis.* 42; 6,8; *Gupbrandr* : *landum* *Hkr.* 343,4 *a*; *fjorbann* : *mannum* *Wis.* 39; 12,4; *þann* : *mannum* *Hkr.* 307,35 *b*; *friþbann* : *mannum* *Hkr.* 307,35 *b*; *hann* : *mannum* *Hkr.* 493,19 *b*; *Þormóþr* *Kolbr.* *allvaldr* : *skaldum* *Hkr.* 478,2 *a*; *Steinn* *Herd.* *þat* : *skatnum* *Hkr.* 629,13 *a*; *annarr* : *mannum* *Hkr.* 635,16 *a*; *Anon.* *hrafngrennir* : *stafnum* *Hkr.* 602,20 *b*; *glaþr* : *aprum* *Hkr.* 603,17 *a*; *Mark. Skeggj.* *annarr* : *mannum* *Wis.* 51; 14,2[1]); *Valgarþr* *fjalmennr* : *hjalmum* *Hkr.* 560,9 *a*[2]).

7) 1. Plur. Præs.:

*Sighv. sk. Magnús* : *fagnum* *Hkr.* 516,27 *a*; Þjóþ. *sk. allítt* : *kallum* *Hkr.* 543,2 *b*.

8) 3. Plur. Præt.:

Þjóþ. *sk. harþéls* : *barþusk* *Hkr.* 538,35 *a*.

9) Composition und Wortbildung:

*Ulfr* *Ugg.* *andóttr* : *banda* *Wis.* 29; 3,2; *Ein. Skál. andur-(Jálks)* : *landi*; *Bersi* *andur* : *handa* *Hkr.* 254,15 *b*; *Sighv. sk. andurt* : *landi* *Hkr.* 274,22 *b*.

## II. ǫ-Formen.

Ich scheide hier nicht die Fälle, in welchen das Umlautwirkende *u* (*v*) geschwunden ist, von denen mit erhaltenem, da natürlich in den Versen häufig Wörter der einen Art mit solchen der andern reimen[3]). Auch führe ich hier nur Verse an von denjenigen Dichtern, welche nicht umgelautete Formen darbieten.

(Norw.) Þjóþ. *hv.* *ǫndurgoþs* : *hǫndum* *Wis.* 9; 7,4; *okbjǫrn* : *Mǫrna* *Wis.* 9; 6,4.

(Norw.) Þorbj. *hornkl.* *rǫdd* : *kvǫddusk* *Wis.* 14; 4,8; *brynǫgl* : *Skǫglar* *Wis.* 15; 5,4.

---

[1]) *Wis.* hat hier, in Widerspruch mit seinem sonstigen Verfahren, *mǫnnum*.

[2]) Vgl. *Gislason Aarb.* 1866, 252 f.

[3]) Vgl. *Nor. aisl. Gr.*[2] § 72, 2. (Die Correcturbogen wurden mir gütigst von Herrn Prof. *Braune* zur Verfügung gestellt.)

(Norw.) *Eyv. skaldasp.* benrǫndr : hǫndum *Hkr.* 106,18a; fjǫrþ : hjǫrþu *Hkr.* 123,32a; landvǫrþr : Hǫrþu *Hkr.* 111,6a.

*Glúmr Geir.* gunnhǫrga : mǫrgum *Hkr.* 89,31a; hjǫrs : fjǫrvi *Hkr.* 110,19a.

*Ein. Skál.* valfǫllum : vǫllu *Wis.* 29; 23,1; hjǫrs : fjǫrvi *Wis.* 26; 2,8; sǫnn : mǫnnum *Wis.* 27; 8,2; fǫr : gǫrva *Wis.* 28; 13,4; hjǫrvefrs : fjǫrvi *Wis.* 27; 6,4.

*Ulfr Ugg.* mǫgr : fǫgru *Wis.* 29; 2,6.

*Ísl. Guþr.* —

[*Anon.* ǫld : jǫldu *Hkr.* 151,22b (?)].

*Hallfr. vandr.* ǫnd : lǫndum *Wis.* 37; 28,8; fjǫrrǫnn : mǫnnum *Wis.* 36; 17,4; hǫrgbrjótr : mǫrgum *Wis.* 34; 3,2; Hǫrþarinr : Gǫrþum *Wis.* 33; 1,4 (*Odr.*); hǫrþ : Gǫrþum *Wis.* 34; 2,4 (*Odr.*); gǫrla : Sǫrla *Wis.* 33; 8,6; hjǫrdjarfr : fjǫrvi *Wis.* 34; 4,6.

*Bersi Skáldtorf.* —

*Sighv. sk.* laukjǫfn : nǫfnum *Wis.* 42; 5,8; Qnundr : Dǫnum *Wis.* 40; 3,6; rǫnd : hǫndum *Hkr.* 491,8a; ǫndverþan : lǫndum *Hkr.* 520,29b; hǫnd : lǫndum *Hkr.* 522,18a; ǫnnur : mǫnnum *Wis.* 42; 8,8; Rǫgnvalds : gǫgnum *Hkr.* 275,4a; gǫrt : svǫrtum *Hkr.* 252,28b; bjǫrtum : svǫrtu *Hkr.* 309,15a; hǫll : ǫllu *Hkr.* 310,4b; [gjǫlnar : mǫlnu *Hkr.* 414,10a (?)]; flǫgþ : sǫgþu *Hkr.* 308,6b; strǫng : gǫngu *Wis.* 38; 3,2; mǫrg : neflbjǫrgum *Wis.* 40; 4,4; rǫrþs : gǫrþum *Hkr.* 310,16a; svǫrþr : Gǫrþum *Hkr.* 508,30b; Hǫrþa : Gǫrþum *Hkr.* 515,10b; spǫrþ : Gǫrþum *Hkr.* 522,10a; ǫld : skjǫldu *Hkr.* 499,8b; 253,15a; landvǫrn : ǫrnu *Hkr.* 445,6a; gǫrt : hjǫrtu *Hkr.* 480,23a; hǫfuþ : jǫfurr *Wis.* 40; 5,8 (41; 8,8; 10,4); skjǫldungs : tjǫlduþ *Hkr.* 274,20b; sǫnn : ǫnnurr *Hkr.* 516,27b; svǫrtskǫr : gǫrva *Hkr.* 252,30b; rǫrþr : Hǫrþr *Hkr.* 446,9a; ǫrþigt : fjǫrþum *Hkr.* 274,20a; fǫng : gǫngur *Hkr.* 309,6a [ǫld : skjǫldu *Hkr.* 253,15a (?)]; dǫglingr : bersǫgli *Wis.* 42; 8,4 [skǫr : fjǫrvi *Hkr.* 453,13b (?)].

*Óttarr svarti.* ǫld : gjǫldum *Hkr.* 227,17a; vebrǫrr : knǫrru *Hkr.* 234,13a; fǫr : gǫrva *Hkr.* 220,4b; ættlǫnd : gǫndlar *Hkr.* 284,31b

*Þjóþ. sk.* skjǫld : gjǫldum *Hkr.* 544,10b; gjǫld : skjǫldum *Hkr.* 595,17b; lǫnd : brǫndum *Hkr.* 592,28a; gǫngum : stǫngum *Hkr.* 512,16a [hǫrþ : bǫrþusk *Hkr.* 538,16b (?)]; ǫrleiks : jǫrlum *Hkr.* 596,22a; ǫrr : dǫrrum *Hkr.* 541,20b; ǫrþigt : Gǫrþum *Hkr.* 559,23a; ǫld : skjǫldu *Hkr.* 539,26a; mǫgr : fǫgru.

*Hallarstein.* vǫrþr : Gǫrþum *Wis.* 46; 2,2; snekkjubǫrþ : Gǫrþum *Wis.* 46; 4,2 [hermǫrg : tjǫrguþ *Wis.* 46; 4,31 (?)]; mǫrg : hǫrgu *Wis.* 47; 9,2; hǫll : ǫllu *Wis.* 48; 14,8 (17,8; 20,8; 49; 23,8); dǫglingum : Skǫgla *Wis.* 48; 20,6.

*Steinn Herd.* ǫrr : knǫrru *Hkr.* 635,12a

*Þormóþr Kolbr.* stǫþum : boþvar *Hkr.* 497,22 a.

*Eyj. Daþask.* svǫrþ : hǫrþu *Hkr.* 199,15 b.

*Þórþr Kolb.* ǫrr : knǫrru *Hkr.* 155,9 a; lǫnd : rǫndum *Hkr.* 155,11 b
  vǫr : hjǫrvi *Hkr.* 214,24 b; rǫnn : þingamǫnnum *Hkr.* 232,25 b

*Haraldr harþr.* —

*Hárekr.* —

*Anonymus.* hǫfn : stǫfnum *Hkr.* 602,16 a.

*Magn. berf.* lǫnd : rǫndu *Hkr.* 654,21 b.

*Mark. Skeggj.* vǫrþu : Gǫrþum *Wis.* 50; 4,2; ǫrr : knǫrru *Wis.* 51; 7,2;
  hǫfuþskjǫldunga : gjǫldum *Wis.* 51; 14,4; bǫrþ : gǫrþum *Wis.*
  52; 16,4; hǫmlu : gǫmlu *Wis.* 52; 21,2 *[gjǫld : hǫlþar Wis. 52;*
  23,3 *(?)]*; strǫnd : rǫndu *Wis.* 52; 24,4.

*Hallv. Hár.* —

*Þorl. fagri.* ǫndu : lǫndum *Hkr.* 572,2 b.

*Valgarþr.* —

*Ein. Skúl.* fǫrnuþr : stjǫrnu *Wis.* 54; 2,8; meginfjǫlþi : hǫlþa *Wis.*
  54; 4,6 *[skjǫldungr : hǫlþum Wis.* 54; 6,7 *(?)]*; hǫfuþskald : jǫfri
  *Wis.* 55; 12,8; Hǫrþa : jǫrþu *Wis.* 55; 15,8; brǫgþ : lǫgþu *Wis.*
  56; 22,8; jǫfurs : hǫfþu *Wis.* 56; 23.4 *[gǫfug : hǫfþi Wis.* 58;
  37,1 *(?)]*; stǫpum : rǫþli *Wis.* 58; 43,8; brǫgþ : sǫgþu *Wis.* 59;
  49,8; gǫll : Peizinavǫllum *Wis.* 59; 52,4; líknarkrǫfþ : hǫfþi
  *Wis.* 60; 59,6; ǫnd : strǫndu *Wis.* 60; 60,6; þreksnjǫll : ǫllum
  *Wis.* 61; 66,4; hǫfuþ : jǫfri *Hkr.* 742,6 b.

## B. *U(v)*-Umlaut des *á*.

Von diesem Umlaut sind in dem uns vorliegenden Material
nur geringe Spuren erhalten. Die Skaldenreime bieten fast
ausschliesslich *á*. Eine Spur dieses Umlauts finde ich bei
ca. 85 Fällen mit *á* nur bei *Eil. Guþr.* hóf : sófu *Wis.* 31; 6,4;
bei *Hallarst.*, in der *Rekstfja*, *Wis.* 47; 8,2 u. 50; 35,4 hótt :
dróttir u. hóps : drópo. Ob *Gisl.*, *Ark.* VIII, 75 Recht hat,
wenn er meint, dass in diesem Gedicht der *u(v)*-Umlaut des *á*
vollständig durchgeführt ist und daher an allen betreffenden
Stellen einzusetzen sei, mag gleichwol zweifelhaft erscheinen.
Ferner in einer anonym überlieferten und Norwegern zuge-
schriebenen *vísa* aus dem Jahre 1051 nótt : otto, vgl. *Gisl.*
*Ark.* VIII, 69, und in einer an ungerader Stelle stehenden
aþalhending *Sighv. sk.'s* hljóms : kómu. In dem Namen *Óláfr*
ist *ó* aus *ǫ́* entstanden, welches wiederum Verlängerung aus *ǫ*

ist, bewirkt durch Ersatzdehnung bei Ausfall des *u*, vgl. *Nor. aisl. Gr.* § 74,2; 105,2, ebd.² § 73,2. Wir finden dies *ó* in folgenden Versen:

*Ein. Skál.* Óláfr : bragsólar *Wis.* 54; 1,8; Óláfr : sólar *Wis.* 55; 18,8 u. ö.; Óláfs : bóli *Wis.* 58; 41,4; Óláfr : tólum *Wis.* 59; 50,4; Óláfs : bragarstóli *Wis.* 61; 67,4.

*Steinn. Herd.* Óláfr : sólu *Hkr.* 629,15b; 635,18b.

*Hallarst.* Óláfr : stóli *Wis.* 46; 2,8; Óláfs : sólar *Wis.* 47; 10,8 u. ö.

Ob auch ein *c*-Umlaut des *á* existirt, ist unsicher, vgl. *Nor. aisl. Gr.* S. 209 Nachträge u. Berichtigungen zu § 71 Anm. 2. Sind, wie *Nor.* zweifelnd sagt, die Nebenformen einiger *wa*-Stämme hierher zu rechnen, so dürfte der Reim des *Ótt. sv.* mjó : sjó *Wis.* 44; 4,4 angeführt werden¹). Derselbe beweist jedoch für ein Vorkommen des *ó* nichts, da die beiden *ó*, aufeinander reimend, nicht durch ein *ó* anderen Ursprungs gestützt werden.

In welchem Umfang nun und wann hat der Umlaut eines *a*, bewirkt durch folgendes *u(r)*, im Nordischen stattgefunden? *Paul* in Beitr. VI, 16 ff. nimmt an, dieser Umlaut sei im gesammten Gebiet des Nordischen eingetreten und erklärt alle *a*-Formen für Analogiebildungen, hervorgerufen durch in der Flexion wechselnde *a*- und *o*-Formen. *Kock* im *Ark. f. nord. Fil.* IV, 141 ff. und Beitr. XIV, 53 ff. kommt zu folgendem Ergebniss: „Man hat also zwei verschiedene *u*-Umlautsperioden gehabt: eine ältere und eine jüngere. 1. In der älteren Periode wurde der Umlaut vom Wegfalle eines folgenden *u* bedingt: *saku* wurde *sǫk*, aber *sakum* blieb, weil *u* nicht wegfiel. Dieser Umlaut ist dem ganzen Norden gemeinsam gewesen, aber er kommt am deutlichsten in (gewissen) altnorwegischen Handschriften zum Vorschein, während die ursprüngliche Regel in den ostnordischen Sprachen arg durch analogische Störungen verdunkelt worden ist. 2. In der jüngeren Periode wurde der *u*-Umlaut von einem noch da stehenden *u* bewirkt: *sakum* wurde *sǫkum* etc. Dieser Umlaut gehört Island und wenigstens gewissen Gegenden

---

¹) Vgl. jetzt *Nor. aisl. Gr.*² § 72,2.

Norwegens an." Gegen beide Auffassungen des *u*-Umlautes
nun wendet sich *Wadstein* in *Fornnorska homiliebokens ljud-
lära* 42 ff. Zunächst zeigt er, dass in *OHm*, der kleineren
legendarischen *Ólafssage*, Christiania 1849 (= *Ohs*), Umlaut
des *a* immer durch folgendes *v* bewirkt wird, gleichgiltig ob
es zur Zeit der Niederschrift noch bestand oder nicht. Bei
folgendem *u* sind neben der überwiegenden Zahl von Fällen,
in welchen in dieser norwegischen Handschrift *a* steht, auch
einige mit ǫ zu finden: Dass ǫðru, die einzige Form, die
*Keyser* und *Unger* und nach ihnen *Kock* als umgelautete Form
aus *OHm* anführen, eine isländische und keine norwegische
sein soll, weist *Wadstein* mit Recht zurück. Diese Polemik
war eigentlich unnötig, da *Kock* selber in der deutschen Fassung
seine frühere Ansicht von dem Wirken eines *v*-Umlauts für
die ältere Periode hatte fallen lassen; vgl. auch *Söderberg,
några anmärkn. om u-omljud. i fornsvenskan*, S. 3 Anm. 1.
Im weiteren Verlauf seiner Ausführungen zeigt nun *W.* zunächst
noch fürs Norwegische an einer Anzahl moderner Ortsnamen
das Vorkommen des *u*-Umlauts bei erhaltenem *u*, sodann
wendet er sich zum Ostnordischen, in welchem nach *Kock*
dieser Umlaut fehlen soll. Auch hier weist er nach[1]), dass
sowol im Schwedischen wie im Dänischen Fälle solchen Umlauts
vorkamen. *W.* erbringt, wie mir scheint, den Beweis, dass der
von *Kock* nur fürs Isländische und westliche Dialecte des Nor-
wegischen zugestandene sogenannte jüngere Umlaut, in welchem
der durch *u* und *v* bewirkte zusammengefasst sind, im Gebiet
des gesammten Nordischen einmal stattgehabt hat. Er wirft
nun die Frage auf, ob man nunmehr, von der bis jetzt wol
allgemein als richtig angenommenen Ansicht *Kocks* abweichend,
wiederum zur Erklärung der *a*-Formen zur Auffassung *Pauls*
zurückkehren solle, dass alle diese Analogieschöpfungen seien.
Er erklärt sich dagegen, indem er auf folgenden Umstand
hinweist: in Dänemark treffen wir ganz wenige umgelautete
Formen an, im Schwedischen etwas mehr, im Ostnorwegischen[2])
schon zahlreicher, im Westnorwegischen endlich oder doch

---

[1]) Vgl. auch S. 142 ff.

[2]) Dem *Wadstein* das norw. Homilienbuch S. 3 zuweist.

wenigstens im Isländischen ist der Umlaut so gut wie durchgeführt. Für diese ungleiche Art des Auftretens von umgelauteten Formen, meint W., reiche die Erklärung durch Analogiebildung nicht aus. Hätte Analogie gewirkt in dem angenommenen Maasse, so hätte das sich ergebende Resultat ein gleichmässigeres sein müssen. Zur Erklärung nun dieser ganzen sprachlichen Erscheinung weist W. auf das Verhalten der althochdeutschen Dialecte gegenüber dem *i*-Umlaut hin. Dieser Umlaut beruht nicht nur auf dem folgenden *i j*, sondern ist auch abhängig von den Consonanten, welche zwischen *i j* und dem vorgehenden Vocal stehen. Gewisse Consonantenverbindungen hindern den *i*-Umlaut auf dem gesammten Gebiet des Ahd., während dies in einzelnen Dialecten bei gewissen Verbindungen nicht der Fall ist, die wieder in andern hindernd wirken.

Ähnliches, meint W., müsse im Nordischen beim *u*-Umlaut stattgefunden haben, wenngleich er nicht in der Lage ist, die Umlaut hindernden Consonanten oder Verbindungen anzugeben; nur soviel führt er an, dass im Altschwedischen bei den Fällen, in welchen Umlaut eingetreten ist, entweder ein Consonant (kurz oder lang) oder *g, l, n, r* + Consonant zwischen beiden Vocalen steht.

Ich halte die Darstellung W.'s für im Wesentlichen richtig, sie gründet sich auf die Verhältnisse der litterarischen Zeit. Die ältesten Handschriften des Isländischen, welche wir besitzen, sind um die Wende des 12. Jahrhunderts geschrieben und in ihnen ist in der Tat Umlaut des *a* bei folgendem *u* fast ganz durchgeführt. Nur zuweilen finden sich Beispiele mit *a*, wie z. B. im Stockholmer Homilienbuch (Ed. *Wisén*) *margfaldom* 60³⁴, *dasomoþr* 130³⁶, im ältesten Teil des Cod. 1812,4ᵗᵒ der alten königl. Saml. zu Kopenhagen (Ed. *Larsson*) *gango* 8²³, *fardagom* 19¹¹, *suþrlandom* 34¹¹. Dass andererseits in norwegischen Handschriften umgelautete Formen bei erhaltenem *u* vorkommen, ist erwähnt. W. führt aus *OHm* folgende an: *odru* 3¹⁰, *næfþiorgum* 49³³, *gullspono* 51²². *sponom* 80¹⁰, *spononom* 80³⁴, *sono* 13⁹, *condo* 81¹ [1]).

---

[1]) Vgl. jedoch über die beiden letzten *Kock Ark.* V. 49.

Ich füge noch hinzu: in dem von *Unger*, vor 1200 geschriebenen, in den *Heilagra manna sögur* I, 269—71 und II, 207—9 und *Postola sögur*[1]) 823—25 herausgegebenen Cod. *AM* 655,4^to^, Fragm. IX *a, b, c* finden sich neben (*jarðu Heil.* I, 269[26]), *sialfum* 270[3], *allum* 270[33], *allu Heil.* II, 207[31], (*iarðu* 208[10]), *mannum* 208[15], *barnum* 208[10], *farum* 208[32], *faður* 209[12], *allum. Post.* 823[26] [27], *mannum* 823[26] [32] [37], *samnaðosc* 824[14], *margum* 824[20] [26], *hundraðom* 824[20], (*hiartum* 824[32]), *lahgum* 824[39 f.], *almusu* 825[4], *fastu* 825[4], auch die Formen *dioflum Heil.* I, 270[3], *hondom* 270[23], *olmusur Heil.* II, 207[26], *dioflum* 207[29]. Als alte norwegische Handschriften von ca. 1200 gelten auch Cod. *AM* 315 *f, fol.* und Fragment I *B* im Reichsarchiv zu Christiania in *Norges gamle love* IV, 3—13 und ib. photolithographisch. Facsimile XIII—XV, vgl. II, 495 ff. Doch will es mir zweifelhaft erscheinen, ob man es hier wirklich mit rein norwegischen Handschriften zu tun hat, oder ob nicht vielmehr zum Mindesten bedeutender isländischer Einfluss anzunehmen ist. In der ersten Handschrift begegnen nämlich neben 32 Formen mit umgelauteten *a* nur 3 ohne Umlaut: *kallum NGL* IV, 3, *marcum* 4, *matunæyti* 5; in der zweiten findet sich sogar bei 15 Fällen mit Umlaut kein einziger ohne solchen. Für die spätere Zeit sind für uns vor Allem die im *diplomatarium norvegicum* gesammelten Actenstücke von Wichtigkeit. Diese, meist nicht erst durch die Hände von Abschreibern gegangenen, Urkunden sind für die wirklich gesprochene Sprache von grosser Bedeutung, unter ihnen vor Allem, nicht die aus der Kanzlei eines Königs, Herzogs oder Bischofs hervorgegangenen, denn in ihnen konnte sich eher eine feste Tradition bilden, die vielleicht von Isländern beeinflusst war, sondern die in den Geschäften des täglichen Lebens entstandenen, wie Testamente, Schenkungsurkunden, Kaufverträge etc. In fast allen uns erhaltenen Actenstücken des 13. Jahrhunderts treffen wir Formen mit Umlaut bei er-

---

[1]) Im *Grdr. d. germ. Phil.* I, 429 ist in Anm. 7 vor 823—5 versehentlich *Postola sögur* fortgelassen worden.

haltenem *u* neben solchen ohne Umlaut in buntem Gemisch. Besonders fällt es auf, wenn in zwei eng mit einander verbundenen Wörtern das dem Einfluss des *u* unterworfene *a* verschiedenartig behandelt ist. Dies begegnet besonders in der Verbindung *ǫllum mannum* in den Einleitungsformeln der Urkunden. Aus dem 13. Jahrh. habe ich sie an folgenden 7 Stellen notiert: *Dipl. norr.* I, Nr. 60, 88; II, 12, 23, 25, 27, 29; dazu noch II, 22: *ollum kirkiu formannum*. Nicht so häufig begegnet umgekehrt *allum mǫnnum*, 4 mal: I, 89; II, 16*a*; III, 35, 37. Gleich sind beide Wörter behandelt, und zwar steht *ǫllum mǫnnum* 7 mal: II, 20 (2 mal), 24, 26, 44, 47, 55; *allum mannum* dagegen auch 7 mal: I, 80; II, 5, 33, 42, 45; III, 1, 33. Ähnlichen Wechsel wie in den erst angegebenen Fällen finden wir z. B. in I, 80: *firir allum tollum ok alaugum*; II, 19: *ollom aðrom*; III, 1: *ollum aðrum*. Nur *ǫ* enthalten I, 3, 83; II, 44, 46, 55; III, 7, 28; nur *a* I, 59, 84, 87, 90; II, 10, 18, 34, 40, 52, 56; III, 28, 36, 39. In allen andern Stücken wechseln umgelautete Formen mit nicht umgelauteten. Diese Actenstücke entstammen fast alle dem westlichen Norwegen, sie sind datiert aus *Oslo, Nidaros, Bergen, Stavanger* etc., nicht nur die von Königen, Bischöfen erlassenen, sondern auch die Urkunden von Privaten. In der Sprache ist kein wesentlicher Unterschied zwischen beiden Arten zu merken. Eine bestimmte Regel über die Anwendung des Umlauts bei erhaltenem *u* kann ich nicht erkennen.

Wie steht es nun um die Sprache der ältesten Skalden? Die ältesten uns erhaltenen schriftlichen Denkmäler sind fürs Isländische wie fürs Norwegische aus dem ausgehenden 12. Jahrhundert, der Sang der Skalden hebt ums Jahr 800 an, also fast 400 Jahre früher.

Dass der Umlaut bei apokopiertem *u* ein gemeinnordischer ist, ist allgemeine Annahme und darf wol als bewiesen angesehen werden. Wenn wir also bei den ältesten norwegischen und auch isländischen Skalden auch hier Formen ohne Umlaute finden, so müssen wir diese wol als analogische Neuschöpfungen auffassen. *Brenner* meinte, *anord. Handb.* 55,

„dass ǫ (zumal im Norwegischen) überall da geblieben ist,
wo die Ursache des Umlautes wegfiel, mag seinen Grund
darin haben, dass in diesem Falle der Unterschied von *a*
und *ǫ* sich schärfer markierte, weil es das einzige Flexionsmittel
war; *land* Plur. *lǫnd* aber *landum*; ferner ist *ǫ* gewöhnlich
beibehalten, wo es nicht mit *a* wechselte, wo das umlaut-
wirkende Element zum Stamm gehört, also in Worten wie
*hǫrr (< hǫrvar), hǫrs (< hǫrves), hǫrve* u. s. w. Hier blieb *ǫ*,
weil in keiner Form des Wortes ein *a* vorkam, das zum
Schwanken Anlass geben konnte“.

Dieser Erklärung schliesst sich *Wadstein* S. 45 im Wesent-
lichen an, indem er noch die Fälle hinzufügt, in denen bei
Adjectiven auf -*n*, -*r*, -*s* mit vorhergehendem Consonanten wie
bei *jafn*, Fem. *jǫfn* das *ǫ* Kennzeichen des Femininums war.
Die tatsächlichen Verhältnisse bei den Skalden entsprechen
dem nicht ganz, da wir Nom. Plur. (Acc.) haben, welche sich
vom Sing. in nichts unterscheiden wie *band, land, ragn;*
das eine Adjectivum Fem. *harþ* unterscheidet sich dagegen
genügend vom Masc. *harþr*. *Lyngby* spricht sich nun über
das *a*, welches in isländischen Handschriften an Stelle eines
von der Regel geforderten *ǫ* steht, in *Nord. Tidskr. f. Phil.
og Paed* II, 296 folgendermaassen aus: „...*a*, eine Bezeichnung,
die man nicht so verstehen darf, als ob man, wenn man hier
*a* geschrieben hat, auch wirklich dies *a* ausgesprochen hat;
dass dies nur eine Bezeichnungsart ist, kann man daraus sehen,
dass 619 schreibt *hảoldum* 64[18], *holdum* 67[4-5], *haldom* 47[18],
von welchen drei Bezeichnungsarten *hảoldum* das genauere
Mittel ist, um dieselbe Aussprache zu bezeichnen; es würde
ungereimt sein, alle drei für verschiedene Ausdrucksarten
anzusehen, um so mehr, als *ảo* durch sein Aussehen als die
genauere Bezeichnung sich zu erkennen giebt“. Ähnlich urteilt
*Brenner*, wenn er *an. Hdb.* 54f. sagt: „Für *ǫ* begegnet öfter *a*,
nämlich in sehr alten isländischen und in allen norwegischen
Handschriften. Die Bezeichnung schwankt hier wie dort bei
denselben Worten und Formen. Da der *u*-Umlaut eintrat, als
alle *u* im Auslaut noch erhalten waren, also lange vor den
ältesten Litteraturdenkmälern, so können die *a* statt *ǫ* nicht

letzte Reste der alten *a* sein; wir sehen aus der alten
Schreibung *a* auf Island nur, dass *ǫ* sich erst allmählich so
scharf von *a* abschied, als es in späterer Zeit und jetzt auf
Island geschieden ist; in Norwegen dagegen beginnt der
Unterschied von *a* und *ǫ* im 13. Jahrhundert, kaum dass er
in der Schrift zum Ausdruck gekommen war, sich vielfach
wieder zu verwischen, und es bezeichnet *a* auch das mehr
und mehr dem *a* sich nähernde *ǫ* ...."

Der Annahme *Brenners* nun, der Umlaut sei eingetreten,
als alle *u* im Auslaut noch vorhanden waren, steht zunächst
die Theorie *Kocks* von einem älteren und jüngeren Umlaut
entgegen, eine Annahme, welche nur bei geschwundenem *u*
die Existenz eines alten *a* ausschliessen würde; nimmt man
aber die Hypothese *Wadsteins* von einer nur teilweisen Wirkung
des *u*-Umlauts bei erhaltenem *u* im Nordischen an — man
könnte diese Hypothese event. auch auf die Fälle mit apo-
kopiertem *u* anwenden — so steht erst recht theoretisch nichts
im Wege, in den Wörtern mit *a* und erhaltenem *u* altes *a* zu
sehen. Es soll dabei das Wirken der Analogie keineswegs
geleugnet werden. Dass wir aber, mag man sich nun für
altes oder analogisch wieder hergestelltes *a* entscheiden, tat-
sächlich ein reines *a* in den Handschriften anzunehmen haben
und nicht eine graphische Bezeichnung für ein dem *a* nahe
stehendes *ǫ*, dazu zwingen uns, wie ich meine, die Reime, in
welchen dieses für erwartetes *ǫ* stehende *a* mit altem ur-
sprünglichem *a* reimt. Wir haben kein Recht, bei der Fülle
der Beispiele hier an unreine Reime zu denken, wie sie wol
gelegentlich in *lausavísur* vorkommen mögen, zumal wenn
wir solche Reime auch mehrfach bei einem so formstrengen
Dichter wie *Þjóþólfr skáld* finden.

Wir kommen also zu dem Resultat: in allen Fällen, in
welchen wir den scheinbaren Reim *ǫ* zu *a* finden, repräsentiert
das *ǫ* ein reines *a*. Reines *a* kommt, wenn auch seltener,
auch bei apokopiertem *u* vor; in Wörtern, in welchen bei
apokopiertem *u ǫ* steht und dieses mit einem anderen *ǫ* reimt,
berechtigt uns nichts, auch nicht bei Dichtern, die auch *a*-Formen
aufweisen, solche einzusetzen, in der Meinung, dass etwa bei

einem Reim wie dem des Norwegers *Þorbj. hornkl. rǫdd* :
*krǫddusk*, ein *kraddusk* gefordert werden müsste und demnach
auch ein *radd* zu postulieren wäre. Gerade hier ist die grössere
Wahrscheinlichkeit dafür, dass in beiden Wörtern *ǫ* zu stehen
hat, da eine Form wie *rǫdd* als die echte gelten muss. Durch
dieses Verfahren kommen wir dazu, festzustellen, dass bei den
älteren Skalden auch bei erhaltenem *u* nicht etwa nur *a*-Formen
anzutreffen sind, sondern dass *a*- und *ǫ*-Formen neben ein-
ander hergehen. Eine weitere Folge ist, dass man also auch
bei Reimen, wie bei dem des *Ein. Skál. valfǫllum : vǫllu*,
nicht ohne Weiteres *a* einsetzen darf, obwol ein Reim *val-
fallum : vallu* sonst ohne Anstoss wäre. Wir erhalten also für
die Skalden dasselbe Verhältniss, welches uns in beschränkterem
Maasse alte isländische, in weiterem Umfang dagegen nor-
wegische Handschriften zeigen.

Besteht nun ein Unterschied in der Anwendung des Um-
lauts zwischen norwegischen und isländischen Skalden der
älteren Zeit? Die ältesten Skalden waren Norweger aus dem
Westen des Landes, dann verstummt dort im 11. Jahrhundert
der einheimische Skaldengesang und nur vereinzelt treffen wir
noch auf norwegische Dichter wie den König *Magnus berfǿtr*
ums Jahr 1100 und am Ende des 12. und Anfang des 13. Jahrh.
den Bischof der Orkneys *Bjarni Kolbeinsson*. Zwischen Nor-
wegern und Isländern ist, wie die oben angeführten Reime
zeigen, in dieser Zeit kein Unterschied. Die Isländer brauchen
gerade so wie die ältesten Skalden umgelautete neben nicht
umgelauteten Formen, ja noch bei *Ein. Skúlason* in der
Mitte des 12. Jahrhunderts finden wir Reime wie *dagr : fagru*[1]).
Später schwinden die nicht umgelauteten Formen gänzlich.

Wie ist dieses Verhältniss nun zu erklären? Die meisten
der angeführten Isländer dichteten in Norwegen an den Höfen
der Könige und Jarle. Wir sahen, dass in den isländischen
Handschriften um 1200 nur in verschwindendem Maasse sich
*a*-Formen vorfinden. Darf man nun für die ältere isländische

---

[1]) Vgl. *Nor. aisl. Gr.*[2] § 78,4.

Sprache das Auftreten solcher Formen in grösserem Umfang annehmen oder soll man auf Einfluss der norwegischen Sprache schliessen? Ich glaube, man wird das letztere nicht dürfen. Wenn auch ein solcher Einfluss nicht auszuschliessen ist, wie will man es erklären, dass später, also etwa von der zweiten Hälfte des 12. Jahrhunderts an, die *a*-Formen gänzlich schwinden, während doch nach wie vor isländische Skalden in Norwegen dichteten, ja während doch gerade im Norwegischen die *a*-Formen jene mit *ǫ* immer mehr verdrängten? Woher mit einemmal ein solches Aufhören des Einflusses? Ich meine, man wird zu dem Schluss gedrängt, dass in der isländischen Sprache der alten Zeit *a*-Formen häufiger vorkamen als uns die Hand-schriften ahnen lassen. Nimmt man nun mit *Wadstein* an, dass der Umlaut bei erhaltenem *u* in Island am stärksten war, also nur verhältnissmässig wenige Formen mit *a* stehen blieben, so erklärt es sich auch leicht, wie diese anfänglich noch gebräuchlichen Formen im Laufe der Zeit schwinden mussten, während sie in Norwegen, in grösserer Anzahl vor-handen, schliesslich zum Siege gelangten. Erinnern will ich noch an die auf Island uns Jahr 1000 entstandenen, von *Gisl.* um *frumparta* 21, angeführten Verse aus der *Krist-nisaga*, bei welchem man norwegischen Einfluss wol mit Be-stimmtheit abweisen darf: *Pangbrands : langu, barps : jarpu, rafn : stafnum, rang : gangi, band : strandar.*

Da ein *r* dieselbe Wirkung auf ein *a* der vorhergehenden Silbe ausübt, wie *u*, so ist der *r*-Umlaut des *a*, wie schon erwähnt, hier gleich mit behandelt worden. Gleichwol scheint, worauf gleichfalls schon oben hingewiesen wurde, insofern ein Unterschied zu bestehen, als der *r*-Umlaut überall durchgeführt scheint, so in den norwegischen Handschriften von *Olln* und *Hom.*, gleichgiltig, ob *r* erhalten ist oder nicht, vgl. *Wadstein* a. a. O. 42. Immerhin finden wir in unserem Material zwei Fälle mit nichtumgelautetem *a* bei erhaltenem *r* aus dem Ende des 9. und dem 10. Jahrhundert bei zwei Norwegern, Fälle, welche sich, wenigstens der erste, schwerlich als analogische Wiederherstellungen werden erklären lassen, da das *r* in allen

Formen des Wortes vorkam; es sind dies: *rak*: *nakkva*[1]) Þorbj.
hornkl. *Wis.* 14; 3,8 und *langvinr*: *Þrangvar Eil. Gupr. Wis.*
32; 16,4; bei *Þrangvar* könnte man schon eher daran denken,
dass man nach dem Muster der zahlreichen Fälle wie *sǫk*:
*sakar* auch *Þrǫng*: *Þrangvar* gebildet hätte.

Schliesslich sei noch bemerkt, dass eine Untersuchung,
welches etwa die ursprünglich Umlaut hindernden Consonanten
oder Consonantenverbindungen gewesen, zu keinem Resultat
geführt hat. Ein solches wird sich, wenn es überhaupt möglich
ist, nur bei einer Durchforschung der gesammten Überlieferung
erreichen lassen.

## C. v-Umlaut des e.

Zuerst auf den Unterschied von v- und u-Umlaut nach-
drücklich aufmerksam gemacht zu haben, ist wol das Verdienst
*Lefflers* in seiner Abhandlung *om v-umljudet af ĭ, ī och ei i
de nordiska språken* I, S. 14. Er weist darauf hin, dass der
sogenannte u-Umlaut nur in zwei Fällen wirkt und in diesen
zweien ebenso wie der v-Umlaut, nämlich bei a und á, sonst
aber nur durch v bewirkt wird, nämlich bei vorhergehendem
*i, í, ei, e, ę.*

*e* und das durch *i*-Umlaut aus *a* entstandene *ę* werden
zu *ø.* Man war früher (*Lynby TfPh.* II, 304, 321 und
*Wimmer altnord. Gr.* § 13) der Ansicht, wenn ein *a* zu *ø*
geworden ist, so wäre dies durch gleichzeitiges Wirken des
*u-* sowol als des *i*-Umlauts, nämlich durch ein in der Endung
stehendes *vi* oder *vj* erfolgt. *Leffler* hat nun a. a. O. S. 13
gezeigt, dass dies nicht richtig ist, sondern dass erst der
*i*-Umlaut das *a* zu *e* macht und alsdann erst durch Einfluss
des *v* ein *ø* entsteht. *Leffler* beweist dies durch Formen,
welche noch nicht durch *v* zu *ø* gewordenes aus *a* entstandenes *e*
zeigen in *apalhendingar* aus der Sprache ums Jahr 1000 und
aus alten isländischen und norwegischen Handschriften. Solche
Formen sind: *gerva, gerþu, þrengvir* (*Fms.* XI, 188, 189)[2]),

---

[1]) Von *nakkvi* „das Schiff" für zu erwartendes *nǫkkvi.*
[2]) Die Reime sind: *Ótt. sv. her*: *gjörva; engst*: *þröngva;
Þórþr Kolb. herferþ*: *gjörþu.*

*gera, gøra,* norsk. *Hom.* (31", 58"; 42', 80"), *øngdo* (*Barl.* 102', 65"), *øxi* (*OHm* 54", 54"), *necqr(e)þ, necþer* (*Eluc.* S. 26 2mal, 27; 46). Aus meinem Material gehören folgende Reime hierher:

*sverþs*:*gerþu Eil. Guþr. Wis.* 31; 11,2; *sverþ*:*gerþu Sighv. sk. Hkr.* 253,18*b* (*gerþu OHS* 40); *gerþuzk*:*rerþir Bjarni gullbr. Hkr.* 526,5*a*; *gerþum*:*þrerþi Þjóþ. sk. Hkr.* 538,26*b* (!); *rerþungar*:*gerþi Sighv. sk. Wis.* 39; 8,4; *fúrherþir*:*gerþi Egg. Daþ. Hkr.* 200,2*a*; *sverþ*:*gerþi Hallfr. v. Hkr.* 194,27*a*; *eldgerþr*:*verþi Eyv. sk. Hkr.* 123,26*b*; *gerþr*:*herþa Tindr Hallk. Hkr.* 157,31*a*; *rerþung*:*gerþak Sighv. sk. Hkr.* 310,9*a*; *oddherþir*:*gerþa Þórþr Kolb. Hkr.* 155,9*b*; *rerþung*:*gerþar Steinn Herd. Hkr.* 635,22*b*; *ferþ*:*heimangerþum Sturla Kgs.* 438,19*a* (*heimangiordum Flb.* III, 197); *herþi*:*bǫþgerþar Sturla Kgs.* 467,10*b*; *umgerþ*:*sverþi Hallfr. v. Hkr.* 194,29*b* (*umgiorð cod. Fris.* 150,19*b*)[1]).

---

[1]) In der Flexion des Verbums *gerra* wechseln Formen mit erhaltenem *r* mit solchen, in welchen dieses fortgefallen ist. *Sievers* in *Gött. gel. Anz.* 1883 S. 55 zieht zur Vergleichung die *ags. verba* auf *rw, hw* heran, in welchen das *w* fortfällt, wo der Themavocal als *i* erscheint, d. h. in der 2., 3. Sg. Ind. Præs., Sg. Imp., Prœt. und Part. Prœt. (*Sievers ags. gr.* § 405,5 und Anm. 2.) Da das Nordische dieselbe Eigentümlichkeit zeige, stellt er eine germanische Grundform auf:

| | | | | |
|---|---|---|---|---|
| Præs. Ind. Sg. 1. | *garwio* | = | *ags.* | *gierwe* |
| 2. | *garizi* | = | „ | *gieres* |
| 3. | *gariði* | = | „ | *giereð* |
| Plur. 3. | *garwioñdi* = | | „ | *gierwað* |
| Imper. Sg. | *gari* | = | „ | *giere* |
| Præt. Ind. Sg. | *gariðo* | = | „ | *gierede* |
| | *gariðôz* | = | „ | *giereð* |

Im Nordischen entsteht daraus Inf. *gorra,* 1. Sg. *gorri.* 2. Sg. *gerr,* 3. Plur. *gorra,* Imp. *ger.*

Verhält sich dies so, d. h. fiel wirklich in der angegebenen Stellung das *w* schon in urgermanischer Zeit aus, so kann natürlich in den meisten der oben angeführten Beispiele, die besonders Præteritalformen sind, nicht mehr die Rede von einem r-Umlaut des *e* sein. Zu betrachten bleiben dann nur der Inf. etc. Dass aber hier nicht schon in urnordischer Zeit *ø* entstanden ist, zeigt der angeführte Vers des *Ott. sv.* und die Form aus dem Stockh. Homilien-

*gekk* : *stekkra Bjǫrn h. krepphendi* Hkr. 646,33 b.

*ekkju* : *nekkvat Hár. Sig.* Hkr. 479,4 a; *Frireks* : *nekkvi Þorbj. skakk.* Hkr. 795,6 b [1]).

buch, sowie die andern Formen mit erhaltenem *v* und nicht umgelautetem *e*, vgl. auch *Söderberg, några anmärkn.* S. 28 ff.

Erst in der zweiten Hälfte des 13. Jahrhunderts oder noch später treten im Vollreim Verbalformen mit *ǫ* in der Wurzelsilbe auf, wie *Gisl. Njál.* II, 188 ff. nachweist. Zu seinen Beispielen gehört auch der in meinem Material vorkommende Reim der *Lilja*:

*jǫrþ* : *gǫrþi Eyst. Ásgr.* Wis. 88; 6,2 u. 10,4.

Der Singularis *gǫrþa* ist eine Analogiebildung nach dem Plur. *gǫrþum.* Dass aber in diesem eine uralte lautgesetzliche Form verborgen, worauf das auf alten Runeninschriften vorkommende *karþa*, Plur. *karþum* hinweist, hat *Sievers, Gött. gel. Anz.* 1883, S. 55 ff., gezeigt. Über die ganze Flexion des Verbums vgl. *Nor. aisl. Gr.* § 226 Anm. 4; § 428 Anm. 1; § 433; § 447,5. Vom Adjectivstamm *garva* finden sich bei den Skalden ausschliesslich die lautgesetzlichen Formen mit *ǫ*:

*gǫrt* : *sǫrtum Sighv. sk.* Hkr. 253,28 b.

*gǫrt* : *hjǫrtu Sighv. sk.* Hkr. 480,23 a.

*ǫrvar* : *gǫrva Hallfr. v.* Wis. 35; 4,2.

*ǫrva* : *gǫrvar Arn. jarl.* Wis. 46; 15,8.

*þreksgǫrr* : *vígǫrr Ótt. sv.* Wis. 44; 2,2.

*gǫrla* : *Sǫrla Hallfr. v.* Wis. 33; 8,6.

*fǫr* : *gǫrva Ein. Skál.* Wis. 28; 13,4.

*fǫr* : *gǫrva Sighv. sk. Ótt. sv.* Hkr. 252,30 b.

*rógǫrs* : *gǫrva Arn. jarl.* Hkr. 515,8 a.

*úfǫr* : *gǫrva Trǫllk.* Hkr. 613,15 a.

*mǫrstrútr* : *gǫrva Þór. stuttf.* Hkr. 686,21 b.

Dazu kommen die Endreime:

*hjǫr* : *gjǫr Egill. Skall.* Wis. 21; 10,1 f.

*hjǫrvar* : *gǫrvar Þork. Gísl.* Wis. 67; 6,7 f.

Formen des postulierten Femininstammes *garwjá* fehlen gänzlich, so dass ich glaube, dass ein solcher überhaupt nicht existiert, sondern dass die späteren *ø*-Formen des Adjectivs aus den *ø*-Formen des Verbums übertragen sind, welche, wie wir sehen werden, auch erst in der 2. Hälfte des 12. Jahrhunderts eintreten, vgl. auch *Söderberg* a. a. O. S. 542, der *gǫrr* von einem Stamm *garvu* ableitet.

[1]) Die einzige sonst noch vorkommende Form dieses Pronomens ist *nakkvat* im Reim auf *folkrakkr* bei *Þór. stuttf.* Hkr. 686,21 a. Über ihre Entstehung durch Wirkung des *a* auf *e*, wie umgekehrt bei *hvetvetna* aus *hvatvetna*, vgl. *Wimmer Læseb.*[3] XVII, XXIX. Anders *Söderberg* a. a. O. S. 37 ff.

Man sieht, die vom e-Umlaut nicht berührten e-Formen kommen nicht nur, wie *Gisl. Njál.* II, 179 meinte, bei den älteren Skalden vor, sondern reichen, wie ja auch die Handschriften vermuten lassen, bis in die zweite Hälfte des 13. Jahrhunderts, bis auf *Sturla Þórþarson.* Weitere Belege findet man bei *Gisl.* a. a. O. 179 ff.

*ø* ist überhaupt ein selten vorkommender Laut. In meinem Material vermag ich ihn aus den Reimen nur einmal zu belegen, und zwar in dem Verse des *Ein. Skál.* aus dem 12. Jahrh. *hrøkkvibaugs ens døkkva Wis.* 55; 16,2. Die Lesarten haben: *hrøkkinseips : døkkva Flb* 1, 2; *dǫkkra Fms* V, 354. Dass das *ø* in *døkkr* älter ist als das *ǫ*, unterliegt keinem Zweifel, es ist aus ursprünglichem *e* entstanden, als vorgermanische Form setzt *Kluge etym. Wtb.*[1] 62 *dhengwos* = got. *\*diggs* an. Der erste Teil des Wortes *hrøkkvibaugr*, welches *Wis.* II, 146 mit *annulus in spiram retortus* übersetzt, stammt von *hrøkkva* „weichen" her, welches *hrøkk, hrukkom, hrokken* flectiert. vgl. *Nor. aisl. Gr.* § 407,2; urgermanisch heisst es *\*hrenkwan*, welches zu *\*hrekkva* werden musste, woraus dann *hrøkkva*, vgl. *Leffler om r-omlj.* S. 63.

Gleichwol erscheint es mir zweifelhaft, ob *Wisén* mit Recht hier in beiden Wörtern *ø* liest. Die Pronominalformen *nekkverr, nekkver, nekkvat*, welche die ältesten dieses Pronomens sind, halten sich noch in Handschriften, isländischen wie norwegischen, bis zum Anfang des 13. Jahrhunderts, vgl. *Wimmer Læseb.*[3] XVII f., ferner die von *Gisl. Njál.* II, 160 f. und von mir angeführten Beispiele. Man wird daher unbedenklich annehmen können, dass *Gisl.* das Richtige getroffen hat, wenn er den Vers des *Ein. Skál.* (*Sn. E.* I, 444; II, 332 u. 443) a. a. O. 184 *friðstekkvir þei nekkvat* liest, während die Lesarten *friðstökkvir : nakkva* oder *nokkut* haben und auch *Þ. Jónsson* in seiner Ausgabe S. 149 *friðstökkvir : nökkut* liest. Darüber, dass *støkkva* resp. *stekkva* zu lesen ist, kann auch kein Zweifel sein, da es aus altem *\*stenkwan* entstanden ist, was zunächst *stekkva*, dann *støkkva* geben musste, vgl. *Leffler* a. a. O. S. 50. Somit wäre bei Einsetzen von *stekkva* der verlangte Vollreim hergestellt. Nimmt man

diese Besserung an, so wird man des Weiteren auch kein
Bedenken tragen, mit *Gisl.* a. a. O. den Vers des *Ein. Skál.
Wis.* 60; 56,6, *øngr brimloga sløngvir engr : slengvir* zu
lesen. Dass eine Form *engr* wirklich vorkommt, zeigt der
von *Gisl.* a. a. O. 165 angeführte Vers der *Ólafsdrápa Trygg-
vasonar* 5, *engr enn Nóreg fengi.* Dürfen wir sonach in der
Sprache *Einars* Formen wie *stekkva, slengva* als gesichert
annehmen, so wird eine Form *hrekkva* nichts Auffallendes
haben und es wird keinen Anstoss erregen, wenn wir auch
für das Adjectivum die alte Form *dekkr* annehmen und somit
den in Frage stehenden Vers *Einars hrekkvibaugs ens dekkva*
lesen. Ob aber auch noch in der im *munnvǫrp* gedichteten
*Jómsvíkinga drápa* des 1223 als Bischof der Orkneys
gestorbenen *Bjarni Kolbeinson* (*Wis.* 71; 30,4) in dem Verse
*hrøkkva gunnar rǫkkum* etwa *hrekkva* zu lesen ist, wage
ich nicht zu entscheiden, jedenfalls zeigt der Vers — im
*munnvǫrp* wird für die an gerader Stelle stehenden Verse
*skothending* verlangt —, dass nicht *hrǫkkva* stehen kann.
Man wird also, treffen die obigen Ausführungen das Richtige,
das Wirken des *v*-Umlauts auf *e* erst nach dem Jahre 1152
datieren dürfen[1]).

---

[1]) Erst nachdem ich obige Ausführungen niedergeschrieben,
war ich in der Lage, die Abhandlung von *Söderberg* „*några anmärk-
ningar om u-omljudet i fornsvenskan*" (*aftryk ur Lunds uni-
versitets årsskrift, tom.* XXV) und von *A. Kock* „*till frågon om
u-omljudet i fornsvenskan*" (*nyare bidrag till kännedom om de
svenska landsmålen ock svenskt folklif* 1891, 43 *de h.*) benutzen zu
können. *Söderberg* versucht nachzuweisen, dass im Schwedischen
der *u*-Umlaut nur bei fortgefallenem *u* stattgehabt hat. Darin sah
er eine starke Stütze für die Theorie von einer zwiefachen Periode
des *u*-Umlauts im Westnordischen. Dagegen hatte sich *Wadstein*
S. 142 ff. in einem längeren Excurs gewandt, die von *Söderberg*
angeführten nicht umgelauteten Formen bei erhaltenem *u* zum
grössten Teil als Analogiebildungen erklärt und ausserdem eine
Anzahl Formen mit tatsächlichem Umlaut und *u* in der folgenden
Silbe beigebracht. Diesen wendet sich nun *Kock* zu, indem er
zeigt, wie unsicher das von *Wadstein* angeführte Material aus den
Ortsnamen ist. Sodann erklärt er die übrigen Formen als Fälle
eines kombinatorischen Lautwandels, d. h. es habe in diesen nicht
nur der folgende Vocal, sondern auch die Art der die Wurzelsilbe

## D. r-Umlaut des i.

Auf S. 90 f. seiner Abhandlung fasst *Leffler* das Resultat seiner sich nur auf *i* vor Nasal beziehenden Untersuchung folgendermaassen zusammen: „Im Altnordischen mit den dazu gehörenden neueren Mundarten ist der r-Umlaut von *i* zu *y* vor *ng* durchgehends eingetreten, sofern *i* nicht die Wurzelsilbe beginnt, z. B. altnord. *syngra, slyngra, þryngra, lyng.* Möglicherweise finden sich ein paar alte

---

schliessenden oder einleitenden Consonanten mitgewirkt. Mit Recht sind von den von *Wadstein* angeführten Formen solche wie *byskuper, s(w)ystur, myklu(m), (w)ymumaþer* auszuschliessen. Hier hat zur Entwicklung des Umlauts der das Wort anfangende labiale Consonant wesentlich beigetragen. Das Gleiche ist der Fall im Praet. Pl. *voro* und im Adverb *h(w)oro,* worüber *Kock, Ark.* V, 46 ff. Der o-Laut in *honom, Omundus* (bei *Saxo*) und vielleicht auch in *Mogens* sei als directer Übergang eines nasalierten *ā* zu *ō* zu betrachten.

*Falk, Ark.* VI, 114 f. und *Wadstein* S. 70 ff. nehmen dagegen an, dass zunächst der Übergang in *ǫ́* eingetreten sei, worin sie, wie ich glaube, Recht haben. Darin dass *Moghens* vielleicht Lehnwort aus anorw. *Mǫgnis* sei, mag man *Kock* beistimmen. Wenn ferner das *w* in der Lautverbindung *ggw* Umlaut wirkt, während es nach *K.* sonst, sofern es erhalten, einen solchen nicht ausübt, so erblicke ich darin, sowie in den Fällen mit Nasal nach dem Wurzelvocal, nur eine Bestätigung dessen, was *Wadstein* negativ ausdrückte, wenn er meinte, es könnten vielleicht gewisse Consonanten oder Consonantengruppen Umlaut hindernd sein, d. h. doch mit andern Worten, dass andere Consonanten in Verbindung mit *u, w* diesen befördern, wir also in solchen Fällen das haben, was *Kock* einen kombinatorischen Umlaut nennt, der nur regressiv seine Wirkung ausübt, während allerdings, in den davon zu unterscheidenden Fällen wie *byskupe(r)* ein regressiver und progressiver Umlaut vorliegt. Wie man sich aber auch entscheiden mag, will man mit *Wadstein* für das Schwedische einen Umlaut bei erhaltenem *u* annehmen oder nicht, für das Westnordische wird an dem Verhältniss, wie es *Wadstein* darstellt und wie es meine obigen Ausführungen dargestellt haben, nichts geändert. Auch das ist im Grunde für die h i e r vorliegende Aufgabe gleichgiltig, ob man für das Westnordische zwei oder eine Umlautsperiode annehmen will. Es kam hier vor Allem darauf an zu zeigen, dass in der älteren isländischen Sprache eine grosse Anzahl von nicht umgelauteten Formen sowol bei erhaltenem wie geschwundenem *u* vorkommen.

Die gelegentlichen Hinweise auf *Söderberg's* Arbeit sind später hinzugefügt worden.

Formen *singva* und *lingva* ohne *v*-Umlaut, jede einmal in Fragmenten ältester Schriften bewahrt. Ein wurzelbeginnendes *i* vor *ng* und *nk* hat in demselben Wort zuweilen Umlaut, zuweilen nicht, z. B. *Yngvi* und *Ingi*, *ykkarr* und *\*ikkar* (in den neunorwegischen Mundarten fortlebend). — Vor *nk* kann im Altnordischen in allen anderen Fällen als in dem zuletzt genannten ein *v*-Umlaut von *i* nicht in Frage kommen, da hier in der Wurzelsilbe ein älteres *e* erhalten bleibt und nie zu *i* übergeht, wie vor *ng*, z. B. *støkkva*, *søkkva*, *\*skrøkkva*, *hrøkkva* und *kløkkva*." *Gisl. om helr.* 43 f. führt eine Anzahl Verse auf, in welchen, wie er meint, die Ausgaben und auch teilweise die Handschriften fälschlicherweise in der *aðalhending ygg : igg* haben. Von unserem Material gehören folgende Verse hierher: *Falstrbyggva : tiggi Arn. jarl.* *Hkr.* 543,15a; *Fjónbyggva : tiggi Arn. jarl. Hkr.* 586,17b; *glygg : tiggja Þjóþ. sk. Hkr.* 559,23b; *hnyggr : tiggi Valgarþr Hkr.* 560,5a.

In allen diesen, und den andern von ihm angeführten Fällen, ersetzt er, wie es *Egilss. lex. pœt.* 827a-b und 814a[5-11] vor ihm getan, vgl. auch *Cl. V.* 646a, um den Vollreim herzustellen, das *i* in *tiggi* durch *y*, indem er bemerkt, dass *Snorri Sturluson* der Erste gewesen sei, der *tiggi* gereimt habe, nämlich in *Háttatal* 74[2] *hlunnvigg : tiggja*; sodann führt er noch den Vers der 1345 gedichteten *Guðmundardrápa Arngrims þiggja : tiggi* an. Gegen die Einsetzung des *y* in *tiggi* wird man zunächst nichts einwenden können, wenn aber *Gisl. tyggi* für die ältere Form hält und S. 44 von einem Lautübergang von *tyggi* zu *tiggi* spricht, so dürfte er das Verhältniss gerade umkehren. Wie schon erwähnt führt *Leffler* die Formen *singva* und *lingva* an, die er nur zweifelnd als alte annimmt, während er dies bei *Ingi* und dem aus dem Neunorwegischen erschlossenen *ikkar* nicht tut, indem er ein Gesetz aufstellt, wonach die Erhaltung des *i* durch seine Stellung am Anfang des Wortes bedingt sei. Die Verse, denen *Leffler* seine Formen entnimmt, sind aus der *Eyrbyggjasaga* ein Vers des dem 10. Jahrh. angehörenden *Þórarinn svarti skáld þings : syngva*, aus *Fms* V, 234 vor dem 1030 gestorbenen

*Þorfinnr munnr hringi:lyngva* und aus der *Haustlǫng* des *Þjóþolfr ór Hvíni* (*Wis.* 10,6) *Yngifreys:þingi.* Zu diesen, wie ich glaube, zweifellos sicheren Beispielen füge ich noch hinzu *trygglaust:þrigga Þjóþ. hv. Wis.* 9; 1,6, wofür schon *Gísl. Aarb.* 1876, S. 329 *trigglaust* lesen will, *jarþbyggvi:liggja Ein. Skál. Wis.* 29; 24,2 und den Vers *Sturlas Inga:gerningum Kgs.* 472,37a. Die sicheren Beispiele für *i*-Formen reichen also vom 10. bis ins 14. Jahrh. Der Reim des dem 10.—11. Jahrh. angehörenden *Ein. Skál.* lässt nun ein *biggva* erschliessen. Ein grosser Teil der Reime mit *tyggi* reimt aber mit *byggva*, resp. davon abgeleiteten Wörtern; erwägt man nun ferner, dass im 13. und 14. Jahrh. *tiggi*, durch Reime gesichert, begegnet; sodann dass auch für *tyggi* einmal früher eine Form *tiggi* bestanden haben muss, so wird man es nicht für zu kühn halten, wenn ich die handschriftlich gesicherte *i*-Form, die von *Gísl.* beseitigt war, wieder in ihre Rechte setze.

Ob man auf Grund von *Ingi* und des von *Leffler* angenommenen *\*ikkarr* wirklich ein Gesetz aufstellen kann, wonach wegen des anlautenden *i* der Umlaut zuweilen nicht eingetreten sei, erscheint mir zweifelhaft, ein physiologischer Grund, weshalb das *i* am Anfang anders behandelt sein sollte als im Inlaut, ist mir nicht ersichtlich[1]. Von dem vor *o, u* bei einem dem *i* unmittelbar vorhergehenden labialen Consonanten eintretenden Umlaut (vgl. *Nor. aisl. Gr.* § 70,5), also von Fällen wie *byskop, myklom* finde ich in meinem Material keine Spur. Ebensowenig bieten meine Sammlungen Anlass zu Bemerkungen zu den von *Nor.* a. a. O. 6 ff. angeführten weiteren Arten des *v*-Umlauts. Auch den schon in urnordischer Zeit abgeschlossenen *i*- und *R*-Umlaut habe ich hier nicht zu behandeln.

## Die Brechung.

Ein *e* in starktoniger Silbe wird, ausser nach *v, r. l* und vor intersonantischem *h*, durch ein *a, o* oder *u(v)* der

---

[1] Vgl. *Söderberg, några anmärkn. om u-omlj. i fornsv.* S. 25 Anm. 2.

folgenden Silbe in resp. *ea, eo, eu,* woraus später *ia, io, iu*
wird, gebrochen. Im Anord., besonders im Aisl., jedoch nicht
in den allerältesten Handschriften, z. B. in der *Placitúsdrápa,* sind
indessen die Brechungsformen *io* und noch mehr *iu* ziemlich
selten in Folge häufiger Ausgleichung, wobei *io, iu* durch *ia*
oder dessen *u*-Umlaut *iǫ* ersetzt wurde[1]). So ungefähr stellt
*Noreen Grdr. d. germ. Phil.* I, 446 die Regel für die Brechung
dar. An Beispielen, dass tatsächlich *io* und nicht wie man
früher meinte *iǫ* die lautlich entwickelte Form gewesen ist,
führt er an westnord., aschwed. *miolk* aus *\*melok,* Nom. Acc.
Neutr. westnord. *fiogor,* aus *\*feɣor* aschwed. *aisl. fiol.* Für
*iu* westnord. *fiugur,* aschwed. *fiughur, adän. fiughær* aus
*\*feɣur;* anorw. *þiukkr,* aschwed. *þiukker* aus *\*þekkw-.* Durch
Ausgleichung können ferner gebrochene Formen durch unge-
brochene ersetzt werden und umgekehrt, so dass z. B. zwei
Paradigmata neben einander entstehen. Für die Annahme
*Noreens,* dass *jo* das Ursprüngliche ist, bringt *Wadstein* § 8 *a*
einen starken Beweis bei aus der Orthographie des norweg.
Homilienbuches, indem er darauf hinweist, dass der gebrochene
Vocal nur einmal mit ω, *hiωrtum,* geschrieben wird, sonst
immer *io,* während, wo es sich um den *u*-Umlaut des *a* handelt,
ω fast ebenso oft vorkommt wie *o.*

Aus den Reimen vermag ich für *io, jo* nur den Vers
des *Sighv. sk. Wis.* 41; 2,8 *hers flokki viþ þjokkva* anzu-
führen.

Aus dem Umstand, dass zum Jahre 855 der Name des
Vikingerhäuptlings *Bjǫrn Eisenseite* als *Berno* erwähnt wird,
schliesst *Brate,* Beitr. X, 74, wol mit Recht, dass um diese
Zeit die Brechung noch nicht eingetreten war. Einen weiteren
Beweis dafür, dass erst ums Jahr 900 die Brechung auftritt,
haben wir in dem schönen Fund, den *Zimmer Z. f. d. A.*
35, 136 gemacht hat. Er weist nämlich aus den irischen Ulster-
annalen als anord. Lehnwörter nach: fürs Jahr 847 *erell,* 892 *ierll,*
917 *iarla,* also eine Form mit ungebrochenem *e,* eine solche,

---

[1]) Vgl. aus *Placitúsdrápa,* Ed. *F. Jónsson, opusc. philol.* 1887,
S. 210 ff., S. 222: *fiornes* 1,1, *hiortr* 2,20, *hiorþ* 3,40, *biorg* 5,4,
*iorþ* 5,10, *hiorva* 8,4 etc.

welche die Zwischenstufe zwischen *e* und *ia* aufweist, und
zuletzt eine mit dem gewöhnlichen altnordischen Lautstand.
Auch in unsern Reimen erscheint die Brechung schon für
diese Zeit als gesichert. Aus den Versen *Brages* lässt sich
weder für noch gegen das Vorkommen der Brechung ein
Beispiel anführen, da derselbe wie bekannt keinen Vollreim
verlangt, so dass selbst wenn ein *io* oder *iǫ* (resp. *ia*), welches
durch Brechung entstanden ist, mit einem *o* resp. *ǫ* (resp. *a*)
anderen Ursprungs reimte, dies noch kein Beweis für das Vor-
kommen des gebrochenen Vocals wäre, ebensowenig wie das
Umgekehrte der Fall wäre, wenn ein sonst der Brechung unter-
liegendes *e* durch ein anderes gestützt würde.

Die ältesten sicheren Beispiele für gebrochenes *e* sind
folgende:

> Þjóþ. hv. *leikblaþs : fjaþrar Wis.* 10; 12,6.
> Eyv. skaldasp. *skjaldum*[1]*) : aldri Hkr.* 112,2b.
> Þorbj. hornkl. *hjaldrskíþs : galdra Wis.* 14; 2,2.
> Eilífr Guþr. *djarfan : arfi Wis.* 31; 10,5.
> Glúmr Geir. *garþs : Eylimafjarþar Hkr.* 134,24a.
> Þjóþ. hv. *okbjǫrn : Mǫrna Wis.* 9; 6,4.

Aus dem zuletzt angeführten Reim geht zugleich hervor,
dass schon frühzeitig das *o* durch *ǫ* ersetzt worden ist.

Schon oben war darauf hingewiesen worden, dass durch
Ausgleichung aus einem Paradigma, in welchem gebrochene
mit ungebrochenen Formen wechselten, entweder deren zwei
entstanden, von denen das eine gebrochenen, das andere unge-
brochenen Vocal durchgehends hatten, oder nur ein Paradigma,
in welchem einer der beiden Vocale den Sieg errungen hatte.
Einen schönen Beweis für den ursprünglichen Wechsel inner-
halb eines Paradigmas, welchen man früher leugnete (so *Paul.*
Beitr. VI, S. 23 f.), hat *Hoffory* im *Ark. f. n. f.* 1, 45 an-
geführt, indem er auf den Vers des *Þjóþ. hv. Hkr.* 75,29b
hinwies, in welchem der Reim statt *eþr : Jaþri eþr : Eþri* zu
lesen ist, eine Form, welche später ganz durch *jaþri* verdrängt
worden ist. Beispiele, in denen das *e* analogisch wieder her-

---

[1]) Wo *skjoldum* natürlich lautgesetzliche Form wäre, und das *a*
nur, wie des Öfteren, Analogieschöpfung ist.

gestellt ist, s. *Nor. Grdr.* I, 446 und *aisl. Gr.* § 87. Aus den
Reimen führe ich an: *Ellu*: *bella Eil. Gußr. Wis.* 32; 19,8;
*hels*: *frelsi Valgarþr Hkr.* 560,9*b*; *dvergranns*: *Tunbergi Iatg.*
*Kgs.* 286,20*b*; *gunnspelli*: *felli Sturla Kgs.* 472,9*b*. Ein Verbum
*bjalla* neben *bella* kommt nicht vor, dagegen haben wir *frjalsi,*
*bjarg, spjall.*

Haben nun, wie man früher meinte, die auf das ursprüng-
liche *e* folgenden Consonanten eine Wirkung auf das Eintreten
der Brechung oder nicht[1])? Der richtigen Ansicht gibt wol
*Noreen* Ausdruck, wenn er *aisl. Gr.* § 83 Anm. sagt: „wenn
die Brechung am öftesten vor *r, l* auftritt, so beruht dies
einfach darauf, dass das urgermanische *e* am häufigsten in
dieser Stellung stand", vgl. *Paul,* Beitr. VI, 16 ff. Noch
richtiger hätte *Noreen* sagen sollen, wie schon die Bemerkung
*Wimmers* es ausspricht, *r, l* + Consonanz.

Ich will im Folgenden für das Vorkommen der Brechung
einige Zahlen anführen, zunächst für die durch *a,* dann für
die durch *o, u* bewirkte. Zur ersten Klasse rechne ich auch
die Beispiele, in welchen *ia* nur Analogieschöpfung ist, also
z. B. eine Form wie *skjaldum* für lautgesetzliches, resp. aus
lautgesetzlichem *skjoldum,* auch erst wieder analogisch ent-
standenes *skjǫldum.* Ich führe nur ganz sichere Fälle an,
d. h. ich scheide aus alle *skothendingar,* sodann von den
*aþalhendingar* diejenigen, in welchen gebrochener Vocal mit
gebrochenem reimt, in ( ) führe ich die einzelnen Wörter auf,
auf welche sich die Formen verteilen.

I. *ia* steht:
    1) vor *l* + Consonanz:
*l* + *d* 35 ( 3 mal *sjaldum,* 7 *tjald,* 10 *hjaldr,* 8 *gjalda,*
          7 Formen v. *skjǫldr*)
*l* + *f*  8 ( 7 *sjálfr,* 1 *bjálfi*)
*l* + *m* 12 (11 *hjálmr,* 1 *jálmr*)
*l* + *p*  1 ( 1 *hjálpask*)
*l* + *l* 26 (23 *snjallr,* 1 *fjalla* g. pl. v. *fjǫll*; 2 *spjalli*)
    82 (14 verschiedene Wörter).

---

[1]) Vgl. *Wimmer anord. Gr.* § 15 Anm.: Brechung tritt selten
anderswo ein als vor *r* u. *l* mit folgendem Consonanten (also *bera,*
tragen, *stela,* stellen u. s. w.).

2) vor $r$ + Consonanz:

$r + f$  5 ( 5 *djarfr*)
$r + g$  1 ( 1 *bjargar* von *bjǫrg*)
$r + l$  17 (17 *jarl*)
$r + n$  4 ( 2 *gjarn*, 2 *jarn*)
$r + r$  3 ( 3 *fjarri*)
$r + t$  4 ( 2 *bjartr*, 2 *hjarta*)
$r + þ$  7 ( 1 *jarþ*, 3 *jarþar*, 3 *fjarþar* v. *fjǫrþ*)
———————
41 (10)

$l, r$ + Consonanz 124 (25).

3) vor andern Consonantengruppen:

$þ + r$  4 (1 *fjaþrar*, 3 *jaþri*)
$f + n$  5 (5 *jafn*)
$p + t$  1 (1 *kjapta*, Acc. Pl. von *kjǫptr*)
———————
10 (4).

4) vor einfacher Consonanz:

$r$ 2 (1 *fjara*, Verb., 1 *skjarr*)
$l$ 1 (1 *hjal*)
———————
3 (3).

II. *iǫ (io)* steht:

1) vor $l$ + Consonanz:

$l + d$  5 (1 *gjǫldum*, Dat. Pl., 4 *skjǫldu*)
$l + l$  5 (1 *snjǫll*, 1 *snjǫllum*, 3 *fjǫll*)
$l + þ$  1 (1 *fjǫlþi*)
———————
11 (5).

2) vor $r$ und Consonanz:

$r + g$  1 (1 *hjǫrgum*)
$r + l$  1 (1 *jǫrlum*)
$r + n$  2 (1 *bjǫrn*, 1 *stjǫrnu*)
$r + t$  2 (1 *bjǫrtu*, 1 *hjǫrtu*)
$r + þ$  6 (3 *jǫrþ*, 2 *jǫrþu*, 1 *fjǫrtum*)
———————
12 (8)

$l, r$ + Consonanz 23 (13).

3) vor anderer Doppelconsonanz:

$f + n$ 1 (1 *jǫfn*)
$k + k$ 1 (1 *þjokkva*)
———————
2 (2).

4) vor einfacher Consonanz:

r  4 (1 *hjǫrlautar*, 1 *hjǫrvi*)
f  6 (6 *jǫfurr*, resp. Formen davon)
k  1 (1 *mjǫk*)
_____
11 (3).

Nehmen wir nun beide Arten der Brechung zusammen, so erhalten wir:

1) *r, l* + Consonanz  147 (33) = 84,97 % (73,33 %)
2) andere Doppelcons.  12 ( 6) =  6,94 „ (13,33 „ )
3) vor einfacher Cons.  14 ( 6) =  8,09 „ (13,33 „ )
_____
173 (45).

### Der Wechsel von *e* und *i* innerhalb eines Wortes.

Es ist bekannt, dass idg. *e* vor *n* + Cons. urgermanisch zu *i* wird. Eine ähnliche Neigung herrscht nun im Altnordischen (vgl. *Nor. aisl. Gr.* § 143 Anm.), und zwar hauptsächlich vor *ng*[1]). Der Vers *Brages, Wis.* 3; 10,8 *hringa þeir of fingu* böte uns das älteste Beispiel einer solchen *i*-Form, wenn er beweiskräftig wäre. Aber die Codices haben hier teils *fengu*, teils *fingu*, und wie wir wissen, ist *aþalhending* an gerader Stelle nicht durchaus notwendig für *Brage*. Ein zwingender Grund, hier *fingu* zu lesen, wie *Wisén* will, was ich allerdings auch für das Wahrscheinliche halte, liegt also nicht vor. Die ältesten sicheren Beispiele, die ich für eine *i*-Form gefunden habe, stammen aus dem 10. Jahrhundert.

Es sind die Reime:

*hringbalkar : gingu Eil. Guþr. Wis.* 32; 13,4.
*afspring : þingat Korm. Ogm. Wis.* 26; 5,2.
*hringskyrtur : gingu Hallfr. vandr. Wis.* 35; 9,8.
*hringfirþi : þingat Sighv. sk. Wis.* 39; 10,4.
*hringmiþlǫndum : þingat Sighv. sk. Hkr.* 253,18 a.
*hrings : þingat Sighv. sk. Hkr.* 523,14 b.
*fylking : gingu Þjóþ. sk. Hkr.* 606,21 a.
*naþrbings : finginn Bjǫrn krepph. Hkr.* 647,26 b.
*þingat : hringum Arn. jarl. Hkr.* 541,31 b.
*ǫþlinga : þingat Ein Skúl. Wis.* 54; 5,6.
*heiþingja : gingi Ein. Skúl. Wis.* 60; 55,4.
*hrings : gingu Haukr Vald. Wis.* 80; 14,6.

_____
[1]) Doch vgl. jetzt *Nor. Grdr.* I, § 221 b.

*erfingi : fingin* Haukr Vald. *Wis.* 79; 7,6.
*ddpfinginn : hofþingja* Sturla *Kgs.* 320,14 a.
*gingu : drengir* Bjarni Kolb. *Wis.* 71; 29,4 (hier ist *skot-
    hending* erforderlich).

Nicht ganz sicher ist der Reim des *Bjorni gullbr.*
*Erlingr : finginn* Hkr. 447,2 a, da wir bei seinem Zeitgenossen
*Sighv. sk.* den Reim *Erlengr : lengi* Hkr. 445,4 finden, auf
welchen sich berufend auch *Gisl. om helr.* 12 f. den Vers
*Þórvarþs Þorgeirsson* aus dem 12. Jahrh., *Sturl.* I, 110 u.
*Bp.* I, 411 *snarfingr : Erlinge* mit *e*-Formen lesen will. Aber
dies ist keineswegs gesichert, denn von dem gleichfalls dem
12. Jahrhundert angehörenden *Þorbjorn skakkakáld* haben
wir den Reim *Erlingr : vikingum*, an dem wol kein Zweifel
gestattet ist. Jedesfalls haben wir in dem Verse *Sighvats*
aus vorlitterarischer Zeit, aus dem 11. Jahrhundert, ein Bei-
spiel für das *e* in der Ableitungssilbe *-engr* statt des später
üblichen *-ingr*.

Dass aber ein Dichter, bei welchem sich *i*-Formen finden,
daneben auch unbedenklich Formen mit *e* anwendet, mögen
folgende Reime zeigen:

*þengill : framgenginn* Hallfr. vandr. *Wis.* 27; 25,2.
*þengils : gengi* Sighv. *sk.* Hkr. 437,31 b.
*Englands : fengum* Sighv. *sk.* Hkr. 437,19 a.
*þengils : fengit* Þjóþ. *sk.* Hkr. 607,8 b.
*þengils : fengit* Sturla *Kgs.* 458,10 a.

Anders als mit den oben besprochenen verhält es sich
mit einer Anzahl von Fällen, in welchen neben einer grossen
Mehrheit von Formen mit *e* solche mit *i* auftreten, jedoch
äusserst selten, es sind Formen wie *rinna, brinna, snimma* etc..
vgl. *Noreen aisl. Gr.* § 140 Anm. In diesen Formen ist *i*
das ältere, die Gründe zu dem Lautwandel sind noch nicht
erkannt[1]). Aus meinem Material vermag ich nur zwei der-
artiger Formen zu belegen, nämlich bei *Þjóþ. hv. ginnregin :
brinna* Wis. 10; 13,2 und *ginnungaré : brinna* Wis. 10; 15,4
und bei *Hallfr. vandr. régrimmr : snimma* Wis. 34; 4,4.

---

[1]) Doch vgl. jetzt *Nor. aisl. Gr.³* § 139,86.

In dem Verse des *Arnórr jarl. Venda : spendi Wis.* 45; 11,6
ist *Venda* Gen. Pl. von *Vindr*, wie *fóta* zu *fótr, gefanda :
gefender*, vgl. *Bugge, Ark. f. n. f.* II, 229.

## Kürzung eines langen Vocals.

Nach *Noreen, Grdr. d. g. Ph.* I, 451 tritt Kürzung eines
langen Vocals ein: a) vor zwei Consonanten oder einer Geminata,
und zwar sei hier ausserordentlich oft die lautgesetzliche Form
mit kurzem Vocal zu Gunsten des langen Vocals durch
Analogiebildung verdrängt worden; b) in schwachtoniger Silbe,
sei es dass sie dies schon ursprünglich gewesen, oder erst
durch Schwächung einer starktonigen Silbe geworden ist. Da
die Verkürzung der unter b) angeführten Fälle im Allgemeinen
schon im Urnordischen durchgeführt ist, und da ferner von
den wenigen vorhandenen Doppelformen, wie aisl. *hána* neben
*hana* unser Material, kein Beispiel darbietet, so beschäftigt
uns nur die unter a) aufgeführte Regel. Es ist zweifelhaft,
ob die Fassung eine ganz richtige ist; tatsächlich stellt sich
das Verhältniss so, dass wir vor Geminata fast immer Ver-
kürzung haben und nur selten analogische Neuschöpfungen,
während vor Doppelconsonanz nur zuweilen Verkürzung er-
scheint, in den meisten Fällen aber Formen mit langem Vocal.
Man wird aber die Regel vielleicht so fassen dürfen: Ver-
kürzung eines langen Vocals tritt ein vor Geminata; zuweilen
auch, unter uns noch unbekannten Bedingungen, vor Doppel-
consonanz[1]). Ich gebe im Folgenden die Beispiele, zu denen
man vgl. *Gisl.* in *Aarb.* 1866, 278 ff.

### a) Verkürzung vor Geminata.

*minn*, Nom. Acc. Sg. Masc., erscheint durch folgende
Reimwörter gesichert:

*innan Arn. jarl. Wis.* 45; 7,6; *þinnig Þór. loft. Hkr.* 440,24*a*; *finna
Sighv. sk. Hkr.* 309,6*b*; *finna Magn. kon. berf. Hkr.* 654,28*b*.
*minni*, Dat. Sg. Fem., reimt *Þjóþ. hv. Wis.* 10; 13,6 auf *Finns.*
*þinn* ist gesichert durch *innan Sighv. sk. Hkr.* 429,30*b* und *finna*
bei *Eyv. sk. Hkr.* 112,13*a*.

---

[1]) So trägt Prof. *Hoffory* die Regel in seiner Vorlesung vor.

þinnar : finnumk Sighv. sk. Hkr. 307,17 a.
þinni : dólglinns bei Ótt. sv. Hkr. 220,13 b : innan Sturla Kgs.
438,19 b.
sinn : innan Sighv. sk. Hkr. 321,8 b; Hkr. 431,6 b.
sinni : stinnum Ól. helt. Kgs. 380,9 b; : innan Sturla Kgs. 461,31 a.
sinna : minnask Sighv. sk. Hkr. 521,22 b.

Daneben begegnen folgende Formen mit i:

minn : sina Sighv. sk. Wis. 43; 14,2; : þinn Sighv. sk. Hkr. 248,35 a;
: sinum Sighv. sk. Hkr. 490,30 a.
þinn : sinn Sighv. sk. Wis. 42: 3,4; : mina Bersi Hkr. 254,19 b.
sinn : Rinar Sighv. sk. Hkr. 310,20 a.

Beispiele, sowol für -itt, wie für -itt fehlen mir, auch
Gisl. Aarb. 66,300 ff. bringt neben 54 Beispielen auf -inn
nur das eine aus Liknarbraut 50 þitt : hitta, welches wol
ca. 1200 zu datieren ist; für -itt führt er an aus dem 11. Jahrh.
den Vers des Bjǫrn hitdœlakappi (Ausg. 1847, S. 63)
mitt : hritti und den des Norwegers Rǫgnvaldr jarl aus dem
12. Jahrh. mitt : litit. Die fünf übrigen angeführten Beispiele
sind nicht beweiskräftig, da Reime wie sitt : stritt natürlich
ebenso sitt : stritt gelesen werden können. Besonders liebt,
wie auch die Beispiele bei Gisl. zeigen, Sighv. sk. die Formen
der Pronomina mit langem i.

Weitere Beispiele einer Kürzung vor Geminata sind:

skirr : firrask Sighv. sk. Hkr. 521,31 a [1]), vgl. Gisl. a. a. O. 291.
Þórroþr : forþum Sighv. sk. Hkr. 520,31 b (es ergibt sich also ein
Þorroþr neben sonst gebräuchlichem Þóroþr, vgl. Grdr. d. g.
Ph. I, 451) [2]).
dýrr : fyrri Eyr. sk. Hkr. 112,2 a.
brynn : mynni Hallarst. Herd. Wis. 49; 15,4.

## b) Verkürzung vor Doppelconsonanz.

Dass dem anord. Verbum árna ein d gebührt, hat schon
Gislason, Aarb. 66,280 richtig erkannt, nur ruhte seine Beweis-
führung auf veralteter Grundlage. Er sah nämlich im Anschluss
an Pott und Bopp in dem gotischen airus „der Bote" und
airinon „Gesandter sein" eine Ableitung einer Vir. welche

---

[1]) Kph. III, 12 liest richtig skirr.
[2]) Beispiele für Þorþr statt Þórþr s. bei Gisl. Aarb. 66,292.

„Schwächung" von $\sqrt{ar}$ „gehen" sein sollte. Das *ai* in *airus* war ihm also *ai*. Altnordisch *árr* sollte dagegen „Verstärkung" der Wurzel *ar* enthalten. Heut besteht wol kein Zweifel mehr darüber, dass im Gotischen alter Diphtong *ai* vorliegt (vgl. *Braune got. Gr.* § 20,2), welchem regelrecht Altnordisch *á* entspricht, und dass gotisch *airus, airinôn* ihre genauen Entsprechungen in anord. *árr, árna* finden. Kürzung finden wir nun bei diesem Verbum in einem Verse des *Þorleikr fagri Hkr.* 572,29 a *heiptgjarn : árnat*.

Auch dem aus *isarn* entstandenen *járn* gebührt *á*; verkürzt hat es: *arnar : járni Þjóþ. sk. Hkr.* 592,19 b; *arnar : járnum Þorbj. skakk. Hkr.* 470,12 b, wo *arnar*, Gen. Sg. von *ǫrn*, keinen Zweifel über die Kürze des *a* zulässt.

Weitere Verkürzungen finden wir in folgenden Versen:

*rask : háski Sighv. sk. Hkr.* 521,29 b; *háski* „die Gefahr", vgl. *háttr* Adj. gefährlich, hat sonst *á*, wie z. B. auch der Vers des *Þórþr Kolb. sásk : háska Hkr.* 154,34 a zeigt, weitere Beispiele s. *Gisl.* a. a. O. 288 u. *om helr.* 49.

*vindversk : gindu Ein. Skúl. Wis.* 57; 29,8; *Vinda : gindu Halld. ókr. Hkr.* 216,14 a; *ginda* ein schon früh vorkommendes schwaches Præteritum zu dem starken Verbum *gina*, vgl. *Nor. aisl. Gr.* § 399, Anm. 2 u. *Cl.-Vgf.* S. 201.

*jafnvist : Lista Sighv. sk. Hkr.* 310,24 a; *vist* Neutr. von *viss*; dass aber *Listi* kurzes *i* hat, zeigt der Reim desselben *Sighv. Hkr.* 274,24 a *ristu : Listu*.

*borþs : fjórþa Haukr Vald. Wis.* 81; 24,8; *borþs : fjórþu Hallarst. Herd. Wis.* 49; 29,4; zu *fjórþi* vgl. *Gisl.* a. a. O. 285.

*frost : brjósti Eyst. Ásgr. Wis.* 97; 78,2; das *jó* in *brjósti* entspricht altem *io* < urnord. *eo*, vgl. *ags. breóst, as. breost*; *Nor. aisl. Gr.* § 44; *Kluge etym. Wtb.*[4] § 44; vgl. *Gisl.* a. a. O. 282.

*glyms : ýmsir Ólafr hvit. Kgs.* 374,12 b. Über die in diesem Adjectivum in den synkopierten Formen des Öfteren eintretende Kürzung vgl. *Gisl.* a. a. O. 295; *Nor. aisl. Gr.* § 154,3 u. § 338 Anm. 1.

*styrkan : dýrka Ein. Skúl. Wis.* 54; 7,4; *styrks : dýrka Ein. Skúl. Wis.* 60; 57,6.

*dýrþ : fyrþum Ein. Skúl. Wis.* 56; 24,2; *dýrþ : fyrþa Ein. Skúl. Wis.* 59; 45,2; *dýrþar : yrþi Sighv. sk. Hkr.* 522,24 b; *dýrþar : vyrþi Eyst. Ásgr. Wis.* 89; 14,2; *dýrþar : fyrþa Eyst. Ásgr. Wis.* 96; 68,8; *Wis.* 97; 74,2.

*dýrka* und *dýrþ* sind abgeleitet von dem Adj. *dýrr*, welches seinerseits auch gelegentlich, wie wir oben sahen, in verkürzter Form gebraucht wird, vgl. *Gisl.* a. a. O. 283 f. Hierher gehört ferner wol auch der Vers des *Glúmr Geir. bóls: Hólsi. Gisl. Aarb.* 1866, 251 macht es wahrscheinlich, dass der Ortsname *Hóls* identisch ist mit *hals*, welches kurzes *a* hat. Er ist nun im Zweifel, ob *bóls: Hólsi* zu schreiben ist, und wir demnach eine sehr frühe Vocaldehnung haben, oder ob *bals: Halsi* das Richtige ist und eine Verkürzung des *á* in *bóls* vor Doppelconsonanz anzunehmen ist. Ich glaube, man wird sich für das letzte entscheiden müssen. Wie wir sehen werden, haben wir Beweise dafür, dass wenigstens vor *l* + Cons. noch im 11. Jahrh. die Dehnung nicht eingetreten ist, ich sehe daher nicht ein, wie man dazu kommen sollte, in diesem einzelnen Fall schon fürs 10. Jahrh. „einen frühzeitigen Spross der Verlängerung" zu sehen, vgl. *Nor. aisl. Gr.*² § 111 Anm. 2.

Sodann ist hier auch die Verkürzung von urspr. *ei* in *e,* wie in *enge, mestr* etc., vgl. *Nor.* § 111, anzureihen. Doppelformen sind hier selten, ich vermag aus meinem Material nur den Vers des *Bjarni gullbr. Hkr.* 456,30b *frest: cestan* anzuführen, während z. B. *Mark. Skeggj. Wis.* 53; 23,4 *reist: freista* hat. Ferner sei an den Reim *Brages* bei *Gering* 24,8 erinnert *rallrauf: haufoþ,* während wir sonst überall die aus den obliquen Casus eingedrungene Form *hofoþ* haben, vgl. *Nor.* § 111 Anm.

In einigen Fällen hat man früher unberechtigter Weise Kürzung eines langen Vocals angenommen, in denen man es tatsächlich mit urspr. kurzem Vocal zu tun hat. Dies geschah vor Allem, verführt durch die neuisländische Aussprache und Schreibung der Praeterita reduplicierender Verba. Schon *Gisl.* zeigte *Ann. f. n. oldk.* 1860, S. 327 ff., dass diesen Praeteriten den Reimen der Skalden nach kurzer Vocal zukäme und *Sievers* nahm dies Beitr. I, 504 ff. auf. Gleichwol nahm noch *Noreen, aisl. Gr.* § 110 in Formen wie *fekk, gekk, helt, fell* Kürzung eines urspr. langen *e* an, welches sich in *lét, blés* zeigen sollte. *Hoffory* schien nun in *Kuhn's Zeitschr.* XXVII, 599 überzeugend die völlige Lautgesetzlichkeit der Formen mit kurzem *e* nachgewiesen zu haben[1]).

Aus dem von mir benutzten Material gehören folgende Reime hierher, die für Kürze des *e* beweisend sind:

*fell* : *svell* *Ein. Skúl. Hkr.* 742,11 *a* f.: *felli* : *svelli* *Eg. Skall. Wís.* 21; 8,5 *f*.

*Englands* : *fengum Sighv. sk. Hkr.* 437,19 *a*.

*þengill* : *fengo Þór. stuttf. Hkr.* 686,19 *a*.

*gekk* : *drekka Þórþr Sjár. Hkr.* 107,8 *b*.

„ : *snekkju Arn. jarl. Hkr.* 596,1 *a*.

„ : *drekka Stúfr sk. Hkr.* 630,25 *b*.

„ : *stekkvir Bjǫrn krepph. Hkr.* 646,33 *b*.

„ : *rekka Ól. hvít. Kgs.* 303,31 *a*.

*fekk* : *rekka Ól. hvít. Kgs.* 340,29 *b* [2]).

----

[1]) *Noreen, Grd. d. g. Ph.* I, 511 hält jetzt diese Bildungen für „Imperfectpræsentia“.

[2]) Wie ist in dem Verse des *Þorkell Skallason Hkr.* 624,19 *a* ff. zu lesen, *helt* : *veltan* oder *hélt* : *véltan*. Die visa lautet im Ganzen:

> *Vist hefr Valþjóf hraustau*
> *Vilhjalmr, sá's rauþ malma*
> *hinn es haf skar sunnan*
> *hélt í trygþ um véltan.*

Dass da *é* in *véltan* zunächst als lang anzusetzen ist, unterliegt wol keinem Zweifel. *véltr* ist Particip Prætr. von *véla* „betrügen“. Das Verbum *véla* (*væla*), Præt. *vélta* ist abgeleitet von *vél f.*, welches nach *Cl.-V.* 692 die Bedeutungen hat: 1) *an artifice, craft, device;* 2) *an engine, machine.* Es selbst bedeutet: 1) *to defraud, trick;* 2) *um e-t to deal, manage;* 3) *recipr. have to deal with one another.* *Egilsson* im Lex. Poet. 863 gibt an: *væla* (*-i, -ta, -t*): 1) *artificiose fabricare, id. qu. vela* 1; 2) *decipere, fallere ·· b) perdere.* Neben diesem Verbum nimmt er also, wie ersichtlich, ein zweites an, welches die übrigen nicht kennen, *vela* ebenfalls mit *t*-Præteritum. Dies muss von vornherein Misstrauen erwecken. *Hoffory* hat in *Z. f. d. A.* XXII, 373 ff. gezeigt, dass das *t* im Præteritum eine Folge eines voraufgehenden tonlosen Lautes ist. So erklärt er, wird *\*óxliða* >*\*óxLþa*, *óxlta*; *\*sýsliða* >*\*sýsLþa*, >*sýslta*. Ähnlich verhält sich die Sache bei dem Præteritum von *ræna, rænta. ræna* entspricht einem germ. *\*rahnjan*, vgl. ahd. *birahanen*; *h* ist tonloser Reibelaut und hat, wie oben das anord. durch sein *t* zeigt, die Wirkung, auch das folgende *n* zum tonlosen zu machen. Nach Ausfall des *h* trat dann Ersatzdehnung ein. Ebenso sind zu beurteilen *stælta* von *stæla* aus germ. *\*stahljan*, vgl. ahd. *stahal*, *mælta* von *mæla*, vgl.

Mit langem *ó* ist fälschlicher Weise bei *Unger* geschrieben
*topt*, *þopta* und *þopti*, vgl. *Gísl. a. a. O.* 258, in den Reimen:

> *Hropts : toptir Þórþr Kolb. Hkr.* 214,25*a*.
> *opt : toptum Sighv. sk. Hkr.* 521,23*b*.
> *opt : þopti Ótt. sv. Hkr.* 234,15*a*.
> *opt : þopta Magn. berf. Hkr.* 654,34*b*.

Darauf, dass es in dem Verse des *Þjóþ. sk. Hkr.* 539,4*b*
*skip : hnipnar* heissen muss, und nicht, wie *Unger* es tut,
*hnipnar* zu lesen ist, hat *Thorkelss.* S. 75 aufmerksam gemacht.
*hnipinn* ist Part. Præt. eines starken Verbums *hnípa*, *hneip*,

---

got. *maþljan*, wo das *þ* ausgefallen ist, wie in anord. *nál* gegenüber
got. *nēþla*. Das Substantivum *rél* stellt *Hoffory* zweifelnd zur Wurzel
*rik'* absondern; die Grundbedeutung wäre somit 'das Abgesonderte,
Verborgene' und hieraus könnte sich die von 'List, Trug' leicht ent-
wickeln (*i* musste vor *h* zu *e* werden, vgl. *Leffler, bidrag till läran
om i-omljudet, Nord. Tidskr. f. Filologi, ny Række* II, 12 f.); zu der-
selben Wurzel gehört bekanntlich germ. *vīha*, s. *Fick vgl. Wtb.* III³, 303.

*Fick* stellt a. a. O. zu dem germ. *vīhan* 'kämpfen', lit. *veikiu*,
*veikti* 'bezwingen, bearbeiten', *veik* 'bald, geschwinde', *vaikýti* 'herum-
jagen'; gr. ἀίσσω, welches nach *G. Meyer gr. Gramm.* § 64 aus αἴσσω,
*αἴϝισσω*, *ϝαι-ϝικ-ιω* entstanden ist, und lat. *vinco*. Ihm schliesst
sich *Brugmann* im *Grdr. d. vgl. Gr.* § 439 an, indem er got. *veiha*
'kämpfe' mit *vinco* und lit. *vēká* 'Kraft, Stärke', *ap-veikiù* 'bezwinge'
zur Wurzel *u̯eiq-* stellt. Als Hauptbedeutung für sein Verbum *vela*
gibt *Egilsson* an: 'arte facere, rem arte, callide, solerter instituere,
tractare', welche, wie er selbst sagt, dieselbe ist wie die erste für
*véla* 'artificiose fabricare'; aber auch die zweite 'fraude circumvenire,
fallere, decipere' stimmt mit der zweiten von *véla* überein. Erwägt
man nun diese Übereinstimmung der Bedeutungen, sodann, dass
ein *t*-Participum bei einem Verbum mit einfachem *l* der Wurzelsilbe
und vorausgehendem kurzen Vocal sonst nicht bekannt ist, so liegt
die Wahrscheinlichkeit schon nahe, dass das von *Egilsson* angeführte
*vela* einfach als *véla* zu lesen ist. Gesichert wäre *vela* nur, wenn
wir einen Reim mit kurzem *e* hätten. Nun führt allerdings *Egilss.*
einen Vers aus dem *Geisli* an 65 (= *Wis.* 61; 68), in welchem es
nach *Wis.* heisst:

> *vigaskýs þars visa*
> *veljendr glaþir telja*
> *ǫflugs Krists af ástum*
> *alnennins brag þenna.*

Hier liest *Egilss.* **velendr** und übersetzt die Kenning *velendr
vigaskýs* 'clipeum arte tractantes, clipei tractandi, utendi periti. præ-

*hnipum, hnipinn.* Übrigens hat schon *Kph.* III, 40 die richtige Lesart.

Über andere falsche Quantitätsbezeichnungen wird das Folgende Aufklärung geben, einiges auch gelegentlich im Rimarium erwähnt werden.

### Dehnung eines kurzen Vocals.

Im späteren Isländischen tritt vor *lf-, lg-, lk-, lm-, lp-* Dehnung eines in haupttoniger Silbe stehenden *a, o, ǫ, u* ein, vor *ld, ln* und *ls* nur in den Wörtern *skáld* und *ǫln, óln, háls.* Im 14. Jahrhundert werden auch vor *ng* und *nk a, i, u, y* gedehnt, vgl. *Noreen aisl. Gr.* § 107; *Grdr. d. g. Ph.* I, 470.

---

*liatores, viri'.* Diese Lesart stammt aus der bekanntlich, besonders was den Text der Verse anlangt, sehr verderbten *Flateyjarbók,* welche den Vers *velender framan telja* hat. Im Text des *Bergsbók* aber, welchen *Cederschiöld Lund* 1874 herausgegeben hat, findet sich *velivdr,* wofür *C.* sicherlich richtig die Besserung *veljendr* einsetzt. Ihm schliesst sich *Wisén* an und übersetzt *carm. norr.* II, 321, gegenüber der gekünstelten Deutung *Egilssons,* einfach den Ausdruck durch *'qui clipeum sumunt, præliatores'.* Ein anderer Fall, in welchem *vela* im Reime vorkäme und dadurch gesichert wäre, ist mir nicht bekannt. Ich denke also, es wird nunmehr keinem Bedenken mehr unterliegen, wenn wir das Verbum *vela* gänzlich streichen, und alle von *Egilsson* angeführten Fälle bei *véla* unter die beiden Hauptbedeutungen einreihen *'artificiose fabricare'* und *'decipere'.* Für die ganze Sippe aber, welche zur Wurzel *u̯ei̯q* gehört, möchte ich alsdann, zumal unter Berücksichtigung des Lit. und Anord., als Grundbedeutung etwa annehmen „sich kunstvoll, eifrig mit etwas beschäftigen", woraus sich, wie ich meine, ohne zu grossen Zwang auch die Begriffe des Kämpfens und des Betrügens, um etwas zu erlangen, ergeben können. Vgl. *Nor. aisl. Gr.*[2] § 56 *véla* „sich beschäftigen". *véltan* erscheint somit als gesichert und damit auch die Form *hélt.* An eine Dehnung ist natürlich hier nicht zu denken, da eine solche bei *e* sonst überhaupt nicht vorkommt, und ausserdem, wie wir unten sehen werden, der Eintritt der Dehnung vor Doppelconsonanz auch erst in die zweite Hälfte des 12. Jahrhunderts zu setzen ist, *Þorkell Gíslason* aber am Ende des 11. und Anfang des 12. dichtete. Mit dieser Form *hélt* aber fällt auch die von *Hoffory* gegebene Erklärung der reduplicierenden altnordischen Verba, wenngleich für die anderen Verba die Kürze des Vocals in der älteren Zeit feststeht.

Dass die erste Dehnung erst um 1250 im Isländischen eingetreten ist, wie *Noreen* will, ist falsch, wie das Stockholmer Homilienbuch, welches auch nach *Noreens* Annahme ca. 1200 geschrieben ist, uns zeigt. Bekanntlich bezeichnet diese wichtige Handschrift auch die Längen; zwar ist dies nicht immer der Fall, jedoch kann man, mit Ausnahme weniger Fälle, die als Schreibfehler anzusehen sind, gewiss sein, dass wenn ein Wort einmal ein Längezeichen trägt, ihm dies auch in den Fällen, in welchen es fehlt, gebührt. Zum Beweise nun dafür, dass zur Zeit der Niederschrift des St. Homilienbuchs die Dehnung schon eingetreten ist, habe ich mir einige Wörter notiert: *sidlfr* 20³¹, *sidlfan* 5¹⁰, *siölfom* 5³⁰, *siölf* 5³²; *fölke* 2¹, 2¹ˣ, *fölget* 13³⁴; *hiälpa* 8³⁴, *hiälprdþs* 13¹⁻²; *hälft* 13¹⁹; *tölf* 35¹ˣ; *miöle* 30³⁴; *sálma skaldet* 15¹⁷; *scáld* 37¹ˣ; *fiándans* 42¹⁹.

Wann diese Dehnung eingetreten ist, aus den Skaldenversen zu bestimmen, ist schwierig. Einen sichern Beweis würden uns Verse liefern, in welchen gedehnter Vocal mit ursprünglich langem reimt; solche habe ich nicht gefunden, es reimt immer gedehnter Vocal mit gedehntem und dies bietet natürlich keinen Beweis dafür, ob schon zur Zeit des Dichters der Vocal ein langer war. Ich muss mich daher darauf beschränken, zu zeigen, dass in einigen Fällen, in welchen dehnbarer Vocal mit kurzem nicht dehnbarem reimt, die Dehnung noch nicht eingetreten ist.

*u* vor *lf* ist noch nicht gedehnt im 11. Jahrhundert, wie folgende Reime zeigen:

*Ulfkell : skulfu Þörþr Kolb. Hkr.* 232,27b.
*Ulfr : skulfu Steinn Herdis. Hkr.* 594,9a.

In *skalf, skulfom, skolfen* von *skjálfa* werden auch in späterer Zeit die Vocale nie verlängert, ebensowenig wie in *scalg, sulgom* zu *svelga*, vgl. *Nor. aisl. Gr.* § 107 Anm. 1 u. 2. Für *lm* haben wir gleichfalls aus dem 11. Jahrhundert einen Reim:

*fjalmennr : hjalmum Valgarþr Hkr.* 560,9a, vgl. *Gisl. Aarb.* 1866, 252 f.

Dass in *skald* das *a* auch gelängt wird, ersehen wir aus dem oben angeführten Beispiel aus dem Stockholmer

Homilienbuch, die Reime sprechen bis zum 12. Jahrhundert
sicher für *a*:

> *allvaldr* : *skaldum Glúmr Geir.* Hkr. 89,29 *a.*
> *aldr* : *skaldum Eyv. skald.* Hkr. 111,29 *a.*
> *skald* : *tjalda Sighv. sk.* Hkr. 248,28 *a.*
> *allvaldr* : *skalda Sighv. sk.* Hkr. 248,27 *b.*
> *skald* : *haldi Sighv. sk.* Hkr. 307,20 *a.*
> *allvaldr* : *skaldi Sighv. sk.* Hkr. 431,32 *b.*
> *allvaldr* : *skaldum Þorm. Kolb.* Hkr. 478,2 *a.*
> *skald* : *sjaldan Magn. berf.* Hkr. 654,26 *a.*
> *hafkaldan* : *skaldi Ein. Skúl.* Hkr. 667,4 *a*[1]).

Warum *Noreen* in *aisl. Gr.* Nachträge u. Berichtigungen
den Satz des § 101 *a* streicht, nach welchem auch in *fjánde*

---

[1]) Im *Grdr. d. g. Ph.* I, 470 erwähnt *Noreen*, entgegen seiner
Ansicht in der *aisl. Gr.*, eine secundäre Dehnung vor *ld*, also in
*skald*, überhaupt nicht, nimmt also wol für dieses Wort ursprüng-
liche Länge des Vocals an. Dasselbe tut *Lidén*, Beitr. XV, 506,
welcher ein urgerm. *skē-ðlá-* voraussetzt, das er zur $\sqrt{}$ *seq* 'sagen' stellt.
So ansprechend auch seine Ausführungen sind, so halte ich sie doch
für falsch, da sie von falscher Voraussetzung ausgehen. Er meint
nämlich, *Gislason* habe in *Njál.* II, 548 Länge des Vocals als ur-
sprünglich nachgewiesen. Wie man dies aus den Worten *Gislasons*
herauslesen kann, ist mir unerfindlich\*). Auch widerspricht dies
den tatsächlichen Verhältnissen durchaus, wie meine Beispiele zeigen.
Die Reime weisen nur *a* auf, und zwar sicher bis in die Mitte des
12. Jahrhunderts. Es ist doch kaum anzunehmen, dass in allen
diesen Fällen die vor anderer Doppelconsonanz als Geminata so
selten auftretende Verkürzung eingetreten sei, ohne dass uns ein

---

\*) *Gislasons* Worte lauten: *Som det fremgår af citaterne i
Aarbøger for nord. Oldk.* 1866 *side* 255—257 *have skjaldene i det
tiende og ellevte og tolvte årh. udtalt dette ord på denne måde,
nemlig med en kort vocal (skald); uden at jeg er i stand til
at afgøre, om denne lydform er oprindelig eller en følge
af positionen. I sidste tilfælde have begge udtalemåder (skáld
og skald) formodentlig været i brug ved siden of hinanden. I 1866
havde jeg ikke lagt mærke til, at skáld (med lang vocal),
som det synes i alt fald går tilbage til år 1200. Also:
Gislason* ist nicht im Stande, zu entscheiden, ob die Kürze des *a*
in *skald* eine Folge der Position, also eine unursprüngliche ist,
die früheste Form mit langem *a* scheint ums Jahr 1200 vor-
zukommen!

Dehnung, und zwar wie er selbst anführt, im St. Hom. ein-
getreten sei, sehe ich nicht ein[1]). Wie ich oben zeigte, kommt
solche Dehnung tatsächlich in der Handschrift vor. Unsere
Reime zeigen uns allerdings immer Kürze:

*fjandr : handa Sighv. sk. Hkr.* 437,31 b; *fjanda : strandar Grani
Hkr.* 571,2 b; *grandmeiþ : fjanda Halld. skv. Hkr.* 707,14 b;
*fjandans : standa Eyst. Ásgr. Wis.* 93; 48,8; *fjandr : standa
Eyst. Ásgr. Wis.* 96; 73,4.

einziges Beispiel mit langem *a* erhalten wäre, also z. B. ein Reim
wie: *skáld : Áláfr*.

Ausserdem ist aber auch, worauf mich Herr Prof. *Osthoff* auf-
merksam macht, ein germ. *skē-ðla-* lautlich nicht gerechtfertigt.
Eine idg. Grundform *sqē-tlo-m*, wie sie *Lidén* annimmt, also mit
labialisiertem velaren *k*, musste germ. zu *skwē-ðla-* werden. Dar-
über herrscht wol unter den Sprachforschern allgemeine Überein-
stimmung, dass diese Labialisierung im Germanischen vor den
hellen Vocalen, also *e*, *i* und ihren Längen erhalten bleibt. Gleichwol
wird man *skald* bei der Wortsippe belassen können, zu welcher sie
*Lidén* stellt, wenn man nur als Grundform ein idg. *sqo-tlo-m* annimmt.
Diese steht der von ihm aus den keltischen Formen erschlossenen
idg. Grundform *sqe-tló-m* nicht ferner als seine Form *sqē-tló-m*.
Dass die labiale Affection vor *o* schwindet, scheint zwar *Brugmann*
im *Grdr. d. vgl. Gr.* I, S. 332 nicht anzunehmen, da er nur Formen
mit Schwund vor *u* anführt, doch vgl. die Ausführungen *Osthoff*'s
in Beitr. VIII, 256 ff.; ferner darf als sicheres Beispiel des Schwundes
der velaren Affection vor *o* das von *Osthoff*, Beitr. XIII, 451 auf idg.
*qoi-tā* zurückgeführte anord. *heiþ f.* „Bezahlung, Besoldung, Lohn"
angesehen werden. Auch das germ. *kō-* gleich griech. βω- spricht
für die Gesetzmässigkeit dieses Wegfalles. In dem *w* des Prono-
minalstammes *hwa-* sieht man wol mit Recht Übertragung aus den
Formen mit hellem Vocal. Vgl. jetzt auch *Bechtel*, Die Hauptprobleme
der idg. Lautlehre seit *Schleicher*, S. 341 f. Bedenken könnte nur
bei der Suffixbetonung der Hochstufenvocal *o* erregen. Doch steht
hier Ähnliches bei einem anderen Suffix zur Seite, z. B. gr. βιο-το-ς
βιο-τή, air. *biad n.*, lit. *gyoa-tà*, abulg. *žico-tă*; got. *naquaþ-s*,
*liuhaþ*. Hierzu kommen noch einige Beispiele aus dem balt.-slav.,
die alle, wie die angeführten, auf idg. *-o-tó* hinweisen, vgl. *Brug-
mann, Grdr. d. vgl. Gr.* II, S. 260, 221, 223.

[1]) Doch vgl. jetzt *Nor. aisl. Gr.*³ § 114,1, wo er in *fiande* die
Länge des *a* für ursprünglich hält, abgeleitet von *fiá* „hassen" und
demnach in *fiande* Kürzung vor Doppelconsonanz sieht. Sollte nicht
vielleicht doch durch secundäre Dehnung der früher verkürzte Vocal
auf den ursprünglichen Stand zurückgebracht sein?

Erwägt man nun, dass wir bis zur Mitte des 12. Jahrh.
*(Ein. Skúl.)* ein sicheres Beispiel von nicht eingetretener
Dehnung in dem Worte *skald* haben, dass andererseits in dem
um 1200 geschriebenen isländischen Homilienbuch die Dehnung
durchgeführt erscheint, so wird man annehmen dürfen, dass
sie in der zweiten Hälfte des 12. Jahrhunderts eingetreten ist,
also fast ein Jahrhundert früher, als *Noreen* annahm.

## Der Wandel von *ó* zu *œ*.

Etwa um die Mitte des 13. Jahrhunderts geht im Alt-
nordischen *ó* in *œ* über. *Vigfusson* äussert sich in seiner
Ausgabe der *Eyrbyggja* S. XLVIII darüber: „das früheste
Beispiel, das ich von einer Vermischung des œ und *œ* in der
*apalhending* kenne, findet sich im *Brandsflokkr* des *Ingjaldr
skáld*, ged. ca. 1246, in *Sturl.* II, 1,89: *tirœtt* (statt *tirœtt*) —
*fœtta* und *œzter* (statt *œzter*) — *nœstr.*“ „*Snorre Sturl.* muss
wol, mindestens nach seiner Dichtweise zu urteilen, noch ge-
schieden haben, während *Ól. hvítask.* und *Sturla lǫgmaþr*,
als einer jüngeren Generation angehörig, sich der neueren
Sprachweise (*œ* statt *œ*) anschlossen.“ Die von mir ange-
führten Beispiele ergeben das gleiche Resultat, auch ich finde
bei *Snorre* kein *œ* für *ó*, von *Ólafr hvít.* fehlt, wol nur zu-
fällig, in *Kgs.* ein Vers, der dagegen *œ* für *ó* hätte:

*Sturla* *ógiligt : frœgi Kgs.* 442,7 a; *ógr : frœgi Kgs.* 458,5 a; *kœris :*
*Norþmóra Kgs.* 474,31 a.
*Eysteinn Ásgr.* *fóddr : hvœddumst Wis.* 92; 41,8; *fóddr : klœddist*
92; 42,4; *fóddan : klœddi* 94; 55,4; *dógranna : hœgar* 96; 67,6;
*nógjandi : vœgja* 88; 8,4; *vœgþ : nógþist* 98; 82,4; *ódómin :*
*kœmi* 95; 61,4; *bón : tœnaþ* 98; 82,2; *úþra : bœþi* 88; 7,8;
*vœrik : fóra* 87; 3,8; *órinn : vœri* 88; 6,6; *fóraglǫggr : vœri*
95; 60,4; *súthrórandi : píslarfœri* 96; 71,4; *fórir : skœrir*
97; 74,6; *fórast : kœru* 98; 84,6.

Dazu kommt noch der Endreim der *Lilja*:

*fóddi : klœddi* 94; 55,3 f.

# III. Kapitel.

# Der Consonantismus.

## *f.*

Schon in den ältesten isländischen wie norwegischen Handschriften findet sich der Übergang von *ft* zu *pt*, vgl. *Hoffory Bezz. Beitr.* X, 5. Dieser Übergang ist aber weit älter. Die isländischen Handschriften schreiben in späterer Zeit meist *pt*, die norwegischen *ft*. Wenn wir also z. B. in den Handschriften der *Heimskringla* einen Vers des *Sighr. sk.* finden mit *pt*: *hofþum keypt en heiptir* Hkr. 417,5b, dagegen in der *Flateyjarbók* II, 277 denselben mit *ft*: *hofþum keyft en heiftir*, so haben wir natürlich weder einen Beweis dafür, dass zur Zeit *Sighvats ft* noch bestand, noch einen solchen für etwa schon eingetretenen Wandel in *pt*. Beweiskräftig können für uns nur die Fälle sein, in welchen altes *f* mit altem *p* reimt. Folgende Reime legen Zeugniss von diesem Übergang ab[1]:

### 1) *skothendingar.*

*hafts : svipti Eil. Guþr. Wis.* 32; 3,3; *haft* n. 'die Fessel' von *hafa*, zu *svipta* vgl. *svipr* m. 'a swoop', *svipa* 'to swoop', altengl. *swippan.*

*sviptir : kjafta Trollkona Hkr.* 613,12b.

*oft : svipta Haukr Vald. Wis.* 79; 6,1.

### 2) *aþalhendingar.*

*sviptilundr : giftu Sturla Kgs.* 439,16a.

*gullsviptir : giftu Sturla Kgs.* 443,3a.

---

[1] Der Deutlichkeit halber schreibe ich *ft* für vom Reim gefordertes *pt*.

Der sicheren Beispiele für den Übergang von *ft* in *pt*
sind also nur wenige. Das älteste stammt aus der 2. Hälfte
des 10. Jahrhunderts von *Eilífr Guþr.*[1]), über dessen Leben
wir nichts wissen, ja nicht einmal, ob er Norweger oder
Isländer gewesen ist. Der zweite Vers wird einer *Trollkona*
in den Mund gelegt, welche ums Jahr 1066 einem wahr-
scheinlich norwegischen Manne im Traum erscheint, besitzt
also keinen Anspruch auf Authenticität. Von sicheren Isländern
erscheinen Beispiele erst im 13. Jahrhundert. Vielleicht darf
man annehmen, dass *Eil. Guþr.* ein Norweger gewesen sei
und dass also im Norwegischen der Wandel schon früher ein-
getreten sei als im Isländischen. Dagegen scheint allerdings
zu sprechen, dass, wie wir oben anführten, später die nor-
wegischen Handschriften den Formen mit *ft* den Vorzug geben
gegenüber denen mit *pt*, während die isländischen das um-
gekehrte Verfahren befolgen. Nur soviel steht also fest, dass
im 13. Jahrhundert dieser Übergang im Isländischen ein-
getreten ist.

Der Übergang von *fs* in *ps*, wie ihn *repsa* für *refsa*
aufweist, vgl. *Hoffory* a. a. O., findet sich in den Reimen nicht;
es begegnet, wie das Rimarium zeigt, durchweg *fs*.

### v.

Dass das urgermanische *u̯*, geschrieben nordisch *v*, zur
Zeit der Entstehung der Eddalieder und auch im 10. Jahr-
hundert sicher bei den Skalden noch die Geltung eines con-
sonantischen *u* hatte, hat *Gering* in den Beitr. XIII, 212 ff.
aus Alliterationen mit Vocalen gezeigt. Gegen das Ende der
Vikingerzeit geht dann dieses *u̯*, wie *Noreen Grdr.* I, 458
ausführt, ausser nach tautosyllabischem Consonanten, durch
die Mittelstufe eines bilabialen in ein dentilabiales *v* über,
wie aus runischen Schreibungen wie *faR* für *uaR* hervorgeht.
Neben den Alliterationen *u : v* finden wir aber auch schon im
10. Jahrhundert bei *Þorbjǫrn Dísarskáld* den Binnenreim
*Suivor : life*, welcher auf spirantisches *v* hinweist. Auch in den

---

[1]) *Noreen, Grdr.* I, 460 nimmt an, der Übergang von *f* vor *t, s*
sei erst nach der Vikingerzeit eingetreten.

ältesten Handschriften kommt dies Verhältniss zum Ausdruck, denn wir finden hier häufig für tönendes *f* *v(u)* geschrieben, vgl. *Hoffory Bezzenb.* Beitr. IX, 13 Anm. 1.

Auch in meinem Material reichen die Beispiele für Reime von *f* : *v* bis ins 10. Jahrhundert zurück:

> *týframra : tíva Þjóþ. hv. Wis.* 9; 1,5.
> *ofrak : sævar Ulfr Ugg. Wis.* 30; 9,3.
> *ýfs : tívar Sighv. sk. Hkr.* 508,30 *a.*
> *svá frák : hávâ Hallfr. v. Wis.* 34; 3,1 (?).

Besonders häufig scheint diese Art des Reimes allerdings nicht gewesen zu sein. Auffallend oft aber finden wir ihn bei *Eysteinn Asgrimsson*, der ihn in folgenden Versen der *Lilja* anwendet:

> *lof : ævi Wis.* 87; 1,7; *prófandi : Eva* 89; 16,1; *svá fór : Eva* 89; 16,5; *rtf : ave* 90; 28,3; *þó var : reifa* 91; 35,1; *ævinliga : lófum* 94; 51,5 u. ö.; *ífit : ævi* 98; 83,1; *þú fyrdœmdir : Evam* 96; 66,1; *óvarliga : prófar* 88; 8,6; *ævinliga : gæfi* 89; 13,8.

### j.

Auch das *j* ist ebenso wie das *v* ursprünglich kein Spirant und man nimmt im Allgemeinen an, dass es durchgehend die Geltung eines consonantischen *i* gehabt habe. Einen Übergang zu wirklich spirantischem *j* im Altnordischen erwähnt z. B. *Noreen* im *Grdr.* gar nicht, soweit ich sehe, und in der *aisl. Gr.* § 39 sagt er ausdrücklich „*j*, bez. mitlautendes (consonantisches) *i*, nicht spirantisches *j*". Gleichwol glaube ich, nötigen uns die Verse zweier Dichter aus dem 13. und 14. Jahrhundert, unter Umständen auch für *i* einen Übergang in *j* anzunehmen. In diesen Versen hat nämlich die eine *hending* ein spirantisches *g*; würden wir nun nicht dem *j* auch spirantische Geltung zuerkennen, so ergäbe sich eine durch nichts gerechtfertigte *lausahending*. Die Reime sind:

> *leygs : Suþreyjar Sturla Kgs.* 469,8 *a.*
> *fleygr : Suþreyjum Sturla Kgs.* 470,9 *b.*
> *geiga : sýjur Sturla Kgs.* 441,13 *b.*
> *deyja : eigi Eyst. Ásgr. Wis.* 89; 14,7.
> *eigi : deyja Eyst. Ásgr. Wis.* 89; 17,5.
> *fljúg : meyja Eyst. Ásgr. Wis.* 90; 24,5.
> *eigi : skýjum Eyst. Ásgr. Wis.* 96; 70,7.

## þ (ð).

Über den Wandel der tönenden Spirans *þ* zu *d* äussert sich *Noreen*, *aisl. Gr.²* § 183,1*b* [ungefähr folgendermassen: Nach *ll*, *nn* (wo sie nicht aus *lþ*, *nþ* entstanden sind) wird *ð* schon vorliterarisch zu *d*. Um 1200 auch nach den übrigen auf *l*, *n* auslautenden langen Silben. Etwas später, im Anorw. jedoch schon vor 1250, im Isl. erst um 1300 oder etwas später, auch nach *b*, *lf* (d. h. *lv*) *lg*, *ng* und (am frühesten wenigstens im Anorw.) *m*.

Wir wollen im Folgenden sehen, in wie weit diese Sätze durch die Reime Bestätigung finden. Da mir nur für *lþ*, *nþ*, *mþ* Material zur Verfügung steht, so beschränke ich mich auf diese Fälle und führe zunächst die Verse an:

### I. Nach langer Silbe.

#### 1) *lþ* : *ld*.

*deilþik* : *milda Sighv. sk. Hkr.* 310,15*b*.
*tælþi* : *hildar Sighv. sk. Hkr.* 488,34*b*.
*ǫld* : *deilþum Bjarni gullbr. Hkr.* 447,1*a*.
*deilþusk* : *heldu Oddr Kik. Hkr.* 568,12*b*.
*ǫld* : *hǫlþusk Blakkr Kgs.* 111,29*a*.

#### 2) *nþ* : *nd*.

*und* : *sprænþi Jǫkull Hkr.* 455,3*a*.
*leynþi* : *Þrónda Ein. Skúl. Wis.* 55; 14,5.
*sýnþi* : *grundar Ein. Skúl. Wis.* 56; 19,3.
*reynþi* : *grundar Ein. Skúl. Wis.* 57; 31,1.
*ǫnd* : *sýnþisk Ein. Skúl. Wis.* 56; 20,7.
*endr* : *týnþir Ein. Skúl. Wis.* 58; 40,5.
*mundriþar* : *steinþrar Ein. Skúl. Wis.* 58; 48,3.
*rǫnd* : *steinþa Sturla Kgs.* 277,19*b*.
*týnþu* : *kindir Sturla Kgs.* 433,5*b*.
*sandin* : *steinþu Sturla Kgs.* 438,27*b*.
*Þróndir* : *reynþan Ól. hvít. Kgs.* 357,3.
*andinn* : *þinþum Eyst. Ásgr. Wis.* 95; 58,7.
*týnþu* : *bundinn Eyst. Ásgr. Wis.* 95; 59,7.
*andagipt* : *sýnþi Eyst. Ásgr. Wis.* 88; 12,7.

### II. Nach kurzer Silbe.

#### 1) *lþ* : *ld*.

*Hildr* : *gilþar Ulfr Ugg. Wis.* 30; 8,3.
*hugfyldra* : *hǫlþu Þorbj. hornkl. Wis.* 15; 7,5.

*hjald : hǫlþa* Ein. Skál. Wis. 27; 4,5.
*hǫlþa : halda* Ein. Skál. Wis. 27; 12,7.
*hlymmildingum : gilþir* Guth. s. Hkr. 97,30a.
*hildr : hǫlþum* Eyj. Daþ. Hkr. 199,31b.
*hjaldr : hǫlþar* Eyj. Daþ. Hkr. 200,1b.
*vildi : hǫlþa* Halld. ókr. Hkr. 206,6b.
*hildr : skilþir* Ótt. sv. Hkr. 225,29b.
*ǫgnvaldr : talþar* Sighv. sk. Wis. 39; 9,6.
*gjǫld : hǫlþar* Mark. Skeggj.]Wis. 52; 23,3.
*eldrinn : hǫlþa* Mark. Skeggj. Wis. 52; 22,3.
*skyldu : hǫlþar* Þorm. Kolbr. Hkr. 476,9a.
*reldr : hǫlþar* Anon. Hkr. 603,3b.
*heldr : hǫlþum* Þork. ham. Hkr. 639,5a.
*skjǫldungr : hǫlþum* Ein. Skál. Wis. 54; 6,7.
*Sigvaldi : hǫlþum* Bjarni Kolb. Wis. 71; 33,6.
*hǫlþ : aldri* Haukr Vald. Wis. 81; 25,7.
*feldi : hǫlþa* Haukr Vald. Wis. 81; 26,1.
*auþmildr : gilþi* Sturla Kgs. 279,4a.
*eldr : hǫlþum* Anon. Kgs. 279,17b.
*mildir : hǫlþar* Sturla Kgs. 437,18b.
*snilþar : vildi* Sturla Kgs. 445,11b.
*orþasnilþ : vildi* Eyst. Ásgr. Wis. 95; 64,2.

2) *nþ : nd.*

*ende : kenþe* Brage Ger. 24; 17,4.
*hendr : kenþu* Brage Wis 2; 4,4.
*Endils : spenþu* Eil. Guþr. Wis. 30; 3,8.
*Upplendinga : brenþi* Arn. jarl. Hkr. 364,24a.
*endr : kenþu* Bjarni gullbr. Hkr. 493,19a.
*enda : kenþan* Sighv. sk. Hkr. 510,16b.
*munda : unþi* Sighv. sk. Hkr. 520,28b.
*hendr : spenþu* Arn. jarl. Hkr. 535,14b.
*endr : renþi* Þorl. f. Hkr. 572,31b.
*Upplendingum : kenþi* Þjóþ. sk. Hkr. 607,8a.
*fjandinn : synþum* Eyst. Ásgr. Wis. 95; 60,3.
*synþu : myndir* Eyst. Ásgr. Wis. 97; 80,2.
*tendrast : renþi* Eyst. Ásgr. Wis. 98; 81,4.
*umbætandi : synþir* Eyst. Ásgr. Wis. 99; 90,3.
*kennandi : synþum* Eyst. Ásgr. Wis. 99; 90,7.
*endr : brenþar* Hallarst. Wis. 47; 6,5.
*fleyggjendr : renþu* Hallarst. Wis. 48; 16,6.
*endr : renþi* Hallarst. Wis. 48; 22,2.
*kenþu : landi* Þjóþ. sk. Hkr. 592, 3a.
*kenþak : undan* Ulfr st. Hkr. 612,3b.

*brenþi* : *Þrónda Bjǫrn krepph. Hkr.* 638,10 *b.*
*tandr* : *renþi Hallarst. Wis.* 48 ; 20,5.
*ráþvandr* : *rendi Hallarst. Wis.* 49 ; 28,3.
*kenþi* : *stundum Haukr Vald. Wis.* 81 ; 25,1.
*grund* : *hrunþin Þjóþ. hv. Wis.* 10 ; 15,3.
*hundfornau* : *sprunþi Eil. Guþr. Wis.* 32 ; 14,8.
*kunþr* : *grundar Arn. jarl. Wis.* 45 ; 11,2.
*kunþr* : *grundar Ein. Skúl. Wis.* 58 ; 44,2.
*sprund* : *hrunþit Þjóþ. sk. Hkr.* 592,2 *a.*
*kunþr* : *jǫrmungrundar Sturla Kgs.* 441,14 *a.*

### 3) *mþ* : *md.*

*samdǿgris* : *framþi Ein. Skúl. Wis.* 56 ; 20,8.

Es sind dies innerhalb der Klassen, welche ich bis jetzt gemacht habe, insgesammt 44 Reime der Art *l, n, m* + *þ* : *l, n, m* + *d.* Ich habe diese in Kap. I den Fällen, in welchen von zwei Consonantengruppen nur die ersten Glieder miteinander reimen, nicht zugezählt. Wie ich glaube, rechtfertigt die grosse Zahl dieser Reime dies Verfahren. Würde man diese Reime jenen zurechnen, so würde man die Zahl 96 erhalten, somit wären fast die Hälfte dem Typus *lþ* : *ld* angehörig. Die Verteilung auf die einzelnen Klassen wäre alsdann folgende:

1) unter 44, nach kurzer Silbe 11, nach langer Silbe —; insgesammt 11.
2) „ 12, „ „ „ 3, „ „ „ 2; „ 5.
3) „ 8, „ „ „ 3, „ „ „ —; „ 3.
4) „ 22, „ „ „ 3, „ „ „ 6; „ 9.
5) „ 10, „ „ „ 4, „ „ „ 3; „ 7.
6) „ —, „ „ „ 6, „ „ „ 3; „ 9.

96,     30,     14;     44.

Unter den überhaupt von mir angeführten 30 Reimen von *nþ* : *nd* nach kurzer Silbe sind 16, in denen *nþ* für ursprünglich *nnþ* steht, also mehr als die Hälfte. Dies Verhältniss dürfte den Satz *Noreens* rechtfertigen, dass in diesem Fall schon in vorliterarischer Zeit *þ* zu *d* geworden ist. Für *lþ* statt *llþ* fehlen die Beispiele. Scheidet man diese 11 Reime aus der Gesammtzahl, so bleiben immerhin noch 39 nach kurzer Silbe, welchen 19 nach langer Silbe gegenüberstehen, und zwar, da die ersten bei *Sighv. sk.* begegnen, erst aus verhältnissmässig später Zeit. Dies mag seinen Grund darin haben, dass *þ* nach langer Silbe wol überhaupt seltener steht.

Es will mir scheinen, als ob die angeführten Zahlenverhältnisse uns zu der Annahme drängen, dass schon in sehr früher Zeit Reime wie solche von *lþ : ld* nicht als Reime empfunden wurden, in denen nur die ersten Consonanten reimen, sondern als vollwichtige Reime zweier Consonantengruppen, d. h. also dass der Lautwert von tönendem *þ* in den beregten Stellungen sich schon soweit dem *d* genähert hatte, dass die Skalden glaubten, beide Consonanten unbedenklich reimen zu können. Betrachtet man allein die angeführten Reime, so könnte es fast scheinen, als ob *þ* nach kurzer Silbe sich früher dem Lautwert des *d* genähert habe, als nach langer, doch widersprechen dem die ältesten Handschriften, auf welche ein kurzer Blick gestattet sei.

In der ungefähr ums Jahr 1200, oder etwas früher, geschriebenen Handschrift des Stockholmer Homilienbuches, welche bekanntlich eine sehr genaue ist, treffen wir nach *l*, *n* in den Præteritalformen fast durchgehends *þ* an, sowol nach kurzer wie nach langer Silbe. Daneben aber doch auch, nach langer Silbe, neben *huilþ* 48¹⁷ u. ö., *huild* 149¹⁴, 204¹·². Nach den aus *ll*, *nn* vereinfachten *l*, *n* steht durchgehends *d*, nach *m* begegnet *þ* auch an verschiedenen Stellen, vgl. St. Hom. S. XII. Anders gestaltet sich die Sachlage schon in der etwas jüngeren, dem Anfang des 13. Jahrhunderts angehörenden isländischen Handschrift, dem Cod. 1812 der alten königl. Samml. (Ed. *Larsson*).

Nun zeigt uns aber eine dem Anfang des 13. Jahrh. angehörende isländische Handschrift, nämlich der ältere Teil des Cod. 1812 der alten königl. Samml., ein wesentlich anderes Verhältniss. Hier steht mit wenigen Ausnahmen die Schreibung *d* nach *l* und *n* mit vorausgehendem kurzen Vocal, vgl. *Larsson* S. XV. Auch in der ungefähr gleichzeitigen Handschrift des norwegischen Homilienbuches treffen wir in einigen Fällen, sowol nach kurzem wie langem Vocal, nach *l*, *n*, *m* *d* an, während allerdings meistens *ð* steht, was, wie *Wadstein* S. 106 wol mit Recht meint, auf die ältere Vorlage zurückzuführen

ist. *Bugge* hat im *Ark. f. n. F.* II, 228 ff. nachgewiesen,
dass dem Volksnamen für die Wenden *Vindr* im Anord. ur-
sprünglich ein *þ* eignet. Nun finden sich, wie er ferner zeigt,
in der im Anfang des 13. Jahrhunderts geschriebenen isländ.
*Ólafssaga h. helga* (Ed. Christiania 1853) die Formen *Vindr*
dreimal und *Vindland* fünfmal neben *Vinþa, Vinþum* etc. Im
Cod. 291 4^to der *Jómsvikingasaga* steht dreimal *Vindland*,
einmal *Vinþa*. Wenn wir ferner im *Ágrip.* Schreibungen
haben wie *uiNlandi* S. 2, *uinlandz* S. 58, *ueNl(andi)* S. 34,
im norweg. Homil. *Vinlannz* S. 158, im Cod. 510,4^to der
*Jómsv. Uinland* an verschiedenen Stellen, in *Þiþreks. s. Vin-
land* S. 27, 192, 208, *Vinnland* S. 98, *Vinnlandia* oder
*Vinlandia* bei *Theodoricus monachus* S. 24, so deuten diese,
wie *Bugge* sicherlich richtig urteilt, darauf, dass man den
Namen des Landes mit *nn* vor dem *l* aussprach. Für ein
solches *nn* wäre aber ein *nd* die Vorbedingung, sodass auch
durch diese Namensform es wahrscheinlich gemacht wird, dass
hier *nþ* in *nd* übergegangen ist am Anfang des 13. Jahrh.,
also in einem Wort mit kurzem Vocal in der der Lautgruppe *nþ*
vorhergehenden Silbe. Ob dieser Übergang zuerst in den
Formen, in denen ein *r* oder *l* der Gruppe folgte, eingetreten
ist, wie *Bugge* will, mag dahingestellt bleiben. Jedesfalls
glaube ich, wird man aus alledem schliessen dürfen, dass ums
Jahr 1200 *þ* nach *l, n, m* bereits zu *d* geworden ist, sowol
im Isländischen wie Norwegischen, ob dies tatsächlich nach
langer Silbe früher erfolgt ist, als nach kurzer, ist nicht
ersichtlich [1]).

### z.

*Hoffory* hat in *Bezzenberger's* Beitr. IX, 63 ff. über die
Natur des schon in den ältesten Handschriften auftretenden *z*
gehandelt und ist, S. 84, zu dem Resultat gekommen, dass
es immer eine graphische Darstellung der Lautgruppe *ts* ist,
entstanden aus den Verbindungen *ts, þs, lls, nns, ds*. Die

---

[1]) Meine in der deutschen Litteraturz. 1870, sp. 1384 aus-
gesprochene Ansicht, dass dieser Übergang schon zur Zeit *Sighv. sk.'s*
eingetreten sei, also in der ersten Hälfte des 11. Jahrhunderts, wäre
darnach zu berichtigen.

Skaldenreime bieten jedoch in den letzteren Fällen noch den ursprünglichen Lautstand im Allgemeinen dar. Nach der ausführlichen Behandlung, welche die Frage des *z* von *Hoffory* a. a. O. gefunden hat, bleibt mir nicht viel mehr übrig, als das von ihm nur spärlich beigebrachte Material aus den Skaldenreimen um ein Beträchtliches zu vermehren.

### 1) *z : ts*.

*fjǫrnets : hvetja Eil. Guþr. Wis.* 30; 1,2; *móts : blóta Ein. Skál. Wis.* 27; 9,2; *armgrjóts : fljóta Hallfr. v. Wis.* 36; 18,2; *hnits : Fitjum Þórþr Sjár. Hkr.* 105,15 a; *móts : Meita Ein. Skál. Wis.* 28; 14,1; *þrjóts : eitri Eil. Guþr. Wis.* 31; 5,7; *móts : móti Skúli Þorst. Hkr.* 211,21 b; *héltsta : svalta Ott. sv. Hkr.* 422,20 a; *hreinflets : settu Sighv. sk. Hkr.* 308,19 a; *Sighvats : hittitz Sighv. sk. Wis.* 43; 16,1; *flettugrjóts : spjóta Bjarni gullbr. Hkr.* 446,35 b; *hrjóts : móti Halld. skr. Hkr.* 663,10 a; *létst : litla Þjóþ. sk. Hkr.* 540,5 a; *Knúts : nýtum Þjóþ. sk. Hkr.* 540,9 a; *geirnets : þetta Guþm. Odds. Kgs.* 274,21 a; *létst : héti Þór. stuttf. Hkr.* 686,18 b; *hóts : þjóta Blakkr Kgs.* 111,32 b; *hltstyggr : litit Arn. jarl. Hkr.* 446,35 b; *heitstrengingar : gátu Bjarni Kolb. Wis.* 69; 11,6; *flóttstygr : dróttin Sighv. sk. Hkr.* 521,4 b.

Mit Einführung des *Bragarmál* kommen noch hinzu:

*réll's : sétta Sighv. sk. Wis.* 39; 6,1; *hætt's : frétta Hallfr. v. Wis.* 36; 19,7; *satt's : Gretti Haukr Vald. Wis.* 80; 17,1; *satt's : dróttin Ein. Skál. Wis.* 56; 22,5; *satt's : skreytta Ein. Skál. Wis.* 57; 31,1; *skreytt's : dróttin Ein. Skál. Wis.* 61; 64,7; *satt's : reittir Bjarni gullbr. Hkr.* 439,13 b; *satt's : átti Þjóþ. sk. Hkr.* 539,27 a.

Nach der *Hoffory*'schen Vereinfachungsregel, *Bezzenb. Beitr. IX*, 37 ff., werden wir vielleicht in allen Fällen, in denen wir *tt's* haben, annehmen dürfen, dass *ts* entstanden ist; alsdann würden wir diese Fälle zu den Reimen von einfacher Consonanz mit Geminata hinzuzurechnen haben.

### 2) *z = ts*, entstanden aus *þs*.

Nur in wenigen Fällen ist der Wandel von *þs* zu *ts* zu belegen. Ein Beispiel führt *Hoffory* a. a. O. S. 32 an: *skanzt : frizta Valg. Hkr.* 559,7 a. Dass *skantst* zu lesen ist, unterliegt keinem Zweifel, daher muss auch, wenn ein Reim vorhanden sein soll, *fritsta* gelesen werden, welches auf ursprüngliches *friþsta* zurückgeht.

Ich vermag dem noch hinzuzufügen die Reime:

*óztr* : *bezta Sighv. sk. Wis.* 40; 15,7 und *baztr* : *óztrar Ein. Skúl.
Wis.* 54; 5,3.

Auch hier ist es wiederum klar, dass in *bezta* und
*baztr ts* zu lesen ist, also folgt wiederum, dass im Superlativ
von *øþri* das *z* ebenfalls *ts* ist, dass also *þs* hier zu *ts* ge-
worden ist. Dieser Wandel begegnet also schon in der ersten
Hälfte des 11. Jahrhunderts.

In der weitaus grössten Zahl der Fälle aber hat die
etymologische Aussprache Geltung gehabt, und zwar bis ins
14. Jahrhundert hinein, wie uns eine grosse Anzahl von
Reimen von *þ* : *þs* zeigt:

*seiþs* : *láþi Þorbj. hornkl. Wis.* 15; 8,7; *skíþs* : *báþum Eyv. sk. Hkr.*
106,17 *a*; *auþs* : *kvæþi Þórþr Kolb. Hkr.* 170,32 *a*; *gjóþs* : *hríþir
Sighv. sk. Hkr.* 252,21 *a*; *blóþs* : *slæþusk Hkr.* 253,17 *b*; *góþs* :
*gjóþi Hkr.* 253,27 *b*; *góþs* : *róþa Hkr.* 274,16 *b*; *Eiþs* : *óþumk
Hkr.* 307,27 *a*; *haukjóþs* : *viþa Hallarst. Wis.* 47; 8,1; *hjǫrflóþs* :
*hnykkimeiþum Wis.* 49; 24,1; *gnýþjóþs* : *geysitíþar Wis.* 49; 24,7;
*hringskíþs* : *herþimeiþar Wis.* 50; 32,1; *skýþjóþs* : *skelfihríþar
Wis.* 49; 29,3; *hljóþs* : *prýþi Bjarni Kolb. Wis.* 68; 1,4; *guþs* :
*síþan Eyst. Ásgr. Wis.* 88; 8,3.

*leikblaþs* : *fjaþrar Þjóþ. hv. Wis.* 10; 12,6; *vaþs* : *naþri Ulfr Ugg.
Wis.* 29; 4,6; *randláþs* : *kváþu Hallfr. vandr. Wis.* 36; 17,6;
*sóknbráþs* : *dáþir Ein. Skúl. Wis.* 55; 12,2; *ormláþs* : *báþa
Sighv. sk. Hkr.* 343,2 *b*; *snarráþs* : *báþa Þjóþ. sk. Hkr.*
620,17 *b*; *ógnarbráþs* : *láþi Sturla Kgs.* 320,14 *b*; *itrgeþs* :
*kveþja Ein. Skúl. Wis.* 54; 10,4; *niþs* : *þriþja Sighv. sk.
Wis.* 38; 3,4; *liþs* : *miþli Sighv. sk. Wis.* 38; 3,4; *liþs* : *þriþja
Tindr Hallk. Hkr.* 160,22 *b*; *liþs* : *miþli Sighv. sk. Hkr.*
510,23 *a*; *niþs* : *miþli Sighv. sk. Hkr.* 522,12 *b*; *liþs* : *miþli
Þjóþ. sk. Hkr.* 542,32 *a*; *liþs* : *miþju Þjóþ. sk. Hkr.* 593,32 *b*;
*liþs* : *miþli Steinn Herd. Hkr.* 595,8 *a*; *fólkskíþs* : *síþan Ein.
Skúl. Wis.* 27; 6,6; *fjǫlbliþs* : *síþan Sighv. sk. Wis.* 42; 4,6;
*lǫgskíþs* : *síþan Ein. Skúl. Wis.* 56; 20,6; *hafskíþs* : *síþan
Sighv. sk. Hkr.* 308,19 *b*; *friþs* : *síþan Sighv. sk. Hkr.* 308,26 *a*;
*riþs* : *síþan Bjǫrn krepph. Hkr.* 638,13 *b*; *bliþs* : *friþum Ól.
hvit. Kgs.* 349,10 *b*; *brynskíþs* : *sviþa Hallarst. Wis.* 48; 21,6;
*goþs* : *boþnum Halld. skv. Hkr.* 663,21 *b*; *fljóþs* : *rjóþa Þjóþ.
sk. Hkr.* 540,24 *b*; *sárflóþs* : *blóþi Ein. Skúl. Hkr.* 744,4 *a*;
*hljóþs* : *óþi Hallarst. Wis.* 46; 1,2.

### 3) llz, nnz.

Für die Entwicklung eines *z* in der Stellung nach *ll, nn*
bieten uns die Skaldenreime kein Beispiel dar. *Hoffory* glaubte,
aus Reimen von *ll : lls, nn : nns* schliessen zu dürfen, dass
hier die Aussprache *lls, nns* war. Nun halte auch ich dies
für das Wahrscheinliche, bewiesen wird es aber keineswegs,
denn die Reime zeigen uns zwar, dass hier *ll, nn* mit *ll, nn*
reimen, geben uns aber durchaus keinen Aufschluss über die
Natur des der Geminata folgenden Lautes.

Reime solcher Art sind die folgenden:

#### a) *ll : lls.*

*fulls : fylla* Haukr Vald. Wis. 81; 22,1; *Halls : hollan* Haukr Vald.
Wis. 81; 23,1; *styrsnjalls : stilli* Ein. Skúl. Wis. 59; 46,3; *gulls :
fallinn* Þórþr Sjár. Hkr. 107,7 a; *snjalls : skolla* Sighv. sk.
Hkr. 274,19 b; *gulls : ǫllu* Sighv. sk. Hkr. 377,19 b; *gulls : spjalli*
Stúfr sk. Hkr. 559,1 b; *trolls : fyllar* Ól. kon. hlg. Hkr. 613,23 b;
*golls : ella* Arn. jarl. Wis. 45; 7,3.
*valfalls : allan* Ein. Skúl. Wis. 27; 8,6; *allsvaldanda : snjalla* Ein.
Skúl. Wis. 53; 1,2; *dǫpsnjalls : alla* Ein. Skúl. Wis. 60; 56,8;
*alls : snjallum* Ein. Skúl. Wis. 55; 16,8; *snjalls : alla* Ein. Skúl.
Wis. 58; 36,4; *valfalls : alla* Valg. Hkr. 560,7 a; *snjalls : spjalli*
Steinn Herd. Hkr. 628,10 b; *snjalls : allir* Þjóþ. sk. Hkr. 621,18;
*alls : kalla* Hallarst. Hkr. 628,10 b; *holls : golli* Ein. Skúl. Wis.
57; 34,2; *golls : skolli* Har. kon. harþr. Hkr. 586,33 b; *trolls :
sollinn* Hallarst. Wis. 48; 17,3; *gǫlls : ǫllu* Sighv. sk. Wis.
81; 23,1.

#### b) *nn : nns.*

*finnsk : mǫnnum* Ein. Skúl. Wis. 59; 51,3; *Finns : grǫnni* Halld. skr.
Hkr. 666,1 b; *kennstu : minnust* Eyst. Ásgr. Wis. 96; 69,3; *þrek-
manns : sinni* Hallarst. Wis. 48; 21,3; *gnýlinns : runna* Hallarst.
Wis. 49; 25,3.
*ranns : annat* Ein. Skúl. Wis. 59; 46,8; *gunnranns : konungmanna*
Sighv. sk. Hkr. 492,26 b; *sanns : annan* Þjóþ. sk. Hkr. 626,13 b;
*manna : fannsk* Sighv. sk. Wis. 41; 8,2; *manns : sannan* Eyst.
Ásgr. Wis. 96; 69,2; *Finns : minni* Þjóþ. hr. Wis. 10; 13,6;
*linns : minna* Ein. Skúl. Wis. 57; 32,2; *finns : linna* Eyj. Dáþ.
Hkr. 140,23 a; *dolglinns : þinni* Ott. sr. Hkr. 225,30 a; *hrælinns :
vinna* Sighv. sk. Hkr. 255,25 b; *Þorfinns : Dýflinnar* Arn. jarl.
Wis. 335,15 b; *svinns : vinnask* Þjóþ. sk. Hkr. 607,6 b; *hrælinns :
sinni* Hallarst. Wis. 46; 3,5; *morþlinns : sinni* Hallarst. Wis.
47; 14,1; *hlunns : runnum* Sighv. sk. Hkr. 309,7 b.

Dazu kommen noch mit *Bragarmál* :

*þann's : unnar Haukr Vald. Wis.* 81; 23,3; *hinn's : runna Haukr Vald. Wis.* 81; 24,5; *hann's : konungmanna Hallarst. Herd. Hkr.* 309,7 *b.*

#### 4) z = ds.

*Hoffory* ist a. a. O. 82 der Ansicht, „es kann sehr wol möglich sein, dass diese Aussprache (nämlich die des *ds* als *ds*) sich bis in das 12. Jahrhundert erhalten hat und dass sich im Stockholmer Homilienbuch noch Spuren davon finden". Wir haben tatsächlich, wie das Folgende zeigen wird, beweisende Beispiele für diese Aussprache bis ins 13. Jahrhundert, während ich solche für die Aussprache *ts* nicht beizubringen vermag.

#### a) ld : lds.

*elds : aldri Hallfr vandr. Wis.* 33; 1,1; *(Óláfsdr.) elds : vildir Sighv. sk. Hkr.* 431,31 *b; holds : fyldan Bölv. sk. Hkr.* 547,3 *a; dvalds : skilda Valg. Hkr.* 560,12 *a.*
*Haralds : haldask Sighv. sk. Wis.* 42; 5,5; *himnavalds : aldri Ein. Skúl. Wis.* 61; 63,6; *allvalds : gjalda Sighv. sk.* 437,33 *a; allvalds : halda Anon. Hkr.* 570,27 *b; elds : beldi Hallfr vandr. Wis.* 36; 20,6; *elds : beldu Sighv. sk. Hkr.* 431,9 *b; sårelds : feldi Sighv. sk. Hkr.* 499,13 *b; elds : kveldar Anon. Hkr.* 640,2 *b; heldsk : seldi Sighv. sk. Hkr.* 508,29 *b; folds : goldet Ótt. sv. Hkr.* 284,25 *a.*

#### b) nd : nds.

*Þreklynds : Þrøndir Ein. Skúl. Wis.* 55; 11,5; *lands : lindar Þórþr Kolb. Hkr.* 170,25 *b.*
*valbrands : landa Guth. s. Hkr.* 97,29 *b; lands : landa Þórþr Sjár. Hkr.* 105,13 *a; dölgbands : handar Glúmr Geir. Hkr.* 110,19 *b; Gotlands : strandar Eyj. Dap. Hkr.* 197,7 *b; landsráþundum : branda Ótt. sv. Hkr.* 284,23 *a; landsfolk : handa Arn. jarl. Wis.* 44; 3,4; *Grikklands : handa Þór. Skeggj. Hkr.* 557,9 *a; brands : Skotlandi Sturla Kgs.* 469,28 *b; skeiþarbrands : landi Arn. jarl. Wis.* 44; 5,4; *sunds : undan Hallfr. vandr. Wis.* 36; 18,8; *lunds : grundu Sturla Kgs.* 433,15 *a.*

Hierher gehört auch der Reim des *Eil. Gupr. Wis.* 33; 9,2 *unz : sinni*, für den Fall, dass man zu dieser Zeit die aus *und es* entstandene Partikel (vgl. *Cl.-Vigf.* 655) noch *unds* gesprochen hat; sprach man aber *unns*, so wäre dieser Vers unter 3 *b* einzureihen.

c) *dd : dds.*

In späterer Zeit ist auch hier, nachdem in Folge der Vereinfachungsregel aus *dds ds* geworden, *ts* entstanden. (*Hoffory* a. a. O. 83.) Skaldenreime dafür habe ich nicht gefunden.

*nadds : raddar Guth. s. Hkr.* 97; 28b; *naglskadds : stadda Ein. Skál. Wis.* 61; 68,4.

#### 4) Intervocalisches *z = ts.*

*fats : þjaza Þjóþ. hv. Wis.* 9; 1,8; *fats : þjaza Korm. Ogm. Wis.* 26; 5,4; *friþlits : Jrizu Halld. skv. Hkr.* 665,31b; *hizig : heitir Þjóþ. sk. Hkr.* 541,17a; *ats : hizig Sighv. sk. Hkr.* 445,5b.

Dass dieses -z- aber im Laufe des 13. Jahrhunderts in *ss* übergeht, macht der von *Mogk A. f. d. A.* X, 66 aus dem Jahre 1254 angeführte Reim aus *Sturl.* II, 174 *Gizurr : eissa* wahrscheinlich, vgl. *Nor. aisl. Gr.*[1] § 43.

#### 5) *z = st?*

Hat *z* zuweilen durch die Geltung von *st,* wie *Gislason, Wimmer, Vigfusson* wollten? (Vgl. die Stellen bei *Hoffory* a. a. O. S. 69 ff.) Auf eine solche Aussprache scheinen folgende Reime hinzudeuten:

*last : bazti Sighv. sk. Hkr.* 308,32a und *skozkir : alþroskins Sturla Kgs.* 474,37b.

Liegt hier eine dialectische Entwicklung vor? Doch sind beide Dichter durch einen Zeitraum von zwei Jahrhunderten getrennt und der erste stammt aus dem Süden Islands, der andere aus dem Westen. Ich wage es nicht, diese Frage zu entscheiden.

$$x = ks.$$

*x* gibt immer den Lautwert *ks* wieder, vgl. *Hoffory* a. a. O. S. 16 Anm. 2. Dies zeigen Reime wie:

*salþaks : vaxa Eil. Gupr. Wis.* 31; 7,8; *marblakks : saxi Ein. Skál. Hkr.* 766,13a; *riks : Saxa Sighv. sk. Hkr.* 308,29b.

### Der Wechsel von -þr und -nnr.

In den Beitr. VII, 445 ff. hat *Tamm* zu zeigen versucht, dass in der Lautgruppe -nþr das *n* fortfiel, sodass Wörter wie *muþr* (got. *munþs*), *sviþr* (got. *scinþs*) Plur. *aþrer* zum

Sing. *annar* die lautgesetzlichen Formen hätten, während die gleichfalls vorkommenden *munnr, svinnr* etc. Analogiebildungen wären nach Formen, in welchen dem -*nþ* kein *r* folgte, also *nn* entstehen musste. So kam es denn, dass auch in Wörtern, welche ein nicht aus *nþ* entstandenes *nn* enthielten, sich Nominativformen mit -*þr* einschlichen, wie besonders in *maþr*, ferner in *bruþr* aus *brunnr* etc. Dieser Darstellung schloss sich *Noreen* in seiner *aisl. Gr.* § 220,2 an. Die auffallende Erscheinung, dass keine Ersatzdehnung, also, wie sonst immer, Verlängerung des Vocals eintrat, glaubte *Tamm* dadurch erklären zu können, dass, da in Wörtern wie *saþr, aþra -aþr* schon so metrisch lang sei, eine Ersatzdehnung nicht „nötig" sei, „Ersatzdehnung aber nach Wegfall eines Consonanten ist wol nur da von Nöten, wo ohne dieselbe Kürzung einer metrisch langen Silbe eintreten würde". Dies ist doch wol eine ziemlich willkürliche und unwissenschaftliche Auffassung dieser Erscheinung. Dies mochte auch *Noreen* gefühlt haben, denn in Anm. 5, wo er auf den auffallenden Mangel der Ersatzdehnung hinweist, fragt er, ob nicht doch einmal eine solche vorhanden gewesen sei.

Inzwischen war unabhängig von *Tamm Leffler* in *nord. Tidskr. f. Fil.* IV, 288 zu einer ähnlichen Erklärung gekommen. Auch er nahm Wegfall des *n* vor -*þr* an, construierte aber alsdann folgerichtig langen Nasalvocal. Diese Länge sei durch Einwirkung des kurzen Vocals in den anderen Casus mit *nn* dann wieder verdrängt worden. Von *K. Verner* darauf aufmerksam gemacht, dass eine solche Auffassung nicht ausreiche zur Erklärung des kurzen Vocals in dem Worte *iþr* „Eingeweide", in welchem niemals Casus mit *nn* mit solchen mit *þr* gewechselt hätten, meinte er in *nord. Tidskr. f. Fil.* 80 Anm., man dürfe hier vielleicht an volksetymologische Zusammenstellung mit *iþri, innri* „der Innere" denken. Unbefriedigt von allen diesen Erklärungsversuchen kehrte *Noreen* in *Grdr. f. g. Phil.* I, 459 in gewisser Weise zu der alten Erklärung, dass *nnr* zu *þr* wird (*Wimmer, anord. Gr.* § 21,1 c) zurück, indem er die Regel so darstellte: „*nn* wird vor *r* (nicht vor dem aus *z* entstandenen *R*) zu *þ*, z. B. *aisl. iþre* aus *\*innere*

'Innerer' (vgl. *minne* aus \**minniR*, got. *minniza* 'minder'); wn., on. Pl. *aþrir* zu *annar(r)* 'ander'. Da die Gruppe *nur* immer durch Synkope entstanden ist, fällt demnach dieser Übergang in die Vikingerzeit. Auch wo etwas später ein aus *R* entwickeltes *r* zu *nn* tritt, findet dieselbe Entwicklung statt, z. B. aisl. Pl. *meþr* (aus *menn-r*) neben *menn* (aus \**manniR*, got. *mans*) 'Männer'. Durch Ausgleichung entstehen dann häufig Nebenformen mit *nnr*, z. B. aisl. *innre* nach *innan* 'innerhalb', *mennr* nach Gen. Pl. *manna* u. dgl."

Diese Erklärung hat, wie mir scheinen will, in der Tat das Meiste für sich, da sie auf ungezwungene Weise den grössten Teil der Fälle erklärt. Nach der jüngeren *Noreen*'schen Auffassung also sind auch alle die Fälle, in welchen *nn* nicht aus *nþ* entstanden ist, die aber trotzdem Formen mit *-þr* haben, lautgesetzlich.

Ich führe nun die Formen aus den Skaldenreimen vor:

### 1) Formen mit *-þr*.

*áttruþr* : *Suþra* Eil. Guþr. Wis. 32; 15,8; *suþr* : *naþri* Eyj. Dáþ. Hkr. 140,24a; *maþr* : *jaþri* Hallfr. vandr. Wis. 36; 13,4; *suþr* : *þaþra* Sighv. sk. Hkr. 308,30b; *feþr* : *aþra* Hkr. 230,28b; *naþr* : *aþra* Þjóþ. sk. Hkr. 594,4b; *Fiþr* : *miþri* Hkr. 592,22b; *suþr* : *suþir* Hkr. 529,11b; *Norþmeþr* : *naþri* Hkr. 592,16b (*maþr* : *aþra* Mark. Skeggj. Wis. 52; 17,2): *liþ* : *iþri* Wis. 53; 28,2; *glaþr* : *aþrom* Anon. Hkr. 603,17a; *maþr* : *þaþra* Þorbj. skakk. Hkr. 795,8a; *eþr* : *þrum* Þorm. Kolbr.[1]) Hkr. 478,1a; *breþr* : *miþri* Anon. Hkr. 640,1a; *meþr* : *gleþja* Ein. Skúl. Wis. 56; 21,2; *meþr* : *eþra* Hkr. 667,10a; *suþr* : *sæskiþum* Sturla Kys. 479,9b; *teþr* : *föþri* Haukr Vald. Wis. 79; 7,3.

### 2) Formen mit *nnr*.

*áttrunnr* : *kunni* Þjóþ. hv. Wis. 10; 9,4; *gunnr* : *brunni* Korm. Qgm. Wis. 26; 4,4; *sunnr* : *runnu* Ein. Skál. Wis. 28; 17,4; *sunnr* : *hlynnin* Glúmr Geir. Hkr. 87,3b; *sunnr* : *mynni* Skúli Þorst. Hkr. 211,23b; *mannr* : *annar* Þórþr Sjár. Hkr. 107,3b; *mannr* : *skýrunni* Arn. jarl. Hkr. 323,32b; *hrarkunnr* : *sunnan* Hallfr. v. Wis. 35; 4,6; *sunnr* : *kunnum* Wis. 35; 6,4; *gunnr* : *sunnan* Wis. 36; 17,2 u. 16,8; *sunnr* : *gunnar* Halld. ökr. Hkr. 217,12b; *unnr* : *grunni* Þjóþ. sk. Hkr. 539,9b; *sunnr* : *unnin* Hkr.

---

[1]) Für *enn* eingesetzt von *Thorkelss.* 71.

540,21a; *viþkunnr* : *þunnri Hkr.* 562,26a; *gunnr* : *sunnan Oddr Kik. Hkr.* 543,30b; *mannr* : *skýranni Ein. Skúl. Wis.* 54; 2,6; *kunnr* : *manni Haukr Vald. Wis.* 81; 24,1; *sannr* : *manna Eyst. Ásgr. Wis.* 90; 28,6; *sunnr* : *manna Wis.* 95; 63,2; *sannr* : *inni Wis.* 90; 27,7; *hann* : *sannri Wis.* 96; 68,6.

Interessant ist das Vorkommen von *mannr*, welches in der litterarischen Zeit gänzlich ausser Gebrauch ist, vgl. *Noreen aisl. Gr.* § 220,2. Im Übrigen scheint es, als ob die Skalden je nach Bedarf des Reimes sich bald dieser bald jener Form bedient haben, so hat z. B. *Þjóþ. sk. sunnr* und *suþr*.

### Wegfall eines mittleren Consonanten.

Ein solcher tritt besonders ein, wo durch Synkope, Zusammensetzung oder sonst irgendwie eine der Sprache nicht geläufige Gruppe von drei Consonanten entstanden ist, vgl. *Noreen, Grdr.* I, 464. *Hoffory, Bezzenb.* Beitr. IX, 20. Bei den Skalden finde ich nur für *mart* aus *margt* Beispiele, und zwar:

*mart* : *bjarta Valg. Hkr.* 560,15b: *mart* : *Portum Sighv. sk. Wis.* 39; 8,7; *hermart* : *snyrtis Hallarst. Wis.* 49; 26,5; *hermart* : *ortu Hallarst. Wis.* 50; 34,1.

### Wegfall eines ersten Consonanten.

In dem Reime des *Hallarst. Wis.* 48; 22,3 *þreifsk* : *stóriaska* scheint das *fsk* wie *sk* ausgesprochen worden zu sein, vgl. *Wis.* 201. *Hallarst.* hat auch sonst noch Eigentümlichkeiten, wie den frühzeitigen Wandel von *rn* zu *nn*, worüber sogleich.

### Assimilation.

Ich führe in Folgendem im Wesentlichen nur Beispiele an von Fällen, in welchen die Assimilation, und zwar eine rückwärts wirkende, sporadisch auftritt, während meistens diese Assimilation entweder überhaupt nicht eingetreten ist oder durch Analogiebildung verdrängt ist.

1) *þl* > *ll*.

*snjallir* : *millum Ól. hvít. Kgs.* 349,7a; *illa* : *milli Þjóþ. sk. Hkr.* 538,8b.

Dass in den Fällen, in welchen *þl* erscheint, keine Verdunklung durch etymologische Schreibung vorliegt, wie *Noreen* *aisl. Gr.* § 198 als möglich hinstellt, zeigen folgende Reime:

*liþs : miþli Sighv. sk. Hkr.* 510,23*a*; *niþs : miþli Sighv. sk. Hkr.* 522,12*b*; *iþula : miþlum Bjarni gullbr. Hkr.* 526,5*b*; *liþs : miþli Þjóþ. sk. Hkr.* 542,32*a*; *liþs : miþli Steinn Herd. Hkr.* 595,4*a*.
*stoþnum : roþli Trollk. Hkr.* 613,15*b*.
*oþlinga : Óþni Þorf. Rauþf. Hkr.* 170,1*b*; *oþlings : ráþi Sturla Kgs.* 445,12*b*.

Zu bemerken ist, dass derselbe *Þjóþ. sk.* sowol die Form mit *þl* wie die mit *ll* benutzt, also wol je nach Bedarf des Reimes, und dass von zwei Brüdern der eine sich dieser, der andere jener Form bedient, so dass man annehmen darf, dass auch von ihnen jeder beide Formen nach Belieben anwendete.

### 2) *tk* > *kk*.

*ekki* und die Formen von *nekkverr* kommen bei den Skalden nur mit *kk* vor. Erwähnenswert ist die Form *lekka*, reimend zu *ekkjur* in dem Verse des *Hárekr Sjár. Hkr.* 428,28*a* aus *lætka*, wie auch die Lesart in *Fgrsk.* 83 ist.

### 3) *rs* > *ss*.

Dieser Übergang ist ein späterer, er gehört erst dem 13. Jahrhundert an. *Mogk Anz. f. d. A.* X, 186, vgl. *Noreen Grdr.* I, 473. Zeugniss davon legen ab die Reime:

*vess : þessa Eyst. Ásgr. Vis.* 100; 99,4 (*vess < vers* = lat. *versus*); *fossum : krossum Eyst. Ásgr. Vis.* 94; 54,4 (*foss < fors*); *Kristr : fystu Eyst. Ásgr. Vis.* 96; 66,5; *fyst : fjọrlystum Sturla Kgs.* 467,7*a*; *: lestr Kgs.* 427,27*a*.

In *fystr* aus *fyrstr* ist das *st* aus *sst* entstanden, welches dann nach der *Hoffory*'schen Vereinfachungsregel zu *st* wurde[1]. Ebenso in dem Reim *Eyst. Ásgr. Vis.* 92; 42,1 *þystir : fọstum*, wo *ACD* *þyrstr.* haben, und dem Endreim *hesti : re(r)sti Bjarni Kalfss. Kgs.* 73,16 f., wo auch *Fms.* VIII, 172 *resti* liest.

---

[1] Der Ausdruck *Noreens, aisl. Gr.* § 198,8, 'wo *s* das *ss* vertritt', ist irreführend. Richtig jetzt *aisl. Gr.*[2] § 212,3.

4) *rn* > *nn*.

Dieser Übergang tritt nach *Noreen Grdr. d. g. Ph.* I, 472 im Anorw. schon um 1300 ein, im Aisl. später. Der Reim des *Hallarst. Wis.* 50; 31,5 *sigrgjarn*:*rænni* zeigt uns, dass dies schon um 1200 der Fall gewesen sein muss (vgl. *Wis.* 201), s. unten unter 7.

5) *ggk* > *kk*.

*hykk* : *frakkna Hallfr. v. Wis.* 33; 6,1; : *flokki Þjóþ. sk. Hkr.* 535,21 a; : *rekkar Hkr.* 626,14 a; *frøkna Hkr.* 606,20 a; : *flekkum Sighv. sk. Hkr.* 307,32 b; : *þekkja Þór. stuttf. Hkr.* 686,4 a.

6) *nd* > *nn*.

Wir haben oben, S. 74, gesehen, dass *Bugge* in dem Worte *Vinþlandr* einen Übergang in *Vinnlandr* nachgewiesen hat, für welchen ein *Vindlandr* Vorstufe sein musste. Es scheint nun, als ob in der Tat vor gewissen Consonanten *nd* zuweilen zu *nn* wird. *Gislason* weist in *Njála* II, 634 solche Reime nach, in welchen *ndn* : *nn*[1]), *ndl* : *nnl*, *nds* : *nns* reimen. Aus meinem Material gehört hierher der Reim des *Anonymus vindsamt* :*finna Hkr.* 602,27 b. Jedoch kann man hier, wie in den folgenden Versen, sehr wol auch Reim von einfacher zu Doppelconsonanz annehmen:

*inndæll* : *lindis Þjóþ. sk. Hkr.* 592,32 b; *gunndjarfs* : *fundinn Ein. Skúl. Wis.* 59; 44,8; *manndráp* : *Englandi Þork. Skall. Hkr.* 624,22 b; *kenndu* : *fjandan Eyst. Ásgr. Wis.* 93; 44,2; *manndýrþir* :*vanda Ein. Skúl. Wis.* 55; 18,4; *inndrótt* :*minnum Arn. jarl. Wis.* 45: 9,6.

Eine andere Möglichkeit wäre noch die, dass man annimmt, es sei aus *nnd*, gemäss der *Hoffory*'schen Vereinfachungsregel, *nd* geworden, so dass wir alsdann regelmässige Reime von *nd* :*nd* hätten. Dies scheint mir das Wahrscheinlichste zu sein.

---

[1]) Für diesen Übergang zeigen auch die Schreibungen des Cod. 1812 gml. kgl. Sml. (Ed. *Larsson*) *lannvsþre* 30,10; *lanðsþe* 31,16 und *laNosþr* 31,13, vgl. S. XV.

7) *ld > ll.*

Dieser Übergang, welchen *Nor. Grdr. d. g. Ph.* I, 473 für ostnorw. Mundarten des 14. Jahrhunderts belegt, scheint in dem Reime des *Hallarsteinn byrtjalls : heilli* vorzuliegen und wird von *F. Jónsson* in *SnE.* III, 111 benutzt als Beweismittel für die Verschiedenheit der beiden Dichter *Steinn Herdisarson* und *Hallarsteinn*, vgl. *Vigfusson corp. poet. bor.* II, 294 f. In diesem und dem oben erwähnten Reim *sigrgjarn : rænni* darf man vielleicht Norwagismen sehen.

# IV. Kapitel.

## Aus der Formenlehre.

Nachdem ich die wichtigsten Punkte, welche sich mir aus der Betrachtung der Skaldenreime hinsichtlich der Lautlehre ergeben haben, in den beiden vorigen Kapiteln behandelt habe, will ich hier nur in Kürze einige Formen nachweisen, die vielleicht Interesse verdienen.

### 1) Ungeschlechtiges Pronomen.

In der *apalhending* begegnet nur der Dat. Acc. Pl., und zwar in der Form *oss*: *krossi Ein. Skúl. Wis.* 54; 3,6; *oss*: *piningarkrossi Wis.* 61; 65,8; *oss*: *krossinn Eyst. Ásgr. Wis.* 94; 54,4; *oss*: *krossinn Wis.* 95; 60,2; *oss*: *krossinn Wis.* 95; 62,8. Ausserdem die merkwürdige Form Nom. Pl. *vir* in dem Reime *Sighvats sk. Hkr.* 431,18*b vir*: *skirir*, auf welche schon *Gisl. Njál.* II, 600 hingewiesen hatte. *Noreen* stellte im *Ark. f. n. Fil.* I, 178 Anm. 1 diese Form, resp. *\*vis*, als Postulat für got. betontes *veis* auf und erklärte wol mit Recht altschwed. *vir* für eine Contaminationsbildung aus *\*vīs* und *\*veR*. Im *Grdr.* I, 499 führt er für den Nom. Pl. aus dem Ostnordischen an: agutn. *vīr*, aschwed., adän. *vī(r)* aus *wīR (Malstad uiR)*, ohne doch der sicher belegten altisländischen Form Erwähnung zu tun, obgleich er in der Note die Stelle bei *Gislason* citiert[1]).

---

[1]) Doch vgl. jetzt *Nor. aisl. Gr.[2]* 142 Anm.

## 2) Geschlechtiges Pronomen.

Es begegnet nur die Form *hánum*. Sie steht im Reim mit folgenden Wörtern:

*Mána Þjóþ. hv. Wis.* 10; 14,8; *rán Ein. Skúl. Wis.* 54; 4,8; *mána Guth. s. Hkr.* 102,6b; *ván Þórþr Kolb. Hkr.* 170,31a; *fráns Halld. ókr. Hkr.* 212,20b; *rán Ól. kon. hlg. Hkr.* 446,26b; *auþván Sighv. sk. Hkr.* 253,30a; *ormfrán Hkr.* 491,4b; *Skánunga Þórþr Sjár. Hkr.* 422,26b; *Skánunga Þjóþ. sk. Hkr.* 532,4b; *fráns Þjóþ. sk. Hkr.* 592,2b; *ván Þjóþ. sk. Hkr.* 605,13b; *ráns Arn. jarl. Hkr.* 543,21a; *ván Steinn Herd. Hkr.* 598,27a; *grán Wis.* 49; 30,6.

## 3) Possessivpronomina.

Sämtliche vorkommende Formen des Pronomens der ersten Person sind bereits, soweit sie von Interesse sind, S. 56 f. angeführt worden. Vom Pronomen der zweiten Person haben wir die alte Form des (Nom.) Acc. Plur. *ór* aus *tór* bei *Sighv. sk. Wis.* 42; 7,4 im Reim auf *fóru*, vgl. *Hoffory nord. Tidskr. f. Fil. ny Række* III, 298 und die Analogiebildung nach dem Singular *tárr*, Nom. Plur. Neutr. *tár* bei *Eyst. Ásgr. Wis.* 89; 18,8 auf *ddri* reimend.

## 4) Demonstrativpronomen *sjá*.

Nom. Sg. M. *þessi : baugness Ein. Skúl. Wis.* 61; 69,2; *: oss Eyst. Ásgr. Wis.* 90; 25,1, wo *þessi* Nom. Fem. ist.

Dieser Nominativ kommt also schon in der Mitte des 12. Jahrhunderts vor, während *Noreen aisl. Gr.* § 386 sagt, im isl. zeige sich *þessi* als Nom. „schon um 1220“.

Dat. Sg. Masc. *þessum : þróttarhvass Ein. Skúl. Wis.* 61; 66,3; *: þess Haukr Vald. Wis.* 78; 2,5.
*þeima : heimkvámu Sighv. sk. Hkr.* 255,18a; *: heims Ein. Skúl. Wis.* 54; 2,2; 60; 57,8; *: grímur Wis.* 59; 49,1.
Dat. Sg. Neutr. *þvísa : vísu Sighv. sk. Hkr.* 307,23a.

## 5) Relativpartikel *es*.

Schon in den ältesten Handschriften herrscht die Form *er*, wenn auch einige wie *Reykjah. máld.* im Cod. *AM.* 237 fol. (vgl. *Noreen aisl. Gr.* § 389 Anm.) noch *es* haben. Aus den Reimen vermag ich die Partikel nur einmal nachzuweisen —

was ja auch erklärlich ist, da im Allgemeinen natürlich der
Reim nicht auf Partikeln ruht —, und zwar in der Form *er*
bei *Sighv. sk.*, also schon in der ersten Hälfte des 11. Jahr-
hunderts. Ich führe die ganze *vísuhelming*, *Hkr.* 431,15 ff., an:

> *gerþust hilmis Hǫrþa*
> *húskarlar þar jarli*
> *er viþ Ólafs fjǫrvi*
> *ofvægir fé þægi.*

Für *er* liest die *Flateyjarbók* II, 291 *ef*, aber dass dies
eine Verderbniss sein muss, zeigt schon der mangelnde Reim,
in der *Kph.* steht *ǫrr*, welches gar keinen Sinn giebt. Der
Relativsatz lautet *er þægi jarli fé* „*qui pecunias acciperent
a dynasta*", *Egils. lex. poet.* 909 unter *þiggja.*

### 6) Das Verbum *vesa.*

In der alten Zeit herrscht hier im Inf. und Sing. Præt.
durchweg das *s.* Die älteste *r*-Form glaubte *Vigfusson*, *Eyr-
byggja* XLVI in dem Reime des *Ein. Skúl. Hkr.* 709,28 *a*
*vara : fara* zu finden, doch ist diese Form ganz vereinzelt,
sonst hat er *s*, wie die Reime *vasa : tysvar Ein. Skúl. Wis.*
60; 60,3; *esat : risnu Hkr.* 667,5 *a* zeigen. Noch älter, und
wol norwegischem Einfluss zuzuschreiben ist *var* im Reime
auf *bar* bei *Sighv. sk. Wis.* 40; 6,6. Ferner begegnet *er* im
Reim mit *gler Mkv. Wis.* 75; 17,1 *f*, wo *Wisén* wol richtig
die sinnlose Lesart des Codex *drer* verbessert. Doch ist die
ganze Stelle verderbt und darf nicht als Beweis dienen, vgl.
*Wis.* S. 152. Gesichert dagegen ist *var* bei *Sturla* im Reim
auf *væri Kgs.* 441,11 *a*, also in der zweiten Hälfte des
13. Jahrhunderts.

Über den Gebrauch von *er* bei *Snorre* hat eine Polemik
zwischen *Hoffory* und *Mogk* stattgefunden. In seiner Ausgabe
des *Háttatal* hatte *Möbius* bald '*r*, bald '*s* geschrieben. Dies
hatte *Hoffory* in seiner Anzeige, *A. f. d. A.* VII, 198
getadelt. Er führte aus, vor dem Anfang des 13. Jahrhunderts
sei in Island *es* so gut wie alleinherrschend gewesen, während
es in Norwegen allerdings schon früher durch *er* verdrängt
war. *Snorre* nun, der 1178 geboren ist, ist also zu einer

Zeit gross geworden, in welcher man noch allgemein *es* sprach. Es sei also anzunehmen, dass er *es* gesprochen habe und demgemäss sei in allen Fällen, in welchen *Möbius* '*r* geschrieben, dies durch '*s* zu ersetzen. Formen wie *þeir'r*, *þar'r* dürfe man ihm nicht zutrauen. An zwei Stellen des *Háttatal* ist nun allerdings *er* gesichert, und zwar im *rúnhent* 82,5*f jarla er : austan ver* und 87,7*f sigikallt sem er : riþ orþa sker.* Dies meinte *Hoffory* so erklären zu können, dass *Snorre* in dem alten feierlichen *dróttkvætt* die archaischen Formen seiner Jugend anwendete, während er sich in dem neueren *rúnhent* unbedenklich der Formen der Prosasprache mit *er*, die schon zur Herrschaft gekommen waren, bediente.

Demgegenüber hielt *Mogk*, *Z. f. d. A.* XII, 235, zunächst an der Tatsache fest, dass *er* im *Háttatal* zweimal beglaubigt sei. Dann verlangte er den Nachweis, dass das *rúnhent* weniger feierlich sei als das *dróttkvætt* und dass überhaupt ein verschiedener Stil in diesen beiden Dichtungsarten zu erkennen sei. Ich glaube, dass dieser Einwand mit Recht gemacht ist. Es hat allerdings nichts Ungewöhnliches, wenn ein Dichter in einer bestimmten Dichtungsart archaische Formen braucht, die er in einer andern nicht anwenden würde, s. z. wenn *Gœthe* im Ton des Volksliedes reimt „so dir geschenkt ein Röslein was, so stell es in ein Wasserglas“, aber zwischen *dróttkvætt* und *rúnhent* einen Unterschied in der Stimmung wie etwa zwischen einem *Gœthe*'schen Lied der erwähnten Art und einem feierlichen Dithyrambus vermag auch ich nicht zu erkennen. Formen wie *þeir'r*, *þar'r* traue allerdings auch ich *Snorre* nicht zu und *Mogk* hat keine derartigen nachgewiesen.

Das Richtige trifft, wie ich meine, *Vigfusson*, *Eyrbyggja* XLVI f., wenn er sagt, im Jugendalter *Snorres* sprachen die alten Leute wahrscheinlich noch *es*, die jungen *er*. Beide Formen wurden nebeneinander gebraucht, wie z. B. *Líknarbraut* zeigt, wo es 16,2 heisst *vasat : þisla*, aber 33,1 *erþá : ferþum* und 40,5 *ertu : hjarta.* So meine ich nun hat auch *Snorre* im *Háttatal* verfahren. Im Allgemeinen braucht er *es* und Formen wie *þeir'r*, *þar'r* dürfen sicherlich nicht bei ihm angenommen werden, brachte es aber das Reimbedürfniss mit sich, so bediente er sich auch unbedenklich der jüngeren Formen mit *er*, die ihm, dem Älteren, allerdings wol noch nicht recht geläufig sein mochten. Dass wir solche *er*-Formen nur im *rúnhent* finden, halte ich für Zufall.

Die vereinzelten Fälle im Isländischen, in welchen in früherer Zeit -*r*-Formen begegnen, sind wol mit Recht von *Vigfusson* a. a. O. auf norwegischen Einfluss zurückgeführt worden.

# V. Kapitel.

# Ergebnisse.

Zum Schluss will ich einen kurzen Überblick über die Hauptergebnisse der vorstehenden Untersuchung geben.

So deutlich uns auch in den ältesten uns erhaltenen Runeninschriften und Handschriften ein Unterschied zwischen dem altnorwegischen und dem altisländischen Dialect erkenntlich wird, so können wir doch aus den Binnenreimen der ältesten Skalden keine wesentliche Verschiedenheit in der Sprache erkennen. In einem der wichtigsten späteren Unterscheidungsmittel beider Dialecte, nämlich in ihrem verschiedenen Verhalten zum $u$-Umlaut des $a$, haben wir die Dichter beider Volkszweige im Wesentlichen auf derselben Sprachstufe gesehen. Formen mit und ohne Umlaut, bei erhaltenem oder abgefallenem $u$ wechseln in buntem Gemisch. Die Isländer sind hier nicht etwa durch das Norwegische beeinflusst worden, sondern sie drücken den einheimischen Lautstand ihrer Sprache in ihren Versen aus. Die letzte nicht umgelautete Form begegnet uns Jahr 1152, von da an muss man den fortschreitenden Sieg der $\rho$-Formen datieren, der uns Jahr 1200, wie die Prosa ausweist, fast durchgeführt ist. Einen $u$-Umlaut des $\acute{a}$ kennen die Skalden mit verschwindender Ausnahme überhaupt nicht, ob ein $r$-Umlaut desselben existiert, kann zweifelhaft erscheinen. Der $r$-Umlaut des $a$ dagegen ist schon in ältester Zeit in beiden Dialecten durchgeführt, gleichgiltig, ob das $r$ noch erhalten ist oder nicht. Der $r$-Umlaut des $e$ tritt erst nach der Mitte des 12. Jahrhunderts auf, beim $i$ begegnen nicht umgelautete Formen bis ins 14. Jahrhundert.

Der erste Lautvorgang, dessen Eintreten wir in historischer Zeit beobachten können, ist die Brechung eines *e* vor *o*, *u*, *a* der folgenden Silbe, sie tritt ums Jahr 900 auf.

In eine frühe Zeit, nämlich ins 10. Jahrhundert, fällt auch der Wechsel von *e-* und *i-*Formen, wie *gengu* und *gingu*, vielleicht ist derselbe sogar bis *Brage* hinauf zu datieren, also bis zum Jahre ca. 800. Beide Formenbildungen werden von denselben Dichtern nebeneinander gebraucht. In dasselbe 10. Jahrhundert fallen noch zwei wichtige Lautwandelungen, bis hierher können wir den Wandel eines intervocalischen consonantischen *u(v)* zu einer labiodentalen Spirans, welche auf *f* reimt, verfolgen, und aus derselben Zeit haben wir den Übergang eines *ft* in *pt*, unsicher freilich, ob er dem Isländischen oder Norwegischen zuzuschreiben ist. Sicher bei Isländern können wir ihn allerdings erst im 13. Jahrhundert belegen.

In die erste Hälfte des 11. Jahrhunderts fällt der Übergang eines *þs* zu *ts*, während *ds* sich bis ins 13. Jahrhundert hält.

Die Dehnung eines kurzen Vocals, d. h. eines *a*, *o*, *ǫ*, *u* vor *l* + Consonanz kann frühestens in der zweiten Hälfte des 12. Jahrhunderts eingetreten sein. Derselben Zeit ungefähr gehört auch der Wandel eines *þ* zu *d* nach *l*, *m*, *n* mit vorhergehendem langen Vocal an. Unsicher ist es, ob zu gleicher Zeit das *þ* in derselben Stellung nach kurzem Vocal auch schon *d* geworden ist. Für das Jahr 1200 etwa aber wird man dies annehmen dürfen. Diese Erscheinung ist dem Isländischen und Norwegischen gemeinsam.

Aus dem 13. Jahrhundert sodann ist, ungefähr für die Mitte desselben, zu erwähnen, dass *ø* zu *œ* wird. Ferner finden wir zuweilen in diesem und im nächsten Jahrhundert einen Übergang des consonantischen *i(j)* zur Spirans *j*, welche auf das spirantische *g* reimt.

Besonders erfüllt also von wichtigen Veränderungen ist die Zeit ums Jahr 1200, jene Zeit, in welcher in Island mächtige Häuptlinge durch grausame Parteifehden das Land zerrütten und damit den Untergang des Freistaates herbeiführen, eine Zeit, die aber zugleich auch diejenige der ersten isländischen wie norwegischen Handschriften war.

# I.

# Binnenreime.

## A.

### Skothendingar.

#### dd : dd.

arngreddir varþ odda Ein. Skál. Wis. 28; 20,3.

eyddi ulfa greddir Hallfr. v. Wis. 34; 8,4.

odda þing í eyddri Sighv. sk. Wis. 38; 2,3 (odda hríþ í auþri
  Fms. IV, 43).

ok háraddar hræddir Haukr Vald. Wis. 80; 14,5.

ok geiraddar gladdi Haukr Vald. Wis. 80; 19,5.

eyddu gumnar gladdir Ein. Skál. Wis. 60; 56,1 (ruddu Flb 1, 6).

hræddr fór hjǫrva raddar Guth. s. Hkr. 102,3a.

fœddi mest sá's meiddi Sighv. sk. Hkr. 453,18a (leiddi Flb II, 316).

odd raup aski studdan Þjóþ. sk. Hkr. 541,19b.

góddr var hrafn en hræddir Stúfr sk. Hkr. 571,18b (gladdr Fgrsk.
  122, Fms. VI, 255; brædiz Flb III, 338).

hrafngreddir vann hrædda Bjǫrn krepph. Hkr. 641,20a (hrafngæðir:
  hræða Fms. VII, 14).

broddr fló þar slǫg snuddu Þorbj. skakk. Hkr. 781,28b.

sǫddu svartklædda Sturla Kgs. 469,25b.

eyddu óhræddir Sturla Kgs. 472,1b.

krǫddu kappstudda Sturla Kgs. 474,30a.

bundinn leiddu heiþnir hæddu Eyst. Ásgr. Wis. 93; 49,3.

rǫdd engilsins kvennmanna kvaddi Eyst. Ásgr. Wis. 94; 51,1.

gladdist mær þa'r frelsaran fœddi Eyst. Ásgr. Wis. 94; 51,3.

klæddan meþ sér lǫngum leiddi Eyst. Ásgr. Wis. 94; 51,5.

breiddr á krossinn gumna græddi Eyst. Ásgr. Wis. 94; 51,7.

armar sviddu á brýndum broddum Eyst. Ásgr. Wis. 94; 56,5.

oddar beit ulfar sǫddusk Hallarst. Wis. 47; 6,7.

$$f : f.$$

eld of þik af jǫfri Brage Wis. 3; 13,1.

þjófs ilja blaþ leyfa Brage Wis. 2; 1,4.

laufi fátt at hǫfþi Brage Wis. 2; 4,8.

sundrkliufr nio hǫfþa Brage Ger. 24; 19,4.

œfr gall hjǫrr viþ hlífar Þorbj. hornkl. Wis. 15; 5,7.

laufa veþr at lifum Ein. Skál. Wis. 27; 4,8.

hóf und hyrjar kneyfi Ein. Skál. Wis. 27; 11,5.

knátti hafs at hǫfþum Ein. Skál. Wis. 28; 16,5.

hver sé if nema jǫfra Ein. Skál. Wis. 29; 23,5.

dreif meþ dróttar kneyfi Eil. Guþr. Wis. 31; 12,1.

hófir heit at rjúfa Sighv. sk. Wis. 42; 10,7.

húfs meþ hamri þófþar Hallfr. v. Wis. 35; 9,7 (ufs Flb I, 484).

hefk þanns hverjum jǫfri Hallfr. v. Wis. 37; 27,1.

hamra vifs þás hǫfþu Haukr Vald. Wis. 78; 2,3.

lofaþr sitr ǫllum ófri Ein. Skúl. Wis. 54; 5,5.

hófum hróþr en leifa Ein. Skúl. Wis. 54; 9,5.

gǫfug lét Hǫrn ór hǫfþi Ein. Skúl. Wis. 58; 37,1.

Yfirskjǫldungr lét jǫfra Ein. Skúl. Wis. 59; 50,5.

Óláfs hǫfum jǫfra Ein. Skúl. Wis. 62; 70,1

iflaust hǫfum jǫfri Ein. Skúl. Wis. 62; 71,3 } ǫf : ǫf ?

handar vafs of hǫfþum Guth. s. Hkr. 79,29.

logreifis bráttu lifi Eyj. Dap. Hkr. 140,10 b.

þá's hafvita hǫfþu Halld. ókr Hkr. 215,5 b.

hafa léztu heiþska jǫfra Ótt. sv. Hkr. 284,26 a.

réþk til Hófs at hófa Sighv. sk. Hkr. 308,5 a.

hafa allframmir jǫfra Sighv. sk. Hkr. 378,1 a.

iflaust es þat jǫfri Sighv. sk. Hkr. 444,3 a.

hafa lézt unga jǫfra Bjarni gullbr. Hkr. 519,15 a.

rofizk hafa apt fyr jǫfri Þjóþ. sk. Hkr. 555,9 a.

hlífþut hlenna svæfi Arn. jarl. Hkr. 621,29 a.

lífspelli réþ laufa Bjǫrn krepph. Hkr. 648,10 a.

húf lét hilmir svífa Ein. Skúl. Hkr. 667,3 a.

skeifr bart Hǫgna húfu Þór. stuttf. Hkr. 687,3 b.

gefit hefir guþ sjalfr jǫfri Ein. Skúl. Hkr. 744,5 a.

hlífarlauss vá gramr meþ gæfu Ól. hvít. Kgs. 385,10.

svífa léztu or hverju hrófi Sturla Kgs. 438,25 b.

þik reifir guþ gæfu Sturla Kgs. 458,11 a.

þjófa hendr lét þengill stýfa Mark. Skeggj. Wis. 51; 8,3.

hlífum keyrþi hersa reifir Mark. Skeggj. Wis. 52; 24,5.

jǫfurr heyri upphaf Ótt. sv. Wis. 43; 1,1.

Óláfr jǫfurr Sighv. sk. Wis. 40; 2,7.

léta af jǫfurr Sighv. sk. Wis. 41; 8,1.

hlífskjǫldr hafa Sighv. sk. Wis. 41; 8,7.

*rauf ræsir af Sighv. sk. Wis.* 41; 9,5.
*hringdrífr hafa Sighv. sk. Wis.* 41; 10,3.
*blindum hrjúfum dumbum daufum Eyst. Ásgr. Wis.* 93; 46,5.
*þú ert hreinlífis dyggþar dúfa Eyst. Ásgr. Wis.* 99; 89,1.
*ógæfr of fǫr elfa Bjarni Kolb. Wis.* 68; 3,8.
*grár reif gerþu drífu Hallarst. Wis.* 48; 17,1.

### f : v.

*týframra sék líva Þjóþ. hv. Wis.* 9; 1,5.
*ofrak svá til sævar Ulfr Ugg. Wis.* 30; 9,3.
*sem prófandi segir at Eva Eyst. Ásgr. Wis.* 89; 16,1.
*lof sé þér um aldr ok ævi Eyst. Ásgr. Wis.* 87; 1,7 *(æfi Magnuss.)*
      100; 100,7.
*svá fór þat er svaraþi Eva Eyst. Ásgr. Wis.* 89; 16,5.
*frægast víf þér færik ave Eyst. Ásgr. Wis.* 90; 28,3.
*þó var ei svá rík at reifa Eyst. Ásgr. Wis.* 91; 35,1.
*æfinliga meþ lyptum lófum Eyst. Ásgr. Wis.* 94; 51,5 u. ö.
*lífit sjálft at lukti ævi Eyst. Ásgr. Wis.* 98; 83,1.
*þú fyrdæmdir auma Evam Eyst. Ásgr. Wis.* 96; 66,1.

### fl : fl.

*iflaust má þat efla Ein. Skúl. Wis.* 54; 4,7.
*gullskyfir vann gjǫflastr Guth. s. Hkr.* 88,23b.
*afli vex þvít efla Sighv. sk. Hkr.* 255,24a.

### fn : fn.

*þás hrafnbláir hefndu Brage Wis.* 2; 3,7.
*berk fyr hefnd þás hrafna Ein. Skúl. Wis.* 26; 3,5.
*herstefnir lét hrǫfnum Hallfr. v. Wis.* 35; 7,3.
*nafn fekk hann enn hrǫfnum Sighv. sk. Wis.* 41; 1,3 *(vápn Fms.* VI, 38).
*stefnir stǫþvar hrafna Hallfr. v. Wis.* 33; 4.3.
*enn húfjǫfnum hefnir Hallfr. v. Wis.* 36; 16,5 *(hýjǫfnum Fms.*
      III, 12; *hver jǫfnum Codd.*).
*ofnir eigi hefna Haukr Vald. Wis.* 79; 5,7.
*óztr þrifnuþr nam efnask Ein. Skúl. Wis.* 54; 3,5.
*rauknstefnanda Reifnis Ein. Skúl. Wis.* 59; 49,3.
*roþin klofnuþu Reifnis Ein. Skúl. Wis.* 60; 54,7 *(réfinz B).*
*vel hefir hefnt enn hafna Glúmr Geir. Hkr.* 110,18a.
*hrefnis háfa stafna Þórþr Kolb. Hkr.* 156,3a.
*at herstefnir hafnak Bersi Hkr.* 254,16b.
*skrifnask skírinafna Sighv. sk. Hkr.* 522,19b *(skipnaz Kph.* III, 13).
*herstefnandi hafna Snorri Sturl. Kgs.* 352,3b.
*herstefnir rauþ hamri ofna Ól. hvít. Kgs.* 386,34a.
*valstafns vætki rofna Hallarst. Wis.* 49; 26,1 *(vask jafns: rofnat*
      *Fms.* II, 275; *vask jafn: rofnaðr Flb* I, 465).

*fr : fr.*

þás hofregin hafrar Þjóþ. hv. Wis. 9; 15,5 *(hafrir R, hǫfþu W)*.
ok orþnøfrir jǫfrar Þorbj. hornkl. Wis. 14; 4,5.
Dofra Danskra jǫfra Ein. Skál. Wis. 28; 17,7.
Óláfr réþ svá jǫfra Sighv. sk. Wis. 42; 3,7.
ofraus es þat jǫfri Sighv. sk. Wis. 42; 11,3 *(ofrausn er þat ræsi*
    *Flb III, 268)*.
Óláfr létumk jǫfra Sighv. sk. Wis. 43; 16,1.
Nøfr vá einn viþ jǫfra Hallfr. v. Wis. 35; 3,5.
Óláfr vant þars jǫfrar Sighv. sk. Wis. 39; 11,1.
meþ algífris lifru Brage Wis. 3; 9,8.
hinn's yfrinn gat jǫfra Guth. s. Hkr. 102,3b.
afreks veit þat's jǫfri Þórþr Sjár. Hkr. 107,5b.
ógnarstafr um jǫfra Glúmr Geir. Hkr. 112,30b.
ógnarstafr fyr jǫfrum Ótt. sv. Hkr. 422,22b.
Óláfr réþ hit øfra Sighv. sk. Hkr. 510,15a.
fór ofrhugi hin efri Stúfr sk. Hkr. 555,17a.
svellr ofrhugi jǫfrum Anon. Hkr. 602,35b *(ollu Fms. VI, 332)*.
ofreiþi verþr jǫfra Anon. Hkr. 603,1a.
gefr áttstuþill jǫfra Steinn Herd. Hkr. 635,11a.
snæfrir drógu enn meþal jǫfra Ól. hvít. Kgs. 344,1a.
jǫfrar úsvífrum Sturla Kgs. 469,12b *(opptaz osuiptum Flb III, 222)*.
Óláfr allra jǫfra Hallarst. Wis. 46; 3,1.
goþvefr gerþusk jǫfri Hallarst. Wis. 49; 30,5 *(efri Flb I, 467)*.

*fs : fs.*

refsir reyndan ofsa Þjóþ. sk. Hkr. 626,12a.

*fþ : fþ.*

laufþi fátt á hǫfþi Brage Wis. 2; 4,8 (Cod. AM Ieβ fol.).
af þvít eignum lofþa Sighv. sk. Wis. 42; 5,3.
lofþungs burr ok lifþir Sighv. sk. Wis. 42; 6,7.
bifþisk hǫll þás hǫfþi Eil. Guþr. Wis. 32; 17,1.
at lofþa gramr lifþi Hallfr. v. Wis. 37; 22,3.
ef lofþa gramr lifþi Ein. Skúl. Wis. 61; 69,5.
hǫfþu hart um krafþir Ótt. sv. Hkr. 225,28b.
enn hefk leyfþ þar's lofþa Þórþr Kolb. Hkr. 232,10a.
leyfþr's at hilmis hǫfþi Bjarni gullbr. Hkr. 493,20b.
af þvít ýtar hǫfþu Þjóþ. sk. Hkr. 529,13a.
svæfþu hjaldr þeir's hǫfþu Þorl. f. Hkr. 574,20a.
hafþi brjóst né bifþisk Arn. jarl. Hkr. 621,5a.
lofþungr beiþ hinn leyfþi Þjóþ. sk. Hkr. 621,19b.
hafþi hér meþan lifþi Blakkr Kgs. 121,2a.
leyfþi alt sem konungr krafþi Mark. Sk. Wis. 51; 14,3.
vafþir lítt enn vendir bifþusk Arn. jarl. Wis. 44; 2,5.
þrekleyfþr þengill hafþi Hallarst. Wis. 49; 28,5.

### ft : ft.

oft kom hrafn at heifta Hallfr v. Wis. 34; 3,3 (hepta Fyrsk. 55
   Cod. A; hafna Cod. B).
lyftisyly á lofti Eil. Guþr. Wis. 32; 16,3.
heft vas lltt á lofti Hallfr. v. Wis. 35; 4,1 (heppt : lopti Fms. II, 311;
   heft : lofti Flb I, 482).
kraft skulum goþs enn giftu Ein. Skúl. Wis. 60; 57,5 (giftu Flb I, 6).
hermþarkraftr til heifta Ein. Skúl. Wis. 60: 58,7 (heiftar Flb I, 6).
qrskiftir lá eftir Ein. Skúl. Wis. 60; 60,5 (eftir Flb I, 6).
aftr stqkk þjóþ um þoftur Halld. ôkr. Hkr. 215,7a (aftr Fris.
   165,15a).
knarrar hafts sem keyftak Bersi Hkr. 254,14a (haps Flb II, 45;
   hafts OHS 41).
heftut ér enn heftir Ótt. sv. Hkr. 284, 24b (heftuþ OHS 63; eftir
   Flb II, 67).
riftar reknar heiftir Sighv. sk. Hkr. 310,25b.
hqfþum keyft enn heiftir Sighv. sk. Hkr. 417,5b (keyft : heiftir
   Flb II, 277).
keyft er dst ef eftir Sighv. sk. Hkr. 521,5a (eftir Fris. 172,25a).
þds um skaft enn skifti Arn. jarl. Hkr. 535,11b.
Haraldr skiftir svd heiftum Þjóþ. sk. Hkr. 626,14b.
oft of rýþr ulfr kjaft Ótt. sv. Wis. 44; 3,3.

### fþr : fþr.

leyfþr's sás lét ok stýfþrar Ein. Skúl. Wis. 60; 61,1.

### g : g.

þótség fall d fqgrum Brage Wis. 2; 7,1 (Wis. sék, aber vgl. Ger
   S. 18, Gisl. Njdl. II, 11 Anm. 5).
vdys hyrsender æge Brage Ger. 26; 22,2.
feþr veþr boga hugþi Brage Wis. 2; 8,4.
þekkiligr meþ þegnum Þjóþ. hv. Wis. 9; 5,3.
sd's qll regin óyja Þjóþ. hv. Wis. 9; 7,3 (Codd. eyyja).
lômhugaþr lagþi Þjóþ. hv. Wis. 10; 12,5.
þá's vlgligan vagna Þjóþ. hv. Wis. 10; 16,7.
þat sleit rig d vdgi Ein. Skúl. Wis. 27; 11,8.
þrymr varþ logs es lqgþu Ein. Skúl. Wis. 20; 20,1.
draugr gat dolga Sdgu Ein. Skúl. Wis. 20; 21,3.
róys brd rekka lœgir Hallfr v. Wis. 34; 7,1.
ýdrauga let Ægir Hallfr. v. Wis. 34; 9,1.
frægr viþ firna slœgjan Ulfr Ugg. Wis. 29; 2,3.
lqg þau's lýþar þdgo Sighv. sk. Wis. 42; 5,7.
Almlaugar laust Ægir Eil. Guþr. Wis. 32; 15,5.
hafa kveþask lqg nema ljúgi Sighv. sk. Wis. 42; 8,5.

*urþu drjúg ens digra Sighv. sk. Wis.* 43; 16,3.
*frægr's til slíks at segja Hallfr. v. Wis.* 35; 3,7.
*gnóg til gumna feigþar Hallfr. v. Wis.* 35; 8,3.
*víg vant hlenna hneigir Sighv. sk. Wis.* 39; 5,1.
*baugs gerþut viþ vægjask Hallfr. v. Wis.* 35; 10,3.
*alls sannliga segja Hallfr. v. Wis.* 36; 19,5.
*Egill fekk unda gagli Haukr Vald. Wis.* 79; 10,1.
*vægþartrauþr at vígum Haukr Vald. Wis.* 79; 24,3.
*Sighvatr frák at segþi Ein. Skúl. Wis.* 55; 12,1.
*fregit hefk satt at segþi Ein. Skúl. Wis.* 55; 15,1.
*stíga kvaþ standa fagran Ein. Skúl. Wis.* 55; 15,5.
*auk hagliga hugþisk Ein. Skúl. Wis.* 55; 16,1.
*dag lét sinn meþ sigri Ein. Skúl. Wis.* 57; 31,5.
*lygi hefr bragna brugþit Ein. Skúl. Wis.* 60; 58,5.
*almdrauga varþ ógis Guth. s. Hkr.* 98,1a.
*hoddsveigir lét hniga Eyj. Daþ. Hkr.* 140,8b.
*stá lógir nam stíga Eyj. Daþ. Hkr.* 199,31a.
*Aldeigju brauzt ægir Eyj. Daþ. Hkr.* 199,29b.
*drógusk vítt at vági Halld. ókr. Hkr.* 216,13a.
*enn eftir víg frá Veigu Þórþr Kolb. Hkr.* 217,32a.
*Óláfs mágr at ógþi Sighv. sk. Hkr.* 230,28a.
*eigi hrædduzk ógi Ótt. sv. Hkr.* 234,17a.
*alltiginn máttu eiga Sighv. sk. Hkr.* 248,27a.
*áþr þágum vér ógis Sighv. sk. Hkr.* 249,10a.
*taki hlégiskip hauga Sighv. sk. Hkr.* 307,27b.
*rýgr hvazk inni eiga Sighv. sk. Hkr.* 308,12b.
*brattun stig aut baugi Sighv. sk. Hkr.* 309,14a.
*á austrvega eiga Sighv. sk. Hkr.* 311,14b.
*lýgr hinn at sér lægir Sighv. sk. Hkr.* 343,3b.
*ættvígi má hann eigi Sighv. sk. Hkr.* 446,8b.
*vizk eigi þat vága Þorm. Kolbr. Hkr.* 478,3b.
*ógurligr í augu Sighv. sk. Hkr.* 491,3b.
*drjúg varþ á því dógri Sighv. sk. Hkr.* 491,30b.
*hug hvé halda dygþi Bjarni gullbr. Hkr.* 493,20a.
*lýg ek nema Óláfr eigi Sighv. sk. Hkr.* 508,29a.
*eigi gaztu liþskost lágan Arn. jarl. Wis.* 44; 3,3.
*þinnig hógjumk fqr fljúgi Sighv. sk. Hkr.* 522,11b.
*segja mun 'k hve Sygna Arn. jarl. Hkr.* 529,26a.
*baugs enn barþir lágu Þjóþ. sk. Hkr* 538,7a.
*þat var frægt í fagran Þjóþ. sk. Hkr.* 538,28a.
*víga Freys sízt vágu Þjóþ. sk. Hkr.* 540,21b (*voro Kph* III, 42
    *Fris.* 188,14b).
*vágs hinn viþa frægi Arn. jarl. Hkr.* 541,12a.
*fleygir hvast um hauga Þjóþ. sk. Hkr.* 542,11b.
*sýg ek or sqltum ógi Þjóþ. sk. Hkr.* 543,1a.

*togu mátt tekna segja Þjóþ. sk. Hkr. 550,1a.*
*ldgu landsmenn gnógir Valg. Hkr. 560,8b.*
*eigu skjöl und skógi Þjóþ. sk. Hkr. 592,25a.*
*eigi er járni bjúgu Þjóþ. sk. Hkr. 592,31b.*
*auþan plóg at eiga Þjóþ. sk. Hkr. 607.7a.*
*dugir siklingum segja Anon. Hkr. 603,1b.*
*eigi varþ hins ýgja Arn. jarl. Hkr. 621,27a.*
*kúgar Engla ógir Steinn Herd. Hkr. 629,14b.*
*fræg hafa gerzk fyr gýgjar Halld. skv. Hkr. 665,19a.*
*hvegi er fundr meþ frægjum Anon. Kgs. 51,11b.*
*eigi má viþ orlog bægjask Ól. hvít. Kgs. 356,34a.*
*hilmis frægs þar er herskip ldgu Sturla Kgs. 441,18a (frægs vacat*
*   Flb III, 200).*
*drógu dynsveigis Sturla Kgs. 472,1a.*
*hervíg í hug Sighv. sk. Wis. 41; 9,3.*
*eigi létuþ jofra bági Arn. jarl. Wis. 45; 8,1.*
*eigi lét sér alla nægjast Eyst. Ásgr. Wis. 88; 7,5.*
*kúguþ sjálf af nærri nógu Eyst. Ásgr. Wis. 91; 31,3.*
*augun tóku at drukna drjúgum Eyst. Ásgr. Wis. 94; 54,7.*
*hlægir mik at hér mun teygjast Eyst. Ásgr. Wis. 95; 60,5.*
*eigi mun nú ormr hinn bjúgi Eyst. Ásgr. Wis. 95; 60,7.*
*hræzlan flaug um heljar bygþir Eyst. Ásgr. Wis. 95; 61,5.*
*svá ódygþar brandrinn bjúgi Eyst. Ásgr. Wis. 96; 66,7.*
*eigi glogg þótt Eddu regla Eyst. Ásgr. Wis. 100; 97,7.*
*frægr Hjorungavági Bjarni Kolb. Wis. 70; 20,8.*
*ýgr fyr borþ at stíga Bjarni Kolb. Wis. 72; 37,2.*
*haug Hjornagla Þór. loft. Hkr. 440,34b.*
*stígr varþ stála sveigi Hallarst. Wis. 49; 27,3.*
*harþleygs hrinda frágum Hallarst. Wis. 49; 29,5 (hart skyndir nam*
*   hrinda Fms. II, 279; hoddskynde fra hrinda Flb I, 467).*
*eigi einkar lága Hallarst. Wis. 50; 35,1.*
*frægjan lét þik Vilhjálmr rígja Sturla Kgs. 407,12a (fræian Flb*
*   III, 171).*
*rógskúja hélt Rygjar Arn. jarl. Hkr. 541,12a.*

### g : j.

*geiga létuþ gylltar sújur Sturla Wis. 84; 15,7 (sýgjur Kgs. 441.13b).*
*deyja skuluþ ef efniþ eigi Eyst. Ásgr. Wis. 89; 14,7.*
*eigi munu þit Addm deyja Eyst. Ásgr. Wis. 89; 17,5.*
*fljúg ok sey Márju meyju Eyst. Ásgr. Wis. 90; 24,5.*
*eigi finnst hér upp ór skýjum Eyst. Ásgr. Wis. 96; 70,7.*

### gg : gg.

*tíþ hogvít lét tyggi Hallfr. v. Wis. 34; 6,1.*
*vilgi tryggr til regjar Eil. Guþr. Wis. 30; 1,7.*

knátti hreggi hǫggvin Eil. Guþr. Wis. 31; 6,5.
hverr eggjar þik hǫggva Sighv. sk. Wis. 42; 11,1.
hrygg á hvarirtveggja Sighv. sk. Wis. 43; 16,7.
margr lá heggr of hǫggvinn Hallfr. v. Wis. 35; 6,7.
seggr frá sárum tyggja Hallfr. v. Wis. 37; 24,3.
vasat hreggvana hyggnum Haukr Vald. Wis. 79; 5,1.
Sigurþr hyggat þvi snøggjum Ein. Skúl. Wis. 54; 8,3.
hryggs dugþit lið liggja Ein. Skúl. Wis. 60; 53,3.
snarr tyggi bergr seggjum Ein. Skúl. Wis. 61; 65,3.
ýglig hǫgg þar's eggjar Þórþr Kolb. Hkr. 232,26b (haug OHS 25).
yggs lét herr um hǫggvit Sighv. sk. Hkr. 253,29b.
þótt leggfjǫturs liggi Hárekr Hkr. 427,25b.
glyggs í gegn at hǫggva Sighv. sk. Hkr. 492,25b (glyggs OHS 218;
   gnys Flb II, 356).
tireyggaþr fǫr Tryggvi Tryggvaflokkr Hkr. 513,12a.
liggr fyrir oss enn uggum Þjóþ. sk. Hkr. 543,1b.
hlífan styggr ok hǫggva Steinn Herd. Hkr. 595,9a.
uggik enn at tiggi Anon. Hkr. 613,21b.
sóknar yggr enn seggjum Þorþ. Skall. Hkr. 624,9a.
dyggr lætr þungar þiggja Steinn Herd. Hkr. 635,19b.
hygg'k at hersa tveggja Bjǫrn krepph. Hkr. 641,20b.
útryggum léztu eggja Ein. Skúl. Hkr. 717,15a.
hjoggu ǫxar eggjum Þorbj. Skakk. Hkr. 740,11a.
egg um údyggvar Sturla Kgs. 474,32b.
ok bruggandi dauþans dreygjar Eyst. Ásgr. Wis. 89; 15,5.
glygg magnaþisk eggja Bjarni Kolb. Wis. 70; 23,6.
hǫggrammr brotit leggi Bjarni Kolb. Wis. 72; 34,8.
Yggjar líf of þiggja Bjarni Kolb. Wis. 73; 43,4.
egghríþar fjǫr þiggja Bjarni Kolb. Wis. 73; 43,8.
ygglaust alla þiggi Hallarst. Wis. 50; 33,5.
hvardyggva lét hǫggva Haukr Vald. Wis. 80; 12,5.


## gg : g.

seggjǫndum fló sagna Þjóþ. hv. Wis. 9; 2,1.
svartskygþ bitu seggi Þorbj. hornkl. Wis. 15; 7,3.
mórar leggs né mǫgþu Eil. Guþr. Wis. 32; 15,3,
glyggs á gjálfri løgþan Sighv. sk. Hkr. 444,31b.
ugglaust Jra bygþir Hallarst. Wis. 47; 6,1.
hregg á herbygþum Sturla Kgs. 473,4a.


## gl : gl.

segls naglfara siglur Braye Wis. 2; 5,3.
hagl ór Hlakkar seglum Ein. Skál. Wis. 26; 2,7.
veglig sýndisk viþr ok fuglar Ól. hvít. Kgs. 259,19.

digla eldr var sénn i segli Sturla Kgs. 439,15a (digla Fms. X, 78; sigla Kph. V, 326).

hagl ok dýr sem fiska ok fugla Eyst. Ásgr. Wis. 88; 10,7.

hagl ok drif sem fjaþrir fugla Eyst. Ásgr. Wis. 99; 93,5.

## gn : gn.

Ving-Rǫgnir lét ragna Þjóþ. hv. Wis. 9; 4,5.

þrít fúr-Rǫgnir fagnar Korm. Qgm. Wis. 26; 6,3.

brak Rǫgnir skók bogna Ein. Skál. Wis. 26; 2,5 (brag reynir Fris. 90,5a).

nú þegnar frið fagna Sighv. sk. Wis. 41; 2,3 (nú eru þegnir frið [friþar Flb] fegnir Codd.).

fǫþur Magnúss lét fregna Sighv. sk. Wis. 42; 7,1.

fregnk at suþr meþ Sygnum Sighr. sk. Wis. 42; 9,1.

slegit hefr þǫgn á þegna Sighv. sk. Wis. 43; 13,7.

eign á óþul þegna Sighv. sk. Wis. 43; 14,3 (egg Flb III, 268).

erumk vér Magnús vægnir Sighv. sk. Wis. 43; 15,5.

Hǫgna hamri slegnar Hallfr. v. Wis. 33; 2,3.

fregn ek alt né ógnar Ein. Skál. Wis. 59; 51,5.

ungan þegn sem augna Ein. Skál. Wis. 60; 61,3 (ítran Flb 1, 6).

ralþagnar lét regnum Guth. s. Hkr. 97,27a (valrǫgnir Fris. 76,50a).

Sygna grams meþ sagnir Sighv. sk. Hkr. 309,3a.

gagn fengu því þegnar Sighv. sk. Hkr. 488,32a.

fregnat slíkt or Sogni Þjóþ. sk. Hkr. 539,3b.

folkrǫgnir getr fregna Þorl. f. Hkr. 572,30a.

gegn skyli herr sem hugnar Þjóþ. sk. Hkr. 577,28a (þegn Fms. VI, 269).

Sogns kvaþu gram gegnan Þjóþ. sk. Hkr. 596,13a (sarngs Mork. 79; Flb III, 363; gengin Mork. 79; ganga Flb III, 363; Sogns: gegnan Fgrsk. 130; saungs:geinginn Fms. VI, 319).

gagn brann greypra þegna Þjóþ. sk. Hkr. 606,26a.

hugnar Þjóþ þats þegna Steinn Herd. Hkr. 629,12b.

bragnar eyddu báli slegnu Sturla Kgs. 433,26b.

gegnir munu því fyrþar fagna Sturla Kgs. 459,5a.

ógn of úrþvegnar Sturla Kgs. 469,12a.

bragnar byrgegnir Sturla Kgs. 469,27b.

eignask namtu óþal þegna Arn. jarl. Wis. 41: 5,5.

skyggnast sem þá'r glerit í gegnum Eyst. Ásgr. Wis. 91; 33,3.

þessu í gegn mun finna fagnaþ Eyst. Ásgr. Wis. 97; 74,1.

tárum rigni enn tungan þagni Eyst. Ásgr. Wis. 97; 75,1.

ragn feldi lið þegna Bjarni Kolb. Wis. 71; 28,2.

Vagns lið Búa þegnar Bjarni Kolb. Wis. 72; 36,4.

Vagn meþ sína þegna Bjarni Kolb. Wis. 72; 38,2.

*þegna lið fyr Vagni Bjarni Kolb. Wis.* 72; 41,4 *(B; ógnar lið ceteri).*
*hyggju gegn at Vagni Bjarni Kolb. Wis.* 72; 43,2.
*þegnum tólf með Vagni Bjarni Kolb. Wis.* 72; 44,4.

### gr : gr.

*tegr vas fullr í fǫgrum Sighv. sk. Wis.* 39; 10.1.
*lǫgr þó drjúgt hinn digri Sighv. sk. Hkr.* 414,10b.
*frægr bað hann á hógri Sighv. sk. Hkr.* 510,22b.
*gnegr af gaddi digrum Þjóþ. sk. Hkr.* 592,33b (*gnǫgr Fris.* 226,32b;
    *gagr Fms.* VI, 310).
*flugr óx fáfnis vigra Þjóþ. sk. Hkr.* 595,16b.
*hugr ræþr hálfum sigri Þjóþ. sk. Hkr.* 626,5b.
*fǫgr ruþusk sverþ enn sigri Ein. Skúl. Hkr.* 668,6b.
*nú's ógrar fǫr frægri Hallr Sn. Kgs.* 71,11a.
*frægr's með ok sigri Hallr Sn. Kgs.* 71,11b.
*vegsamligr til handar hægri Eyst. Ásgr. Wis.* 96; 68,5.

### gþ : gþ.

*upp sǫgþu lǫg lagþisk Hallfr. v. Wis.* 35; 8,1.
*þeir drýgþu bǫl brigþu Ein. Skúl. Wis.* 55; 17,7.
*frægþ vinnr fylkis Egþa Ein. Skúl. Wis.* 56; 26,5.
*salbrigþandi Svegþis Guth. s. Hkr.* 89,5b.
*segþu hvar sess hafit hugþan Sighv. sk. Hkr.* 429,27b.
*lagþisk land und Egþa Bjarni gullbr. Hkr.* 447,3b.
*vægþit vendi sveigþum Þjóþ. sk. Hkr.* 516,31b.
*lagþi allvaldr Egþa Þjóþ. sk. Hkr.* 557,11b.
*mægþ gat allvaldr Egþa Stúfr bl. Hkr.* 559,1a.
*hraustligt bragþ es hugþak Menn Har. harþráþs Hkr.* 572,24a.
*sagþi hit es hugþi Steinn Herd. Hkr.* 593,24a.
*sveigþi allvaldr Egþa Þork. ham. Hkr.* 648,15a.
*ugþu eld ok sveigþan Þorbj. skakk. Hkr.* 781,30b.
*alt lagþi þá frǫmuþr frægþa Ól. hvit. Kgs.* 340,28b.
*vægþar í vidbygþu Sturla Kgs.* 472,3b (*vegs Kph.* V, 368; *Fms.*
    X, 134).
*og þar með þér Adám teggþi Eyst. Ásgr. Wis.* 89; 18,3 (*ok til með A,*
    *F. Jónss.).*
*ugþi hannat Eva stygþist Eyst. Ásgr. Wis.* 89; 18,5.
*vigþist oss þár vatni dǫgþist Eyst. Ásgr. Wis.* 92; 37,1.
*og þvílíkt sem andinn segþi Eyst. Ásgr. Wis.* 92; 39,3.
*púkans slægþ er hvern mann hugþist Eyst. Ásgr. Wis.* 92; 45,3.
*hneigþi nú sinn háls ok beygþi Eyst. Ásgr. Wis.* 94; 52,3 (*beyþi B,*
    *vægþi CD).*
*dragþu mik frá djǫfla bygþum Eyst. Ásgr. Wis.* 95; 63,3.
*eþa hugþir þú líkams lygþir Eyst. Ásgr. Wis.* 96; 65,5.

fyrir afbrigþin flestra dyggþa Eyst. Ásgr. Wis. 97; 76,7.
augabragþ þótt aldri þeyþi Eyst. Ásgr. Wis. 99; 94,5.
ugþu Egþir Þór. loft. Hkr. 440,30a.
orbragþs erir logþu Hallarst. Wis. 48; 18,1.

### k : k.

Jǫrmunrekr at rakna Brage Wis. 2; 3,2.
bǫrufǫks ens bleika Þorbj. hornkl. Wis. 14; 1,3.
randarlauks af ríki Ein. Skál. Wis. 26; 3,3.
rauþbrikar fremsk rǿkir Ein. Skál. Wis. 27; 9,34).
hitt vas auk at eykir Ein. Skál. Wis. 28; 17,1.
rammaukin kveþk ríki Ein. Skál. Wis. 29; 23,7.
rǿkilundr enn ríki Hallfr. v. Wis. 33; 1,3.
þús fákhlaþendr frǿknir Hallfr. v. Wis. 35; 9,5 (frekhladendr Flb
    I, 484).
heila líkn ef hauka Hallfr. v. Wis. 36; 20,7.
ríkr kraþ sér at sǿkja Sighv. sk. Wis. 40; 15,1 (eikr Flb II, 33).
margaukanda mǿkis Hallfr. v. Wis. 37; 27,7.
enn fák þess's vá víka Haukr Vald. Wis. 79; 1,4.
rakit frák víg á Stokla Ein. Skál. Wis. 55; 17,1.
rekin bitu stál á Stikla Ein. Skál. Wis. 58; 43,7.
tók þás fell enn frókni Ein. Skál. Wis. 58; 44,1.
ras sem reyk af ríki Ein. Skál. Wis. 59; 55,1.
boþsǿkir hélt brikar Guth. s. Hkr. 98,1b.
nú's þat's rekr á rakna Eyv. sk. Hkr. 103,33b (nú er þat rǫtt enn
    rakna Fris. 80,30b).
vita ef akrmurur jǫkla Eyv. sk. Hkr. 123,25b.
sleit mjǫk róin mikla Ótt. sv. Hkr. 220,10b.
lék viþ rǫun af ríki Ótt. sv. Hkr. 226,30b.
þrek bar seggr til sóknar Sighv. sk. Hkr. 231,7b.
enn snarrǿki slíku Bersi Hkr. 254,10a (snarrǿde Flb II, 45).
fákr laust drengs í díki Sighv. sk. Hkr. 274,31b.
ok þeir's optast tóku Sighv. sk. Hkr. 417,5a.
ok hefir odda leiknar Hallv. Hár. Hkr. 442,1b.
ok meþ ǫrnu ríki Stúfr sk. Hkr. 555,17b.
ok sá's ózt gat ríki Ein. Skál. Hkr. 662,24a.
ok rantu eina kráka Þór. stuttf. Hkr. 687,1b.
ok svá veik at meyju mjúkri Eyst. Ásgr. Wis. 90; 28,1.

---

1) Wisén gibt S. 194 fälschlich an, dieser Vers gehöre zu
denen der Vellekla, in welchen die skothending fehlt. Es muss statt
dessen heissen 9,5 nú grǿr jǫrþ sem þþau, wofern hier nicht ein
Reim vorliegt von langem Vocal zu langem Vocal, ähnlich wie die
aþalh. gjnýs : skýjum, vgl. S. 24.

*ok Ellu bak Sighv. sk. Wis.* 41; 11,1.

*viþ tøkja ek víka Sighv. sk. Hkr.* 431,29 b.

*Áslákr hefit aukit Sighv. sk. Hkr.* 446,8 a.

*auk at ísarnleiki Sighv. sk. Hkr.* 491,7 b (*iárna* Kph. II, 367; *Flb* II, 335; *isarnleiki* OIIS 217).

*røkinn gramr i reikar Sighv. sk. Hkr.* 491,9 b.

*rekin bitu stál á Stikla Þorm. Kolb. Hkr.* 497,21 a.

*er slíkan gram sóknum Sighv. sk. Hkr.* 499,12 b.

*vík skar vindlangt eiki Þjóþ. sk. Hkr.* 529,13 b.

*svik réþ eigu eklu Arn. jarl. Hkr.* 543,12 a.

*mildingr strauktu um mækis Bǫlv. sk. Hkr.* 547,1 a.

*vér aukum kaf króki Þjóþ. sk. Hkr.* 570,9 b.

*enn lauks um sjá søkja Þorl. f. Hkr.* 572,6 b.

*tók hólmbúa hneykir Þjóþ. sk. Hkr.* 606,18 a.

*steik af stillis haukum Trollk. Hkr.* 612,32 b.

*lék um Ljóþhús fíkjum Bjǫrn krepph. Hkr.* 646,28 a.

*rauk um Jl þá's jóku Bjǫrn krepph. Hkr.* 647,16 a.

*frá'k at fótta rákut Eldjárn Hkr.* 652,12 a.

*luku vág viku Ein. Skúl. Hkr.* 709,27 a.

*enn Hákonar haukar Anon. Hkr.* 781,25 b.

*þat frá líkn þá's lékum Jatg. Kgs.* 286,17 b.

*ríkr gaf hlenna hneykir Sturla Kgs.* 312,9.

*norþr líkar þér alt at auka Sturla Kgs.* 459,3 a.

*þjóþum líka þinir haukar Sturla Kgs.* 461,32 a.

*rógsøkis varþ ríki Anon. Kgs.* 476,20 b.

*und sik sǫkum Sighv. sk. Wis.* 40; 5,3 (*áþr svik sviku* Ohs 49).

*Gjúka þótti gǫfugt eiki Arn. jarl. Wis.* 45; 6,7 (*giuku : ecke* Flb III, 271).

*glíkan berr þik hvǫssum hauki Arn. jarl. Wis.* 45; 7,5.

*tæki í braut ór djǫfla díki Eyst. Ásgr. Wis.* 90; 23,7.

*slík afla mér sóttar auka Eyst. Ásgr. Wis.* 92; 40,5.

*hrækjandi mjǫk hǫfuþin skóku Eyst. Ásgr. Wis.* 94; 53,1.

*mjúkan díkt at makligleikum Eyst. Ásgr. Wis.* 99; 92,3.

*því'r líkast sem rasi ok reiki Eyst. Ásgr. Wis.* 99; 92,5.

*hauklyndum syni Áka Bjarni Kolb. Wis.* 68; 8,8.

*órókinn þrek slíkan Bjarni Kolb. Wis.* 69; 12,4.

*Hákon reka fíkjum Bjarni Kolb. Wis.* 69; 12,6.

*Áslák í fǫr líka Bjarni Kolb. Wis.* 69; 13,8.

*Áslák verit fíkjum Bjarni Kolb. Wis.* 71; 26,8.

*Áka sunr enn ríki Bjarni Kolb. Wis.* 71; 29,6.

*Hákon syni tóki Bjarni Kolb. Wis.* 71; 30,8.

*vegrókinn Ásláki Bjarni Kolb. Wis.* 71; 34,2.

*haukligt vas þat fíkjum Bjarni Kolb. Wis.* 72; 41,6.

*hauklyndan sun Áka Bjarni Kolb. Wis.* 72; 42,6.

*fór mjǫk mikit Þór. loft. Hkr.* 440,24 a.

*ránzîks remmilanka Hallarst. Wis.* 48; 22,1 (*ránsríki Flb* I. 491).
*Jǫrmunrekr at vakna Brage Wis.* 2; 3,2 (*Ermenrekkr* Cod. *Worm.,*
    Cod. 1eβ fol., vgl. *Ger.* S. 16).

## kk : kk.

*ǫlna bekks ríþ drykkju Brage Wis.* 3; 11,1.
*hrøkkve-áll of hrokken Brage Ger.* 25; 22,3.
*hykk fleyjanda frakkna Hallfr. v.Wis.* 33; 6,1 (*því hykk [hygg B]*
    *fleygjanda frœyjan* Codd. et Edd., z. B. *Forns.* 205).
*hrern rakkligast rekka Hallfr. v. Wis.* 36; 17,5.
*gekk í haug at hnykki Haukr Val. Wis.* 81; 21,5.
*gekk sínum bur søkkvir Ein. Skúl. Wis.* 57; 28,1.
*er døkkvalir drekka Glúmr Geir. Hkr.* 110,18b.
*søkk af sunda blakki Sighv. sk. Hkr.* 255,19a (*sank OHS* 42).
*nú's þat blakkr um bekki Sighv. sk. Hkr.* 274,29b.
*stǫkk sem þjóþ um þekkir Ótt. sv. Hkr.* 284,22b (*stok Flb* III, 67;
    OHS 63).
*hykk á fót enn flekkum Sighv. sk. Hkr.* 307,32b.
*gakkatu inn kvaþ ekkja Sighv. sk. Hkr.* 308,12a (*gangattu Flb*
    II, 113).
*lækka Lundar ekkjur Hárekr Hkr.* 442,3a (*bœþrœr OHS* 181).
*rakkr þengill hjó rekka Sighv. sk. Hkr.* 444,8a (*rakr OHS* 183).
*hykk í hundraþs flokki Þjóþ. sk. Hkr.* 535,21a.
*sukku sárir rekkar Þjóþ. sk. Hkr.* 541,19a.
*hlakkar lætr þú hrælǫg drekka Arn. jarl. Wis.* 46; 15,3.
*hlǫkk í harþa þjokkum Grani Hkr.* 571,3a.
*ef hǫrbrekkan hrøkkva Ulfr st. Hkr.* 612,1b.
*hykk at hilmis rekkar Þjóþ. sk. Hkr.* 626,14a.
*hykk at hér megi þekkja Þór. stuttf. Hkr.* 686,4a.
*stǫkkum fjánda flokki Blakkr Kgs.* 111,8b (*hneckium Flb* II. 627;
    *Fms* VIII, 275; *Kph* IV, 187).
*skerþir gekk í skúrum Hlakkar Snorri Sturl. Kgs.* 281,19b.
*flokk tók enn sá's ekki Sturla Kgs.* 320,11a.
*drukku þeir af Danmǫrk rekkar Anon. Kgs.* 343,32a.
*fekk hinn fölkrakki Sturla Kgs.* 472,8b.
*gekk hinn geþrakka Sturla Kgs.* 474,34a.
*skjǫldungr stǫkk meþ skǫþan þokka Arn. jarl. Wis.* 44; 5,3.
*klǫkkum hug þrit innist ekki Eyst. Ásgr. Wis.* 87; 2,3.
*þykki mér sem nýjung nǫkkur Eyst. Ásgr. Wis.* 92; 39,5.
*ekki er mér á þessum þokki Eyst. Ásgr. Wis.* 92; 41,5.
*klǫkkr ok hræddr ek þurfa þykkjumst Eyst. Ásgr. Wis.* 97; 79,7.
*dǫkkvir munu þá fjandans flokkar Eyst. Ásgr. Wis.* 98; 84,5.
*ǫgnrakkastir drukku Bjarni Kolb. Wis.* 69; 10,6.
*hrøkkra gunnar rǫkkum Bjarni Kolb. Wis.* 71; 30,1.
*Ekkils ýtiblǫkkum Hallarst. Wis.* 48; 16,7.

kk : k.

*mjǫk lét stála stekkvir Brage Wis.* 2; 6,1.
*Brunnakrs of kom bekkjar Þjóþ. hv. Wis.* 10; 9,5.
*mjǫk frák móti hrekkva Þjóþ. hr. Wis.* 10; 16,5.
*stála víkr af stokkinn Þjóþ. hv. Wis.* 11; 19,1.
*mjǫk leiþ ór staþ stekkvir Eil. Guþr. Wis.* 31; 5,5.
*gekk viþ móþ enn mikla Sighv. sk. Wis.* 42; 3,1.
*óframs sǫk meþal okkar Sighv. sk. Wis.* 43; 15,3.
*bliks meþ bruma ekka Haukr Vald. Wis.* 81; 25,7.
*bifroknum traþ bekkjar Guth. s. Hkr.* 87,33a.
*mjǫk lét margar snekkjur Þórþr Kolb. Hkr.* 155,8a.
*ték ýmisar ekkjum Sighv. sk. Hkr.* 274,25b.
*mi hafa hnekt þeir's hnakka Sighv. sk. Hkr.* 308,17a.
*þik baþ sólar sekkvir Sighv. sk. Hkr.* 310,19a.
*spakr lét Ulfr meþal ykkar Sighv. sk. Hkr.* 310,19b.
*Svíum hnektir þú sǫkkva Ótt. sv. Hkr.* 422,20a.
*skrǫkvi at skilnaþ ykkarn Bjarni gullbr. Hkr.* 456,13b.
*rekkr at regni miklu Þorf. m. Hkr.* 476,2a.
*gekk sóknþorinn sókja Sighv. sk. Hkr.* 480,33a.
*fyrr gekktu á staþ Stikla Sighv. sk. Hkr.* 493,13b.
*mik fló malmr hinn dekkvi Þorm. Kolbr. Hkr.* 498,9b.
*nú þykki mér miklu Sighv. sk. Hkr.* 521,33b.
*vǫktu ǫfundmenn ykkar Bjarni gullbr. Hkr.* 526,4b.
*mjǫk baþ Magnús rekka Þjóþ. sk. Hkr.* 538,16a.
*gekk meþ manndýrþ mikla Þjóþ. sk. Hkr.* 542,11a.
*gekk meþ gulli miklu Þjóþ. sk. Hkr.* 559,22b.
*þar hykk fast ins frékna Þjóþ. sk. Hkr.* 606,20a.
*vakti viskdǫlsk ekkja Bjǫrn krepph. Hkr.* 638,12b.
*Magnús fekk þar miklu Halld. skv. Hkr.* 705,22a.
*mjǫk fara Magnús rekkar Anon. Hkr.* 781,23b.
*lukti lómblekkir Sturla Kgs.* 464,26b.
*æ þakkandi miskunn mjúka Eyst. Ásgr. Wis.* 91; 32,3.

kkr : kkr.

*skokkr lá dýrr á dǫkkri Bǫlv. Arn. Hkr.* 570,43b.

kn : kn.

*þvít tákn þess's liþ lœknir Ein. Skúl. Wis.* 59; 46,5.
*búumk viþ sókn enn slǫkni Þorm. Kolbr. Hkr.* 476,7b.
*reknir brott í dauþans druknan Eyst. Ásgr. Wis.* 96; 73,1.

ks : ks(x).

*ríks þreifsk reiddra øxa Þorbj. hornkl. Wis.* 15; 17,1 (*ríki Kph.*).
*sundfaxa kom Sǫxum Ein. Skál. Wis.* 28; 20,5.
*ríks fannkak son Saxa Sighv. sk. Hkr.* 308,29b.
*dægrin sex at vísu vuxu Eyst. Ásgr. Wis.* 88; 10,1.

kt : kt.

*eitthvat klökt mun dróttinn dikta* Eyst. Ásgr. Wis. 92; 39,7.

kþ : kþ.

*ok þeim es vel rakþi* Ein. Skúl. Wis. 58; 41,5.

l : l.

*hálum herþimýlum* Brage Wis. 2; 5,7 (vgl. Wis. 117).
*Ála undirkúlu* Brage Wis. 9; 14,3.
*sonr alfǫþar rilde* Brage Ger. 23; 15,2.
*málspakr of nam mæla* Þjóþ. hv. Wis. 9; 3,5 (*margspakr* SnE.
    Am. 308).
*imunfǫlr und iljar* Þjóþ. hv. Wis. 11; 17,3.
*bǫlverþungar Belja* Þjóþ. hv. Wis. 11; 18,3.
*margt varþ él áþr Ála* Ein. Skúl. Wis. 26; 3,1.
*né hvelvǫlur hálar* Eil. Guþr. Wis. 31; 6,3.
*á seil himinsjóla* Eil. Guþr. Wis. 31; 9,3.
*mál bark hvert of heilum* Sighv. sk. Wis. 42; 7,5.
*eitt es mál þaz mæla* Sighv. sk. Wis. 43; 14,1.
*geta skal máls es mæla* Hallfr. v. Wis. 34; 2,1.
*skilit frá ek fyr skylja* Hallfr. v. Wis. 36; 12,7.
*resa kveþr ǫld ór éli* Hallfr. v. Wis. 37; 22,5.
*ból lét hann á Héli* Sighv. sk. Wis. 39; 10,5 (*blod let hann a hlode*
    Flb II, 21).
*tala minst es þat telja* Sighv. sk. Wis. 39; 11,7.
*skiliþr em ek viþskylja* Hallfr. v. Wis. 37; 26,5.
*hvals munk hvassa telja* Haukr Vald. Wis. 78; 2,1.
*Yggjar báls í éli* Haukr Vald. Wis. 80; 13,7.
*sárt lék halr viþ hǫlda* Haukr Vald. Wis. 81; 20,7.
*siþar heilags brá sólar* Ein. Skúl. Wis. 54; 3,1.
*stóls vex hæþ þars hvílir* Ein. Skúl. Wis. 54; 9,7.
*mál fekk maþr es hvílir* Ein. Skúl. Wis. 56; 26,1.
*dýrþ Ólafs viþr dála* Ein. Skúl. Wis. 59; 51,7.
*hætt mál vas þat heila* Ein. Skúl. Wis. 60; 59,7.
*hǫnd Ólafs vann heilan* Ein. Skúl. Wis. 61; 61,5.
*ǫlselju mér þylja* Bjarni Kolb. Wis. 68; 4,8.
*hrot giljaþar hylja* Guth. s. Hkr. 87,35b.
*rér getum bili at bǫlva* Eyr. sk. Hkr. 103,35a.
*ófælinn klauf éla* Eyr. sk. Hkr. 106,15b (*áfallom* C, *áfallinn* D).
*fellumk half þá's hilmis* Glúmr Geir. Hkr. 136,29a (oder ll:l? *fellu*
    *hialms þa er hilmis* Flb I, 86, vgl. Gisl. Njál. II, 212).
*sjá getr þar til sæla* Glúmr Geir. Hkr. 136,31b (ungewöhnliche
    Stellung des ersten Reimworts!).
*beit sólgagarr seilar* Tindr Hallk. Hkr. 160,21a.

nú eru mælt enn mála Sighv. sk. Hkr. 307,16b.
valr lá þrǫngt á þiljum Sighv. sk. Hkr. 444,10a.
verum í ála éli Giz. gullbr. Hkr. 475,32b.
ála þrengrat éli Þorm. Kolbr. Hkr. 476,7a.
Hel klauf hausa fǫlva Arn. jarl. Hkr. 535,13b.
hǫggvin valr at hylja Þjóþ. sk. Hkr. 535,23b.
selr um sigr at hylja Þjóþ. sk. Hkr. 544,9a.
hilmis stóls á hæla Har. harþr. Hkr. 578,20b.
vel baþ skip meþ skylja Steinn Herd. Hkr. 594,8b.
hrafngólir sparu hæli Anon. Hkr. 602,15a.
kná valþiþurr velja Trollk. Hkr. 612,30b.
þar's heilagr gramr hvílir Steinn Herd. Hkr. 628,9a.
sól viþ siklings þræla Þork. ham. Hkr. 641,3a.
stál lét hilmir hvílask Ein. Skúl. Hkr. 662,16b.
valr nam vǫll at hylja Halld. skv. Hkr. 705,22b.
vág fylvingi vélar Þorbj. Skakk. Hkr. 740,13b.
hǫlumk minnst í máli Nefari Kgs. 110,9b.
vara tól at skaut Skúli Anon. Kgs. 279,16b.
hóli gǫddusk hirþmenn Skúla Anon. Kgs. 343,30a.
heilags hafit hála Sturla Kgs. 548,9a.
sól um sigdeili Sturla Kgs. 464,35b.
il fyrir ítr bóla Sturla Kgs. 469,7b.
hála kunni sér til sælu Mark. Sk. Wis. 51; 8,7.
til slélts svalir Sighv. sk. Wis. 40; 3,3.
renni mál af raddartólum Eyst. Ásgr. Wis. 87; 3,3.
af þvíliku móþurmáli Eyst. Ásgr. Wis. 87; 4,5.
háleit ván á himnasælu Eyst. Ásgr. Wis. 88; 5,5.
eilíflega meþ sigri ok sælu Eyst. Ásgr. Wis. 90; 26,7 u. ö.
Gabriel sem geisli sólar Eyst. Ásgr. Wis. 90; 27,3.
glóar þar sól af glerinum heilu Eyst. Ásgr. Wis. 91; 33,5.
ǫll helvítis járnhliþ skjálfa Eyst. Ásgr. Wis. 95; 61,1.
sá'r óþinn skal vandan velja Eyst. Ásgr. Wis. 100; 98,1.
hulin fornyrþin at trautt má telja Eyst. Ásgr. Wis. 100; 98,3.
vel þvit hér má skýr orþ skilja Eyst. Ásgr. Wis. 100; 98,5.
tal óbreytiligt veitt af vilja Eyst. Ásgr. Wis. 100; 98,7.
morþbáls skipa stóli Bjarni Kolb. Wis. 69; 16,4.
él gnúpi mjǫk stála Bjarni Kolb. Wis. 71; 27,2.
él-Freyr Ullar kjöla Hallarst. Wis. 47; 6,3.
sól rauþ Svǫlnis éla Hallarst. Wis. 48; 16,3.
Ólafr ezta sælu Hallarst. Wis. 50; 33,7.
handbáls huykkilundr Hallarst. Wis. 50; 34,3.
hré skal gjalla gjǫldum Þjóþ. hv. Wis. 9; 1,1.
háls en bǫls af fylda Brage Wis. 2; 8,6.
opit helvíti búit meþ bǫlvi Eyst. Ásgr. Wis. 89; 20,7.

*ld : ld.*

*sú varþ hildr með hǫldum Eyj. Daþ. Hkr.* 199,31*b.*

*áttut hjaldr þar's hǫldar Eyj. Daþ. Hkr.* 200,1*b.*

*hverr vildi þá hǫlda Halld. ókr. Hkr.* 206,6*b.*

*deildak mál hin's milda Sighv. sk. Hkr.* 310,15*a.*

*hrøtuþ tœldi þat hildar Sighv. sk. Hkr.* 488,34*b.*

*skyldat skelknir hǫldar Þorm. Kolbr. Hkr.* 476,9*a.*

*ǫld fekk ilt ór deildum Bjarni gullbr. Hkr.* 447,1*a.*

*deildisk hugr svát heldu Oddr Kik. Hkr.* 568,12*b.*

*veldr ef verr skulu hǫldar Anon. Hkr.* 603,3*b.*

*heldr várut þau hǫldum Þork. ham. Hkr.* 639,5*a.*

*ǫld man hitt at hǫldusk Blakkr Kys.* 111,29*a.*

*eldr lék hús fyr hǫldum Anon. Kys.* 279,17*b.*

*mildir hǫfþu herboþ hǫldar Sturla Kys.* 437,18*b.*

*þás hugfyldra hǫlda Þorbj. hornkl. Wis.* 15; 7,5.

*ok hjald-Viþurr hǫlda Ein. Skál. Wis.* 27; 4,5.

*hǫlda morþs at halda Ein. Skál. Wis.* 27; 12,7.

*eldrinn sveif um ótal hǫlda Mark. Skeggj. Wis.* 52; 22,3.

*Sigvaldi í byr kǫldum Bjarni Kolb. Wis.* 71; 33,6.

*hǫld frák hræþask aldri Haukr Vald. Wis.* 81; 25,7.

*feldi horska hǫlda Haukr Vald. Wis.* 81; 26,1.

*gjǫld baugnafaþs vildi Brage Wis.* 2; 2,2.

*heldr en Hildar sviku Brage Wis.* 3; 10,7 (vgl. *Wis.* 117).

*hlífar valdr til Hildar Þorbj. hornkl. Wis.* 14; 4,3.

*búinn lézk valdr ef vildi Ein. Skál. Wis.* 27; 12,5.

*auk hald boþi hildar Ein. Skál. Wis.* 29; 21,5.

*tólf eas elds at aldri Hallfr. v. Wis.* 33; 1,1 *(Ólafsdrápa).*

*mildr nema mjǫk vel skaldi Sighv. sk. Wis.* 43; 17,3.

*aldrminkanda eldar Eil. Guþr. Wis.* 32; 19,7 *(aldarminkanda alldar*
    *W. Myunkande elldre* Cod. *Sparfv.).*

*heldr kvaþ hauka skyldir Hallfr. v. Wis.* 34; 1,3.

*áþr hjaldr þorinn heldi Hallfr. v. Wis.* 36; 18,5.

*foldar Fjǫlnis elda Haukr Vald. Wis.* 79; 8,3.

*mildr klauf skatna skjǫldu Haukr Vald. Wis.* 79; 10.7.

*valdr lét fimm of felda Haukr Vald. Wis.* 81; 23,5.

*reitk at mildr frá moldu Ein. Skál. Wis.* 54; 4,5.

*aldar Ólafs gilda Ein. Skál. Wis.* 54; 10,3.

*valdr kvazk fylgja foldar Ein. Skál. Wis.* 57; 28,3.

*ǫld hefr opt enn mildi Ein. Skál. Wis.* 57; 33,1.

*mildings hefir haldin Ein. Skál. Wis.* 58; 36,1 *(hildings Flb* 1, 4).

*angrfyldrar varþ aldar Ein. Skál. Wis.* 61; 58,1.

*yfirskjǫldungr bjargaldar Ein. Skál. Wis.* 61; 65,7.

*ǫld nýtr Ólafs mildi Ein. Skál. Wis.* 61; 66,1.

*foldar rauþ ok feldi Glúmr Geir. Hkr.* 87,1*b.*

skatt gilda vann skyldir Guth. s. Hkr. 98,3a.

heldr es vant enn vildak Eyv. sk. Hkr. 103,17a.

jǫfur vildu þann eldask Þórþr Sjár. Hkr. 107,3a (aldir Fgrsk. 25).

meldr í móþur holdi Eyv. sk. Hkr. 111,23b.

skyldak skerja foldar Eyv. sk. Hkr. 112,10a.

hildar hjalmr faldinn Eyj. Daþ. Hkr. 199,31b.

nú fiþr ǫld at eldumk Skúli Þorst. Hkr. 211,23a.

skyldr lézk hendi at halda Þórþr Kolb. Hkr. 217,30b.

gildir komtu at gjaldi Ótt. sv. Hkr. 222,4a.

guldut gumnar sjaldan Ótt. sv. Hkr. 227,16b.

at skyldigast skyldi Þórþr Kolb. Hkr. 232,11b.

fold ruþum skers ef skyldi Sighv. sk. Hkr. 255,21b.

fold er forþum heldu Ótt. sv. Hkr. 284,28b.

skyldit mér áþr mildan Sighv. sk. Hkr. 310,15a.

haldit hæft á veldi Ótt. sv. Hkr. 334,21a.

vildut ǫflgar aldir Arn. jarl. Hkr. 364,23b.

seldi Ólafr aldri Sighv. sk. Hkr. 378,1b.

haldisk vǫrþr þót vildit Sighv. sk. Hkr. 416,29b.

elds ef eitthvert vildir Sighv. sk. Hkr. 431,31b.

fáir skyldu svá foldar Sighv. sk. Hkr. 446,10a,

mildr lét mǫrgu valdit Sighv. sk. Hkr. 453,22b.

ǫld vann Ólafr felda Sighv. sk. Hkr. 480,31a.

skjǫldungr hélzk enn skyldi Sighv. sk. Hkr. 510,17b.

mildr á mensku at gjalda Sighv. sk. Hkr. 516,26a.

eld ef Ólaf vildak Sighv. sk. Hkr. 521,30a.

ǫld leynik því aldri Sighv. sk. Hkr. 521,30b.

skyldr emk skilfings halda Sighv. sk. Hkr. 523,18b.

skemra aldr enn skyldi Þjóþ. sk. Hkr. 532,3b.

skjǫldungr fórt of óþjóþ eldi Arn. jarl. Wis. 45; 12,1.

áþr svanfoldar seldi Þjóþ. sk. Hkr. 538,30a.

grá vildir þú gjalda Þjóþ. sk. Hkr. 540,7b.

skjǫld bark heim frá hjaldri Þjóþ. sk. Hkr. 542,1a.

eldr enn ernir valda Þjóþ. sk. Hkr. 542,27a.

holds vant hrafn úm fyldan Bǫlv. sk. Hkr. 547,3a.

fold vas víga valdi Stúfr sk. Hkr. 555,19a.

mildr vill Magnús halda Þjóþ. sk. Hkr. 560,31b.

feldu menn þá's mildan Oddr Kík. Hkr. 568,12a.

þó lézt heldr ef héldi Þorl. f. Hkr. 573,7b (in Mork. 57, Flb III, 341
     dem Þjóþ. sk. beigelegt).

hrafni skyldr nema haldi Þjóþ. sk. Hkr. 593,5b.

heldr kvaþ hvern várn skyldu Hallarst. Herd. Hkr. 593,24a.

ǫld's sú's jarli skyldi Þjóþ. sk. Hkr. 605,12a (vildi Fms VI, 336).

eldr vas gerr at gjaldi Þjóþ. sk. Hkr. 606,18b.

ǫld hefir afroþ goldit Þjóþ. sk. Hkr. 621,17a.

heldr kuru meir hins milda Arn. jarl. Hkr. 621,27b.

frægþar mildr á foldu Anon. Hkr. 636,21 a.
ǫrr skjǫldungr fór eldi Bjǫrn krepph. Hkr. 646,32 a.
ǫrn fylldit sik sjaldan Kolli Hkr. 726,32 a.
snild berr snarpa elda Ein. Skúl. Hkr. 744,3 a.
skoldi úþarfr ǫldum Þorbj. skakk. Hkr. 795,7 b.
sveldr meþ sómþ ok mildi Hallr. Sn. Kgs. 71,13 a.
eldr lék hús fyrir hǫldum Anon. Kgs. 279,17 b.
rǫldugr tóktu af mestri mildi Sturla Kgs. 422,1 b.
aldir dýrka yþart veldi Sturla Kgs. 422,3 b.
ǫldum segik hré úfriþ guldut Sturla Kgs. 426,13 a.
ǫld hét gnógu gjaldi Sturla Kgs. 427,25 b (aull Flb III, 188).
allraldr réttu þrír ýtar héldu Sturla Kgs. 433,3 a.
faldin gekk þar fast at hildi Sturla Kgs. 433,11 b.
gylldir stǫþ yfir greypra hǫlda Sturla Kgs. 433,16 b.
eldi hrauþ fyrir ǫsikǫldum Sturla Kgs. 437,18 a.
mildir hǫfþu herboþ hǫldar Sturla Kgs. 437,18 b.
norþan héldu alt of ǫldur Sturla Kgs. 438,25 a.
ǫldum varp er húfum héldut Sturla Kgs. 441,13 a.
eldr of allvaldi Sturla Kgs. 464,35 a.
héldum háfaldar Sturla Kgs. 466,19 a.
eldi álfoldar Sturla Kgs. 466,19 b (aldi Flb III, 200).
gjald hinn griþmildi Sturla Kgs. 467,9 a.
ǫldum úsjaldan Sturla Kgs. 472,10 b (úkalldan Fris. 576,6 b).
fylldusk fjǫrseldum Sturla Kgs. 474,15 b.
hǫlda hervaldir Sturla Kgs. 474,32 a (haulþa her valþer Kph. V, 373; Fms. X, 141; Fris. 578,14 a).
aldri fráttu at Eiríkr vildi Mark. Skeggj. Wis. 51; 8,5.
mildingr fór of munka veldi Mark. Skeggj. Wis. 51; 12,5.
veldi þorþut Vindr at halda Mark. Skeggj. Wis. 52; 15,1.
mildingr gekk at miklum hjaldri Mark. Skeggj. Wis. 52; 18,3.
veldi réþ því ástvinr aldar Mark. Skeggj. Wis. 52; 23,7.
hildingr framþi heilagt veldi Mark. Skeggj. Wis. 52; 29,5.
hildingr þá riþ hæst lof aldar Mark. Skeggj. Wis. 52; 31,1.
vildi foldar Sighr. sk. Wis. 41; 8,5.
Skjǫldungr stétt á skǫrum hveldun Arn. jarl. Wis. 44; 2,3.
Skjǫldungr lézt viþ skíra raldit Arn. jarl. Wis. 45; 13,1.
meþr ofbeldi ǫþlast vildi Eyst. Ásgr. Wis. 88; 7,7.
heldr munuþ meþ heiþri ok valdi Eyst. Ásgr. Wis. 89; 17,7.
aldri kvaddan mann á moldu Eyst. Ásgr. Wis. 91; 29,3.
aldri var sá fyrr á foldu Eyst. Ásgr. Wis. 92; 41,7.
púkinn kvaldr ok þeyggi þoldi Eyst. Ásgr. Wis. 93; 47,5.
mildan guþ þrít silfri seldi Eyst. Ásgr. Wis. 93; 48,5.
háttþ gild um allar aldir Eyst. Ásgr. Wis. 97; 74,7.
fórk aldrigi at gǫldrum Bjarni Kolb. Wis. 68; 2,2.
eldreiþ skapi haldit Bjarni Kolb. Wis. 68; 4,4.

*ǫldurmenn at skyldu* Bjarni Kolb. *Wis.* 69; 11,2.
*heiptmildan Sigvalda* Bjarni Kolb. *Wis.* 69; 12,2.
*bǫþmildum Sigvalda* Bjarni Kolb. *Wis.* 69; 13,2.
*faldruþr Búa skyldu* Bjarni Kolb. *Wis.* 69; 14,4.
*hildar ǫrr ok skjǫldu* Bjarni Kolb. *Wis.* 70; 24,6.
*þing-Baldr þróttar mildum* Hallarst. *Wis.* 46; 1,7.
*vegmildr viþrar foldar* Hallarst. *Wis.* 46; 2,1.
*sker-Baldr Skǫglar elda* Hallarst. *Wis.* 47; 7,3.
*hildings hǫppum valda* Hallarst. *Wis.* 47; 10,3.
*gollmildr Grónaveldi* Hallarst. *Wis.* 47; 11,3.
*gyld horn gróþis meldrar* Hallarst. *Wis.* 47; 13,3.
*allvaldr einkar mildum* Hallarst. *Wis.* 47; 13,7.
*eldruþr ǫlna foldar* Hallarst. *Wis.* 49; 27,7.
*fold of verr folk-Baldr* Ótt. *sv. Wis.* 141; 6,1.
*hǫld frák hrǽþask aldri* Haukr Vald. 81; 25,7 (*Wis.* hǫlð; hǫld
    Cod. *AM* 748).
*feldi horska hǫlda* Haukr Vald. 81; 26,1.
*hǽstr skjǫldungr býþr hǫldum* Ein. Skúl. *Wis.* 54; 6,7.

### ldr : ldr.

*geig vann heldr at hjaldri* Haukr Vald. *Wis.* 80; 19,7.
*fannk aldri val vildra* Ein. Skúl. *Wis.* 55; 10,5.
*heiptarmildr at hjaldri* Ein. Skúl. *Wis.* 57; 32,3.
*mildr fann gerst hve galdrar* Sighv. *sk. Hkr.* 492,16a.
*svá bauþ hildr at hjaldri* Har. harþr. 620,13a.
*hveldr af slíku ættik aldri* Eyst. Ásgr. *Wis.* 97; 78,7 (*heldr B.).

### lf : lf.

*sóknar álfs á golfi* Brage *Wis.* 2; 4,2 (*afls R).
*skalfa Þórs ne Þjalfa* Eil. Guþr. *Wis.* 31; 10,7 u. 32; 20,3.
*ilt es viþ ulf at ylfask* Hildr Hkr. 66,1b.
*nú's alf rǫþull elfar* Eyv. *sk. Hkr.* 111,26b.
*sjalfr baþ svartar kylfur* Sighv. *sk. Hkr.* 253,27a.
*alfa blót sem ulfi* Sighv. *sk. Hkr.* 308,14b.
*sjalfr var austr viþ Elfi* Þjóþ. *sk. Hkr.* 532,1a.
*sjalfri skipti ǫrn viþ úlfa* Sturla Kgs. 433,14b.
*gjalfr af Gautelfi* Sturla Kgs. 464,23b.
*sjalfr hann einn þvít batt meþ bǫlvi* Eyst. Ásgr. *Wis.* 95; 64,5.

### lfr : lfr.

Elfr *varþ unda gjalfri* Ein. Skúl. *Hkr.* 766,16a.

### lg : lg.

*fylgþi hugr ens helga* Ein. Skúl. *Wis.* 62; 70,3.
*þá's ófolgin ylgjar* Eyv. *sk. Hkr.* 111,5b.

*fylgþak Frísa dolgi* Skúli Þorst. Hkr. 211,21a.
*dolgs kváþu framm fylgja* Halld. ókr. Hkr. 212,19b *(duerks Flb
I, 485).*
*elgs man'k eigi fylgja* Bersi Hkr. 254,8b.
*grams dolgum fekksk galgi* Arn. jarl. Hkr. 364,25b.
*ylgr þars din Helga* Ótt. sv. Hkr. 422,22a *(ulfr Flb II, 281).*
*helgi handar tjálgur* Sighv. sk. Hkr. 523,20b.
*fylgþi efnd þvís ylgjar* Arn. jarl. Hkr. 529,3a *(fylde Flb III, 272).*
*ylgr gekk d ná bolginn* Bjarni Kolb. Wis. 71; 31,2.

### lk : lk.

*golfhǫlkvis sd fylkis* Brage Wis. 2; 5,2.
*sjau fylkjum kom silkis* Ein. Skál. Wis. 27; 7,1 *(kom fylkis Kringla).*
*-Jalks viþ ǫndurt fylki* Ein. Skál. Wis. 28; 15,7.
*folkeflandi fylkir* Ein. Skál. Wis. 28; 16,7.
*folk réþ viþ sik fylkir* Sighv. sk. Hkr. 310,11b.
*folks odda gekk fylkir* Sighv. sk. Hkr. 499,9b.
*folkorrostur fylkir* Sighv. sk. Hkr. 510,24a.
*verum meþ fylktu folki* Þjóþ. sk. Hkr. 540,25b.
*skalkak frd þótt fylkir* Þjóþ. sk. Hkr. 620,16a.
*um folksnaran fylki* Arn. jarl. Hkr. 621,29b.
*fylkir sd þar friþland balkat* Mark. Skeggj. Wis. 51; 10,3.
*folkrakkar um rann fylkir* Glúmr Geir. Hkr. 110,20a.

### ll : ll.

*viþ fylli mér stillir* Brage Wis. 3; 13,4.
*fjallgylþir baþ fullan* Þjóþ. hv. Wis. 9; 4,1.
*knáttu ǫll enn Ullar* Þjóþ. hv. Wis. 10; 15,1.
*fjǫrspillir lét falla* Þjóþ. hv. Wis. 11; 18,1.
*at fornsnjallir fellu* Ein. Skál. Wis. 27; 5,5.
*Ullr stoþ af þvi allri* Ein. Skál. Wis. 28; 13,7.
*glumdi allr þás Ullar* Ein. Skál. Wis. 28; 14,5.
*fullǫflug lét fjalla* Ulfr Ugg. Wis. 30; 8,1.
*fullǫflugr lét fellir* Ulfr Ugg. Wis. 29; 4,1.
*flugstalla réþ felli* Eil. Guþr. Wis. 30; 1,1.
*enn fellihryn fjalla* Eil. Guþr. Wis. 31; 6,7.
*hlátr-elliþa hellis* Eil. Guþr. Wis. 32; 14,7.
*fullkerska sdk falla* Sighv. sk. Wis. 41; 1,5.
*einn stillir mátt alla* Sighv. sk. Wis. 42; 6,3.
*goll burk jafnt of allan* Sighv. sk. Wis. 43; 16,5.
*golls vask enn meþ ǫllu* Sighv. sk. Wis. 43; 17,7.
*askþollum stendr Ullar* Hallfr. v. Wis. 33; 1,1 *(Hákonardrápa).*
*fellu þar meþ þolli* Hallfr. v. Wis. 35; 5,5.
*Ellu kind enn olli* Sighv. sk. Wis. 39; 7,7.
*snjallr í Seljupollum* Sighv. sk. Wis. 39; 13,3.

*fyr þrymsvelli þollar Haukr Vald. Wis.* 80; 14,7.
*snjallr frák opt at olli Haukr Vald. Wis.* 80; 19,1.
*hélt til fulls sá er fylla Haukr Vald. Wis.* 81; 22,1.
*áþr fullhugaþr felli Ein. Skúl. Wis.* 55; 13,5.
*Halls arfa frák hollan Haukr Vald. Wis.* 81; 23,1.
*jǫfurs snilli þreifsk alla Ein. Skúl. Wis.* 56; 26,7.
*fyllir framlyndr stillir Ein. Skúl. Wis.* 58; 42,3.
*styrjarsnjalls of stilli Ein. Skúl. Wis.* 59; 46,3.
*sæll es hverr es hollan Ein. Skúl. Wis.* 61; 66,7.
*þá's ellifu allar Guth. s. Hkr.* 88,7b.
*gumnum hollr né gulli Eyv. sk. Hkr.* 106,7a.
*gulls enn gramr var fallinn Þorþr Sjár. Hkr.* 107,7a.
*fetla svell til fyllar Eyv. sk. Hkr.* 111,7b.
*bárum ullr um alla Eyv. sk. Hkr.* 111,21a.
*fjǫllum Fyrisvalla Eyv. sk. Hkr.* 111,23a.
*fullar skein á fjǫllum Eyv. sk. Hkr.* 111,26a.
*Ullar kjóls um allan Eyv. sk. Hkr.* 111,28a.
*fyllik flokk þinn stillir Eyv. sk. Hkr.* 112,3b.
*olli jǫfra spjalli Glúmr Geir. Hkr.* 134,23b.
*þar's gollin spjǫr gullu Halld. ókr. Hkr.* 212,21a (*gullin Fris.* 163,13a).
*þótt ǫllungis allra Sighv. sk. Hkr.* 248,25b.
*snjallr hélt at þar's olli Sighv. sk. Hkr.* 252,5b.
*snjalls létum skip skolla Sighv. sk. Hkr.* 274,19b.
*vǫll kná hófr til hallar Sighv. sk. Hkr.* 274,31b.
*umstillingar allar Ótt. sv. Hkr.* 284,25a.
*nú sit heill enn hallar Sighv. sk. Hkr.* 307,16a.
*þeygi bella þollar Sighv. sk. Hkr.* 308,20a.
*gulls ræþr gerva ǫllu Sighv. sk. Hkr.* 377,19b.
*dæla es fyrst á fjalli Sighv. sk. Hkr.* 416,31a.
*allr es þekkr meþ þollum Sighv. sk. Hkr.* 429,29b.
*dæla es oss ef allir Sighv. sk. Hkr.* 431,17b.
*herstillis verþr hylli Sighv. sk. Hkr.* 431,31a.
*ǫll vas Erlings fallin Sighv. sk. Hkr.* 444,17a.
*Erlingr fell enn olli Sighv. sk. Hkr.* 446,2a.
*svá hefir ǫllungs illa Ól. heil. Hkr.* 446,23a.
*gull buþu apt þeir's ollu Sighv. sk. Hkr.* 453,13a.
*vill viþ vísi snjallan Þorl. m. Hkr.* 476,4a.
*þollr dylr saþrar snilli Sighv. sk. Hkr.* 492,23a.
*fell í her meþ hollum Bjarni gullbr. Hkr.* 493,18b.
*élþolla frá'k alla Þorm. Kolbr. Hkr.* 497,19b.
*fulla vetr áþr felli Sighv. sk. Hkr.* 510,17a.
*vasat ellifu allra Arn. jarl. Hkr.* 515,7b.
*olli hón því allri Sighv. sk. Hkr.* 516,22b.
*ollut es því's stillir Bjarni gullbr. Hkr.* 519,17b.

*enn fullhugi fellir* Sighv. sk. Hkr. 521,3b.

*gjalla hått fyr Hillar* Sighv. sk. Hkr. 521,11b.

*jofurs hylli varþ'k alla* Sighv. sk. Hkr. 521,35b (*falli : illa* Frís. 173,17b; *falli* Kph. III, 12).

*hallr ok hrimi sollinn* Arn. jarl. Hkr. 543,14a.

*gulls tók gumna spjalli* Stúfr sk. Hkr. 559,1b.

*holl å hléborþ sollin* Þjóþ. sk. Hkr. 559,24b.

*allr å éli sollnu* Þorl. f. Hkr. 574,12b.

*fullafli biþr fyllar* Har. harþr. Hkr. 578,18b.

*nú emk ellifu allra* Har. harþr. Hkr. 586,32a.

*þoll leggr viþ friþ fullan* Þjóþ. sk. Hkr. 592,14b.

*ok ollum friþ fullum* Anon. Hkr. 603,16b.

*sterkr olli þvi stillir* Þjóþ. sk. Hkr. 605,14a.

*esa stallarum stillis* Ulfr st. Hkr. 612,1a.

*trolls gefit fåkum fyllar* Anon. Hkr. 613,23b.

*oll viþ örna snilli* Steinn Herd. Hkr. 629,14a.

*villat flokk vårn fylla* Magn. berf. Hkr. 651,22.

*fyrþem hollr þar's fella* Halld. skv. Hkr. 663,11b.

*enn i hall at helli* Halld. skv. Hkr. 665,17b.

*oll beiþ old meþ stilli* Ein. Skúl. Hkr. 667,5b

*villir hann visdóm allan* Sig. Jor. Hkr. 686,1.

*verþung oll å velli* Kolli Hkr. 726,6b.

*glymvollu ristr gulli* Hallr. Sn. Kgs. 71,7a.

*nú's friþspillir fallinn* Blakkr Kgs. 121,2b.

*fellu fjåndmenn stillis* Sturla Kgs. 279,1b.

*snjallir fóru måga i millum* Ól. hvít. Kgs. 349,7a.

*hauksnjallr tók þå hersa stillir* Ól. hvít. Kgs. 357,1.

*seima þollr meþ sómdum ollum* Sturla Kgs. 422,3a.

*riþa fellu vegnir þollar* Sturla Kgs. 433,9.

*siþan fellu håvar hallir* Sturla Kgs. 434,8.

*allir tóku yppiþollan* Sturla Kgs. 438,16b.

*snjallr bauþ orgrant ollum* Giz. Þorv. Kgs. 441,28.

*ollum þótti Egþa stillir* Sturla Kgs. 442,6a.

*snjallr må Eiríkr ollu* Sturla Kgs. 458,9b.

*hollar prýþi heiminn allan* Sturla Kgs. 461,32b.

*oll var ógnfallinn* Sturla Kgs. 467,7b.

*fellu fjandr stillir* Sturla Kgs. 470,3b.

*fellu fleinþollar* Sturla Kgs. 470,7b.

*oll rann Egþa stillir* Anon. Kgs. 476,18a.

*stillir varþ of Austrveg allan* Mark. Skeggj. Wis. 51; 4,5.

*alla hafþi oþlingr snilli* Mark. Skeggj. Wis. 51; 9,5.

*hylli goþs mun hlifa stilli* Mark. Skeggj. Wis. 51; 11,3.

*hoþrar snjallr ok beztr at ollu* Mark. Skeggj. Wis. 52; 25,6.

*elli beiþ.at óvægr stillir* Mark. Skeggj. Wis. 53; 31,3.

*fengins golls efr föþiþ ella* Arn. jarl. Wis. 45; 7,3.

*langast ǫll i glóanda gulli Eyst. Ásgr. Wis.* 87; 9,7.
*mektarfullr er af bar ǫllum Eyst. Ásgr. Wis.* 88; 7,1.
*fúll metnaþrinn er meþ ǫllu Eyst. Ásgr. Wis.* 88; 8,5.
*þrútnar svellr ok unir viþ illa Eyst. Ásgr. Wis.* 89; 15,1.
*tendrast ǫll ok tala meþ snilli Eyst. Ásgr. Wis.* 90; 22,1.
*loptin ǫll af ljósi fyllast Eyst. Ásgr. Wis.* 91; 31,1.
*skeytin ǫll hin flærþar fullu Eyst. Ásgr. Wis.* 93; 45,7.
*fullum upp af grimdar galli Eyst. Ásgr. Wis.* 93; 48,7.
*skepnan ǫll er skyld at falla Eyst. Ásgr. Wis.* 94; 51,7 u. ö.
*alla glepi þá'r fekk at fullu Eyst. Ásgr. Wis.* 95; 64,3.
*reiþigall meþ sárum sullum Eyst. Ásgr. Wis.* 97; 77,5.
*sundruþ ǫll þá'r syndir kalla Eyst. Ásgr. Wis.* 98; 84,3.
*allfátt njaþar þellu Bjarni Kolb. Wis.* 68; 4,6.
*snjallastr at gǫrvǫllu Bjarni Kolb. Wis.* 68; 8,4.
*Þorketill liþi snjǫllu Bjarni Kolb. Wis.* 69; 9,4.
*bǫþsvellandi allir Bjarni Kolb. Wis.* 72; 36,2.
*hjǫr gall hǫlþar fellu Hallarst. Wis.* 46; 5,3.
*húfr svall hrannir fellu Hallarst. Wis.* 37; 14,3.
*hirþ fell hrafnar gullu Hallarst. Wis.* 48; 18,7.
*sigrþoll svá barg stillir Hallarst. Wis.* 49; 28,7.
*spell vann sparþit stillir Hallarst. Wis.* 49; 30,1.
*ellvelds annan stilli Hallarst. Wis.* 50; 32,3.
*byrtjalls beztu heilli Hallarst. Wis.* 50; 33,3.
*Hallfreþr Hǫrþa stilli Hallarst. Wis.* 50; 34,5.

## ll : l.

*þat gaf Fjǫlnis galla Brage Wis.* 3; 13,3.
*alt var gulli Þór. loft. Hkr.* 440,34 a.

## llr : llr.

*þollr vas allr enn ellri Haukr Vald. Wis.* 79; 9,5 (*alldr* Cod. AM 748).
*Ullr stoþ af þvi allri Ein. Skál. Wis.* 28; 13,7.

## lm : lm.

*malma mætum hilmi Brage Wis.* 2; 9,3.
*ok hjalmtamiþr hilmir Þorbj. hornkl. Wis.* 15; 6,5.
*hjalmfaldinn vann hilmir Ein. Skál. Wis.* 27; 5,1.
*auk holmfjǫturs hjalmi Ein. Skál. Wis.* 28; 17,5.
*hilmis menn sem hjalmum Hallfr. v. Wis.* 33; 1,7.
*hilmir lét at Holmi Hallfr. v. Wis.* 34; 2,1.
*enn hjalmsprotum hilmir Hallfr. v. Wis.* 35; 5,3.
*malms vann Móra hilmir Sighv. sk. Wis.* 40; 14,1 (*máls Kph.* II, 18).
*Skólms frák hart meþ hilmi Haukr Vald. Wis.* 80; 13,5.
*ok álmr sás hlaut hilmis Haukr Vald. Wis.* 81; 25,5.

*málmr beit hlíf á hólmi Haukr Vald. Wis.* 81; 26,3.

*jarl vann hjalms at holmi Halld. ókr. Hkr.* 217,12a.

*at hjalmsǫmum hilmi Þórþr Kolb. Hkr.* 232,13a.

*búa hilmis sal hjalmum Sighv. sk. Hkr.* 310,1a.

*hǫfgan malm fyr hilmis Sighv. sk. Hkr.* 431,5a.

*verpr hjalm gǫfugr hilmir Jǫk. Hkr.* 455,3b.

*olmr erumk harmr sás hilmir Sighv. sk. Hkr.* 488,32a.

*þar fekk hjalm es hilmir Þjóþ. sk. Hkr.* 542,3b.

*mætr hilmir sá malma Bǫlv. sk. Hkr.* 547,16b.

*hjalma þambarskelmi Har. harþr. Hkr.* 578,20a (*þjálfa þambar-*
   *skelfi Fgrsk.* 127; *Flb* III, 344; *Fms.* VI, 270).

*alm dró upplenzkr hilmir Þjóþ. sk. Hkr.* 595,14a.

*í hjalm þrimu hilmir Arn. jarl. Hkr.* 621,7a.

*hilmir gefr ok hjalma Steinn Herd. Hkr.* 635,19a.

*hilmir fekk und hjalmi Kolli Hkr.* 726,3b.

*hólmreyþar gekk hjalmi Sturla Kgs.* 279,1a.

*hilmir lauk viþ hernaþ olman Mark. Sk. Wis.* 52; 24,7.

*olmr Gullbúi hjalma Bjarni Kolb. Wis.* 71; 26,2.

### *ls : ls.*

*háls enn bols af fylda Brage Wis.* 2; 8,6.

*máls fekk hilmir heilsu Ein. Skúl. Wis.* 58; 41,7.

*rals ok Vinda frelsi Guth. s. Hkr.* 88,16b.

### *lt : lt.*

*hjalts af hagli oltnar Eil. Guþr. Wis.* 30; 5,3.

*gjalt varhuga veltir Sighv. sk. Wis.* 43; 12,1.

*hélt sem hilmir mælti Sighv. sk. Wis.* 39; 10,3.

*ilt vas þaz ulfs sultar Hallfr. v. Wis.* 37; 26,1.

*gullhjǫltuþum gallar Eyv. sk. Hkr.* 106,17b.

*mælti mætra hjalta Glúmr Geir. Hkr.* 134,15a.

*rér stiltum svá valtan Sighv. sk. Hkr.* 307,29a.

*hélztu þar's hrafn ne svalta Ótt. sr. Hkr.* 422,20a.

*fult vann fagrla gylta Sighv. sk. Hkr.* 480,22b.

*salt skar húfi héltum Arn. jarl. Hkr.* 515,13b.

*hélt þrí unz herr um spilti Bjarni gullbr. Hkr.* 526,6a.

*ok óstilta elti Sturla Kgs.* 277,17b.

*alt brá jarþ beltis Sturla Kgs.* 464,21b.

*hélt hinn hrafmælti Sturla Kgs.* 469,5a.

*gylt hlýr gnǫpþu skoltar Hallarst. Wis.* 48; 14,5 (*skalptar* Cod. *Berg*).

### *lþ : lþ.*

*hvat of dylþi þess hǫlþar Hallfr. v. Wis.* 34; 2,3 ⎫
*gǫþs elþis fekk gylþir Ein. Skúl. Wis.* 57; 28,7 ⎬ *ld : ld.*
*talþak fátt ór fjǫlþa Ein. Skúl. Wis.* 61; 67,1 ⎭

*skilþisk hann ok hulþi Þjóþ. sk. Hkr.* 546,7*b* (*sic Fris.*
    192,29*b*).
*dvalþi daprt um skilþaValg. Hkr.* 560.12*a* (*sic Fris.* 203,20*b* ;
    *dvolþo : skilþa Mork.* 18).

*ld : ld.*

m : m.

*flaums þás fjǫrvi námu Brage Wis.* 2; 6,3.
*es þrym regin þrymja Brage Wis.* 3; 10,5.
*raums þás rekka sómi Þjóþ. hv. Wis.* 9; 1,3.
*sá vas gramr ok gumnum Þorbj. hornkl. Wis.* 15; 6,3.
*gjafli némþer und gamlan Þorbj. hornkl. Wis.* 15; 9,4.
*geymir grundar síma Ein. Skál. Wis.* 27 ; 7,3.
*þars svát gramr meþ gumnum Ein. Skál. Wis.* 28 ; 20,7.
*Viþgymnir laust Vimrar Ulfr Ugg. Wis.* 29 ; 14,5.
*þylk granstrauma Grímnis Eil. Guþr. Wis.* 32 ; 14,1.
*flaums at fellidómi Sighv. sk. Wis.* 43 ; 14,7 (*faars Flb* III, 269 ;
    *fráns Fms* VI, 44).
*grams rúni lætr glymja Hallf. v. Wis.* 33 ; 2,1.
*fyrr mun heimr ok himnar Hallf. v. Wis.* 37 ; 28,1.
*hefndi Grímr þás geymir Haukr Vald. Wis.* 79 ; 8,1.
*himin þóttisk þá heiman Sighv. sk. Wis.* 42 ; 6,5 (*heiþan Fms* VI, 41).
*heim þanns hjalp gefr aumum Ein. Skúl. Wis.* 58 ; 38,3.
*þeim klauf þengill Rauma Ein. Skúl. Wis.* 58 ; 43,5.
*nú fremr þanns gaf gumnum Ein. Skúl. Wis.* 59 ; 45,1 (*nú finnr
    Flb* I, 5).
*glaumvekjandi grímu Ein. Skúl. Wis.* 59 ; 47,3 (*glaum kennandi gunnar
    Flb* I, 5).
*þrjár grímur vann þeima Ein. Skúl. Wis.* 59 ; 49,1.
*eimr skaut á her hrími Klǿng Br. Hkr.* 249,28*b* (*Þórþr Sjár.
    Fgrsk.* 74).
*þær es heims ok himna Ein. Skúl. Wis.* 61 ; 64,5 (*þar er hreggsalar
    . hryggium Flb* I, 7).
*heims hykk hingat kvámu Ein. Skúl. Wis.* 61 ; 65,1.
*gramr vélti svá gumna Eyj. Daþ. Hkr.* 199,16*a*.
*heim erum hingat komnir Sighv. sk. Hkr.* 429,27*a*.
*þeir es heim á himnum Sighv. sk. Hkr.* 431,8*b*.
*sumir trúþu á guþ gumnar Sighv. sk. Hkr.* 510,22*a*.
*fim bar hirþ til hǫmlu Arn. jarl. Hkr.* 515,15*a* (*fimm Fris.* 168,10*a*).
*imr gat hrás hvar kómut Þjóþ. sk. Hkr.* 555,9*b*.
*gramr á þing viþ Þumla Þjóþ. sk. Hkr.* 593,3*b*.
*hamalt sýnþusk mér hǫmlur Þjóþ. sk. Hkr.* 594,3*a*.
*nauþgan dóm áþr nœmisk Þjóþ. sk. Hkr.* 606,28*b*.
*gramr vá frægr til fremdar Anon. Hkr.* 613,21*a*.
*Egþa gramr þar's undan Bjǫrn krepph. Hkr.* 647,27*b*.
*rausn vinnr gramr sem gumnar Ein. Skúl. Hkr.* 744,5*b*.

*eim lék. hyrr meþ himni Sturla Kgs.* 305,24*a.*

*heim kom hilmir Rauma Sturla Kgs.* 443,1*b.*

*heims um hafstr auma Sturla Kgs.* 465,20*b.*

*hamatt knáttu þá hlífar glymja Mark. Skeggj. Wis.* 52; 17,3.

*Rúmsrey saman Sighr. sk. Wis.* 41; 9,6.

*samnask baþ til hverrar hǫmlu Arn. jarl. Wis.* 45; 6,5.

*gǫrþi heim ok teygþi tíma Eyst. Ásgr. Wis.* 88; 6,7.

*Addm nefndr eþ alls í heimi Eyst. Ásgr. Wis.* 88; 12,3.

*refsar þeim at réttum dómi Eyst. Ásgr. Wis.* 89; 19,1.

*reltust aum í restum heimi Eyst. Ásgr. Wis.* 89; 19,5.

*leiþ svá heimr um langan tíma Eyst. Ásgr. Wis.* 89; 20,3.

*sú miskunn á settum tíma Eyst. Ásgr. Wis.* 90; 23,3.

*ljós í heim at lifanda kæmi Eyst. Ásgr. Wis.* 92; 36,3.

*austr í heim meþ offri kómu Eyst. Ásgr. Wis.* 92; 36,3.

*orþa hreimr er á dróttins dómi Eyst. Ásgr. Wis.* 96; 72,3.

*xeima Guþr at Jómi Bjarni Kolb. Wis.* 68; 6,2.

*Jómsvíkingar kvámu Bjarni Kolb. Wis.* 69; 17,4.

*þeim es sunnan kvámu Bjarni Kolb. Wis.* 70; 18,2.

### mbl : mbl.

*simble sumbls ofmærom Brage Ger.* 24; 19,3.

### md : md.

*glumdi á gjálfrtǫmdum Sturla Kgs.* 464,33*a.*

### ml : ml.

*í gemlis ham gǫmlum Þjóþ. hr. Wis.* 9; 2,3.

*framla dreif til hverrar hǫmlu Sturla Kgs.* 426,13*b.*

### mm : mm.

*rǫmm rar hildr sús Hramma Þjóþ. sk. Hkr.* 588,34*a.*

*valgammr skók í vápnarimmu Arn. jarl. Wis.* 46; 14,3 (*vargur Flb* III, 284).

*fimm hǫfþingja snemma Bjarni Kolb. Wis.* 68; 6,4.

*morþremmandi skǫmmu Bjarni Kolb. Wis.* 70; 18,6.

*grimma hǫggum rammir Bjarni Kolb. Wis.* 70; 25,6.

*at framm í gný grimmum Arn. jarl. Hkr.* 529,1*b.*

### mm : m.

*rausnarsamr til rimmu Þorbj. hornkl. Wis.* 14; 2,7.

*rammr und randa himni Hallfr. v. Wis.* 35; 7,3.

*upp hófsk grimm meþ gumnum Odd. Kik. Hkr.* 543,29*b.*

*gramr skaut gerþisk rimmu Hallarst. Wis.* 48; 19,3.

*Nereiþ lét gramr á grimman Halld. skr. Hkr.* 707,13*b.*

*þat esomk sýnt at snimma Brage Ger.* 23; 15,1 (*snemt* Cod. *AM* 757,4*to*).

mn : mn.

*gumna vinr at gamni Glúmr Geir. Hkr.* 87,3 a.

nr : nr.

*hlymr varþ hellis Kumra Eil. Guþr. Wis.* 32; 13,3.
*fæstr gramr hefir fremri Ein. Skúl. Wis.* 55; 14,7 (*fár gramr hefir*
    *frægri Flb* I, 2).
*gramr vas sjalfr á sumri Jǫk. Hkr.* 454,23 b.
*ramr vas suþr á sumri Þjóþ. sk. Hkr.* 452,3 a.
*enn gramr né frák fremra Bǫlv. sk. Hkr.* 547,1 b.
*né gramr af val vimrar Ein. Skúl. Hkr.* 662,18 b.

ms : ms.

*Egþa grams á ymsum Stúfr sk. Hkr.* 555,30 a.

mt : mt.

*halft fimta vann heimtan Ein. Skúl. Wis.* 60; 55,5.

mþ : mþ.

*geymþi lystr né lamþisk Sighv. sk. Hkr.* 445,5 a (*sic*
    *OHS* 182)
*fremþ Ólafs kveþk frǫmþu Sighv. sk. Hkr.* 453,24 b
    (*sic OHS* 190)
*framþi sik þars fólkvápn glumþu Mark. Skeggj. Wis.* ⎱ md : md.
    52; 20,3.
*Hamþis gunnar tǫmþum Bjarni Kolb. Wis.* 69; 14,2
*styrremþr stillir framþi Hallarst. Wis.* 49; 26,7 (*styr*
    *reþ Cod. Berg.*)

n : n.

*ósk-Rán at þat sínum Brage Wis.* 2; 8,2.
*at Fynefes ǫndre Brage Ger.* 23; 16,3.
*vasa Hœnis vinr hánum Þjóþ. hv. Wis.* 9; 3,7.
*enn holls vinar Hœnis Þjóþ. hv. Wis.* 9; 7,7.
*hugreynandi Hœnis Þjóþ. hv. Wis.* 10; 12,3.
*trjónn trǫlls ofrúna Þjóþ. hv. Wis.* 11; 17,7.
*hrein í hjorna móni Þjóþ. hv. Wis.* 11; 19,3.
*haptsœnis geld hánum Korm. Ogm. Wis.* 26; 3,3.
*ok rauþ mána reynir Ein. Skál. Wis.* 26; 1,5.
*fróns á folka reyni Ulfr Ugg. Wis.* 29; 3,7.
*ramt mein vas þat reyna Ulfr Ugg. Wis.* 29; 4,3.
*geþreynir kvaþ grónar Eil. Guþr. Wis.* 30; 1,5.
*of salvaniþ Synjar Eil. Guþr. Wis.* 32; 18,3.
*mein hlautk af því mínir Hallfr. v. Wis.* 35; 5,7.
*kœns hafi Kristr enn hreini Hallfr. v. Wis.* 37; 28,7 (*kœnn Flb*
    I, 496).

*opt reynir þú þínum* Sighv. sk. Wis. 43; 11,7.

*vinr's víss varmra benja* Sighv. sk. Wis. 43; 12,5 *(beima Fms V, 130; beina Kalfsk., Thómássk., vinr em ek varma benja Fms VI, 42).*

*Rán mun seggr es sína* Sighv. sk. Wis. 32; 18,8.

*þótt síns fǫþur sónar* Haukr Vald. Wis. 79; 5,5.

*sunr rauþ síþar brynjur* Haukr Vald. Wis. 79; 10,5.

*sén rann vas þess sónar* Haukr Vald. Wis. 81; 22,3.

*eins má óþ ok bǿnir* Ein. Skúl. Wis. 53; 1,1.

*sunr sté upp meþ ynþi* Ein. Skúl. Wis. 54; 5,1.

*raun dugir rétt í einu* Ein. Skúl. Wis. 55; 10,7.

*ván gleþr hug meþ hreinu* Ein. Skúl. Wis. 56; 22,3.

*sjónbrautir strauk sínar* Ein. Skúl. Wis. 56; 23,5.

*sjón fekk seggr af hreinu* Ein. Skúl. Wis. 56; 24,1.

*tolf mánuþr vas týnir* Ein. Skúl. Wis. 56; 25,1.

*rauns at sigr gaf sínum* Ein. Skúl. Wis. 56; 30,1.

*þaþan reis upp sá's einum* Ein. Skúl. Wis. 54; 6,5.

*þat varþ grjón at gránu* Ein. Skúl. Wis. 57; 35,7.

*vinr firþi sik synþum* Ein. Skúl. Wis. 61; 62,7.

*goþ reynir svá sína* Ein. Skúl. Wis. 61; 63,3.

*laun fekk holl ef hreinum* Ein. Skúl. Wis. 62; 70,5 *(haanum Flb I, 7).*

*bǿn hefk þengill þína* Ein. Skúl. Wis. 62; 71,1.

*benja hagl á brynjum* Eyr. sk. Hkr. 111,7a.

*sýnisk svartleitr reyni* Jór. skaldm. Hkr. 77,22b.

*trjónu tingls á grǿna* Guth. s. Hkr. 88,9a.

*Ónars eikigrǿnu* Guth. s. Hkr. 89,5a.

*roþin frák rauþra benja* Glúmr Geir. Hkr. 110,20b *(roþin frák benja rauþra Thork. 45).*

*Óna fór ok einu* Halld. ókr. Hkr. 207,28a.

*þvís hún lagar hreina* Halld. ókr. Hkr. 207,28b.

*þín naut rekka rúni* Ótt. sr. Hkr. 225,33b.

*enn Sveins liþar sýnum* Sighv. sk. Hkr. 252,7b *(lið er at sǫnnu Flb II, 43).*

*rasa sigmána Sveini* Sighv. sk. Hkr. 252,19a *(varat sigmara Sveine Flb II, 44).*

*sveins raunir hefk sénar* Bersi Hkr. 254,16a.

*Sveins rasa sonr at reyna* Þórþr Sjár. Hkr. 422,27b.

*rauns biþu rekkar sýna* Sighv. sk. Hkr. 453,15b *(trionur Flb II, 316; sona OHS 190; sína Kph. II, 316; þinir Ol. S. membr.).*

*rán erumk hreggs at hreini* Jǫk. Hkr. 454,23a.

*hrein getum hála launa* Sighv. sk. Hkr. 516,18a.

*hón hefir svá komit sínum* Sighv. sk. Hkr. 516,26b.

*guþs lán es þat þínu* Sighv. sk. Hkr. 522,25a.

*hreins meþ heilar sjónir* Sighv. sk. Hkr. 523,13b.

*meinalaust i minu Sighv. sk. Hkr.* 523,20 a.

*svát manþinga mundut Þjóþ. sk. Hkr.* 537,26 b.

*mist hafa Sveins at sýnu Þjóþ. sk. Hkr.* 539,6 a (*sinna Kph.* III, 40; *Fms* VI, 79; *sǫnno Fris.* 187,1 a).

*ván es fagrs á Fjóni Þjóþ. sk. Hkr.* 540,23 b.

*leynumk litt á Fjóni Þjóþ. sk. Hkr.* 542,31 a.

*muna fyr Magnus synja Þjóþ. sk. Hkr.* 542,29 b.

*enn rauþ Frán á Fjóni Arn. jarl. Hkr.* 543,19 a (*næst rauþ fram Flb* III, 285; *enn bar fram Kph* III, 48).

*sonr Buþla sinum Jllugi Brynd. Hkr.* 550,6 b.

*brynt skreiþ vel til vánar Har. harþr. Hkr.* 558,12 (*brynn Fgrsk.* 112; *brvnn Mork.* 15; *brúnu Fms.* VI, 169).

*grón enn gull bautt hánum Bǫlv. Hkr.* 565,17 a.

*ván es at vinnim Sveini Menn Har. harþr. Hkr.* 572,22 b.

*ván es at visa kónan Þorl. f. Hkr.* 572,1 a.

*frána egg á Fjóni Arn. jarl. Hkr.* 586,16 b.

*sin ópul mun Sveini Steinn Herd. Hkr.* 628,7 a.

*dunþi broddr á brynju Þork. ham. Hkr.* 648,13 a.

*hauka fróns i hreinu Ein. Skúl. Hkr.* 667,10 b.

*brýns Bjǫrgynjar Ein. Skúl. Hkr.* 709,27 b.

*raun es at ríki þínu Kolli Hkr.* 762,32 b.

*munn sá's morþi vanþisk Ein. Skúl. Hkr.* 755,28 a.

*mein fekk margr af Kónu Þorbj. skakk. Hkr.* 795,7 a.

*týnum Birkibeinum Nefari Kgs.* 110,9 a.

*mánadag kvaddi mildingr sína Baglar Kgs.* 161,27 a.

*mánadag kvaddi niþingr sína Birkibeinar Kgs.* 161,32 a.

*rán galt randa týnir Sturla Kgs.* 427,25 a.

*skein af skautvǫnum Sturla Kgs.* 464,33 b.

*hánum lét til hervígs búna Mark. Skeggj. Wis.* 52; 26,5.

*hánum visar hǫlþa reynir Mark. Skeggj. Wis.* 53; 27,7.

*reynir veitti herskip hánum Mark. Skeggj. Wis.* 53; 30,7.

*raunar varþat rǫnd viþ hánum Mark. Skeggj. Wis.* 53; 32,3.

*feþr persónan engli einum Eyst. Ásgr. Wis.* 90; 24,3.

*i Jórþán meþ æpar hreinar Eyst. Ásgr. Wis.* 92; 37,3.

*fulla smán ok flestar pinur Eyst. Ásgr. Wis.* 95; 58,3.

*lifþjónandi lærisveina Eyst. Ásgr. Wis.* 93; 46,3.

*Jesú munu þá sárin sýnast Eyst. Ásgr. Wis.* 96; 71,3.

*engi er ván á ǫþru enn pinu Eyst. Ásgr. Wis.* 97; 73,7.

*mina ǫnd svát mættak þjóna Eyst. Ásgr. Wis.* 98; 80,7.

*hreinat gef þú hjarta minu Eyst. Ásgr. Wis.* 98; 83,5.

*búnir mik at brenna ok skeina Eyst. Ásgr. Wis.* 98; 84,7 (*pina AC*).

*mina ǫnd at meiþa ok skeina Eyst. Ásgr. Wis* 98; 85,3 (*pina ACD*).

*ek vænumst at ykkrum þjóni Eyst. Ásgr. Wis.* 98; 87,5.

*fjón eþa lífi ræna Bjarni Kolb. Wis.* 69; 12,8.

*reynendr flota sinum Bjarni Kolb. Wis.* 69; 17,2.

varþ raun at þrí einum Bjarni Kolb. Wis. 70; 22,6.
frályndr Búi sínu Bjarni Kolb. Wis. 70; 25,2.
vánir hart meþ sveinu Bjarni Kolb. Wis. 70; 25,4.
hugraun flota sínum Bjarni Kolb. Wis. 71; 33,4.
ræn þrír tegir einir Bjarni Kolb. Wis. 72; 39,4.
átján þegar týna Bjarni Kolb. Wis. 72; 41,2.
brynmonnum smó benjar Þjóþ. sk. Hkr. 595,14b (brynjaþra sínu
    brynjur Fms. VI, 316).

## nd : nd.

vinda Qndur dísar Brage Ger. 25; 20,2.
hond þás allra landa Brage Ger. 24; 17,2.
endisk rauþra randa Þorbj. hornkl. Wis. 14; 4,7.
lindihjort fyr landi Þorbj. hornkl. Wis. 14; 6,7.
lundr vann sókn á sandi Þorbj. hornkl. Wis. 15; 8,3.
logskundaþar lindar Ein. Skál. Wis. 24,31b (langs unnaðar linna
    Fris. 126,31b).
endr lét Jamta kindir Hallfr. v. Wis. 34; 4,1 (enn Fris. 111,22a).
endr til ýmsa kindar Eil. Guþr. Wis. 30; 2,7.
svát hraþskyndir handa Eil. Guþr. Wis. 32; 16,1.
rind á ríþu sundi Hallfr. v. Wis. 36; 15,3.
at mundjokuls myndi Hallfr. v. Wis. 37; 23,5.
endr í Ulfasundum Sighv. sk. Wis. 42; 8,7.
Finnlendinga at fundi Sighv. sk. Wis. 38; 3,3.
endr á Ulfkels landi Sighv. sk. Wis. 39; 7,3.
endr kom brúnt á branda Sighv. sk. Wis. 39; 9,3.
þrettánda rann Þrœnda Sighv. sk. Wis. 39; 13,1.
brendr á bygþu landi Sighv. sk. Wis. 40; 14,7.
reyndir biþk at randar Haukr Vald. Wis. 78; 1,5.
reyndr varþ rimmu skyndir Haukr Vald. Wis. 79; 5,3.
lundr hjó stórt at standa Haukr Vald. Wis. 81; 26,7.
þreklynds skulu Þrœndir Ein. Skál. Wis. 55; 11,1.
leyndi lofþungr Þrœnda Ein. Skál. Wis. 55; 14,5.
sýndi salvorþr grundar Ein. Skál. Wis. 56; 19,3.
reyndi Goþormr grundar Ein. Skál. Wis. 57; 31.1.
myndi mest und fjondum Ein. Skál. Wis. 60; 53,1.
þvít ond meþ sér sýndisk Ein. Skál. Wis. 56; 20,7 (sendiz Flb 1, 3).
gjalfrs Niþbranda grundar Ein. Skál. Wis. 58; 40,3 (nidranda
    Flb I, 4).
auk endr frá trú týndir Ein. Skál. Wis. 58; 40,5 (ok endr fyrir
    trú tyndri Flb I, 4).
ítrs landreka undir Ein. Skál. Wis. 59; 47,7.
grundu gylþis kindar Ein. Skál. Wis. 59; 48,7.
nema rond í byr branda Ein. Skál. Wis. 60: 53,5.
lustu sundr á sandi Ein. Skál. Wis. 60; 59,1.

*bragr myndi nú brǫndum Ein. Skúl. Wis.* 61; 69,1 *(mundi bragr
ens brenda Flb* I, 7; *grǫndum C.)*.
*sendi seggja kindar Glúmr Geir. Hkr.* 86,34 *b*.
*valsendir rauþ vandar Guth. s. Hkr.* 88,9 *b*.
*austrlǫndum fórsk undir Glúmr Geir. Hkr.* 89,28 *a*.
*sendi gramr at grundu Glúmr Geir. Hkr.* 89,30 *b*.
*undan allar kindir Guth. s. Hkr.* 98,3 *b*.
*brand þars bjarmskar kindir Glúmr Geir. Hkr.* 121,9 *a*.
*víþlendr um baþ vinda Glúmr Geir. Hkr.* 134,15 *b*.
*birki kind um bundit Eyv. sk. Hkr.* 123,12 *b*.
*mǫrg vas lind fyr landi Þórþr Kolb. Hkr.* 155,10 *b*.
*rendi langt meþ landi Þórþr Kolb. Hkr.* 157,14 *a*.
*enn til lands þess's lindar Þórþr Kolb. Hkr.* 170,25 *b*.
*þrályndi fekksk Þrǫndum Þórþr Kolb. Hkr.* 170,32 *b*.
*endr í eyjasundi Eyj. Daþ. Hkr.* 200,3 *a*.
*land eþa lengra stundu Þórþr Kolb. Hkr.* 217,34 *a*.
*báruþ lind af landi Ótt. sv. Hkr.* 220,12 *a*.
*kom í land ok lendir Ótt. sv. Hkr.* 225,33 *a*.
*stundum frák til strandar Ótt. sv. Hkr.* 227,18 *b*.
*endr til ásta fundar Þórþr Kolb. Kkr.* 232,26 *b*.
*rǫnd klufu roþnir brandar Sighv. sk. Hkr.* 253,12 *a*.
*þundr vá leyfþr til landa Þórþr Kolb. Hkr.* 232,26 *b*.
*endisk leyfþ ok landi Sighv. sk. Hkr.* 307,22 *a*.
*hendr es hilmi fundinn Sighv. sk. Hkr.* 377,19 *a*.
*sverþ standa þar sunda Sighv. sk. Hkr.* 431,29 *a*.
*frændr skyli bræþi bindask Sighv. sk. Hkr.* 446,10 *b*.
*kendr vast fyrstr á fundi Bjarni gullbr. Hkr.* 446,34 *b (falli Flb*
II, 311).
*fellum Þróndr í þundar þorf. m. Hkr.* 476,4 *b*.
*snarir fundusk þar Þrónda Sighv. sk. Hkr.* 490,14 *b*.
*þás hrynsendir Hundi Sighv. sk. Hkr.* 492,16 *b*.
*undrask ǫglis landa Þorm. Kolbr. Hkr.* 498,9 *a*.
*erlendis frák undan Þjóþ. sk. Hkr.* 519,15 *b*.
*mundut þann dag Þróndi Þjóþ. sk. Hkr.* 538,3 *b*.
*rǫnd léztu ræsir Þrónda Þjóþ. sk. Hkr.* 540,3 *b (rǫnn Kph.* III, 42).
*ort rendu þeir undan Þjóþ. sk. Hkr.* 540,9 *b*.
*Hrindr á hróka landi Þjóþ. sk. Hkr.* 540,19 *a*.
*røkkr ǫndurt baþ randir Arn. jarl. Hkr.* 541,10 *b*.
*brand rauþ buþlungr Þrónda Þjóþ. sk. Hkr.* 544,7 *b*.
*hund bar rif þar's rendut Valg. Hkr.* 559,30 *b*.
*frændr hykk at þar fyndisk Þjóþ. sk. Hkr.* 562,27 *b*.
*endisk ykkar frænda Bǫlv. Hkr.* 565,15 *b*.
*ǫnd var ýta kindum Þorl. f. Hkr.* 574,20 *b*.
*ekkjan stendr ok undrask Þjóþ. sk. Hkr.* 592,10 *b*.
*rammsyndan lauk rǫndum Þjóþ. sk. Hkr.* 594,1 *b*.

*rendr bitu stál fyr strǫndu Þjóþ. sk. Hkr.* 607,1*b*.
*lǫnd rítt þengill Þrǿnda Steinn Herd. Hkr.* 629,12*a*.
*lǫnd vann lofþungr Þrǿnda Bjǫrn krepph. Hkr.* 638,10*b*.
*ǫnd á Jakobs landi Ein. Skúl. Hkr.* 662,26*a*.
*lofþungs kundr es lendut Halld. skv. Hkr.* 663,29*b*.
*frænda Serks at fundi Þór. stuttf. Hkr.* 686,20*a*.
*látum randhøing reyndan Nefari Kgs.* 110,11*a (rang hœing Flb* II, 627).
*rǫnd klauf rǿsir steinda Sturla Kgs.* 277,19*b*.
*stála kendi stǫkkvilundum Snorri Sturl. Kgs.* 281,17*a*.
*oddum rendi eljunstrandir Snorri Sturl. Kgs.* 281,21*a*.
*ruddisk land enn rǿsir Þrǿnda Snorri Sturl. Kgs.* 281,21*b*.
*bóndr hlutu kvǫl þás kyndisk Ól. hv. Kgs.* 305,26*b*.
*orþ sendi þá jǫfri Þrǿnda Ól. hv. Kgs.* 339,16*a*.
*Þrǿndir efldu þengil reyndan Ól. hv. Kgs.* 357,3.
*herskip brendi hilmir grundar Ól. hv. Kgs.* 373,5*b*.
*brǫndum blóþgar skífþusk randir Ól. hv. Kgs.* 385,8.
*ramri grund hafit ríkisvandar Sturla Kgs.* 417,14*b*.
*lǫnd tók lofþungr Þrǿnda Sturla Kgs.* 427,27*b*.
*elþa týndu virþa kindir Sturla Kgs.* 433,5*b*.
*brandar hleyptu ǫrt or undum Sturla Kgs.* 433,11*a*.
*Hrinda réþ út herskips brǫndum Sturla Kgs.* 437,16*a*.
*sandi jós um stálin steinda Sturla Kgs.* 438,27*b*.
*sendi snarlynda Sturla Kgs.* 473,11*a*.
*rǫndu lauk umb rekka kindir Mark. Skeggj. Wis.* 52; 17,1.
*andar krafþi út í lǫndum Mark. Skeggj. Wis.* 53; 31,1.
*þundar umb ǫndr Sighv. sk. Wis.* 40; 4,8 *(þundr of fundr Fyrsk.* 81; vgl. *Ohs.* 49; *eyndri Kph.)*.
*ei þurfandi staþa né stunda Eyst. Ásgr. Wis.* 87; 1,3 u. 100; 100,3.
*blindr þar sem feþr sinn fjandann Eyst. Ásgr. Wis.* 88; 9,5.
*ǫnd ok þar til síþan sendi Eyst. Ásgr. Wis.* 88; 11,5.
*andagipt ok síþan sýndi Eyst. Ásgr. Wis.* 88; 12,7.
*fjandinn gat svá fyrstu blindat Eyst. Ásgr. Wis.* 89; 18,7.
*lýþa kind meþ sárum syndum Eyst. Ásgr. Wis.* 89; 19,8.
*sendiboþi kom sjaufalds anda Eyst. Ásgr. Wis.* 89; 27,5.
*haglig myndan heilags anda Eyst. Ásgr. Wis.* 91; 30,7.
*sjá skínandi á grǿnni grundu Eyst. Ásgr. Wis.* 92; 37,7.
*undrast tók hinn forni fjandi Eyst. Ásgr. Wis.* 92; 39,1.
*andinn leiþ af Jesú þindum Eyst. Ásgr. Wis.* 95; 58,7.
*týndu ljósi er berr varþ bundinn Eyst. Ásgr. Wis.* 95; 59,7.
*fjandinn hafi ok frétt at syndum Eyst. Ásgr. Wis.* 95; 60,3.
*hlaupa fjandr ok ella undan Eyst. Ásgr. Wis.* 95; 61,3.
*hvat er tíþenda hrøkkr er fjandinn Eyst. Ásgr. Wis.* 95; 62,1.
*hví stundaþir hinn forni fjandi Eyst. Ásgr. Wis.* 95; 65,1.
*upp risǫndum allra landa Eyst. Ásgr. Wis.* 96; 71,1.

*vindi fult hefr veslan anda* Eyst. Ásgr. Wis. 97; 77,1.
*send hingat mér sjaufalds anda* Eyst. Ásgr. Wis. 97; 80,5.
*þú ert elskandi ein af sprundum* Eyst. Ásgr.Wis. 99; 90,1 *(elskan B)*.
*umbætandi bragna syndir* Eyst. Ásgr. Wis. 99; 90,3.
*ei kennandi kvitt af syndum* Eyst. Ásgr. Wis. 99; 90,7.
*vindur leiptur grænar grundir* Eyst. Ásgr. Wis. 99; 93,3.
*handfǫgr kona bundit* Bjarni Kolb. Wis. 68; 3,4.
*randormar Geirmundi* Bjarni Kolb. Wis. 70; 17,8.
*lundherr saman fundinn* Bjarni Kolb. Wis. 70; 18,8.
*hundmargr saman randir* Bjarni Kolb. Wis. 70; 22,4.
*andat fólk at sundi* Bjarni Kolb. Wis. 72; 35,2.
*undan ráþ at skynda* Bjarni Kolb. Wis. 72; 40,6.
*ǫrlyndr þrymu randa* Bjarni Kolb. Wis. 73; 45,2.
*randhvels renni-þundi* Hallarst. Wis. 46; 1,3.
*vestrlǫnd virþa kindir* Hallarst. Wis. 46; 4,5.
*herlundr hǫlda kindum* Hallarst. Wis. 47; 9,7.
*Þjóþ. lǫnd þremja skyndir* Hallarst. Wis. 47; 10,1.
*Ísland éla skyndir* Hallarst. Wis. 47; 11,1.
*handvíst Hjalta grundar* Hallarst. Wis. 47; 11,5.
*styrlund stirþra branda* Hallarst. Wis. 49; 29,7.
*ráþvandr ræsir hendi* Hallarst. Wis. 49; 28,3.
*tandr beit tyggi rendi* Hallarst. Wis. 48; 20,5.
*kendi Kormakr stundum* Haukr Vald. Wis. 81; 25,1.
*hingat sendi helgan anda* Eyst. Ásgr. Wis. 96; 68,3.
*und sá's oss sú's sprændi* Jǫk. Hkr. 455,3a.
*kendu hvar liggr fyr landi* Þjóþ. sk. Hkr. 592,3a.
*ungr kendak mér undan* Ulfr st. Hkr. 612,3b.

### ndr : ndr.

*sendr vask upp af ǫndrum* Sighv. sk. Hkr. 310,6b.
*styrks mundriþar steindrar* Eyst. Ásgr. Wis. 58; 48,3.

### ng : ng.

*á haussprenge* Hrungnes Brage Ger. 24; 18,3.
*á fanyboþa ǫngle* Brage Ger. 25; 21,2.
*ennetungl þar's gengr* Brage Hkr. 7,8b.
*genyiligt at ganga* Ein. Skál. Wis. 28; 19,3.
*bara maþr lyngs enn lengra* Ein. Skál. Wis. 29; 22,5.
*geþstrangrar lét gǫngu* Eil. Guþr. Wis. 30; 2,1.
*ok gangs vanir gengu* Eil. Guþr. Wis. 30; 4,1.
*hungreyþǫndom hanga* Hallfr. v. Wis. 33; 7,3.
*gerþisk ungr viþ Engla* Hallfr. v. Wis. 34; 8,1.
*dolga fangs viþ drengi* Hallfr. v. Wis. 35; 2,2.
*mundit lung et langa* Hallfr. v. Wis. 36; 14,1.
*langt bar út enn unga* Sighv. sk. Wis. 38; 1,1 *(yngra Jofrask.)*.

vann ungr konungr Englum Sighv. sk. Wis. 39; 9,1.
ungr komt af því þingi Sighv. sk. Wis. 39; 11,3.
gang þars gamlir sprungu Sighv. sk. Wis. 40; 14,3 (gagn Kph. II, 18;
    gagnu þar er gamlir sungu Flb II, 28).
strangr hitti þar þengill Sighv. sk. Wis. 40; 15,5.
ungr vask með þér þengill Sighv. sk. Wis. 42; 6,1.
hvé lengi skal hringum Sighv. sk. Wis. 42; 9,7.
engr hafþi svá ungum Sighv. sk. Wis. 43; 11,5.
angrs þds ás at drengjum Haukr Vald. Wis. 80; 15,7.
drengr rauþ opt enn ungi Haukr Vald. Wis. 81; 21,3.
drengr berr óþ fyrr Jnga Ein. Skúl. Wis. 54; 8,5.
lyngs í lopt upp ganga Ein. Skúl. Wis. 55; 16,3.
Jnnþróndum lét undir Ein. Skúl. Wis. 55; 17,3.
hrings skulu heyra drengir Ein. Skúl. Wis. 56; 22,7.
snáka vangs af slengvi Ein. Skúl. Wis. 58; 38,7.
slǫng Einriþi ungi Ein. Skúl. Wis. 59; 45,3.
drengr nam dýrr á vangi Ein. Skúl. Wis. 59; 47,5.
tunga vas með tangar Ein. Skúl. Wis. 60; 60,1.
slíþrtungur lét syngja Glúmr Geir. Hkr. 89,28b.
ok gimslengvir ganga Þórþr Sjár. Hkr. 105,12b.
ǫþlingi fékksk ungum Glúmr Geir. Hkr. 121,9b.
fengum feldarstinga Eyv. sk. Hkr. 123,31a.
ungr með jǫfnu gengi·Eyj. Dáþ. Hkr. 140,10a.
vangs á vatn um þrungit Þórþr Kolb. Hkr. 155,1b (vagns Fris.
    120,15b).
þá es hringfám Hanga Tindr Hallk. Hkr. 157,30b.
ungr hraztu á vit vengis Ótt. sv. Hkr. 220,1a.
gang enn gamlir sprungu Ótt. sv. Hkr. 225,30b.
þengill frák at þunga Ótt. sv. Hkr. 226,18a.
atgǫngu vantu yngri Ótt. sv. Hkr. 226,30a.
Erlingi vas engi Sighv. sk. Hkr. 231,7a.
enn af ganga engi Sighv. sk. Hkr. 249,10b.
slǫng óþ gylt þar's gengum Sighv. sk. Hkr. 253,4a.
þar hykk ungan gram gǫngu Sighv. sk. Hkr. 253,15b.
ungr kunnak þar þrengvi Bersi Hkr. 254,18b.
engr sat elda þrengvir Ótt. sv. Hkr. 284,32b.
hvast gengum þó þingat Sighv. sk. Hkr. 307,34b.
því á ungr konungr engi Sighv. sk. Hkr. 310,1b.
gengr í ætt þat's yngvi Arn. jarl. Hkr. 364,23a.
lyngs bar fiskr til fengjar Sighv. sk. Hkr. 414,8a.
hendilangr sem hringa Sighv. sk. Hkr. 430,6a.
fjandr ganga þar þengils Sighv. sk. Hkr. 431,3a.
Englandi ræþr yngri Halle. Hdr. Hkr. 442,1a.
í lyptingu lengi Sighv. sk. Hkr. 444,19b.
báumk við þrǫng á þingi Giz. gullbr. Hkr. 475,32a.

*esat geirþingi gǫngum* Þorm. Kolb. Hkr. 476,9b.

*gengrat greppr hinn ungi* Hár. Sig. Hkr. 479,3b (Þorm. Kolb. Ohs. 67).

*stǫng bar háti fyr Hringa* Sighv. sk. Hkr. 480,20b.

*stǫng óp fyrir gengu* Sighv. sk. Hkr. 490,29b.

*þing bauþ út hinn ungi* Arn. jarl. Hkr. 515,13a.

*þings beiþ herr á Hǫngrum* Sighv. sk. Hkr. 516,22a.

*tungu rjóþr til tírar þinga* Arn. jarl. Wis. 44; 3,7 (*tungu : úngrar* Fms V, 119).

*frá ǫþlingi ungum* Sighv. sk. Hkr. 522,11a.

*stólþengill gekk strǫngu* Þór. Skeggj. Hkr. 557,8b.

*stólþengils lét stinga* Þjóþ. sk. Hkr. 557,11a.

*eik slǫng und þér yngvi* Valg. Hkr. 559,30a.

*þung byrþr vas sú þengil* Oddr Kik. Hkr. 568,14a.

*þat angraþi þengil* Anon. Hkr. 570,26a.

*slyngr laugardag lǫngu* Þjóþ. sk. Hkr. 592,8a.

*strengs fló hagl í hringa* Bjǫrn krepph. Hkr. 648,13b.

*ungr enn árar drengja* Þjóþ. sk. Hkr. 592,14a.

*þangs láþ mǫrum þingat* Hallarst. Herd. Hkr. 594,30b.

*í fylkingu fenginn* Þjóþ. sk. Hkr. 596,21b.

*drengr lá ór um ungan* Steinn Herd. Hkr. 615,20a.

*her þengill gleþr hringum* Steinn Herd. Hkr. 635,11b.

*gengr sem guþ vill ungum* Þjóþ. sk. Hkr. 620,18a.

*ungr kom Hákon hingat* Anon. Hkr. 636,19a.

*strengs fló hagl í hringa* Þork. ham. Hkr. 648,13b.

*allengi dvelr Jngi* Anon. Hkr. 650,12.

*gangr þar's gauzka drengi* Eldjárn Hkr. 652,14b.

*mjǫk's langr sás dvelr drengi* Magn. berf. Hkr. 654,27a.

*þungan berk of þingi* Magn. berf. Hkr. 654,25b.

*gǫndlar þings meþ gengi* Halld. skv. Hkr. 665,19b.

*húsþinga galt hengja* Halld. skv. Hkr. 707,15b.

*lætr Jngi slǫg syngva* Ein. Skúl. Hkr. 738,10a.

*darra þing veþ drengi* Hallr Sn. Kgs. 71,13b.

*Jnga hirþ enn upp réþ ganga* Baglar Kgs. 161,29a.

*þing stofnuþu jǫfrar ungir* Ól. hvít. Kgs. 340,28a.

*herfanga bauþ Hringi* Snorri Sturl. Kgs. 352,1a.

*oflengi veldr yngva* Snorri Sturl. Kgs. 352,1b.

*snarr yngvi kvaþ sigr byr fenginn* Ól. hvít. Kgs. 380,8b.

*engi valdist gafugóþr hingat* Sturla Kgs. 407,14a.

*syngja létu snarpir drengir* Sturla Kgs. 433,9a.

*ungr tóktu jǫfra þengill* Sturla Kgs. 458,4a.

*lengra telja þjóþir þangat* Sturla Kgs. 459,5b.

*ǫngr sá ornvengis* Sturla Kgs. 464,26a.

*gengu geþstrangir* Sturla Kgs. 469,25a.

*reisti ǫngr viþ yngra* Anon. Kgs. 476,18b.

Yngri hélt við arþstir langan Mark. Skeggj. Wis. 50; 2,3.
drengir þágu auþ af yngva Mark. Skeggj. Wis. 51; 7,1.
hringum eyddi harra slengvir Mark. Skeggj. Wis. 51; 7,5.
hringum varþi áttkonr Yngri Mark. Skeggj. Wis. 51; 12,3.
Yngri hélt í óþastrǫngum Mark. Skeggj. Wis. 51; 16,1.
sungu járn enn sǿfþusk drengir Mark. Skeggj. Wis. 52; 19,7.
Yngvi talþi erfþir þangat Mark. Skeggj. Wis. 52; 23,5.
sungit vas þá herr tók hringja Mark. Skeggj. Wis. 52; 29,3.
þengill vas þegar ungr Ótt. sv. Wis. 44: 2,1.
ungan frák þik eyþir þrengra Arn. jarl. Wis. 44; 5,1 (undan Fms
   V, 119).
Yngvi vas sá frægr es fenguþ Arn. jarl. Wis. 45; 13,3.
Yngri fekktu ǫll meþ hringum Arn. jarl. Wis. 46: 14,5.
strǫng varþ stálin sungu Hallarst. Wis. 48; 19,1 (staungh Flb 1, 483).
hilding hvast frák ganga Hallarst. Wis. 48; 28,1.
dǫglingr dróttins englum Hallarst. Wis. 50; 31,7.
þengill þróttar strǫngum Hallarst. Wis. 50; 33,1.
Yggjar feng und hanga Bjarni Kolb. Wis. 68; 2,6.
dorgar vangs fyr lǫngu Bjarni Kolb. Wis. 68; 4,2.
hǫfþingi vas drengja Bjarni Kolb. Wis. 68; 8,2.
snarfengra hǫfþingi Bjarni Kolb. Wis. 69; 9,2.
hringa meiþr at strengja Bjarni Kolb. Wis. 69; 14,8.
sóknstranga vel ganga Bjarni Kolb. Wis. 70; 24,2.
hringserkja bǫl ganga Bjarni Kolb. Wis. 71; 26,4.
sǫngr burgusk vel drengir Bjarni Kolb. Wis. 71; 28,6.
arfengr at boþ strangri Bjarni Kolb. Wis. 71; 29,2.
fram gingu vel drengir Bjarni Kolb. Wis. 71; 29,4 (gengu A. vgl.
   S. 55).
langan orm á hringum Bjarni Kolb. Wis. 72; 37,8.
ǫþlings menn at ganga Bjarni Kolb. Wis. 72; 38,6 (ǫþlings A. þengils
   celeri; at renna nonnulli).
ungra snyrti drengja Bjarni Kolb. Wis. 72; 39,2.
drengmenn hugum strangir Bjarni Kolb. Wis. 72; 39,8.
drengr á land at ganga Bjarni Kolb. Wis. 72; 40,2.
mansǫng of Gná hringa Bjarni Kolb. Wis. 72; 42,4.
ungr þaz heit nam strengja Bjarni Kolb. Wis. 73; 42,6.
slungin mjúkt at sínum kóngum Eyst. Ásgr. Wis. 87; 4,3.
þangat til er þau meþ englum Eyst. Ásgr. Wis. 89; 13,5.
viþr afspringi alt þat er fengi Eyst. Ásgr. Wis. 89; 13,7 (viþr af-
   springinn B. 'meþan afspreingrinn A. meþ afspringi CD,
   afsprengi Magnuss. 14; asprengi hist. eccl. II, 404).
engi sék at jarþlig tunga Eyst. Ásgr. Wis. 90; 26,1.
loptin sungu komnum kóngi Eyst. Ásgr. Wis. 91; 34,5.
vélakrings á vǫfþum strengjum Eyst. Ásgr. Wis. 93; 45,5.
hǫfuþdróttningin harmi þrungin Eyst. Ásgr. Wis. 94; 54,1.

*engi finnst á pessu þingi* Eyst. Ásgr. Wis. 96; 72,1.
*megindróttningin manna ok engla* Eyst. Ásgr. Wis. 96; 86,3.
*ǫngum tjóar at auka lengra* Eyst. Ásgr. Wis. 100; 95,7.
*þá's hringfáum hanga Tindr* Hallk. Hkr. 157,30b.

## ng : nng.

*engill segir at ei mun synngast* Eyst. Ásgr. Wis. 91; 30,5.

## ngl : ngl.

*tungl skárusk þá tingla* Halld. ókr. Hkr. 212,31a.

## ngr : ngr.

*þrengvimeiþr of þryngvi* Ein. Skál. Wis. 28; 16,3.
*heþan vas ungr frá angri* Ein. Skúl. Wis. 61; 63,1.
*hungr frák anstr hinn yngri* Ótt. sv. Hkr. 222,6a (*yngni* Flb II, 17;
    *ungi* OHS 18).
*angr skal kveykt í klungri* Þorm. Kolbr. Hkr. 474,8b.

## nn : nn.

*helkannandi hlenna* Þorbj. hornkl. Wis. 14; 3,3.
*grennir þrǫng at gunni* Þorbj. hornkl. Wis. 15; 6,1.
*ǫll lét senn enn svinni* Ein. Skál. Wis. 27; 8,1.
*und sigrrunni svinnum* Ein. Skál. Wis. 28; 17,3.
*kýnnik áþr ok einnar* Ulfr Ugg. Wis. 29; 2,7.
*innmáni skein ennis* Ulfr Ugg. Wis. 29; 3,1.
*hlusta grunn við hrǫnnum* Ulfr Ugg. Wis. 30; 4,8.
*þar sigrrunni svinnum* Ulfr Ugg. Wis. 30; 7,5.
*kveldrunnina kvenna* Eil. Guþr. Wis. 32; 21,3.
*fremra mann of finna* Hallfr. v. Wis. 35; 11,3.
*hann rauþ geir at gunni* Hallfr. v. Wis. 36; 18,3.
*menn geta máli sǫnnu* Hallfr. v. Wis. 37; 22,7.
*nú's sannfregit sunnan* Hallfr. v. Wis. 37; 24,5 (*siðan* Flb I, 495).
*Norþmanna hykk nenninn* Hallfr. v. Wis. 37; 25,1.
*þat vas enn at ǫnnur* Sighv. sk. Wis. 38; 2,1.
*sinn máttut bó banna* Sighv. sk. Wis. 39; 8,5.
*tǫnn rauþ tólfta sinni* Sighv. sk. Wis. 39; 12,1.
*hlunna es sem rǫþull renni* Arn. jarl. Wis. 45; 8,5.
*mǫnnum lízk es mildings rennir* Arn. jarl. Wis. 45; 9,1.
*unnar jafnt sem ásamt renni* Arn. jarl. Wis. 45; 9,3.
*skýrunn skjaldar linna* Hallarst. Wis. 46; 1,5.
*senn ǫll síþan runnu* Hallarst. Wis. 46; 4,1.
*þrekmanns þriþja sinni* Hallarst. Wis. 48; 21,3.
*tvær senn tyggja vinnur* Hallarst. Wis. 49; 25,1.
*gnýlinns Gǫndlar runna* Hallarst. Wis. 49; 25,3 (*gunnelds geymir
    unna* Fms II, 274; Flb I, 464).

senn á svipstund einni Hallarst. Wis. 49; 30,7 (sjónfagr svipstund
    eina Fms II, 280; Flb I, 467).
aupfinnondum annars Ein. Skúl. Wis. 54; 3,3 (aupfinnandum B,
    auffinnendum Flb I, 1).
mál sanna þau mǫnnum Ein. Skúl. Wis. 54; 6,3 (kynnazt þau
    Flb I, 1).
menn nenni mál sem innik Ein. Skúl. Wis. 54; 7,7.
yfirmanni býþk unnin Ein. Skúl. Wis. 54; 9,1.
hann speni oss fyr innan Ein. Skúl. Wis. 55; 13,7.
munn rauþ mildingr innan Ein. Skúl. Wis. 56; 29,3 (munn rauþ
    málmþings kennir Flb I, 4).
slíkt hafa menn at minnum Ein. Skúl. Wis. 57; 34,5.
menn hafa sagt at svanni Ein. Skúl. Wis. 57; 35,1.
sannspurt es þat sunnan Ein. Skúl. Wis. 58; 36,3.
orþ finnask mér unnar Ein. Skúl. Wis. 58; 41,3.
mœrþ finnsk of þat mǫnnum Ein. Skúl. Wis. 59; 51,3.
nennir ǫll at inna Ein. Skúl. Wis. 60; 56,5.
mildings þjónn fyr manna Ein. Skúl. Wis. 60; 58,3.
menn rá Glúmr at gunni Haukr Vald. Wis. 79; 11,3.
hinn es mál af manni Haukr Vald. Wis. 80: 11,7.
hinn es hjálms riþ runna Haukr Vald. Wis. 80; 14,3.
jarls mǫnnum bauþ unnar Haukr Vald. Wis. 81; 23,3.
kunnr vas mǫrgum manni Haukr Vald. Wis. 81; 24,1.
hinn's of Illakkar runna Haukr Vald. Wis. 81; 24,5.
senn verandi úti ok inni Eyst. Ásgr. Wis. 87; 1,5 u. 100; 100,5.
fyrri menn er frœþin kunnu Eyst. Ásgr. Wis. 87; 4,1.
sǫktist hann meþ sínum grǫnnum Eyst. Ásgr. Wis. 88; 9,3.
hǫfginn rann svá hugr á þenna Eyst. Ásgr. Wis. 88; 12,5.
fjǫlkunnigr í einum innan Eyst. Ásgr. Wis. 88; 15,7.
minn einka son holdi hennar Eyst. Ásgr. Wis. 90; 24,7.
guþi unnandi ok góþum mǫnnum Eyst. Ásgr. Wis. 90; 25,7.
sannr meydómrinn sat þat inni Eyst. Ásgr. Wis. 90; 27,7.
at innsigli holdum hennar Eyst. Ásgr. Wis. 91; 33,7.
umrennandi sex at sinnum Eyst. Ásgr. Wis. 92; 36,5.
finn ek allt mannvit manna Eyst. Ásgr. Wis. 92; 38,1.
mæþist hann ok er móþur sinnar Eyst. Ásgr. Wis. 92; 42,3.
finn ek þó at í slíku sannan Eyst. Ásgr. Wis. 92: 42,5.
minnast verþ ek mik ei annat Eyst. Ásgr. Wis. 94; 53,5.
fǫlnar skinn ok fellr at enni Eyst. Ásgr. Wis. 95; 58,5.
sék ei þann er út megi inna Eyst. Ásgr. Wis. 95; 64,1.
sinn ódauþleik mǫrgum manni Eyst. Ásgr. Wis. 96; 67,3.
tvennar gengu þrisvar sinnum Eyst. Ásgr. Wis. 96; 67,5.
umrennandi svá at sinni Eyst. Ásgr. Wis. 96; 68,1.
kennstu viþ svðt min þú minnist Eyst. Ásgr. Wis. 96; 69,3.
prýddi hann meþ þrysvar þrennum Eyst. Ásgr. Wis. 88: 6,3.

*hvert þat sinn er ek kulda kenni Eyst. Ásgr. Wis.* 98; 81,7.

*Jesú þinni ást er mǫnnum Eyst. Ásgr. Wis.* 98; 85,7.

*miskunnar þǽr mjúkust renna Eyst. Ásgr. Wis.* 98; 87,7.

*miskunn biþ þú at mjúka finni Eyst. Ásgr. Wis.* 99; 88,3.

*varkunnigr at verka þenna Eyst. Ásgr. Wis.* 100; 97,3.

*senn verandi úti ok inni Eyst. Ásgr. Wis.* 100; 100,5.

*vera kann því at mærin minnist Eyst. Ásgr. Wis.* 100; 99,5.

*sunnr á sigr um hlynnin Glúmr Geir. Hkr.* 87,3b *(sverd C. D. sverd var sigr of vordinn Flb* I, 52; *hlunnin Kph. Cod. Fris.* 67,25b).

*hann fekk gagn at gunni Glúmr Geir. Hkr.* 89,30a.

*ef svipkenni svinnan Eyv. sk. Hkr.* 106,5b *(ef sólryri sára Fgrsk. A* 25; *ef sólspennir sunnan Fyrsk. B. sauckspenni Pering.* I, 160).

*kunni tolf sás tanna Glúmr Geir. Hkr.* 112,30a.

*ok sannliga sunnan Þórþr Kolb. Hkr.* 154,33a.

*vann á Vinþa sinni Tindr Hallk. Hkr,* 160,19a.

*meinrennir brá manna Þórþr Kolb. Hkr.* 170,25a *(meinremnir Fris.* 132,7a; *men reynir Pering.* I, 273; *menræynir Flb* I, 518; *meinrennir Fgrsk.* 54).

*sunnr fyr Svǫldrar mynni Skúli Þorst. Hkr.* 211,23b.

*gullkennir lét gunni Þórþr Kolb. Hkr.* 232,24a.

*innan borþs um unnir Ótt. sv. Hkr.* 234,14b.

*gǫrbǫnn mun ek gunnar Sighv. sk. Hkr.* 249,8a *(gunnar Flb* II, 39).

*brunnu allvalds inni Klóng Br. Hkr.* 249,28a *(Þórþr Sjár. Fgrsk.* 74).

*Sveinn funþut þat þenna Sighv. sk. Hkr.* 255,26a.

*vist hefk þann þvít þinnar Sighv. sk. Hkr.* 307,22b.

*inn settak nef nenninn Sighv. sk. Hkr.* 308,7a.

*hann stendr þýþr af þinni Sighv. sk. Hkr.* 311,14a.

*þann veitk þinga kennir Sighv. sk. Hkr.* 311,12b.

*einn vissak þér annan Sighv. sk. Hkr.* 343,1a.

*annan lét á unnir Sighv. sk. Hkr.* 414,8b.

*kann þjóþ herski minni Hárekr Hkr.* 427,27b.

*menn nemik mál sem inni Sighv. sk. Hkr.* 429,29a.

*einn kvaþk senn en sǫnnu Sighv. sk. Hkr.* 430,4b.

*þa's hann at sig sǫnnum Sighv. sk. Hkr.* 445,3b.

*kynnisk kapp þitt mǫnnum Bjarni gullbr. Hkr.* 446,34a.

*hvinna ætt ok hlenna Sighv. sk. Hkr.* 453.20a *(himna ætt at hlamna Flb* II, 316).

*brennum ǫll fyr innan Þorm. Kolbr. Hkr.* 474,6a.

*þótt sigrunnar svinnir Giz. g. Hkr.* 475,30a.

*einn háþi gný Gunnar Hofgarþr Hkr.* 491,24a.

*fjǫlkunnigra Finna Sighv. sk. Hkr.* 492,18a.

*vasa sunnudag svanni Sveinnfl. Hkr.* 513,18a.

*faþir minn vas þar þenna Sighv. sk. Hkr.* 520,30b.

*minnumk ek hvar manna Sighv. sk. Hkr.* 521,21b.

þinn stoþak mátt sem mǫnnum Sighv. sk. Hkr. 522,19a.

minn hug segik mǫnnum Sighv. sk. Hkr. 522,23a.

buþlungr unnuþ borgar mǫnnum Arn. jarl. Wis. 45; 12,7.

menn eigu þess minnask Þjóþ. sk. Hkr. 540,19b.

annars nema sjá þenna Þjóþ. sk. Hkr. 543,2a (hier müsste apalh.
    stehen, vielleicht umzustellen mit vorhergehendem Vers, der
    apalh. hat?).

minnisk ǫld hverr annan Arn. jarl. Hkr. 543,19b.

hann ept hervig þrennin Þjóþ. sk. Hkr. 544,9b.

brann í bǽ fyr sunnan Valg. Hkr. 560,4b.

rǫnn lét rǽsir nenninn Valg. Hkr. 560,6b.

sumar annat skal sunnar Þjóþ. sk. Hkr. 570,9a.

Sveinn enn siklingr annarr Þorl. f. Hkr. 574,12a.

almenningr liggr innan Þjóþ. sk. Hkr. 592,25b.

menn brutu upp um annan Steinn Herd. Hkr. 593,26b.

hinn es meþ halft beiþ annat Steinn Herd. Hkr. 594,30a.

rann fyr móþu mynni Steinn Herd. Hkr. 595,1a.

senn á svipstundi einni Þjóþ. sk. Hkr. 596,13b.

innan eina gunni Þjóþ. sk. Hkr. 596,21a.

Sveinn skerr ok til annars Anon. Hkr. 602,15b.

Sveinn tekr norþr at nenna Anon. Hkr. 602,24b.

hinn es hvern veg sunnan Anon. Hkr. 602,19b.

menn þeir's miþla kunnu Anon. Hkr. 603,3a.

ulfs munn litar innan Trǫllk. Hkr. 613,14b.

skinnat sól á sýnni Þjóþ. sk. Hkr. 626,19b.

ætt sinni mun unna Steinn Herd. Hkr. 628,7b.

hann vill hneggvi sinnar Steinn Herd. Hkr. 635,13a.

Norþmǫnnum gefr nenninn Steinn Herd. Hkr. 635,15b.

menn riþ morþhauks brynni Þork. ham. Hkr. 639,5b.

tǫnn rauþ Tyrvist innan Bjǫrn. krepph. Hkr. 646,30b.

sá kennir mér svanna Magn. berf. Hkr. 654,20b.

annk þvit eigi finnak Magn. berf. Hkr. 654,33b.

unnit frák í einni Halld. ókr. Hkr. 664,6a.

Finns rauþ gjǫld á grǫnni Halld. ókr. Hkr. 666,1b.

unnut austr fyr Mynni Kolb. Hkr. 726,3a.

mágrennir fremsk manna Ein. Skúl. Hkr. 742,5a.

minnigr bjó siklingr sunnan Ól. hvít. Kgs. 344,1b.

sýnni tók þá sælt er funnusk Ól. hvít. Kgs. 349,9a.

innin tóku ǫll at brenna Sturla Wis. 83; 11,5.

almenningr varþ út at sinna Sturla Kgs. 437,16b.

unnar þóttu eisar brenna Sturla Kgs. 439,15b.

renna þótti upp á unnum Sturla Kgs. 441,16a.

kynnisk kapp þitt mǫnnum Sturla Kgs. 458,6a.

brunnu búmanna Sturla Kgs. 470,7a.

enn eru af þvi minni Sighv. sk. Wis. 42; 4,7.

enn kváþu gram Gunnar Sighv. sk. Wis. 38; 4,1.

enn lét sjaunda sinni Sighv. sk. Wis. 39; 7,1.

enn um iþnir manna Bjarni gullbr. Hkr. 456,11b.

þar má enn hvárr annan Þorl. f. Hkr. 572,1b (þar man Fgrsk. 122;
    þa er annar Flb III, 338).

þau eru enn svát mank manna Har. harþr. Hkr. 586,4a. ·

enn sér eigi minni Anon. Hkr. 602,26a.

enn samir mér at minnask Þór. stuttf. Hkr. 682,20b (nu samir
    Mork. 188).

enn sás úthlaupsmǫnnum Sturla Kys. 279,3a.

enn nú leysti oss ǫll ór banni Eyst. Ásgr. Wis. 95; 64,7.

enn mun koma i ǫþru sinni Eyst. Ásgr. Wis. 96; 70,1.

enn Sveinn konungr sunnan Þórþr Kolb. Hkr. 217,32b.

rann enn maþr um minna Ótt. sv. Hkr. 222,4b.

enn Sveinn konungr sinni Tryggvafl. Hkr. 513,14a.

enn þeirs undan runnu Sighv. Þórþ. Wis. 38; 2,7.

enn i gegn at gunni Sighv. Þórþ. Wis. 39; 5,7.

enn meþ annan Sighv. Þórþ. Wis. 40; 3,5.

enn i gegn at gunni Þórþr Kolb. Hkr. 157,12a.

enn hver's austr vill sinna Sighv. sk. Hkr. 310,23a.

enn sás allan kunni Sighv. sk. Hkr. 445,5b.

enn fyr jól vas ǫnnur Oddr Kik. Hkr. 543,27b.

enn fyr afgerþ sanna Stúfr sk. Hkr. 555,28b [1]).

### nn : n.

unz meþ ýta sinni Eil. Guþr. Wis. 31; 9,1.

ok senn sunu Sighv. sk. Wis. 40; 1,1.

herskip vant af harþa stinnum Arn. jarl. Wis. 44; 2,1.

þat esumk kunt hve kennir Sighv. sk. Hkr. 252,14a.

einn stóþ sonr á sínu Sighv. sk. Hkr. 444,17b.

þás Sveinn konungr stná Sveinnfl. Hkr. 513,18b.

Sveinn áttsigr at launa Þjóþ. sk. Hkr. 596,19a.

Santíri laut sunnar Bjǫrn krepph. Hkr. 647,14b.

---

[1]) Ich habe die Fälle zusammengestellt, in welchen enn mit
Wörtern auf nn reimt, um zu zeigen, dass Sievers mit seiner Be-
hauptung, Beitr. XV, S. 405 Anm. 1, dass enn fast immer so, und
nur selten auf n reimt, Recht hat. Gegenüber 22 Reimen auf nn,
von denen in drei Versen allerdings enn nicht Reim zu sein braucht,
stehen nur drei, in welchen es mit n reimt. Dazu kommen aus den
Reimen mit aþalh. noch 7 Fälle, in welchen enn mit enn reimt,
während ein Reim mit en hier gänzlich fehlt. Dies zeigt, wenn
man berücksichtigt, dass die Reime von Doppelconsonanz zu ein-
facher verhältnissmässig selten sind, dass immer nn zu schreiben
ist. Wisén schreibt n.

*kenndu mér at forþast fjandann* Eyst. Ásgr. Wis. 93; 44,3.
*enn míð flúg fleina* Sighv. sk. Hkr. 252,27b.
*enn þett jarla frænda* Sighv. sk. Hkr. 310,15b.
*enn þett illa reynþisk* Þjóþ. sk. Hkr. 605,12b.
*sigrgjann sólu vænni* Steinn Herd. Wis. 50; 31,5 (*gjann* < *gjarn*, vgl. S. 84).

$$nt : nt.$$

*stóþk á Munt ok mintumk* Sighv. sk. Hkr. 520,28a.

$$nþ : nþ.$$

*ranþisk hann ok Vinþa* Hallfr. v. Wis. 34; 4,3 (*vandit* Cedersch.; *vandisk* Flb I,3; *syndum* Cedersch., Flb I, 3)
*gramr vanþit sá synþum* Ein. Skál. Wis. 56; 20,3
*reynþut ræsir steinþa* Ótt. sv. Hkr. 229,1b
*munþak þann es unþi* Sighv. sk. Hkr. 520,28b
*sprænþi blóþ á brýnþan* Þjóþ. sk. Hkr. 541,27b
*fellu Vinþr enn vǫnþusk* Oddr Kik. Hkr. 543,29a (Þjóþ. sk. Flb III, 284)

$$nd : nd.$$

$$p : p.$$

*áþr djúphugaþr dræpi* Þjóþ. hv. Wis. 9; 6,5.
*stophnísu fór steypir* Eil. Guþr. Wis. 31; 9,7.
*né djúp akarn drápu* Eil. Guþr. Wis. 31; 10,1.
*gnipu hlǫþr á greypum* Eil. Guþr. Wis. 32; 13,7.
*grípum vér í greipar* Eyc. sk. Hkr. 103,35b.
*kaup varþ daprt þars djúpan* Sighv. sk. Hkr. 431,8a.
*dal steypir hjó draupnis* Hofgarþarefr Hkr. 491,24b.
*djúp ok danskra vápna* Þorm. Kolbr. Hkr. 498,1b (*draupnis dyrra vápna* Ohs 73).
*krjúpum vér fyr vápna* Har. harþr. Hkr. 620,11a.
*drap hina dulgreipu* Sturla Kgs. 473,11b (*drápi dulgreipu* Flb III, *drap ena dulgreyppu* Fms X).
*drápir herr at dólga steypi* Mark. Skeggj. Wis. 53; 31,7.
*steypir þá meþ eymd ok ópi* Eyst. Ásgr. Wis. 96; 72,7.
*brigzli ok hróp erat gǫrvum glæpum* Eyst. Ásgr. Wis. 97; 73,5.

$$pn : pn.$$

*-opnis ilja gaupnum* Eil. Guþr. Wis. 30; 3,7.
*umbgeypnandi opna* Ein. Skál. Wis. 55; 16,7.
*samangeypnandi sína skepnu* Eyst. Ásgr. Wis. 90; 28,5.

$$pp : pp.$$

*ǫrr greppa lætk uppi* Korm. Qgm. Wis. 26; 1,3.
*upp hóf jǫfra kappi* Ein. Skál. Wis. 26; 1,5.
*yppa ráþumk yþru kappi* Arn. jarl. Wis. 44; 1,3.

*uppi glóþu élmars typpi Arn. jarl. Wis.* 45; 10,7.
*keppinn vant þaz œ mun uppi Arn. jarl. Wis.* 46; 14,1.
*rausnar happ ok ríki uppi Ól. hvít. Kgs.* 356,34 b.
*upp gaf allkleppnum Sturla Kgs.* 469,5 b.

### pp : p.

*upp rann engla skepnu Ein. Skúl. Wis.* 54; 4,1.

### pt : pt.

*Hropta - Týr of hvapta Ulfr Ugg. Wis.* 30; 7,3.
*sóknar hapts meþ svipti Eil. Guþr. Wis.* 30; 3,3.
*greypt's þaz hǫfþum hnepta Sighv. sk. Wis.* 43; 13,5 *(gnœyft : hniftir*
    *Fms* X, 402; *hneypta OHS* 239; *Fms* V, 131; *hnypta Thómássk).*
*opt vann aldri svipta Haukr Vald. Wis.* 79; 6,1
*sviptir i sveiflaukjapta Trǫllk Hkr.* 613,12 b.
*látum skipta guþ giptu Nefari Kgs.* 110,11 b *(giftu Flb* II, 627).
*opt brá hann viþ heiptir Haukr Vald. Wis.* 81; 25,3.
*giptist ǫndin guþdóms krapti Eyst. Ásgr. Wis.* 91; 31,5.
*typta mitt ok tem sem optast Eyst. Ásgr. Wis.* 98; 81,3.
*giptu vegr ok geisli lopta Eyst. Ásgr. Wis.* 99; 88,3.

### r : r.

*Hergauts vinu barþir Brage Wis.* 2; 5,8.
*til fárhuga fóri Brage Wis.* 2; 8,3.
*bar til byrjar drǫsla Brage Wis.* 2; 8,7.
*þars vélsparir varu Þjóþ. hv. Wis.* 9; 5,7.
*sér baþ sagna hrœri Þjóþ. hv. Wis.* 10; 9,1.
*munstórandi mœra Þjóþ. hv. Wis.* 10; 11,7.
*hellis bǫr á hyrjar Þjóþ. hv. Wis.* 10; 14,3.
*ok harþbrotin herju Þjóþ. hv. Wis.* 11; 19,1.
*þar svát barsk at borþi Þorbj. hornkl. Wis.* 14; 4,1.
*hár vas sǫngr um svirum Þorbj. hornkl. Wis.* 15; 7,8.
*heyri sunr á Sýrar Korm. Qgm. Wis.* 26; 1,1.
*hróþr gerik of mǫg mœran Korm. Qgm. Wis.* 26; 3,1.
*fésœranda at fóra Korm. Qgm. Wis.* 26; 5,3.
*vasat ofbyrjar ǫrva Ein. Skál. Wis.* 26; 2,1.
*varþat Freyr sás fóri Ein. Skál. Wis.* 27; 6,5.
*herjum kunnr of herjuþ Ein. Skál. Wis.* 27; 8,3.
*þeim stýra goþ geira Ein. Skál. Wis.* 27; 8,7.
*auþrýrir lætr áru Ein. Skál. Wis.* 27; 9,7.
*hitt vas meir at Móra Ein. Skál. Wis.* 28; 13,1.
*folkverjandi fyrþa Ein. Skál. Wis.* 28; 13,3 *(fjǫrva Fgrsk.* 38, *Flb;*
    *fyrva Fris.).*
*ýtti Freyr af fjórum Ein. Skál. Wis.* 28; 13,5.

meþ spǫrgǫli svarfa Ein. Skál. Wis. 28; 14,3 (svǫrgǫli sǫrra Hkr.
   138, Fms.; saurgǫli sǫrra Frix.; spǫrgǫli svarfa Fyrsk.).
hyrjar þing at herja Ein. Skál. Wis. 29; 22,3.
þess riþr fúrs meþ fjǫrum Ein. Skál. Wis. 29; 24,5.
Freyr ok folkum stýrir Ulfr Ugg. Wis. 30; 5,3.
þar kómr á enn æri Ulfr Ugg. Wis. 30; 9,1.
snæriblóþ til setra Eil. Guþr. Wis. 31; 7,7.
húfstjóri braut hedru Eil. Guþr. Wis. 32; 14,5.
glaums niþjum fór gǫrva Eil. Guþr. Wis. 32; 18,1.
naddskúrar réþ nǿrir Hallfr. v. Wis. 34; 8,3 (naddskarr hlod nærre
   Flb I, 120).
geirs riþ gumna stjóra Hallfr. v. Wis. 35; 9,3.
harþgerrum lét hjǫrvi Hallfr. v. Wis. 36; 15,1.
sagþr vas mér enn meira Hallfr. v. Wis. 36; 20,1.
þolþu hlýr fyr hári Sighv. sk. Wis. 39; 5,3 (hárri Fms IV, 45).
Geirfiþr hét sá gǫrva Sighv. sk. Wis. 39; 13,7.
fǫrum í rápn ok verjum Sighv. sk. Wis. 42; 9,5.
hárir menn es heyrik Sighv. sk. Wis. 43; 13,3.
Haralds varþar þú hjǫrvi Sighv. sk. Wis. 43; 15,7.
fǫrk meþ feþrum þeira Sighv. sk. Wis. 43; 17,5.
Haralds í her Sighv. sk. Wis. 40; 2,3.
ok báru í byr Sighv. sk. Wis. 41; 7,1.
dýr v's døglings fǫr Sighv. sk. Wis. 41; 7,3.
svá m'n fár feril Sighv. sk. Wis. 41; 10,1.
geystisk hlýr enn hristisk bára Arn. jarl. Wis. 44; 2,7.
mǿrings mǫnnum skýrisk Hallarst. Wis. 47; 10,5
hnigreyrs harþa stóran Hallarst. Wis. 49; 24,3.
Eiriks lof rerþr ǫld at heyra Mark. Skeggj. Wis. 50; 2,1.
rár ǫnlvert bjó Vinþa rýrir Mark. Skeggj. Wis. 51; 5,1.
hlýrum skaut á hola báru Mark. Skeggj. Wis. 51; 5,3.
Eirikr reitti oft ok stórum Mark. Skeggj. Wis. 51; 7,3.
stóra sótti Haralds hlýri Mark. Skeggj. Wis. 51; 12,1.
styrjǫld óx umb stilli ǫrran Mark. Skeggj. Wis. 52; 17,1.
Eirikr vakþi odda skirir Mark. Skeggj. Wis. 52; 19,5.
Eirikr ras meþ uppreist hári Mark. Skeggj. Wis. 52; 23,1 (hárri
   Fms XI, 306).
gerra lét þar hollr of héruþ Mark. Skeggj. Wis. 52; 25,3.
váru þan meþ trygþar tíri Mark. Skeggj. Wis. 52; 25,5.
stórar lét sér randgarþs rýrir Mark Skeggj. Wis. 52; 26,3.
báru menn ór borgum stórum Mark. Skeggj. Wis. 53; 19,1.
þeir hafa þengils Mǿra Ein. Skál. Wis. 55; 12,5.
þar kom blindr enn byrjak Ein. Skál. Wis. 56; 23,1.
þó réþ hann at hráru Ein. Skál. Wis. 57; 32,5.
hár fekksk kaf þvi hlýri Ein. Skál. Wis. 57; 32,7.

*hér lét Goþormr gerva* Ein. Skúl. Wis. 57; 34,3.

*þann sám vér þás várum* Ein. Skúl. Wis. 58; 37,5.

*hér fekk hann enn byrja* Ein. Skúl. Wis. 58; 38,5.

*golli merkþr í Girkju* Ein. Skúl. Wis. 59; 44,7.

*mér's enn mærþ skal stóra* Ein. Skúl. Wis. 59; 46,1 (*mér er þri mærd skal skýra* Flb I, 5).

*gunnar már í geira* Ein. Skúl. Wis. 59; 52,3.

*þar svát þjóþ fyr hjǫrvi* Ein. Skúl. Wis. 59; 52,5.

*þars of einn í ǫrva* Ein. Skúl. Wis. 60; 54,5.

*nyztan tír þaz nóra* Ein. Skúl. Wis. 60; 55,7 (*nœrri* Flb I, 1).

*lér hjaldr frǫmum hárar* Ein. Skúl. Wis. 60; 57,7.

*gǫr munu gjǫld þeims byrja* Ein. Skúl. Wis. 61; 61,7.

*hver's svá horsk at byrjar* Ein. Skúl. Wis. 61; 64,1 (*hyrza* Flb 1, 7)

*hér's af himnagervis* Ein. Skúl. Wis. 61; 65,5.

*ber koma arþ frá órum* Ein. Skúl. Wis. 61; 67,3.

*orum málma rýri* Bjarni Kolb. Wis. 68; 1,1.

*Yggjar bjór of fóra* Bjarni Kolb. Wis. 68; 1,6.

*órit gjarn at hváru* Bjarni Kolb. Wis. 68; 3,6.

*allstórum mun fleira* Bjarni Kolb. Wis. 68; 5,4.

*Harald bardaga stóra* Bjarni Kolb. Wis. 68; 7,2.

*sær ísugar bárur* Bjarni Kolb. Wis. 69; 16,8.

*heyra menn at væri* Bjarni Kolb. Wis. 70; 20,2.

*þrír meþ flokki hvárum* Bjarni Kolb. Wis. 70; 20,4.

*grípu þeir í bug snórum* Bjarni Kolb. Wis. 71; 27,6.

*Eiríks vini keyra* Bjarni Kolb. Wis. 72; 38,8.

*fór Þorketill leira* Bjarni Kolb. Wis. 72; 42,2.

*Eiríkr gefit stórum* Bjarni Kolb. Wis. 73; 44,2.

*ar til odda skúrar* Haukr Vald. Wis. 79; 3,3.

*hriþgǫrvandi hjǫrva* Haukr Vald. Wis. 81; 21,7.

*frák báru hlut hæra* Haukr Vald. Wis. 81; 5,1.

*Týr varþ á gætr ára* Haukr Vald. Wis. 81; 8,7 (*auru* Cod. AM 748).

*ár frák arfvǫrþ geira* Haukr Vald. Wis. 81; 11,1.

*þá rauþ þegn í dreyra* Haukr Vald. Wis. 80; 13,3.

*sá réþ sins of hlýra* Haukr Vald. Wis. 80; 17,5.

*stýr ok sæt af vǫrrum várum* Eyst. Ásgr. Wis. 87; 3,5.

*dreyrinn Krists af siþusari* Eyst. Ásgr. Wis. 87; 5,3.

*bjóþa mér í frásǫgn færa* Eyst. Ásgr. Wis. 88; 5,7.

*bjúg ok sár í bandi værir* Eyst. Ásgr. Wis. 90; 22,5.

*mær ok firr meþ skygnleik skýrum* Eyst. Ásgr. Wis. 90; 24,1.

*dróttinn þér sem verþugt væri* Eyst. Ásgr. Wis. 90; 26,3.

*byggvir þér fyr brjósti skæru* Eyst. Ásgr. Wis. 90; 28,7.

*sonr Máríu sonr hinn dýri* Eyst. Ásgr. Wis. 93; 44,1.

*reittu mér at stilla ok stýra* Eyst. Ásgr. Wis. 94; 51,3.

*færþit nær þá'r fell ór sárum* Eyst. Ásgr. Wis. 94; 54,3.

*fyr Máríu faþminn dýra* Eyst. Ásgr. Wis. 94; 57,1.

syni Máriu svartir færa Eyst. Ásgr. Vís. 95; 58,1.

Máriu son fyr miskunn dýra Eyst. Ásgr. Vís. 96; 69,1.

dreyrug feþrnum sýn þú sárin Eyst. Ásgr. Vís. 98; 87,3.

Máriu Jesú móþir dýrust Eyst. Ásgr. Vís. 99; 88,7.

Máriu ertu móþir skærust Eyst. Ásgr. Vís. 99; 91,1 (dýrust BC).

Máriu ertu af miskunn kærust Eyst. Ásgr. Vís. 99; 91,3.

Máriu lýtin mǫrg þrit vóru Eyst. Ásgr. Vís. 99; 91,5.

Mária græþ þú mein hin stóru Eyst. Ásgr. Vís. 99; 91,7.

Mária vertu mér í hjarta Eyst. Ásgr. Vís. 100; 95,1.

blessuþ þér ef mættak meira Eyst. Ásgr. Vís. 100; 95,3.

segi Máriu hverr er heyrir Eyst. Ásgr. Vís. 100; 99,3.

Harald frák Halfdan spyrja Jór. skáldm. Hkr. 77,22a.

hafþi fǫr til ferju Glúmr Geir. Hkr. 86,32a.

horskan hǫlþa barma Hildr Hkr. 66,3b.

trúr vask liggja dýrum Eyv. sk. Hkr. 112,1b (tryggr Fris 86,35b).

snýr á Sǫlnis váru Eyv. sk. Hkr. 123,11a.

hallærit veldr hváru Eyv. sk. Hkr. 123,33b.

folkstýrir vas fára Eyj. Daþ. Hkr. 140,22a.

þær es jarl und árum Þórþr Kolb. Hkr. 157,12b.

gnýr óx Fjǫlnis fúra Tindr Hallk. Hkr. 157,32a.

hafþi sér við særi Þórþr Kolb. Hkr. 170,30a.

virvils vitt um herjat Eyj. Daþ. Hkr. 199,8b.

stýrir lêtat Stauri Eyj. Daþ. Hkr. 199,14a.

unda már fyr eyri Eyj. Daþ. Hkr. 199,16b.

rauþ fúrgjafall fjórar Eyj. Daþ. Hkr. 200,5a.

þar vas hjalmaþx herjar Þórþr Kolb. Hkr. 214,24a.

þú hefr dýrum þrek dreyra Ótt. sv. Hkr. 220,3a.

þér fæk hróþrs at hváru Sighv. sk. Hkr. 248,27b.

landaura veittu lúru Sighv. sk. Hkr. 249,8b (lundi Flb II, 39).

vér drifum hvatt þar's heyra Sighv. sk. Hkr. 253,10a.

nár flaut út við eyri Sighv. sk. Hkr. 253,12b.

nær var dýr í óra Sighv. sk. Hkr. 253,29a.

frýr eigi oss í ári Sighv. sk. Hkr. 255,15b.

jór renn aptanskóru Sighv. sk. Hkr. 274,29a.

nú ræþr þú fyr fleiri Ótt. sv. Hkr. 284,26b.

fǫrk at finna báru Sighv. sk. Hkr. 308,25a.

hugstóra biþk heyra Sighv. sk. Hkr. 310,6a.

þér lét þjófa rýrir Sighv. sk. Hkr. 310,23b.

êri Einars hlýra Arn. jarl. Hkr. 323,31b.

þér gaf hann mǫrk eþa meira Sighv. sk. Hkr. 377,17b.

Ólafr knýr und árum Sighv. sk. Hkr. 414,28a.

enn erendi óru Sighv. sk. Hkr. 416,22b.

þeir hafa fyrr af fári Sighv. sk. Hkr. 417,3b.

gǫr eru gumna hverjum Sighv. sk. Hkr. 430,6b.

er við Ólafs fjǫrvi Sighv. sk. Hkr. 431,17a.

*ok fyrir fornan Þór. loft. Hkr.* 440,32b.

*þér lét fold áþr fórir Bjarni gullbr. Hkr.* 456,29b.

*verjum allvald ǫrvan Þorf. m. Hkr.* 476,2b.

*nær vættir þú þeira Þorm. Kolbr. Hkr.* 478,3a.

*þora munk þann arm verja Har. Sig. Hkr.* 479,3a (*Þorm. Kolb.*
 *Ohs.* 67).

*góþ fóru þar geirum Sighv. sk. Hkr.* 480,22a.

*þás árliga ærir Sighv. sk. Hkr.* 490,8b.

*fór i fylking þeira Sighv. sk. Hkr.* 490,14a.

*geirs hykk grimmligt váru Sighv. sk. Hkr.* 491,1a.

*dreyrug sverþ þar's dýran Sighv. sk. Hkr.* 491,9a.

*ǫr brá Ólafs fjǫrvi Sighv. sk. Hkr.* 499,7b.

*mǫrg lá dýr i dreyra Sighv. sk. Hkr.* 499,14b.

*nær vask þausnum þeira Tryggvafl. Hkr.* 513,12b.

*báru brimlogs rýri Arn. jarl. Hkr.* 515,15b.

*meir þótt Magnús væri Sighv. sk. Hkr.* 516,20b.

*fórak vist þvit várum Sighv. sk. Hkr.* 522,17b.

*þér þótt þinn hagr stórum Sighv. sk. Hkr.* 522,31a.

*þér frák Þorbergs hlýri Bjarni gullbr. Hkr.* 526,4a.

*þar réþ Sveinn at sverja Þjóþ. sk. Hkr.* 532,3a.

*heyra skalt hvé herskjǫld báruþ Arn. jarl. Wis.* 45; 11,1.

*þar kom bitr á bǫrva Þjóþ. sk. Hkr.* 537,28a.

*bárut bǫslar fleiri Þjóþ. sk. Hkr.* 538,1b.

*hrórir hausa þeira Þjóþ. sk. Hkr.* 539,6b.

*fór á fylking þeira Þjóþ. sk. Hkr.* 539,17a.

*gær sák grjóti stóru Þjóþ. sk. Hkr.* 539,15a.

*saurstokkinn bar svira Þjóþ. sk. Hkr.* 539,25b.

*gær flugu mold ok mýrar Þjóþ. sk. Hkr.* 539,29b.

*bór logar halfu hæra Þjóþ. sk. Hkr.* 540,23a.

*bárum járn at ǫrnu Þjóþ. sk. Hkr.* 542,21a.

*vér hlutum sigr enn sárir Þjóþ. sk. Hkr.* 542,27b.

*verja lá þar valkǫstr hæri Arn. jarl. Wis.* 46; 13,5.

*fjórar hefr þú randa rýrir Arn. jarl. Wis.* 46; 15,5.

*skúr enn skrautla báru Bǫlv. sk. Hkr.* 547,18a.

*Haraldr gerva léztu herjat Valg. Hkr.* 560,4a.

*dýr klufu flóþ þar's fórut Þjóþ. sk. Hkr.* 562,27a.

*látum vér meþan birlar Har. harþ. Hkr.* 570,5a (*litlar Fgrsk.* 121;
 *Pering* II, 91).

*glæsidýr þess's geira Þorl. f. Hkr.* 572,8b.

*ár þat án um væri Þorl. f. Hkr.* 572,30b (*ord þau er um væri*
 *Flb* III, 340; *on þat er án of væri Fris.* 213,27b; *or þat er*
 *án um væri Fms.* VI, 259).

*á byrjar val berjask. Þorl. f. Hkr.* 573,9a (*Þjóþ. sk. Mork.* 57;
 *Flb* III, 341).

*dolgstóranda dýrum Þjóþ. sk. Hkr.* 577,30a.

hér sék upp enn ǫrva Har. harþr. Hkr. 578,18a.
báru búnir srírar Þjóþ. sk. Hkr. 592,3b.
þar kvaþ þengill eirar Steinn Herd. Hkr. 593,26a.
þeir haldi svá sárum Anon Hkr. 603,14b.
fyr lét Hákon hǫrva Þjóþ. sk. Hkr. 605,14b.
hár í hóf at færa Þjóþ. sk. Hkr. 606,20b.
sér hefr svá langs tírar Þjóþ. sk. Hkr. 607,5b (sveit hefir svá lags
    ritar Fms VI, 341).
Haralds eru haukar gervir Þjóþ. sk. Hkr. 620,18b.
tǫra þarft af Þóri Anon. Hkr. 640,3.
várum félagar fjórir Steigarþórir Hkr. 640,24.
fǫrþum einn viþ stýri Steigarþórir Hkr. 640,25 (aþalh. zu er-
    warten!).
hvern þeira kvaþ hæra Þork. ham. Hkr. 641,1b.
fǫr vas gunnar gerris Bjǫrn krepph. Hkr. 641,13b (doch vielleicht
    die Lesart Kph. III, 199 gǫrris richtig, da die ganze Strophe
    aþalh. hat).
sinn jór vara sváru Bjǫrn krepph. Hkr. 641,22b.
vér rupum rǫpu í dreyra Anon. Hkr. 651,27a.
þar frák hilmi herjar Ein. Skúl. Hkr. 662,24b.
ok fádýrir fóru Halld. skv. Hkr. 663,9a.
stór skalk verk þau's váru Halld. skv. Hkr. 663,18a.
náskári fló nýra Halld. skv. Hkr. 664,14b.
fjǫldýrs hafa fjórir Halld. skv. Hkr. 738,8b.
ætlak mér hina mæru Anon. Kgs. 51,11a.
mærir glǫddusk miklu dri Ól. hvít. Kgs. 259,17.
hvat skalk fyr mik hyrjar Guþm. Odds. Kgs. 274,18a.
byrjar hafs at herja Guþm. Odds. Kgs. 274,18b.
sárs vinnr jarl á órar Guþm. Odds. Kgs. 274,20b.
rinfura vann rýrir Sturla Kgs. 277,19a.
hersar báru á hilmi dýran Ól. hvít. Kgs. 340,30a.
bárur léku brǫndum hæri Ól. hvít. Kgs. 381,8a.
kórónu lét kristni stýrir Sturla Kgs. 407,12b.
stórir hǫfþu útboþ ǫrin Sturla Kgs. 426,17a.
stórir létu Halland herjat Sturla Kgs. 433,3b.
skóriligr gekk húsum hæra Sturla Kgs. 433,26a.
drablakks sem allvaldr væri Sturla Kgs. 438,18b.
ǫrin var sem elding væri Sturla Kgs. 441,11a.
ǫr meþ ǫflgum tíri Sturla Kgs. 443,3b.
geira glymstóri Sturla Kgs. 464,23a.
fleiri flugstóris Sturla Kgs. 464,28a.
sárs um Satíri Sturla Kgs. 469,27a.
bjórs viþ blikrýri Sturla Kgs. 471,26b.
ravir vegstórum Sturla Kgs. 474,17a.
margr stǫþ málma skerþir Sturla Kgs. 482,13b.

## rf : rf.

hvarfat aftr áþr erfþan Ein. Skál. Wis. 27; 6,1.
auk herþarfir hverfa Ein. Skál. Wis. 27; 9,1.
hlym-Narfi baþ hverfa Ein. Skál. Wis. 28; 15,5.
þás ústirfinn arfa Glúmr Geir. Hkr. 102,25b.
starf hófsk upp þar's arfi Þórþr Sjár. Hkr. 107,5a.
uþqrf lízk mér arfa Bjarni gullbr. Hkr. 526,6b.
þqrf Véseta arfa Bjarni gullbr Wis. 68; 7,8.

## rg : rg.

vasa byrgi-Týr bjarga Þjóþ. hv. Wis. 9; 2,7.
menfergir bar margar Þorbj. hornkl. Wis. 15; 8,1.
ríþr á bqrg til borgar Ulfr Ugg. Wis. 30; 5,1.
sorg hlutu víf enn vargar Ein. Skúl. Wis. 57; 29,7.
margr of minni sorgir Ein. Skál. Wis. 60; 60,7.
vqrgum eyddi Vindi fergir Mark. Skeggj. Wis. 51; 8,1.
hqrga varþisk herr í borgum Mark. Skeggj. Wis. 52; 19,1.
hvergi stóþusk hjqrva borgar Mark. Skeggj. Wis. 53; 23,1.
vagnaborg þars vagnar Ein. Skúl. Wis. 60; 56,3.
varghollr Vinþa borgir Hallarst. Herd. Wis. 46; 3,3.
borg hundruþum mqrgum Bjarni Kolb. Wis. 71; 28,4.
gein vargr of sal mergjar Bjarni Kolb. Wis. 71; 91,6.
jafnmarga svá burgusk Bjarni Kolb. Wis. 72; 39,6.
margir Jngibjqrgu Bjarni Kolb. Wis. 73; 45,4.
hvergi þvít í synda saurgan Eyst. Ásgr. Wis. 90; 21,3.
borgarmúrr svát brysti hvergi Eyst. Ásgr. Wis. 91; 30,3.
af margfaldri synda saurgan Eyst. Ásgr. Wis. 97; 76,5.
guþs herbergi ok gleyming sorga Eyst. Ásgr. Wis. 99; 89,5.
fældr ok byryþr ok feti þó hvergi Eyst. Ásgr. Wis. 99; 92,7.
enn bergsalar Birgir Anon. Hkr. 151,20b.
margr skalf hlumr enn hvergi Þórþr Kolb. Hkr. 156,1b.
Bergr hqfum minzk hve margan Sighv. sk. Hkr. 416,12a.
upp fara mqrg í morgin Þjóþ. sk. Hkr. 542,31b.
mqrg skriþu beit at borgar Bqlv. sk. Hkr. 547,18b.
nú sér mqrg í morgun Anon. Hkr. 570,24b.
margr fell maþr af dreyrgu Ein. Skúl. Hkr. 716,12a.
mqrg flutu auþ á úrga Ein. Skúl. Hkr. 766,12b.
nú kná bergs í bjqrgum Blakkr Kgs. 111,29b.

## rk : rk.

myrk hlóþynjar markar Ein. Skál. Wis. 28; 18,3.
þás valserkja virki Ein. Skál. Wis. 28; 18,5.
þars í mqrk fyr markar Eil. Guþr. Wis. 31; 6,1.
bqþserkjar hjó birki Hallfr. v. Wis. 34; 5,4.

styrkr gekk rǫrþr at virki Sighv. sk. Wis. 39; 8,3.
dáþstyrk.dýrþar merki Hallarst. Wis. 49; 29,1 (dreyrserks Cod. Berg).
merkiliga at yrkja Bjarni Kolb. Wis. 68; 6,8.
Danmarkar til sterkir Bjarni Kolb. Wis. 69; 10,2.
um stórmerkin ǫttu at yrkja Eyst. Ásgr. Wis. 90; 22,3.
grdligt mark enn Girkja Þjóþ. sk. Hkr. 557,13b.
mǫrk lét reitt fyr verka Þjóþ. sk. Hkr. 626,19a.
hǫþstyrkir lézt þú barka Halld. skv. Hkr. 665,17a.
margdýrkaþr kom merkir Halld. skv. Hkr. 665,30a.
sterkr braut váligt virki Ein. Skúl. Hkr. 668,4b.
styrkir gengu menn und merkjum Sturla Kgs. 433,14a.
allvaldr dýrkask út meþ Serkjum Sturla Kgs. 461,30a.
erkistól þanns ǫll þjóþ dýrkar Mark. Skeggj. Wis. 53; 27,3.

### rl : rl.

gǫrla Nóregs jarlar Bjarni Kolb. Wis. 70; 18,4.
þrek fǫrluþum jarli Bjarni Kolb Wis. 71; 32,2.
fremra jarl und ferli Þorl. rauþf. Hkr. 170,3a.
Erlingr vas svá jarla Sighv. sk. Hkr. 230,26a.
afkárlig varþ jarla Arn. jarl. Hkr. 529,1a (ǫrla Fyrsk. 99 A;
    Fms. VI, 49; jǫfra Fyrsk. 99 B).
jarls lá ferþ á ferli Þjóþ. sk. Hkr. 538,30b.

### rm : rm.

þyrmþit Baldrs of barmi Þjóþ. hv. Wis. 10; 16,1.
itrfermþum réþ Ormi Hallfr. v. Wis. 36; 16,1.
barms rak rigg und rǫrmum Þórþr Kolb. Hkr. 157,14b (vorgom
    Fris. 122,14b).
Gorms berk opt á armi Sighv. sk. Hkr. 416,24b.
orms glóar fax um farmi Þjóþ. sk. Hkr. 592,1b.
rigstorma namt Vermum Ól. hvit. Kgs. 303,28a.

### rn : rn.

eru at ǫglis barni Þjóþ. hv. Wis. 10; 12,7.
und fletbjarnar fornan Eil. Guþr. Wis. 32; 17,3.
fremþar gjarn í fornn Sighv. sk. Wis. 40; 15,3.
hans vǫru hefþisk firnum Hallarst. Wis. 48; 20,7 (hans vegr
    hófst meþ sigri Flb I. 485; Fms II. 317).
Hyrningr heiptar gjǫrnum Hallarst. Wis. 48; 21,7.
fornuþr vas þat fyrnask Ein Skúl. Wis. 56; 24,3.
ǫrn of etr undarn Ótt. sv. Wis. 44; 3,1.
siþfornir glym járna Bjarni Kolb. Wis. 68; 7,6.
hernuþ firar gjarnir Bjarni Kolb. Wis. 70: 17,6.
stjǫrnuljós ok færþar förnir Eyst. Ásgr. Wis. 92; 40,3.
fjandans bǫrnin þrǫngum þyrni Eyst. Ásgr. Wis. 93; 49,5.

hár ok horn sem heiþar stjǫrnur Eyst. Ásgr. Wis. 99; 93,7.
at spáþernum sporna Eyv. skald. Hkr. 123,27 a (spáþornum Fris.
   95,37 a).
þás sparn á mó mǫrnis Anon. Hkr. 151,20 a.
Bjǫrn faztu opt at árna Sighv. sk. Hkr. 274,14 b.
hvern es hingat árnar Sighv. sk. Hkr. 310,21 a.
Bjǫrn frák auk af ǫrnu Bjarni gullbr. Hkr. 493,18 a.
aur spornuþut arnar Þjóþ. sk. Hkr. 519,10 a.
auþar þorn fyr ǫrnu Arn. jarl. Hkr. 543,14 b.
ǫrnar krók ór járni Anon. Hkr. 570,26 b.
gjarn meþ gyltu horni Stúfr sk. Hkr. 630,24 b.
eru lét austr til Vǫrnu Sturla Kgs. 277,17 a.

## rp : rp.

snǫrp frák á því's urpu Þork. ham. Hkr. 639,3 b.
jǫrp mun eigi verpa Magn. berf. Hkr. 654,33 a.
snǫrp bitu járn sem ísmǫl yrpi Ól. hvít. Kgs. 386,32 a.

## rr : rr.

hjarranda fram kyrrar Brage Wis. 3; 11,6.
né fjǫlsnerrin fyrri Ein. Skál. Wis. 27; 12,1.
gǫrr varþ í fǫr fyrri Eil. Guþr. Wis. 30; 3,1.
ok vegþverrir vǫrru Eil. Guþr. Wis. 31; 5,1.
þverrir lætr nema þyrri Eil. Guþr. Wis. 31; 7,5.
flugþverrir nam fyrri Hallfr. v. Wis. 34; 1,1.
herr fell Danskr þars dǫrrum Sighv. sk. Wis. 39; 9,7.
hverr eggjar þik harri Sighv. sk. Wis. 42; 10,1.
stórráþr steinþa knǫrru Hallarst. Wis. 47; 12,5.
herruþr hǫfnum fjarri Hallarst. Wis. 48; 14,7.
sǫnskr herr sigri þorrinn Hallarst. Wis. 48; 17,5.
dansk herr dýran harra Hallarst. Wis. 48; 18,5.
fyrr vas hitt es harri Ein. Skúl. Wis. 56; 19,5.
dýrr lét dróttinn harra Ein. Skúl. Wis. 56; 25,7.
ǫþlings hjǫrr þess's ǫrra Ein. Skúl. Wis. 58; 43,3.
gekk herr á skip darra Bjarni Kolb. Wis. 69; 15,8.
herr óxti gný darra Bjarni Kolb. Wis. 71; 30,2.
heiptǫrr vegit fyrri Bjarni Kolb. Wis. 72; 48,8.
ǫrr vas sá til snerru Haukr Vald. Wis. 80; 19,3.
dýrr skip himna harri Haukr Vald. Wis. 81; 22,7.
vist seimfara snerru Haukr Vald. Wis. 81; 27,1.
harra kveþk at hróþrgǫrþ dýrri Mark. Skeggj. Wis. 50; 1,1.
fjarri hefr at fóþisk dýrri Mark. Skeggj. Wis. 50; 3,1.
horra bjósk til heims enn dýrra Mark. Skeggj. Wis. 53; 28,5.
herra guþ sár hverjum er dýrri Eyst. Ásgr. Wis. 88; 6,1.

berr mik þar til ván á vǫrrum Eyst. Ásgr. Wís. 100; 99,7.
fyrr rauþ Fenris varra Glúmr Geir. Hkr. 102,25a.
sik veit hverr ef harra Sighv. sk. Hkr. 431,3b.
hjaldrǫrr haukum þverrir Halle. Hár. Hkr. 442,3b.
hverr sœi Hunds verk stórri Sighv. sk. Hkr. 492,25a.
herr fylgþi þér harri Þjóþ. sk. Hkr. 519,12a.
várt torrek lízk verra Sighv. sk. Hkr. 521,5b.
fyrr vask kendr á knǫrrum Sighv. sk. Hkr. 521,35a.
herr þars heldr til varra Þjóþ. sk. Hkr. 592,18a (verra Fms.
    VI, 309).
ǫrr es Engla þverrir Steinn Herd. Hkr. 635,17b.
blóþugr hjǫrr hins barra Arn. jarl. Hkr. 621,7b.
berr fyr Hólm þars harri Hallr Sn. Kgs. 71,7b.
þurru hús fyr harra Anon. Kgs. 279,17a.
errinn bjó meþ herskip harri Ól. hvít. Kgs. 339,18b.
stórr vas harmr þars stríddu herrar Ól. hvít. Kgs. 357,32b.
errinn sendi ungan svarra Sturla Kgs. 438,16a.

rr : r.

allr gekk herr und hurþir Brage Wís. 3; 11,5.
barrhaddaþa byrjar Hallfr. v. Wís. 33; 3,3.
hverr vas hræddr viþ ǫrvan Hallfr. v. Wís. 36; 13,1.
dýrr hné dróttar stjóri Hallfr. v. Wís. 37; 25,3.
kærr keisara Sighv. sk. Wís. 41; 9,7.
árr þeims Óláfs dreyra Ein. Skúl. Wís. 56; 23,7.
hverr gekk hræddr viþ ǫrvan Haukr Vald. Wís. 79; 3,1.
mér virþist sem miklu hærra Eyst. Ásgr. Wís. 92; 43,1.
ber þá enn fram meþ blíþum vǫrrum Eyst. Ásgr. Wís. 99; 88,5.
lystr gekk herr til hjǫrva Þórþr Sjár. Hkr. 105,14a.
mærr vann miklu fleiri Eyj. Daþ. Hkr. 199,6a.
dýrr vas drengja stjóri Halld. ókr. Hkr. 216,15b.
ǫrr sás átti fleiri Sighv. sk. Hkr. 231,9a.
gǫrr lézk grund at verja Arn. jarl. Hkr. 323,31a.
ǫrr tegask Óláf gerva Sighv. sk. Hkr. 416,29a.
skers þó at skúrir þyrrit Sighv. sk. Hkr. 444,31a.
land tegask herr meþ hjǫrvi Þorm. Kolbr. Hkr. 474,8a.
hverr hefr hans enn narþra Sighv. sk. Hkr. 510,15b.
herr týnþi þar harþa Tryggvafl. Hkr. 513,14b.
árr gengr margr frá mæru Sighv. sk. Hkr. 523,11b.
snarr baþ hilmir herja Þjóþ. sk. Hkr. 542,9b.
deyrat mildingr mærri Þork. Skall. Hkr. 624,21b.
rjóþum dǫrr í dreyra Blakkr Kgs. 111,10b.
fyrr ok floki þeira Blakkr Kgs. 111,31b.
snildar skýrr ok seldi vdrar Ól. hvít. Kgs. 340,30b.

Kahle, Die Sprache der Skalden.        **10**

*rt : rt.*

*hart á Hamþis skyrtum Hallfr. v. Wis.* 33; 8,3.
*mart fekk prúþum Þortum Sighv. sk. Wis.* 39; 8,7[1]).
*hermart hjǫrva snyrtir Hallarst. Wis.* 49; 26,5[1]).
*hermart hvikkvæþi ǫrtu Hallarst. Wis* 50; 34,1[1]).
*spurt hefr ǫld at orti Ein. Skúl. Wis.* 55; 12,3.
*bjǫrt eru bauga snyrtis Ein. Skúl. Wis.* 59; 49,7.
*tákn gerir bjǫrt þaus birta Ein. Skúl. Wis.* 59; 51,1.
*orti greppr of snertu Bjarni Kolb. Wis.* 68; 5,6.
*hart svát eigi skorti Bjarni Kolb. Wis.* 70; 21,2.
*hart nakkvara snertu Bjarni Kolb. Wis.* 70; 24,8.
*gǫrt hugþak svá snertum Sighv. sk. Hkr.* 255,17b.
*vert es slíks í svǫrtu Sighv. sk. Hkr.* 431,5b.
*ǫrt vas Ólafs hjarta Þorm. Kolbr. Hkr.* 497,19a.
*gǫrt 's þeim 's gott bar hjarta Sighv. sk. Hkr.* 523,11a.
*ǫrt gat hilmir hjarta Arn. jarl. Hkr.* 543,21b.
*ǫrt í odda snertu Þorl. f. Hkr.* 572,3a (*ǫrr : snerru Flb* III, 338;
    *Fgrsk.* 122; *Mork.* 54).
*stórt réþ hugprútt hjarta Stúfr sk. Hkr.* 572,18b.
*ert mun snót áþr svǫrtu Þjóþ. sk. Hkr.* 592,12b (*sort aþ Fris.* 226,10b).
*gramr birti svan svartan Ein. Skúl. Hkr.* 662,26b (*gramr svan*
    *brœddi snemma Kph.* III, 233; *gramr brœddi svan síma*
    *Fms.* VII, 78).
*bjǫrt kveþa brenna kerti Blakkr Kgs.* 120,31a.

*rs : rs.*

*rigndi hjǫrs á hersa Ein. Skál. Wis.* 27; 4,1.
*þars í þróttar hersa Eil. Guþr. Wis.* 32; 13,1.
*opt vas fars enn forsi Ótt. sv. Hkr.* 234,17b.
*þars til þengils hersa Arn. jarl. Hkr.* 621,5b (*heriar Fris.* 249,5b).

*rþ : rþ.*

*þar svát gerþu gyrþan Brage Wis.* 2; 5,1.
*hǫrþum herþimýlum Brage Wis.* 2; 5,7.
*ok borþróins barþa Brage Ger.* 24; 18,1.
*hirþi-Týr meþal herþa Þjóþ. hv. Wis.* 9; 6,7.
*girþiþjófr í garþa Þjóþ. hv. Wis.* 10; 9,7.
*urþut brattra borþa Þjóþ. hv. Wis.* 10; 10,1.
*varþat hǫggs frá hǫrþum Þjóþ. hv. Wis.* 10; 17,5.
*gørþi glamma ferþar Þorbj. hornkl. Wis.* 14; 3,1 (doch wol *gerþi*
    zu lesen, vgl. S. 42 ff., dann also *aþalh.*).
*sverþa sverrifjarþar Ein. Skál. Wis.* 26; 2,3.
*herforþaþr réþ Hǫrþa Ein. Skál. Wis.* 27; 6,3 (*herþa Fgrsk.* 36).

---

1) Vgl. S. 82.

engi varþ á jǫrþu Ein. Skál. Wis. 27; 10,5.

varþ fyr·Vinþa myrþi Ein. Skál. Wis. 28; 15,1.

gerþisk mest at morþi Ein. Skál. Wis. 28; 15,3.

fyr hlym Njǫrþum hurþa Ein. Skál. Wis. 28; 18,7.

enn stirþþinull storþi Ulfr Ugg. Wis. 29; 3,5.

þás gjarþvenjuþr gerþisk Eil. Guþr. Wis. 30; 2,5.

harþvaxnar sér herþir Eil. Guþr. Wis. 31; 7,1.

þurþi hrǫnn at herþi Eil. Guþr. Wis. 31; 8,5.

hlífar borþs viþ Hǫrþa Eil. Guþr. Wis. 31; 11,3.

sannyrþum spenr sverþa Hallfr. v. Wis. 33; 3,1.

þaþan verþa fǫl fyrþa Hallfr. v. Wis. 33; 8,5.

orþ vas hitt at harþast Hallfr. v. Wis. 35; 4,5.

herskerþir klauf harþan Hallfr. v. Wis. 35; 6,1.

svarþar stofn meþ sverþi Hallfr. v. Wis. 35; 6,3.

varþ of Vinþa myrþi Hallfr. v. Wis. 35; 7,1.

hirþir stǫþsk viþ harþan Hallfr. v. Wis. 35; 7,5.

firþisk vætr sás varþi Hallfr. v. Wis. 36; 12,1.

sú gerþisk vel varþa Hallfr. v. Wis. 36; 14,7.

snǫrp varþ at þat sverþa Hallfr. v. Wis. 36; 16,3.

sverþ bitu feigra firþa Hallfr. v. Wis. 36; 17,3.

und niþbyrþi Norþra Hallfr. v. Wis. 37; 27,3.

Bálagarþs at borþi Sighv. sk. Wis. 38; 3,7 (barþi Flb II, 18; Fms
    IV, 45).

dýrþ frák þeims vel varþisk Sighv. sk. Wis. 38; 4,3.

sverþ bitu Volsk en vorþu Sighv. sk. Wis. 39; 6,5 (varþu Ohs. 8).

varþ í Fetlafirþi Sighv. sk. Wis. 39; 12,3.

varþ fyr víga Njǫrþum Sighv. sk. Wis. 40; 14,5.

ferþ þars flokkar borþusk Sighv. sk. Wis. 42; 3,3.

orþ þaus eyru heyrþu Sighv. sk. Wis. 42; 7,3.

dróttins orþ til dýrþar Sighv. sk. Wis. 42; 8,3.

fastorþr skyli fyrþa Sighv. sk. Wis. 42; 10,5.

þurþu norþan Sighv. sk. Wis. 40; 3,1 (þorþo(-t) Flb II, 276; Ohs. 49;
    OHS 160; Fms IV, 351).

firþa kyn at flestir urþu Mark. Skeggj. Wis. 51; 7,7.

harþir knípusk menn at morþi Mark. Skeggj. Wis. 52; 14,3.

urþu þeir es virktit vorþu Mark. Skeggj. Wis. 52; 21,3.

norþan fór meþ helming harþan Mark. Skeggj. Wis. 53; 27,3.

jarþar allra fyrþa Ein. Skál. Wis. 54; 3,7.

dǫglings hirþ á dýrþar Ein. Skál. Wis. 54; 5,7 (á dýran Flb 1, 1;
    á dýrum Fms V, 350).

heyrþu til afreks orþa Ein. Skál. Wis. 54; 8,1.

mærþ þaz miklu varþar Ein. Skál. Wis. 54; 8,7.

dýrþ es ágæt orþin Ein. Skál. Wis. 55; 11,5.

gerþusk brátt þars barþisk Ein. Skál. Wis. 56; 19,1.

dýrþ lætr dǫgling Hǫrþa Ein. Skál. Wis. 56; 21,1.

*dýrþ es á gæt orþin Ein. Skúl. Wis.* 58; 39,1.
*mœrþ nemi mildings Hǫrþa Ein. Skúl. Wis.* 58; 39,3.
*sverþ hinn's søkja þorþi Ein. Skúl. Wis.* 58; 44,3.
*gyrþisk hála herþum Ein. Skúl. Wis.* 59; 47,1.
*garþs á golli vǫrþu Ein. Skúl. Wis.* 59; 50,7.
*hjálmnjǫrþungar harþan Ein. Skúl. Wis.* 60; 55,3.
*hǫrþ grór fjón af fyrþa Ein. Skúl. Wis.* 60; 59,3.
*fárskerþandi fyrþa Ein. Skúl. Wis.* 61; 63,7.
*harþráþr meþ Sigurþi Bjarni Kolb. Wis.* 69; 9,6.
*herþimenn þars bǫrþusk Bjarni Kolb. Wis.* 70; 22,2.
*Hávarþr liþi fyrþa Bjarni Kolb. Wis.* 71; 26,6.
*harþa grimt ór norþri Bjarni Kolb. Wis.* 71; 32,4.
*barþi hreggi keyrþu Bjarni Kolb. Wis.* 71; 32,8.
*þrekstórþum Hávarþi Bjarni Kolb. Wis.* 72; 34,6.
*þróttar orþ meþ fyrþum Bjarni Kolb. Wis.* 72; 41,8.
*byrr varþ beita þorþi Hallarst. Wis.* 48; 15,3.
*hirþ þrúþ hilmir stýrþi Hallarst. Wis.* 48; 15,7.
*grimt varþ Gǫndlar borþa Hallarst. Wis.* 48; 18,3.
*orþþrúþs Jóta ferþir Hallarst. Wis.* 48; 19,7.
*hirþ vas hans at morþi Hallarst. Wis.* 50; 32,7.
*hyr-Njǫrþr hrópri størþa Hallarst. Wis.* 50; 35,3.
*garþa grundar Nirþir Haukr Vald. Wis.* 78; 2,7.
*Njǫrþr lagþi sá sverþi Haukr Vald. Wis.* 79; 8,5.
*foldar verþi ok fyrþa Haukr Vald. Wis.* 79; 9,3 (*vǫrþ* Cod. *AM* 748).
*Njǫrþr klauf Herjans hurþir Haukr Vald. Wis.* 80; 11,5.
*sverþs frák él at yrþi Haukr Vald. Wis.* 80; 12,7.
*þorþi Þorleifr herþa Haukr Vald. Wis.* 80; 18,1.
*varþisk Gǫndlar garþa Haukr Vald. Wis.* 81; 20,1.
*Njǫrþr lét sextán særþa Haukr Vald. Wis.* 81; 20,5.
*né þrym-Nirþir þorþu Haukr Vald. Wis.* 81; 26,5.
*steflig gǫrþ at visan verþi Eyst. Ásgr. Wis.* 87; 2,7.
*hrœrþan dikt meþ ástarorþum Eyst. Ásgr. Wis.* 87; 4,7.
*enn at verþ leikrinn víss á jǫrþu Eyst. Ásgr. Wis.* 89; 14,1.
*fyrþasveitin fædd á jǫrþu Eyst. Ásgr. Wis.* 89; 15,3.
*engi heyrþust engi varþu Eyst. Ásgr. Wis.* 91; 34,1.
*heyrþi ok trúþi enn undrast orþin Eyst. Ásgr. Wis.* 91; 29,1.
*himna dýrþin hneig á jǫrþu Eyst. Ásgr. Wis.* 91; 34,7.
*þó'r atferþin Jesú burþar Eyst. Ásgr. Wis.* 92; 41,3.
*yfirmorþinginn innan hirþir Eyst. Ásgr. Wis.* 93; 48,3.
*ósverþugan hann flengþu fyrþar Eyst. Ásgr. Wis.* 96; 65,7.
*seggjum verþ fyr sinar gǫrþir Eyst. Ásgr. Wis.* 96; 70,3 (*seggja ferþum* BD; *seggja fyrþum* C).
*orþ ok hugsan allar gǫrþir Eyst. Ásgr. Wis.* 96; 71,5. 97; 79,3.
*oleu smurþur veittu at ek verþa Eyst. Ásgr. Wis.* 98; 83,3.
*heyrþu mik nú himins ok jarþar Eyst. Ásgr. Wis.* 98; 86,1.

*hrærþ af list þótt hvers manns yrþi* Eyst. Ásgr. Wis. 98; 93,1.
*varþar mest at allra orþa* Eyst. Ásgr. Wis. 100; 97,5.
*liflig orþ í ljóþagǫrþum* Eyst. Ásgr. Wis. 100; 95,5.
*er þit sjálíþ mik ǫllu varþa* Eyst. Ásgr. Wis. 100; 96,7.
*þar gekk Njǫrþr af Nirþi* Guth. s. Hkr. 97,27b.
*samira Njǫrþr enn norþar* Eyr. sk. Hkr. 103,33a.
*þar's boþharþir borþusk* Þórþr Sjár. Hkr. 105,12a.
*varþi varga myrþir* Þórþr Sjár. Hkr. 107,1a.
*gǫndlar njǫrþr sás gerþi* Þórþr Sjár. Hkr. 107,7b.
*es valjarþar verþum* Eyr. sk. Hkr. 112,10b.
*varþ á ríþu borþu* Glúmr Geir. Hkr. 134,21a.
*varþ þá Vinþa myrþir* Anon. Hkr. 151,3a.
*varþu gims sem gerþi* Tindr Hallk. Hkr. 157,30a.
*fyrir svipnjǫrþum sverþa* Hallfr. v. Hkr. 194,28a.
*jarþar leggs ef yrþi* Hallfr. v. Hkr. 194,28b.
*þás garþ vala gerþi* Eyj. Daþ. Hkr. 199,6b.
*sverþ rauþ mætr at morþi* Halld. ókr. Hkr. 207,30a.
*gerþisk snarpra sverþa* Halld. ókr. Hkr. 212,19a.
*fjǫrþ kom heldr í harþan* Halld. ókr. Hkr. 212,29a.
*þás borþmikinn Barþa* Halld. ókr. Hkr. 212,29b.
*orþ fekk gott es gerþi* Þórþr Kolb. Hkr. 214,26a.
*varþ fyr Vinþa myrþi* Halld. ókr. Hkr. 215,7b.
*gnýr varþ á sjá sverþa* Halld. ókr. Hkr. 216,13b.
*varþ nýtligust norþan* Ótt. sv. Hkr. 220,1b.
*þorþut þér at varþa* Ótt. sv. Hkr. 222,6a.
*harþr var fundr sás fórþut* Ótt. sv. Hkr. 226,1a.
*Engla ferþ at jǫrþu* Ótt. sv. Hkr. 226,20b.
*sóknar njǫrþr viþ sverþi* Sighv. sk. Hkr. 248,34a.
*en fyr borþ þar's borþumk* Sighv. sk. Hkr. 253,10b.
*harþa margr í hǫrþum* Sighv. sk. Hkr. 255,17a.
*orþ þau's oss um varþa* Sighv. sk. Hkr. 307,18b.
*orþ gatk fæst af fyrþum* Sighv. sk. Hkr. 308,5b.
*spǫrþumk fæst enn fyrþa* Sighv. sk. Hkr. 309,5a.
*vǫrþr réþ nýtr þvís norþan* Sighv. sk. Hkr. 309,7a.
*harþa mǫrg né heyrþak* Sighv. sk. Hkr. 310,17a.
*eigi varþ á jǫrþu* Ótt. sv. Hkr. 334,21b (jarþu Ohs. 35).
*fórþ ór Fífi norþan* Sighv. sk. Hkr. 378,3a.
*borþ létk í fǫr fyrþa* Sighv. sk. Hkr. 416,12b.
*jǫrþ at eigi þórþak* Hárekr Hkr. 428,28b.
*gerþust hilmis Hǫrþa* Sighv. sk. Hkr. 431,15a (georþi: harþann Flb II, 291).
*hirþ era hans at verþa* Sighv. sk. Hkr. 431,15b.
*lætr einǫrþ fé firþa* Sighv. sk. Hkr. 437,20b.
*verþk fyr æþru orþi* Sighv. sk. Hkr. 437,32a.
*fórþi ór firþi* Þór. loft. Hkr. 440,26a.

snarir borþusk þar sverþum Sighv. sk. Hkr. 444,3b.

en varþ kers virþir Sighv. sk. Hkr. 444,29b.

ondurþa baþ jarþar Sighv. sk. Hkr. 445,3a.

jorþ veldr manna morþi Ól. hvít. Hkr. 446,25b.

vorþr meþ vápnum skerþa Sighv. sk. Hkr. 453,20b.

herþa menn at morþi Har. Sig. Hkr. 479,3a (Þorm. Kolbr. Ohs. 67; her þa Flb II, 345; mitt ráþ er þat mæitit Ohs. 67).

þórþ frák þat sinn herþa Sighv. sk. Hkr. 480,20a.

þorþut þrénskir fyrþar Sighv. sk. Hkr. 491,1b.

skænjorþungum skorþu Sighv. sk. Hkr. 491,32a.

enn þvergarþa þorþi Sighv. sk. Hkr. 492,23b.

jorþ réttu vígi at varþa Bjarni gullbr. Hkr. 493,13a.

horþ es síz hermenn gerþu Sighv. sk. Hkr. 499,7a.

þat gerþi vin virþa Sighv. sk. Hkr. 516,28a.

orþ gerik drós til dýrþar Sighv. sk. Hkr. 516,28b.

austan þurþu ulfa ferþar Arn. jarl. Hkr. 517,6b.

hræddir urþu fjorvi at forþa Arn. jarl. Hkr. 517,19b.

stirþum hélztu um Stafangr norþan Arn. jarl. Hkr. 529,20b.

hvergi þorþi hallir vorþa Arn. jarl. Hkr. 532,30b.

varþ um hilmi Horþa Arn. jarl. Hkr. 534,13a.

vorþr gekk meir at morþi Þjóþ. sk. Hkr. 538,26a.

horþ er heldr um orþin Þjóþ. sk. Hkr. 539,8a.

ofan keyrþum vér orþum Þjóþ. sk. Hkr. 539,15b.

spurþi einu orþi Þjóþ. sk. Hkr. 539,25a.

morþ þar's Magnús gerþi Þjóþ. sk. Hkr. 541,27a.

fjorþ lét fylkir verþa Þjóþ. sk. Hkr. 542,29a.

áþr herskorþaþr harþan Þjóþ. sk. Hkr. 550,1b.

heimil jorþ und herþi Stúfr sk. Hkr. 555,19b.

þó lætr gerþr í Gorþum Valg. Hkr. 559,9a.

stýrþir hvatt í horþu Valg. Hkr. 559,7b.

ferþ enn fengin urþu Valg. Hkr. 560,14a.

heimil varþ es heyrþak Bolv. Hkr. 565,15a.

gerþr í Goþnar firþi Har. harþr. Hkr. 570,5b.

varþ þvít vísi gerþi Steinn Herd. Hkr. 595,3a.

herþu hjorvi gyrþir Steinn Herd. Hkr. 595,1b (herr dró Fms. VI, 315).

varþ sás vildit forþa Þjóþ. sk. Hkr. 596,19b.

norþr lýkr gramr sás gerþir Anon. Hkr. 602,13a.

gerþir oft fyr jorþu Anon. Hkr. 602,13b.

varþ fyr viþri jorþu Anon. Hkr. 602,26b.

orþ þaus angra fyrþa Anon. Hkr. 602,35a.

fórþi fylkir Horþa Þjóþ. sk. Hkr. 607,1a.

sverþs hafa slíkar byrþar Þjóþ. sk. Hkr. 626,12b.

varþi ógnar orþum Anon. Hkr. 628,4a; 633,3a.

jorþ svát engi þorþi Anon. Hkr. 628,4b; 633,3b.

orþ frák Agli verþa Þork. ham. Hkr. 641,1a.
Horþa gramr í harþri Bjǫrn krepph. Hkr. 648,15b.
spurþi gramr hrat gerþi Anon. Hkr. 651,25a.
þar ras harþr es heyrþak Eldjárn Hkr. 652,14a.
varþ hjalm þrimu herþis Eldjárn Hkr. 652,12b.
sverþ bitu Hǫgna hurþir Magn. berf. Hkr. 654,22b.
orþ spyrk gullhrings gerþar Magn. berf. Hkr. 654,35a.
gerþisk heldr riþ harþan Halld. skv. Hkr. 663,18b.
Ásbjǫrn varþ sáx ǫrþum Halld. skv. Hkr. 707,13a.
harþr þar's hregg um rirþum Ein. Skúl. Hkr. 717,18b.
goldit varþ þeim es gerþu Kolli Hkr. 726,30b.
urþ dró austan fjarþar Þorbj. skakk. Hkr. 795,5a.
förþr ras fleinn meþal herþa Þorbj. skakk. Hkr. 795,5b.
rekkar stýrþu rétt til jarþar Snorri Sturl. Kgs. 281,19a.
hilmir stórþi hvǫssu sverþi Snorri Sturl. Kgs. 281,23a.
stirþaurriþa storþar Jatg. Kgs. 286,19a.
fyrþar mæltu á hendr sem harþast Ól. hvít. Kgs. 339,16b.
síþan varþ er slósk í ferþir Anon. Kgs. 343,30b.
virþ endr munu verþa Ól. hvít. Kgs. 374,11b.
norþan rendi næst þis spurþisk Ól. hvít. Kgs. 380,6a.
harþar lustu fylking fyrþa Ól. hvít. Kgs. 386,34b.
aldri borþusk afti stórþir Ól. hvít. Kgs. 387,17a.
hirþ sótti þar hrǫss at garþi Ól. hvít. Kgs. 387,19a.
hræddr urþu Hallands ferþir Sturla Kgs. 426,17b.
stirþar bjoggu hirþmenn harþir Sturla Kgs. 432,14a.
vtþa þurþu vlsa ferþar Sturla Kgs. 441,11b.
ræsir stýrþut rétt til jarþar Sturla Kgs. 441,18b.
fyrþa gram þvit fegnir urþu Sturla Kgs. 442,8b.
förþu hjalmhirþa Sturla Kgs. 469,10b (meiðir hialm hriða Flb
    III, 222).
þorþut þrek stirþan Sturla Kgs. 471,24b.
hirþ at hjǫrstórþum Sturla Kgs. 474,37a (in Kgs. als letzter Vers
    der vísa, dann würde aþalhending stehen müssen; doch in
    Flb III, 266; Kph V, 373; Fms X, 141 an vorletzter Stelle).

s : s.

settisk ǫrn þás æsir Þjóþ. hv. Wís. 9; 2,5; vgl. Wís. 120.
ósvífrandi Ása Þjóþ. hv. Wís. 9; 5,7.
ræsinaþr ok rausnar Þorbj. hornkl. Wís. 14; 5,5.
þás á rausn fyr ræsi Þorbj. hornkl. Wís. 14; 5,5.
gnótt flaut nás fyr nexjum Ein. Skál. Wís. 28; 14,7.
þás meþ Fylki Frísa Ein. Skál. Wís. 28; 19,5 (þás meþ Frísa fylki
    Hkr. 144,21b; vgl. Njál. II, 216; Thorkelss. 50).
þás orþvísis eisu Eil. Guþr. Wís. 32; 16,5.
þás viþ rausn at ræsis Sighv. sk. Wís. 39; 5,5.

*hrósiun skal meþ hrisi Sighv. sk. Wis.* 41; 2,7.
*visi tekr víg-Freys Ótt. sv. Wis.* 44; 5,1.
*hrósask því es herskip glæsir Arn. jarl. Wis.* 45; 8,7.
*hans mans hringi ljósum Hallarst. Wis.* 49; 26,3.
*ræsir let af roþnum hausi Mark. Skeggj. Wis.* 51; 6,2.
*eisur kyndusk hátt í húsum Mark. Skeggj. Wis.* 52; 22,5.
*orr visi baþ oddum læsa Mark. Skeggj. Wis.* 52; 24,3.
*gofugt ljós boþar geisli Ein. Skúl. Wis.* 53; 1,5.
*ok ljós meþan vas visi Ein. Skúl. Wis.* 54; 2,3.
*nú skulum gofgan geisla Ein. Skúl. Wis.* 54; 7,1.
*rausn dugir hans at hrósa Ein Skúl. Wis.* 55; 15,7.
*ljós brann líki ræsis Ein. Skúl. Wis.* 56; 20,5.
*hrósak verkum visa Ein. Skúl. Wis.* 57; 30,3.
*hás lætr helgan ræsi Ein. Skúl. Wis.* 58; 42,1.
*ljós verþr rann of ræsi Ein. Skúl. Wis.* 59; 46,7.
*nás frák jarþar eisu Ein. Skúl. Wis.* 59; 50,1 *(meids B)*.
*nú's oss þaus vann visi Ein. Skúl. Wis.* 60; 57,1 *(nú er þau er*
    *vann visi Flb* I, 6).
*vasa sem vænst ok tysvar Ein. Skúl. Wis.* 60; 60,3.
*ef lausnara lýsir Ein. Skúl. Wis.* 61; 62,5 *(því at lausnara leysi*
    *Flb* I, 6).
*svát lausnara leysi Ein. Skúl. Wis.* 61; 68,1.
*vígaskýs þars visa Ein. Skúl. Wis.* 61; 68,5.
*mank rausnarskap ræsis Ein. Skúl. Wis.* 61; 69,3.
*þess hrósak veg visa Ein. Skúl. Wis.* 61; 69,7 *(lysek Flb* I, 7).
*hás elskip veg vísa Ein. Skúl. Wis.* 62; 71,7.
*gaus upp logi ór húsum Bjarni Kolb. Wis.* 70; 19,6.
*os fell blóþ á kesjur Bjarni Kolb. Wis.* 71; 28,8.
*hausa harþan ljósan Haukr Vald. Wis.* 78; 1,7.
*á jarls nasar ása Haukr Vald. Wis.* 80; 16,7.
*glæsilig sem roþnuþ rósa Eyst. Ásgr. Wis.* 90; 25,3.
*æsist blóþ á líkam ljósan Eyst. Ásgr. Wis.* 91; 35,7.
*offrast kaus fyr oss at visu Eyst. Ásgr. Wis.* 92; 36,7.
*Jesúm tígna engla rásir Eyst. Ásgr. Wis.* 92; 40,1.
*fýsir mik því framat æsa Eyst. Ásgr. Wis.* 92; 42,7.
*fúsir hlupu ok fundu Jesúm Eyst. Ásgr. Wis.* 92; 49,1.
*Jesú minn ef letvit læsi Eyst. Ásgr. Wis.* 95; 59,3.
*signat ljós hinn sæti Jesú Eyst. Ásgr. Wis.* 95; 63,1.
*svá fýsumst enn sæti Jesú Eyst. Ásgr. Wis.* 97; 80,1.
*vindbýsna skaltu visi Þjóþ. hv. Hkr* 75,26b.
*rógeisu vann ræsir Glúmr Geir. Hkr.* 86,32b.
*dólgeisu rak dísar Glúmr Geir. Hkr.* 87,1a.
*almdrósar fór eisu Guth. s. Hkr.* 88,7a.
*rógeisu gekk ræsir Guth. s. Hkr.* 102,3a.
*þursa tós frá þvísa Eyv. sk. Hkr.* 112,12a *(bós Fgrsk.* 30).

vesa máttu af því vísi Þorl. rauþf. Hkr. 170,3b.
vísi vægþarlausum Ótt. sv. Hkr. 227,18a.
gnýs meþ gofgum ræsi Sighv. sk. Hkr. 253,6a.
rísa segl í vási Sighv. sk. Hkr. 274,21a.
hesta rás ór húsum Sighv. sk. Hkr. 275,3b.
húsbúnaþi at hrósa Sighv. sk. Hkr. 310,3b.
þolþak ras hre rísur Sighv. sk. Hkr. 310,8a.
haus í heimi þeisa Sighv. sk. Hkr. 378,3b.
ljós es raun at ræsir Bjarni gullbr. Hkr. 447,1b.
Ýs hafi allir húsa Þorm. Kolbr. Hkr. 474,6b (iss Kph. II, 313;
    uss Þering. I, 766; yss Flb II, 339; ys taki yss AE Ol. S.
    menbr.).
hann fekk læs af ljósum Sighv. sk. Hkr. 508,31b.
fréttik smás þót smæstis Sighv. sk. Hkr. 522,9b.
hrósak helgi ræsis Sighv. sk. Hkr. 523,13a.
fús tók old riþ ósi Arn. jarl. Hkr. 529,28b.
hús namtu hvert ok eisu Þjóþ. sk. Hkr. 540,5b.
drýgt hofum rás fyr rísa Þjóþ. sk. Hkr. 543,3b.
gaus hár logi ór húsum Menn Har. harþr. Hkr. 572,24b.
læsir leiþangrs vísi Þjóþ. sk. Hkr. 592,27a.
nús um verk þaus vísi Þjóþ. sk. Hkr. 607,5a.
rás fyr roskum vísa Steinn Herd. Hkr. 615,20b.
vás launar svá vísi Steinn Herd. Hkr. 635,21b.
hús sveiþ Horþa ræsir Bjorn krepph. Hkr. 638,12a.
róggeisla rann ræsir Bjorn krepph. Hkr. 646,34a.
hvísamir hitt at dúsa Eldjárn Hkr. 652,1a.
vásoflugr réþ vísi Ein. Skúl. Hkr. 662,16a.
rigásum hlóþ vísi Halld. skv. Hkr. 663,11a.
folk þeysandi fýsask Halld. skv. Hkr. 664,3b.
esat um allvalds rísnu Ein. Skúl. Hkr. 667,5a.
siþan kaus um sómdar fúsa Sturla Kgs. 445,10b.
lýsa munk hre ljósa Kolli Hkr. 726,30a.
svás ef Rauma ræsir Ein. Skúl. Hkr. 744,3b.
reisum ré fyr rísa Blakkr Kgs. 111,8a.
dasinn lá at riþ dísi Jatg. Kgs. 286,19b.
léztu ræsir gim geisa Ól. hvít. Kgs. 303,30a.
ognar skýs í Osló Sturla Kgs. 312,10 (yss gerdiz í Oslo Flb III, 78).
lýsa tók af herskips hausum Sturla Kgs. 432,26b.
rísa lóku roþnir hausar Sturla Kgs. 439,17a.
her lýsik rey rísa Sturla Kgs. 458,6b.
blés á boþfúsa Sturla Kgs. 473,2a.

sk : sk.

hafit maþr ask ne eski Korm. Qgm. Wis. 26; 5,1.
styrr þreifsk stóriaska Hallarst. Wis. 48; 22,3 (vgl. S. 82).

*askr fell álms enn rǫskvi Haukr Vald. Wis.* 79; 3,7.
*rimmu askr viþ rǫskra Hofg. Hkr.* 491,26a.
*drósk harmvesalt hyski Valg. Hkr.* 560,10b.
*yþvarr þroski gengr óskunn Sturla Kgs.* 458,11b.
*œskik þina mikla miskunn Eyst. Ásgr. Wis.* 87; 2,1.

sl : sl.

*guþ sýslir þat gisla Anon. Hkr.* 603,16a.
*hallgeislat rauþ hvatt i Oslu Ól. hvít. Kgs.* 585,4.

ss : ss.

*ek vissa þó ossum Sighv. sk. Wis.* 42; 7,7.
*oss samir enn at þessu Ein. Skúl. Wis.* 54; 10,1 *(ǫld samir Ólafs*
   *gilda Flb* I, 2, Strophe 10,3 *Flb : oss at odgerd þessi).*
*heims þessa frák hvassan Ein. Skúl. Wis.* 55; 17,5.
*oss at Ólafs messu Ein. Skúl. Wis.* 57; 35,3.
*áþr þrek hvǫssum þessa Ein. Skúl. Wis.* 59; 49,4 *(þrifhuassis*
   *Flb* I, 5).
*ljóssi i lifi þessu Ein. Skúl. Wis.* 61; 64,3.
*þróttarhvass at þessum Ein. Skúl. Wis.* 61; 66,3.
*fáviss er sá, (e)'þ feþgin þessi Eyst. Ásgr. Wis.* 88; 9,7.
*pressat vatn i himininn hvassa Eyst. Ásgr. Wis.* 88; 10,5.
*móþir oss er Márju þessi Eyst. Ásgr. Wis.* 90; 25,1.
*þessir negldu Krist á krossinn Eyst. Ásgr. Wis.* 93; 49,7.

ss : s.

*hriþar áss at hrósa Ein. Skál. Wis.* 29; 23,3.
*áss skaut øgigeislum Ulfr Ugg. Wis.* 29; 3,3.
*áss hrimnis fló drósar Eil. Guþr. Wis.* 32; 16,6 (!).
*fúss emk þvit vann visi Ein. Skúl. Wis.* 55; 18,1.
*áss um allar sýslur Eyj. Daþ. Hkr.* 200,7b.
*þigi vas sem þessum Sighv. sk. Hkr.* 253,4b (oder *vas sem?*).
*fúss lézk falla ræsir Arn. jarl. Hkr.* 529,3b.
*fúss lét á Ré ræsir Arn. jarl. Hkr.* 536,25a.
*vas fyr Mikjálsmessu Oddr Kik. Hkr.* 543,27a.
*láss hélt liki drósan Valg. Hkr.* 560,12b.
*hlakkar íss ok hausar Har. harþr. Hkr.* 620,13b.
*fúss vas fremþar ræsir Halld. skv. Hkr.* 665,30b.

st : st.

*hristusk bjǫrg ok brustu Þjáþ. hv. Wis.* 10; 16,3.
*ok viþ frost at freista Ein. Skál. Wis.* 28; 18,1.
*kostigr réþ at kesti Ulfr Ugg. Wis.* 30; 6,1.
*hrafnfreistaþar hesti Ulfr Ugg. Wis.* 30; 6,3.
*þás funhristis fasta Eil. Guþr. Wis.* 31; 12,5.

laust of fórþr í fasta Eil. Guþr. Wis. 32; 13,5.
né liþfǫstum Lista Eil. Guþr. Wis. 32: 19,5.
hraustr þás herskip glæsti Hallfr. v. Wis. 33; 1,3.
hykk rist til mjǫk mistu Hallfr. v. Wis. 35: 3,1.
mest í málma gnaustan Hallfr. v. Wis. 35; 4,7.
mest þars málmar gnustu Hallfr. v. Wis. 37; 26,3.
hann rauþ óstr fyr austan Hallfr. v. Wis. 38; 1,7.
enn austr riþ lá leysti Hallfr. v. Wis. 38: 3,5.
nú hef orrostur austan Hallfr. v. Wis. 39; 9,5.
þjóþ hélt fast á fóstra Hallfr. v. Wis. 42; 4,5.
folkorrostu at freista Hallfr. v. Wis. 42; 9,3.
gröþi lostins goþi et mæsta Arn. jarl. Wis. 45; 9,7.
hrast skaut hlifar brustu Hallarst. Wis. 49; 23,1.
flaustum lukþi folka treystir Mark. Skeggj. Wis. 52; 24,1.
flestir ugþu foldvǫrþ hraustan Mark. Skeggj. Wis. 53; 32,7.
Kristr ræþr krapti hæstum Ein. Skúl. Wis. 54; 4,3.
Krists lifir hann í hæstri Ein. Skúl. Wis. 55; 11,3.
hraustr þiggr alt sem æstir Ein. Skúl. Wis. 55; 18,7 u. ö. (rauskr:
    æskir Flb 1, 3).
fremparlystr ok fasta Ein. Skúl. Wis. 56; 25,3.
rist hafþi liþ lestir Ein. Skúl. Wis. 57; 32,1.
Krists mærik lim leysta Ein. Skúl. Wis. 57; 33,3.
misti maþr es lýsti Ein. Skúl. Wis. 59; 48,1.
hilmis ást ens hæsta Ein. Skúl. Wis. 61; 67,7.
ǫflugs Krists af ástum Ein. Skúl. Wis. 61; 68,7.
hreysti maþr at flestu Bjarni Kolb. Wis. 68; 8,6.
rist ofrhugi enn mesti Bjarni Kolb. Wis. 69; 9,8.
geysta vápna brestu Bjarni Kolb. Wis. 70; 25,8.
gifrs hesta brá fǫstu Bjarni Kolb. Wis. 72; 55,6.
hraustr meþ þungar kistur Bjarni Kolb. Wis. 72; 36,6.
hraustr Gullbúi kistur Bjarni Kolb. Wis. 72; 37,4.
austr fekk haldit hæsta Haukr Vald. Wis. 80; 12,3.
ósti ungr meþ fóstra Haukr Vald. Wis. 80; 13,1.
hraustr ras lofþa lestir Haukr Vald. Wis. 80; 17,3.
hvast frák hjalms at ósti Haukr Vald. Wis. 81; 21,1.
hreinsaþ brjóst ok leiþ meþ listum Eyst. Ásgr. Wis. 87; 2,5.
fýstist hann meþ ofsa æstum Eyst. Ásgr. Wis. 88; 8,1.
léttan blástr af lopti mæsta Eyst. Ásgr. Wis. 88; 11,3 (hæsta CD).
rist ok æru vald ok ástir Eyst. Ásgr. Wis. 88; 13,3.
því treystist hann framt at freista Eyst. Ásgr. Wis. 89; 17,3.
remman brast af rót í kristu Eyst. Ásgr. Wis. 89; 20,1.
þessi ástrinrinn Jesú Kristi Eyst. Ásgr. Wis. 92; 37,5.
þystir hann ok er fǫlr af fǫstum Eyst. Ásgr. Wis. 92; 42,1 (þyrstr
    ACD). vgl. S. 83.
því treystumst ek framt at freista Eyst. Ásgr. Wis. 93; 43,7.

þessu næst hins hæra Kristi Eyst. Ásgr. Wis. 93; 46,1.
yfirmeistarinn allra lista Eyst. Ásgr. Wis. 94; 51,1.
flestir allir flýþu Kristi Eyst. Ásgr. Wis. 94; 53,3.
þrútnar brjóst enn hjartat hristit Eyst. Ásgr. Wis. 94; 54,5.
Kristur þik er fannt i fystu Eyst. Ásgr. Wis. 96; 66,5 (fyrsta B),
    vgl. S. 83.
gnista tennr i fýlu ok frosti Eyst. Ásgr. Wis. 96; 73,3.
berist um fast svát búkinn hristi Eyst. Ásgr. Wis. 97; 75,3.
festist ok meþ fjúki lasta Eyst. Ásgr. Wis. 97; 78,1.
laust aldigri þú lát mik Kriste Eyst. Ásgr. Wis. 98; 81,1.
á treystandi Jesú Kriste Eyst. Ásgr. Wis. 98; 82,3.
lystiligu at leiþar nesti Eyst. Ásgr. Wis. 98; 83,7.
Márja hreistu mjólk ór brjóstum Eyst. Ásgr. Wis. 98; 87,1.
enn kross festi kraptr enn hæsti Eyst. Ásgr. Wis. 100; 96,1.
saunri ást af sætu brjósti Eyst. Ásgr. Wis. 100; 99,1.
nausta blakks hit næsta Þórþr Sjár. Hkr. 105,14b.
austr rauþ jǫfra þrýstir Glúmr Geir. Hkr. 121,7a.
hraustr þás herr fór vestan Þórþr Kolb. Hkr. 170,27b.
lofak fasta tý flestir Þórþr Kolb. Hkr. 217,30a.
næst gaf sina systur Sighv. sk. Hkr. 230,26b.
valfasta bjóttu vestan Ótt. sv. Hkr. 234,12a.
ek tók lystr ne lastak Sighv. sk. Hkr. 248,32a.
odda frosts fyr austan Sighv. sk. Hkr. 252,14b.
þvít kvistingar kostu Sighv. sk. Hkr. 252,19b.
hæst at hverjum kosti Bersi Hkr. 254,10b.
hestr óþ kafs at kostum Sighv. sk. Hkr. 274,23a.
enn i haust þar's hestar Sighv. sk. Hkr. 274,23b.
vasa fýst es rann rastir Sighv. sk. Hkr. 307,32a (fyrst Kph II, 124;
    OHS 80; Flb II, 113).
mista ek fyr austan Sighv. sk. Hkr. 308,25b.
ástabús es æstak Sighv. sk. Hkr. 308,27b.
austr til jǫfra þrýstis Sighv. sk. Hkr. 309,3b.
austr sás eyjum vestan Ótt. sv. Hkr. 334,23b.
vastu þars vígs baþ kosta Bjarni gullbr. Hkr. 446,32a.
austr réþ allvaldr rísta Bjarni gullbr. Hkr. 456,11a.
jǫfurr kreisti sá austan Sighv. sk. Hkr. 488,34a.
mest frák merkjum næstan Sighv. sk. Hkr. 490,29a.
orrostu frák austan Sighv. sk. Hkr. 491,33b.
reynþr vas flest i fastri Þorm. Kolbr. Hkr. 497,21b.
hvast beit hjarta et næsta Þorm. Kolbr. Hkr. 498,11b.
hraustr þás herskip glæsti Arn. jarl. Hkr. 515,9b.
austr es Ástríþ lýsti Sighv. sk. Hkr. 516,24a.
mest meþ mátkum Kristi Sighv. sk. Hkr. 516,24b.
austan komtu meþ allra hæstum Arn. jarl. Hkr. 517,17a.
þvi emk sem bast i brjósti Sighv. sk. Hkr. 521,23a.

*enn lystir mik austan Sighv. sk. Hkr.* 522,9*a.*

*fastligr hneigþi fúru glæstri Arn. jarl. Wis.* 45; 10,3 (*Hkr.* 529,22*a*;
*fúru geystri Fms.* VI, 47; *Flb* III, 271).

*hæstan kynduþ hlenna þrýstir Arn. jarl. Hkr.* 532,32*a.*

*flaustum vas þá flóþ of ristit Arn. jarl. Hkr.* 532,24*b.*

*hvdst frák Haugi hit næsta Þjóþ. sk. Hkr.* 546,7*a.*

*austr rast dr hit hit næsta Bølv. sk. Hkr.* 547,3*b.*

*reist eikikjølr austan Þjóþ. sk. Hkr.* 559,22*a.*

*brast rikula ristin Valg. Hkr.* 560,10*a.*

*skann jast ór osti Anon. Hkr.* 570,24*a.*

*restr réþ ór Niþ næsta Þjóþ. sk. Hkr.* 592,12*a.*

*Haraldr þeysti nú hraustla Þjóþ. sk. Hkr.* 593,3*a.*

*lystr fyr leiþangrs brjósti Þjóþ. sk. Hkr.* 593,31*b.*

*fast baþ fylking hrausta Þjóþ. sk. Hkr.* 594,1*a.*

*næst vas þat's réþ rista Steinn Herd. Hkr.* 594,28*b.*

*rista gulli glæstir Anon. Hkr.* 602,19*a.*

*sýstut suþr þar's æstu Anon. Hkr.* 602,24*a* (*sú stóþ : Sria Fms* VI, 331).

*laust hertoga hristir Þjóþ. sk. Hkr.* 606,28*a.*

*rist es at allvaldr austan Trollk. Hkr.* 612,30*a.*

*vist hefr Valþjóþ hraustan Þork. Skall. Hkr.* 624,19*a.*

*restu nú þótt kjøl kosti Eldjárn Hkr.* 652,3*a.*

*austr's til hár í hesti Eldjárn Hkr.* 652,3*b.*

*treystusk egg fyr austan Halld. skv. Hkr.* 664,14*a.*

*tóku hvast í hristar Ein. Skúl. Hkr.* 668,6*a.*

*lystr ok leiri kastat Þór. stutlf. Hkr.* 687,3*a.*

*hraustr gaf hræskúfs nistir Ein. Skúl. Hkr.* 742,5*b.*

*geystr þrit Gautar fýstu Sturla Kgs.* 320,13*b.*

*austr þars jøfrar treystusk Sturla Kgs.* 325,8*a.*

*ræstir þrungu jøfra østum Ól. hvít. Kgs.* 385,6.

*austan sendi gulli glæsta Sturla Kgs.* 422,1*a.*

*fyst kom fura lestir Sturla Kgs.* 427,27*a* (vgl. S. 83).

*hæstan kyndu hirþmenn traustir Sturla Kgs.* 433,24*a.*

*gneistum hratt fyr Elfi austan Sturla Kgs.* 434,6.

*fasti rauþ yfir flota glæstum Sturla Kgs.* 439,17*b.*

*lauþ af liþføstum Sturla Kgs.* 465,18*a.*

*leysti langrastar Sturla Kgs.* 466,17*a.*

*lýstisk hæstum Sturla Kgs.* 466,17*b.*

*fyst tók fjørleystum Sturla Kgs.* 467,7*a.*

*austan orrostu Sturla Kgs.* 471,26*a.*

*leysti librostinn Sturla Kgs.* 472,34*b.*

*flaust ór frönlæstum Sturla Kgs.* 472,36*b.*

*str : str.*

*nú lifir hraustr í hæstri Ein. Skúl. Wis.* 61; 63,5.

*þá varþ fastr viþ fóstra Þjóþ. hv. Wis.* 9; 7,1.

*t : t.*

flaut of set við sveita Brage Wis. 2; 4,1.

bóti-Þrúþr at móti Brage Wis. 2; 9,2.

brautar þvengr enn liðte Brage Ger. 24; 18,2.

þá's forns Litar flotna Brage Ger. 25; 21,1.

hvat kvað hapta snytrir Þjóþ. hv. Wis. 9; 3,3 (haptsnyrtir W).

hlaut af helgum skutli Þjóþ. hv. Wis. 9; 3,3 (hlut AM 308).

át af eiki rótu Þjóþ. hv. Wis. 9; 6,3.

sveita nagr svát slitna Þjóþ. hv. Wis. 9; 8,3.

gǫrla lítk á Geitis Þjóþ. hv. Wis. 9; 20,5.

áþr út á mar mótir Þorbj. hornkl. Wis. 14; 3,5.

auk oddneytir úti Ein. Skál. Wis. 26; 1,1.

þat fær þjóþar snytri Ein. Skál. Wis. 27; 5,7.

ok til móts á Meita Ein. Skál. Wis. 28; 14,1.

þás bǫlkveitir brjóta Eil. Guþr. Wis. 31; 4,5.

urþar þjróts þars eitri Eil. Guþr. Wis. 31; 5,7.

við skyld-Breta skytju Eil. Guþr. Wis. 31; 11,7.

herblótinn vá hneitir Eil. Guþr. Wis. 32; 19,1.

ítra eina at láta Hallfr. v. Wis. 33; 6,3.

ok geirrótu gǫtrar Hallfr. v. Wis. 33; 7,1.

ólítit brestr úti Hallfr. v. Wis. 33; 8,1.

eigi látask ýtar Hallfr. v. Wis. 35; 11,1.

snotr af snóris vitni Hallfr. v. Wis. 36; 18,7 (a snæru otri Flb I, 494; vitru Ólafs s. Odd. 64).

geta þykkjat mér gotnar Hallfr. v. Wis. 37; 23,7.

þás ólítill úti Sighv. sk. Wis. 38; 4,5.

veitk at víga mótir Sighv. sk. Wis. 39; 8,1.

hét sás fell á Fitjum Sighv. sk. Wis. 42; 4,1.

tármútaris teitir Sighv. sk. Wis. 43; 12,7.

lét lýrgǫtu Sighv. sk. Wis. 40; 2,5 (let ser lydr Gauta Flb II, 276).

þá lét skjótla Sighv. sk. Wis. 40; 5,5 (skjóta Fms IV, 359 Anm. 2; snarpla Flb II, 279; Fgrsk. 81; skarpla Ohs 49; OHS 163; Fms IV, 359).

út andskota Sighv. sk. Wis. 41; 6,7.

Jútlands etask Sighv. sk. Wis. 41; 8,3 (er laut Ohs 50).

at lét hinn's sat Sighv. sk. Wis. 41; 11,2.

blóthús brenna láta Hallarst. Wis. 47; 9,3.

eggmóts eigi lítil Hallarst. Wis. 47; 10,7.

nýtr herr Nóregs gætis Hallarst. Wis. 48; 19,5.

ben lét bǫrþusk ýtar Hallarst. Wis. 48; 21,5.

ágætan býþk ítrum Ein. Skúl. Wis. 53; 1,7.

ítr þanns Ólafr heitir Ein. Skúl. Wis. 54; 7,3.

helgum lýtk es hétu Ein. Skúl. Wis. 55; 12,7.

lét sás landfolk gætir Ein. Skúl. Wis. 55; 16,5.

auþarnjótr es ýtar Ein. Skúl. Wis. 56; 23,3.

*lét jarplitaps átu* Ein. Skúl. Wis. 57; 29,1.
*hodda brjót þars heitir* Ein. Skúl. Wis. 58; 37,7.
*reitk at Vinþr fyr skauti* Ein. Skúl. Wis. 58; 40,1.
*hneitir frák at héti* Ein. Skúl. Wis. 58; 43,1.
*hétu hart á ítran* Ein. Skúl. Wis. 60: 54,1.
*láti landfolk ítrum* Ein. Skúl. Wis. 61; 66,5.
*óteitan mik sútar* Bjarni Kolb. Wis. 68; 3,2.
*dýæta sér leita* Bjarni Kolb. Wis. 69; 11,4.
*heitstrengingar gátu* Bjarni Kolb. Wis. 69; 11,6.
*olteiti vas lítil* Bjarni Kolb. Wis. 69; 11,8.
*ítrmanns konan teiti* Bjarni Kolb. Wis. 69; 15,4 u. ö.
*ýtar fimm at móti* Bjarni Kolb. Wis. 70; 22,8.
*sveit Hákoni á móti* Bjarni Kolb. Wis. 70; 24,4.
*ýtum grimmr at blóta* Bjarni Kolb. Wis. 71; 30,6.
*ýtum skýja grjóti* Bjarni Kolb. Wis. 71; 32,6.
*frák nýta sér sveita* Haukr Vald. Wis. 79; 7,7.
*ítr bað Eirikr leitask* Haukr Vald. Wis. 80; 15,5.
*sveitir kendu allvalds útan* Mark. Skeggj. Wis. 51; 12,7.
*hljótum vér þaz hag várn bötir* Mark. Skeggj. Wis. 51; 13,3.
*sætast ykkur blóm at bíta* Eyst. Ásgr. Wis. 89; 16,3.
*rak þau braut af sæmdarsæti* Eyst. Ásgr. Wis. 89; 19,3.
*rót ilmandi litillætis* Eyst. Ásgr. Wis. 90; 25,5.
*hjortun játi falli ok fljóti* Eyst. Ásgr. Wis. 91; 32,1.
*því flýtandi sínum sveitum* Eyst. Ásgr. Wis. 93; 47,7.
*út af hjartans innstum rótum* Eyst. Ásgr. Wis. 93; 50,3.
*fátalaþr meþ litillæti* Eyst. Ásgr. Wis. 94; 52,5.
*þó grét hon nú sárra súta* Eyst. Ásgr. Wis. 94; 56,1.
*lát mik þinnar lausnar njóta* Eyst. Ásgr. Wis. 94; 57,3.
*enn í andláti Jesú sæta* Eyst. Ásgr. Wis. 95; 60,1.
*hlaut óvinrinn laust at láta* Eyst. Ásgr. Wis. 95; 61,7.
*mitt eitt veit ek lif hit ljóta* Eyst. Ásgr. Wis. 97; 76,3.
*hryggþin slítr af hjarta rótum* Eyst. Ásgr. Wis. 97; 77,7.
*fyrlátiþ mér faþir hinn sæti* Eyst. Ásgr. Wis. 97; 79,1.
*því lýt ek nú þér at fótum* Eyst. Ásgr. Wis. 97; 79,5 (sýti CFJ.
    sýt D).
*litast mér sem liggi þrútit* Eyst. Ásgr. Wis. 97; 80,3.
*svát grátandi fúss at fótum* Eyst. Ásgr. Wis. 98; 81,5.
*ref þú ágætu verndar skauti* Eyst. Ásgr. Wis. 98; 86,7.
*tungusætr ef einn hrerr ýta* Eyst. Ásgr. Wis. 99; 92,1.
*viþr ok grjót sem steinar ok stræti* Eyst. Ásgr. Wis. 99; 94,1.
*orma sveit ok akrar hvítir* Eyst. Ásgr. Wis. 99; 94,3.
*þá látiþ mik þessa njóta* Eyst. Ásgr. Wis. 100; 96,5.
*reri kátar nú virþa sveitir* Eyst. Ásgr. Wis. 100; 97,1.
*verpr Geitis vegr grjóti* Þjóþ. hv. Hkr. 75,28a.
*mætr hlóþ mildingr Jótun* Guth. s. Hkr. 87,35a.

nú tregr gætigauta Glúmr Geir. Hkr. 102,27b.
framm halt njótr at nýtum Eyv. sk. Hkr. 106,7b.
veitk at beit hinn betri Eyv. sk. Hkr. 106,15a.
látom langra nóta Eyv. sk. Hkr. 123,25a.
ítr þær's upp um róta Eyv. sk. Hkr. 123,27b.
gætir glamma sóta Glúmr Geir. Hkr. 134,23a.
enn veitk at hefr heitit Glúmr Geir. Hkr. 136,29b.
meita fór at móti Eyj. Daþ. Hkr. 140,8a.
ulfteitir gaf átu Eyj. Daþ. Hkr. 140,14a.
þás úlítill útan Þórþr Kolb. Hkr. 155,8b.
þeirs gátu sjá slíta Þórþr Kolb. Hkr. 156,3b.
sleit at sverþa móti Eyj. Daþ. Hkr. 199,14b.
gætinjǫrþr viþ Gauta Eyj. Daþ. Hkr. 200,3b.
út bauþ jǫfra hneitir Halld. ókr. Hkr. 206,6a.
þar's til móts viþ móti Skúli Þorst. Hkr. 211,21b.
hét á heiftar nýta Halld. ókr. Hkr. 215,5a.
veitk fyr Erling útan Þórþr Kolb. Hkr. 217,28a.
búum úlítinn áta Bersi Hkr. 254,14b (úti Flb II, 45; OHS 41).
kátr vask oft þás úti Sighv. sk. Hkr. 274,19a.
út þar's eisa létum Sighv. sk. Hkr. 274,25a.
fyr ágætu úti Sighv. sk. Hkr. 274,21b.
út munu ekkjur líta Sighv. sk. Hkr. 275,1a.
lýtandi hefr ljótu Ótt. sv. Hkr. 284,22a.
braut hafit bǫþvar þreytir Ótt. sv. Hkr. 284,30a.
at unz ek kem vitja Sighv. sk. Hkr. 307,18a.
guþ láti þik gæta Sighv. sk. Hkr. 307,20b.
létk til hafs á hrúti Sighv. sk. Hkr. 307,29b.
út hverr's Qlvir heitir Sighv. sk. Hkr. 308,27a.
grefs leit viþ mér gætir Sighv. sk. Hkr. 308,29a.
út vask eitt kveld heitinn Sighv. sk. Hkr. 308,31b.
fótr á fornan brautir Sighv. sk. Hkr. 309,14b.
létk viþ yþr hinn ítri Sighv. sk. Hkr. 310,11a.
brýtr annar gramr úti Sighv. sk. Hkr. 414,28b.
útan varþk áþr enn Jóta Sighv. sk. Hkr. 416,22a.
viþ ágætan Jóta Þórþr Sjár. Hkr. 422,27a.
skaut nær skarpt at móti Þórþr Sjár. Hkr. 422,25b.
skjótum eik fyr útan Hárekr Hkr. 428,30a.
út býþr allvaldr sveitum Sighv. sk. Hkr. 437,18a.
ráþ eru ljót ef láta Sighv. sk. Hkr. 437,18b.
Knútr verr grund sem gætir Þór. loft. Hkr. 440,15.
út ólitinn Þór. loft. Hkr. 440,28a.
út réþ Erlingr skjóta Þór. loft. Hkr. 444,1a (setja Kph. II, 303).
gátut grípar sóta Bjarni gullbr. Hkr. 446,32b.
hlautk frá Sult en sæta Jǫkull Hkr. 454,21a.
braut komumk vér þót veitim Þorm. Kolb. Hkr. 478,1b.

*loghreytǫndum lĭtu Sighv. sk. Hkr.* 491,3*a* (*lofrœkendum Flb*
  II, 355).
*undr láta þat ýtar Sighv. sk. Hkr.* 491,30*a.*
*hauka setrs hin hvíta Þorm. Kolbr. Hkr.* 497,33*a* (*um hœttinn*
  *Ohs* 73; *hauclatrs OHS* 222).
*út réttu allvaldr skjóta Þjóþ. sk. Hkr.* 516,31*a.*
*enn þritugt skip þrautar Þjóþ. sk. Hkr.* 516,33*a.*
*þar's flaut und nĭþ nýtum Sighv. sk. Hkr.* 521,13*a.*
*hafa láti mik heilan Sighv. sk. Hkr.* 521,28*a.*
*ljótu dreif á lypting utan Arn. jarl. Hkr.* 529,20*a.*
*flaut þá's feigir létu Þjóþ. sk. Hkr.* 538,34*b.*
*lézt eigi þú litla Þjóþ. sk. Hkr.* 540,5*a.*
*nefa Knúts vas þá nýtum Þjóþ. sk. Hkr.* 540,9*a.*
*hizig laut es heitir Þjóþ. sk. Hkr.* 541,17*a.*
*mætr hélt mǫrgu spjóti Þjóþ. sk. Hkr.* 541,17*b.*
*skýtra skeifum fœti Þjóþ. sk. Hkr.* 542,15*b.*
*bitu fíkula fjǫtrar Valg. Hkr.* 560,14*b.*
*itr enn ǫnnur skreytir Þjóþ. sk. Hkr.* 560,33*b.*
*lét aldregi úti Grani Hkr.* 571,1*a.*
*lýtr folkstara feiti Þjóþ. sk. Hkr.* 577,28*b.*
*þat sem þú vili gotnum Þjóþ. sk. Hkr.* 577,30*b.*
*lýtendr kveþa lítit Har. harþr. Hkr.* 586,34*b.*
*út þars ekkjur líta Þjóþ. sk. Hkr.* 592,10*a.*
*sorgar veit áþr slíti Þjóþ. sk. Hkr.* 592,16*a.*
*út 's sem innan lltí Þjóþ. sk. Hkr.* 592,18*b.*
*neytir þá til þrautar Þjóþ. sk. Hkr.* 593,33*a.*
*lét vingjafa veitir Þjóþ. sk. Hkr.* 593,31*a.*
*nýtr fyr Nizi útan Þjóþ. sk. Hkr.* 594,3*b.*
*hét á oss þá's úti Steinn Herd. Hkr.* 594,8*a.*
*heit blés und fyr útan Steinn Herd. Hkr.* 595,3*b.*
*nýtr baþ skjǫldungr skjóta Steinn Herd. Hkr.* 595,7*a.*
*þat brá feigra flotna Steinn Herd. Hkr.* 595,9*b.*
*hremsur lét á hvítar Þjóþ. sk. Hkr.* 595,16*a.*
*farskostr hlaut at fljóta Arn. jarl. Hkr.* 596,1*b.*
*út hefra liþ lítit Anon. Hkr.* 602,17*b.*
*líta þeir es þrœta Anon. Hkr.* 602,33*b* (*þetta Fris.* 235,5*a*).
*mót viþ marga knútu Trǫllk. Hkr.* 612,32*a.*
*hlautk þvít heima sátum Anon. Hkr.* 613,23*a.*
*hundraþ lét í heitum Þork. Skall. Hkr.* 624,7*a*
*imleitum fekksk áta Þork. Skall. Hkr.* 624,9*b.*
*nýtr fekk nesjum útar Bjǫrn krepph. Hkr.* 647,25*b.*
*hvat's hér í heimi betra Magn. berf. Hkr.* 654,25*a.*
*skreytask menn á móti Magn. berf. Hkr.* 654,27*b.*
*ut frák yþr þar's heitir Halld. skv. Hkr.* 664,3*a.*
*getk þess's gramr fór ritja Ein. Skúl. Hkr.* 667,8*a.*

*hvat hefk heldr enn tǫtra Þór. stuttf. Hkr.* 686,6 *b* (*tǫttra Fris.* 299,10 *b*).

*þrim skútum tók þreytir Ein. Skúl. Hkr.* 742,3 *a.*
*sveit varþ í rym rítar Ein. Skúl. Hkr.* 766,18 *b.*
*Knútr verr grund sem gætir Þór. loft. Hkr.* 440,16.
*látum brýndan hjǫr bíta Blakkr Kgs.* 111,10 *a.*
*vitum at vánir betri Blakkr Kgs.* 120,31 *b.*
*ýtar reistu merki á móti Baglar Kgs.* 111,27 *b.*
*ýtar reistu merki á móti Birkib. Kgs.* 111,32 *b.*
*Gunnar skaut und gera fótar Snorri Sturl. Kgs.* 281,23 *b.*
*Knútr réþ bág at brjóta Sturla Kgs.* 320,11 *b.*
*vitr lét virki brjóta Sturla Kgs.* 325,6 *a.*
*þat veitk at galt Gautum Sturla Kgs.* 325,6 *b.*
*ǫþlings heit viþ allvald nýtan Ól. hvít. Kgs.* 344,3 *a* (*mætan Fris.* 485).
*ýtar brugþusk jǫfri mætum Ól. hvít. Kgs.* 344,3 *b.*
*nafnbótr jók sá's Nóregs gætir Ól. hvít. Kgs.* 349,7 *b.*
*bjǫrtu heiti bǫþvar fljótan Ól. hvít. Kgs.* 349,9 *b.*
*veitk at vart hefir Knúti Ól. hvít. Kgs.* 374,13 *b.*
*þrútin lágu veþr á vatni Ól. hvít. Kgs.* 380,6 *b.*
*ýtum þóttit leiþangr lítill Sturla Kgs.* 426,19 *a.*
*eigi sátut jǫfra hneitir Sturla Kgs.* 432,12 *a.*
*mætum hélt fyr Elfi útan Sturla Kgs.* 432,12 *b.*
*Gautar spurþu leiþangr ljótan Sturla Kgs.* 432,26 *a.*
*valgrammr sleit at vápna móti Sturla Kgs.* 433,16 *a.*
*ýta rann af stórlig stræti Sturla Wis.* 83; 11,7.
*naþrs glóstrætis njótum Giz. Þorv. Kgs.* 441,30.
*víþa hrjóta veglig mæti Sturla Kgs.* 461,30 *b.*
*báta baugnjótar Sturla Kgs.* 472,3 *a.*
*sveit hinn sigrmæti Sturla Kgs.* 473,13 *a.*
*leit at brynmóti Sturla Kgs.* 474,30 *b.*

### tn : tn.

*at veg jǫtna vitni Ein. Skál. Wis.* 27; 8,5.
*vatnórum hefik vitni Sighv. sk. Hkr.* 521,28 *b.*
*vatn léztu vísi slitna Þjóþ. sk. Hkr.* 562,25 *a.*
*vitnis fell meþ vatni Ein. Skúl. Hkr.* 766,18 *a.*

### tr : tr.

*gatat mar njótr enn neytri Eil. Guþr. Wis.* 31; 7,3
*setrs víkingar snotrir Eil. Guþr. Wis.* 31; 8,3.
*ítr munat ǫþlingr betri Ein. Skúl. Wis.* 56; 21,3.
*ágætr segiþ ítran Ein. Skúl. Wis.* 62; 71,5.
*teitr sák okkr í ítri Sighv. sk. Hkr.* 252,27 *a.*
*Knútr hefr okkr hinn ítri Sighv. sk. Hkr.* 377,17 *a.*
*Knútr spurþi mik mætra Sighv. sk. Hkr.* 430,4 *a.*

*heitr vas hafsætra Sturla* Kgs. 470,9a.
*blár ok ljótr í ǫfundar eitri Eyst.* Asgr. Wis. 97; 77,3.

*ts : ts (z : z).*

*ats viþ Útstein hizig Sighv.* sk. Hkr. 445,5b (*sniallr : illa* Flb
  II, 310; *atz : hitri* OHS 183).

*tst : tst (zt : zt).*

*vazt-rǫdd enn mér baztan Brage* Wis. 118; 14,2 (*vatz rǫþla* Cod.
  Reg., *vazt* Worm. vgl. Wis. II, 310 sub *vǫzt*).
*óztr ok ætt gat bezta Sighv.* sk. Wis. 40; 15,7.
*brauztu viþ bragning nýztan Bjarni gullbr.* Hkr. 493,15a.
*brauztu und Mikjál mæztan Jllugi Brynd.* Hkr. 550,6a.
*skauztu und farm hinn frízta Valg.* Hkr. 559,7a (*fyrsta Pering*
  II, 74 D; *frídstom* E).

*tstr : tstr (ztr : ztr).*

*jǫfra baztr til óztrar Ein. Skúl.* Wis. 54; 5,3.

*tt : tt.*

*svá lét æ þótt ætti Brage* Wis. 2; 9,5.
*flótta gekk til fréttar Ein. Skúl.* Wis. 28; 21,1.
*knáttu Jólnis ættir Eil. Guþr.* Wis. 31; 7,5.
*hættr vas hersa dróttinn Hallfr. v.* Wis. 34; 4,5.
*átti eingadóttur Hallfr. v.* Wis. 33; 5,3.
*sótti herr þars hætti Hallfr. v.* Wis. 35; 5,1.
*gótt es gǫrva at fréttar Hallfr. v.* Wis. 36; 17,1.
*Surts ættar vinnk sléttan Hallfr. v.* Wis. 36; 17,7 (*satt mun itr um*
  *sléttan* Flb I, 493).
*hætt's til hans at frétta Hallfr. v.* Wis. 36; 19,7.
*vættik virþa dróttins Hallfr. v.* Wis. 37; 26,7.
*hykk ætt at frétt Sighv.* sk. Wis. 40; 2,2.
*máttut dróttnar Sighv.* sk. Wis. 40; 5,1 (*gátut* Flb II, 279; OHS 163;
  Hkr. 420; Fms IV, 358; *máttot Ohs* 49; *máttuat Fyrsk.* 81).
*áttu sumt í sléttri Sighv.* sk. Wis. 39; 6,7.
*rétt hykk kjósa knáttu Sighv.* sk. Wis. 42; 5,1.
*háttu nemi hann rétt Ótt.* sv. Wis. 43; 1,3.
*haukr réttr es þú Hǫrþa dróttinn Arn. jarl* Wis. 44; 1,5.
*heppinn drótt af hlunni sléttum Arn. jarl.* Wis. 45; 11,3.
*ótti kunnuþ elgjum hætta Arn. jarl.* Wis. 45; 7,1.
*hers gnótt hǫlþa sléttum Hallarst.* Wis. 46; 1,1.
*allprútt éla Þróttar Hallarst.* Wis. 46; 2,7.
*háttu hilmir bótti Hallarst.* Wis. 47; 11,7.
*stétthrings stofnum reitti Hallarst.* Wis. 47; 12,3.
*háns nótt hrerja knáttu Hallarst.* Wis. 47; 13,1.

*raunskjótt ræsir hitti Hallarst. Wis.* 48; 16,1 (*mátti Flb* I, 479; *Fms* II, 316).

*ættstórr ella mátti Hallarst. Wis.* 48; 22,5.

*dróttum lét í Danmǫrk settum Mark. Skeggj. Wis.* 52; 27,1.

*eitt vas sér þaz jafnask mátti Mark. Skeggj. Wis.* 53; 29,7.

*veitti dýrþardróttinn Ein. Skúl. Wis.* 54; 6,1.

*satt vas at siklingr bótti Ein. Skúl. Wis.* 55; 15,3.

*drótt nemi mærþ ef mættak Ein. Skúl. Wis.* 55; 18,3.

*greitt má gumnum létta Ein. Skúl. Wis.* 55; 18,5 u. ö.

*satt's at Sygna dróttin Ein. Skúl. Wis.* 56; 22,5.

*hrætt varþ folk á flótta Ein. Skúl. Wis.* 57; 29,5.

*satt's at silfri skreytta Ein. Skúl. Wis.* 57; 34,1.

*frétt hefk at sá sótti Ein. Skúl. Wis.* 58; 38,1.

*sótti skrín et skreyttá Ein. Skúl. Wis.* 58; 41,1.

*þátti sínn á sléttri Ein. Skúl. Wis.* 59; 48,5 (*nytr gat sed a slettri Flb* I, 5).

*hættr Þorketils dóttur Bjarni Kolb. Wis.* 69; 14,8.

*þátt helfarar veittar Bjarni Kolb. Wis.* 71; 34,4.

*sáttir á einni nóttu Bjarni Kolb. Wis.* 72; 40,8.

*hitt vas satt at sótti Haukr Vald. Wis.* 80; 12,7.

*ósi-Þróttr ok átta Haukr Vald. Wis.* 80; 15,3.

*satt's at siþ mun Gretti Haukr Vald. Wis.* 80; 17,1.

*greitt enn Gizur sótti Haukr Vald. Wis.* 81; 20,3

*átti élbjóþr hrotta Haukr Vald. Wis.* 81; 22,5.

*almáttigr guþ allrar stéttar Eyst. Ásgr. Wis.* 87; 1,1 u. 100; 100,1.

*breytti guþ ok brá til hætti Eyst. Ásgr. Wis.* 88; 11,1.

*boþorþit eitt lét blíþr fram dróttinn Eyst. Ásgr. Wis.* 89; 14,3.

*léttliga fann sem ljósin vátta Eyst. Ásgr. Wis.* 89; 17,1 (*þar svá ljósin váttar B, svá ljósan váttan A, fann sem ljósin vátta C F.-J.* 406, *þat sem ljósin vátta D*).

*léttir hvárki ugg né ótta Eyst. Ásgr. Wis.* 89; 20,5.

*eitt er til þat er ek skal vátta Eyst. Ásgr. Wis.* 90; 21,5.

*attu sjálfr hinn dýri dróttinn Eyst. Ásgr. Wis.* 90; 21,7 (*attú Magnuss., adþú F.-J.*).

*veitt er líf þat er varþ ok mátti Eyst. Ásgr. Wis.* 90; 23,1.

*fréttir nú meþ hverjum hætti Eyst. Ásgr. Wis.* 91; 30,1.

*á préttánda dag til dróttins Eyst. Ásgr. Wis.* 92; 36,1.

*máttinn þinn hinn mikli dróttinn Eyst. Ásgr. Wis.* 92; 38,3.

*feþrætt hans trúik fá munu hitta Eyst. Ásgr. Wis.* 92; 42,1.

*satt er at fæstir sjá viþ prettum Eyst. Ásgr. Wis.* 93; 41,3.

*frétt hefr ek at freistar dróttins Eyst. Ásgr. Wis.* 93; 45,1.

*þetta sér hann fjandi at fættist Eyst. Ásgr. Wis.* 93; 47,1.

*ættim vér á Jesúm dróttin Eyst. Ásgr. Wis.* 93; 50,1.

*mætti verþa at minna sótta Eyst. Ásgr. Wis.* 94; 53,7.

*sitt ein bernit sjálfan dróttin Eyst. Ásgr. Wis.* 94; 56,3.

*ek segi rétt at engi mætti Eyst. Ásgr. Wis.* 95; 59,1.
*þvít náttúran æpti af ótta Eyst. Ásgr. Wis.* 95; 59,5.
*eþa þóttist þú meiri at mætti Eyst. Ásgr. Wis.* 95; 65,2.
*maþr bannsettur allar ættir Eyst. Ásgr. Wis.* 96; 66,3.
*muntu þetta enn dýri dróttinn Eyst. Ásgr. Wis.* 98; 85,1.
*frammi stattu er fæddir dróttin Eyst. Ásgr. Wis.* 99; 88,1.
*ok sóknháttar setti Guth. s. Hkr.* 89,3a.
*þrott vas sýnt þar's settusk Þórþr Sjár. Hkr.* 107,1b.
*einn dróttin hefik áttan Eyv. sk. Hkr.* 112,1a.
*gott hlaut gumna sættir Glúmr Geir. Hkr.* 121,7b.
*setti jarl sá's átti Þórþr Kolb. Hkr.* 156,1a.
*ottuþ árum skreyttum Ótt. sv. Hkr.* 220,10a (*skreytum OHS* 16).
*neyttuþ segls ok settut Ótt. sv. Hkr.* 220,14a.
*máttiþ enskrar ættar Ótt. sv. Hkr.* 227,16a.
*hætt hafit ér í ótta Ótt. sv. Hkr.* 234,14a.
*neytt áþr Nórey hittut Ótt. sv. Hkr.* 234,19b.
*skatti gnógþr meþ skreyttu Ótt. sv. Hkr.* 235,18a.
*veitti sókn þar's sótti Sighv. sk. Hkr.* 252,5a.
*áttu sín þar's sóttusk Sighv. sk. Hkr.* 252,21b.
*satt's at Sveini máttum Sighv. sk. Hkr.* 255,21a.
*átt þú's ossum dróttni Sighv. sk. Hkr.* 276,16a.
*átt hafa sér þeir sóttu Sighv. sk. Hkr.* 309,1a.
*rétt es ríkan hittak Sighv. sk. Hkr.* 310,13a.
*ætt sem áþr um hvatti Sighv. sk. Hkr.* 310,13b.
*þétt fengum svǫr sátta Sighv. sk. Hkr.* 310,21b.
*rétt segik þjóþ hverr sótti Arn. jarl. Hkr.* 335,14b.
*átti jarl at sætta Sighv. sk. Hkr.* 417,3a.
*átti Egþa dróttinn Þórþr Sjár. Hkr.* 422,25a.
*lítt sék lofþung óttask Sighv. sk. Hkr.* 437,20a.
*rautt enn ræsir neitti Sighv. sk. Hkr.* 453,15a.
*því's ýstéttar átti Jǫkull Hkr.* 454,21b (*óstrætis Flb* II, 317).
*áttu Engla dróttni Bjarni gullbr. Hkr.* 456,29a.
*satt's at sókn um veittir Bjarni gullbr. Hkr.* 493,13b.
*máttit hón viþ hættna Sighv. sk. Hkr.* 516,18b.
*heim sóttir þú hættinn Sighv. sk. Hkr.* 522,17a.
*ætti drengja dróttinn Sighv. sk. Hkr.* 522,23b.
*djarft neyttir þú dróttinn Þjóþ. sk. Hkr.* 529,11a.
*vítt lá Vinþa flótti Þjóþ. sk. Hkr.* 535,21a.
*neyttu mest sem máttu Þjóþ. sk. Hkr.* 538,5a.
*satt's at svá mǫrg átti Þjóþ. sk. Hkr.* 539,27a.
*títt bar týmargr flótti Þjóþ. sk. Hkr.* 539,31a.
*máttir Magnús hætta Þjóþ. sk. Hkr.* 540,7a.
*skjótt riþa nú skreyttar Þjóþ. sk. Hkr.* 542,32a.
*ungr hætti sér átta Þjóþ. sk. Hkr.* 550,3a.
*Serkjum hættr í sléttri Þjóþ. sk. Hkr.* 550,3b.

*vættik minnr at mótti Har. harþr. Hkr.* 558,10*b.*
*sáttu þás sjádrif létti Valg. Hkr.* 559,9*b.*
*sátt enn síþan vætti Bǫlv. Hkr.* 565,17*b* (*sætt Flb* III, 311; *Fgrsk.*
117; *Mork.* 21).
*autt varþ Falstr at fréttum Stúfr sk. Hkr.* 571,18*a.*
*lítt hyggr Sveinn á sáttir Þorl. f. Hkr.* 572,3*b.*
*sætt buþu seggja dróttni Þorl. f. Hkr.* 574,18*a.*
*náttar Nóregs dróttinn Þjóþ. sk. Hkr.* 593,5*a.*
*sitt enn seggir játtu Steinn Herd. Hkr.* 594,10*b.*
*hætti hersa dróttinn Steinn Herd. Hkr.* 594,28*a.*
*telja hátt es hittask Anon. Hkr.* 602,33*a.*
*hitt hefk heyrt at setti Anon. Hkr.* 603,14*a.*
*hátt baþ mik þar's móttusk Har. harþr. Hkr.* 620,11*b.*
*frétt's at síþ mun létta Þork. Skall. Hkr.* 624,19*b.*
*frétt's at fyrþar knáttu Þork. Skall. Hkr.* 624,7*a.*
*vitt lét Vǫrsa dróttinn Bjǫrn krepph. Hkr.* 638,10*a.*
*vitt var ferþ á flótta Bjǫrn krepph. Hkr.* 646,30*a.*
*grœtti Grenlands dróttinn Bjǫrn krepph. Hkr.* 646,32*b.*
*vitt bar snjallr á slétta Bjǫrn krepph. Hkr.* 647,14*a.*
*hætt vas hvert þat's átti Bjǫrn krepph. Hkr.* 647,25*a.*
*hitt's satt at býþk byttu Eldjárn Hkr.* 652,1*b.*
*þrútt lét slengvir sóttan Halld. skv. Hkr.* 663,20*a.*
*grátt es gerva neittu Halld. skv. Hkr.* 663,20*b.*
*hitti herr á flótta Halld. skv. Hkr.* 664,6*b.*
*sætt frák dóla dróttinn Ein. Skúl. Hkr.* 668,4*a.*
*áttut sókn viþ sléttan Ein. Skúl. Hkr.* 717,18*a.*
*greitt frák gumna dróttinn Þorbj. skakk. Hkr.* 781,28*a.*
*mettr vas krafn í Hrotti Blakkr Kgs.* 111,31*b.*
*vafþi lítt er virþum mótti Snorri Sturl. Kgs.* 281,17*b.*
*vitt hykk þegnum þóttu Sturla Kgs.* 305,26*a.*
*Gautr hvatti þrym þróttar Snorri Sturl. Kgs.* 352,3*a.*
*brátt mun bug þann rétta Ól. hvít. Kgs.* 374,13*a.*
*Sverris ætt fekk sigr at réttu Ól. hvít. Kgs.* 387,19*b.*
*aldri frétti jǫfra dróttins Sturla Kgs.* 438,18*a.*
*sætta báþu Sygna dróttinn Sturla Kgs.* 442,6*b.*
*veitti virþa dróttinn Sturla Kgs.* 443,1*a.*
*sóttu sóknhvattar Sturla Kgs.* 464,21*a.*
*mótti margfréttinn Sturla Kgs.* 472,34*a.*

*tt : t.*

*málunautr hvats mátti Þjóþ. hv. Wís.* 10; 8,7.
*brátt fló bjarga gæti Þjóþ. hv. Wís.* 11; 17,1.
*brautar liþs of beitti Eil. Guþr. Wís.* 32; 18,7.
*leitt hykk Leifa brautar Hallfr. v. Wís.* 35; 9,1.
*meþan ítrs vinir áttu Hallfr. v. Wís.* 36; 14,5.

*þat frák elg at ritti Sighv. sk. Wis.* 39; 11,5.
*hœtt's þaz allir œtla Sighv. sk. Wis.* 43; 13,1.
*Sighvats hugir, 's hittik Sighv. sk. Wis.* 43; 17,1.
*drótt hné dreyra þrútir Hallarst. Wis.* 48; 20,3.
*hept nýtask mér mœtti Ein. Skúl. Wis.* 56; 19,7.
*drótt þó dýran sveita Ein. Skúl. Wis.* 56; 22,1.
*œtlar sér vip dýran dróttin Eyst. Ásgr. Wis.* 88; 8,7.
*eplit citt ek banna at bíta Eyst. Ásgr. Wis.* 89; 14,5.
*litt kvápu þik láta Eyv. sk. Hkr.* 111,5a.
*frœgt þótti þat flotnum Glúmr Geir. Hkr.* 134,17b.
*fátt bilar flestra ýta Þórþr Kolb. Hkr.* 217,34b.
*lant fyr yþr áþr létti Ótt. sv. Hkr.* 226,18b.
*lótrs enn ek lánardróttinn Sighv. sk. Hkr.* 248,34b.
*rat at ek mátta Sighv. sk. Hkr.* 307,34a.
*vitt réþ gumna gœtir Sighv. sk. Hkr.* 343,3a.
*fripr bóttisk srá fóla Sighv. sk. Hkr.* 453,24a.
*líf þitt esa lítit Bjarni gullbr. Hkr.* 456,31b.
*vitt vas fold und fótum Sighv. sk. Hkr.* 490,8a.
*slœtt réþ sizt at bíta Sighv. sk. Hkr.* 492,18b.
*hvitt gafsk hold at slíta Sveinnflokkr Hkr.* 513,20b.
*Ólafs dótr es átti Sighv. sk. Hkr.* 516,20a.
*skotit frák skepti flettum Arn. jarl. Hkr.* 538,1a.
*ótt vas ordrif látit Arn. jarl. Hkr.* 538,7b.
*ritt hefk heyrt at heiti Arn. jarl. Hkr.* 541,10a.
*rétt vas yþr um œtlat Valg. Hkr.* 559,32a.
*rétt kann róþi slíta Þjóþ. sk. Hkr.* 592,8b.
*vitt dró sínar sveitir Þork. ham. Hkr.* 639,3a.
*drótt sá er dalgauta Sturla Kgs.* 473,13b.

$$v : v \,^1).$$

*torsoþinn þá vas tírum Þjóþ. hv. Wis.* 9; 3,1, *vgl. Wis.* 11, 349.
*kom á tririþar Tývi Eil. Guþr. Wis.* 32; 18,5.
*hára leyfir hverr maþr œvi Mark. Skeggj. Wis.* 50; 3,3.
*þri rar köngrinn horfna heyvi Eyst. Ásgr. Wis.* 91; 35,3.

$$þ : þ.$$

*bauþa sú til bleyþi Brage Wis.* 2; 9,1.
*Randvés hofuþniþja Brage Wis.* 2; 3,6.
*fengeyþandi fljóþa Brage Wis.* 3; 11,3.
*fordœþa nam ráþa Brage Wis.* 3; 11,4.
*styþja Gjúka niþja Brage Wis.* 2; 6,2.
*enn af breiþum bjóþi Þjóþ. hv. Wis.* 9; 5,5.

---

[1] Doch lassen sich vielleicht diese Reime auch in die Kategorie der Reime von langem Vocal zu langem Vocal einreihen.

heyrþak svá-þat siþan Þjóþ. hv. Wis. 10; 12,1.
þar svá eþr i Óþins Þjóþ. hv. Wis. 11; 19,5.
áþr ór hneigihliþum Þjóþ. hv. Wis. 11; 20,1.
reiþi-Týs et rauþa Þjóþ. hv. Wis. 11; 20,3.
hrjóþr lét hæstrar tíþar Þorbj. hornkl. Wis. 14; 1,1.
hilmir réþ á heiþi Þorbj. hornkl. Wis. 14; 2,1.
óþr viþ óskimeiþa Þorbj. hornkl. Wis. 14; 2,3.
háþi gramr þars gnúþu Þorbj. hornkl. Wis. 14; 5,1.
rauþ fnýstu ben blóþi Þorbj. hornkl. Wis. 15; 5,3.
áþr fyr eljunfróþum Þorbj. hornkl. Wis. 15; 8,5.
lǫgþis seiþs af láþi Þorbj. hornkl. Wis. 15; 8,7.
glaþfóþandi Gríþar Korm. Qgm. Wis. 26; 4,3.
veþrgóþis stendr víþa Ein. Skál. Wis. 27; 10,3.
móþǫflugr ræþr móþra Ulfr Ugg. Wis. 29; 2,5.
friþar vers til fljóþa Eil. Guþr. Wis. 30; 4,3.
· bræþivændr á brúþi Eil. Guþr. Wis. 31; 4,7.
óþu fast enn friþar Eil. Guþr. Wis. 31; 8,1.
háþu stáli striþan Eil. Guþr. Wis. 31; 9,5 (áþu Codd.).
striþkveþjǫndum stǫþvar Eil. Guþr. Wis. 31; 10,3.
áþr hylhriþar hæþi Eil. Guþr. Wis. 31; 11,5.
tráþusk þar viþ tróþi Eil. Guþr. Wis. 32; 13,3 (heiþi Codd.).
fátiþa nam fróþi Eil. Guþr. Wis. 32; 15,1.
Óþins afli soþnum Eil. Guþr. Wis. 32; 15,7.
til þrámóþnis Þrúþar Eil. Guþr. Wis. 32; 16,7.
hlóþu Hamþis klæþum Hallfr. v. Wis. 33; 1,5.
ráþ lukusk at sá siþan Hallfr. v. Wis. 33; 5,1.
vinhróþigr gaf víþa Hallfr. v. Wis. 34; 6,5.
gráþr þvarr geira hriþar Hallfr. v. Wis. 34; 9,7.
breiþleita gat brúþi Hallfr. v. Wis. 33; 4,1.
víþis veltireiþar Hallfr. v. Wis. 35; 7,7 (meiþar Flb I, 484; Fms
      II, 315).
hvars skriþr meþ liþ lyþa Hallfr. v. Wis. 35; 10,7.
bleyþiþirþr viþ bráþan Hallfr. v. Wis. 36; 12,2.
óþusk malmþings meiþar Hallfr. v. Wis. 36; 13,3.
blóþ kom á þrǫm þiþan Hallfr. v. Wis. 36; 14,3.
áþr enn Ormi næþi Hallfr. v. Wis. 36; 15,5.
áþr óx umb gram góþan Hallfr. v. Wis. 36; 16,7.
ógróþir sá auþa Hallfr v. Wis. 36; 18,1.
dynsæþinga dauþan Hallfr. v. Wis. 36; 19,3.
lýþum firþr ok láþi Hallfr. v. Wis. 36; 20,3
frák meþ liþi lýþa Hallfr. v. Wis. 37; 23,3 (lýþa liþi Fris. 166,38 a;
      Hkr. 217,4 a; Fms III, 8; lýþa lifi Fgrsk. 67; vgl. Thorkelss. 63 f).
grams dauþi brá góþi Hallfr. v. Wis. 37; 25,5 (vgl. Wis. 137;
      grams brá gleþi dauþi Wis. II, 349).
biþa munk þess, 's breiþan Hallfr. v. Wis. 37; 27,5.

*ápr enn glikr at góþu Hallfr. r. Wis.* 37; 28,5.

*þjóþ nyþi sér siþan Sighv. sk. Wis.* 38; 1,3.

*stóþ Hringmaraheiþi Sighv. sk. Wis.* 39; 7,5.

*Aþalráþs eþa Sighv. sk. Wis.* 40; 1,4.

*gnúþi fyr gnoþ Sighv. sk. Wis.* 40; 4,5 (*þar er graþr flrir gnóð Ohs.* 49; *Fgrsk.* 81).

*hloþr herjaþa Sighv. sk. Wis.* 40; 5,7.

*skreiþ vestan viþr Sighv. sk. Wis.* 41; 6,5.

*um leiþ liþu Sighv. sk. Wis.* 41; 7,7.

*skalat ráþgjofum reiþask Sighv. sk. Wis.* 42; 8,1.

*syni Óláfs biþsk snúþar Sighv. sk. Wis.* 43; 15,1.

*Magnús hlýþ til máttigs óþar Arn. jarl. Wis.* 44; 1,1.

*rauþar bárut randir siþan Arn. jarl. Wis.* 44; 3,1.

*breiþask risku blágamms fóþir Arn. jarl. Wis.* 44; 4,5.

*siþan vas þaz suþr meþ láþi Arn. jarl. Wis.* 45; 1,1.

*skiþi vas þá skriþar auþit Arn. jarl. Wis.* 45; 1,3.

*eiþendr frák at elska þjóþir Arn. jarl. Wis.* 45; 9,5.

*þjóþum kunnr enn þvi tókt siþan Arn. jarl. Wis.* 46; 14,7.

*rellbjóþr risar dáþir Hallarst. Wis.* 46; 2,3.

*heiþinn heiman flýþi Hallarst. Wis.* 47; 7,5.

*ápr enn Óláfs biþa Hallarst. Wis.* 47; 7.7.

*haukjóþs harþa viþa Hallarst. Wis.* 47; 8,1.

*óráþ illri þjóþu Hallarst. Wis.* 47; 8,5.

*hafglóþ hilmir sáþi Hallarst. Wis.* 47; 12,1.

*riþfrægr velja tóþi Hallarst. Wis.* 47; 13,5.

*ormr skreiþ árar knýþi Hallarst. Wis.* 48; 15,5.

*hriþ óx holþar flýþu Hallarst. Wis.* 48; 17,7.

*siþan sýnt nam eyþask Hallarst. Wis.* 49; 23,3.

*hjorflóþs hnykkimeiþum Hallarst. Wis.* 49; 24,1.

*iþrandr aþrar dáþir Hallarst. Wis.* 49; 24,5.

*gnýbjóþs geysitiþar Hallarst. Wis.* 49; 24,7.

*fleinrjóþr flestra dáþa Hallarst. Wis.* 49; 25,7.

*skýbjóþs skelfihriþar Hallarst. Wis.* 49; 29,3.

*orrjóþr allra dáþa Hallarst. Wis.* 49; 31,1.

*hringskóþs herþimeiþar Hallarst. Wis.* 50; 32,1.

*herr prúþr horvi kvæþa Hallarst. Wis.* 50; 35,7.

*fóþir sótti fremþar ráþa Mark. Skeggj. Wis.* 50; 4,1.

*auþi góddu allvald prúþan Mark. Skeggj. Wis.* 50; 4,3.

*hlýþu studdu borþ viþ breiþan Mark. Skeggj. Wis.* 51; 5,5.

*siþan knátti svikfolks eyþir Mark. Skeggj. Wis.* 51; 5,7.

*hróþigr átti brynþings beiþir Mark. Skeggj. Wis.* 51; 9,1.

*bróþir gekk í Bár út siþan Mark. Skeggj. Wis.* 51; 10,1.

*eyþisk hitt at jafnstórt ráþi Mark. Skeggj. Wis.* 51; 14,1.

*hlýþan skalf enn hristi gróþir Mark. Skeggj. Wis.* 52; 16,3.

*blóþi dreif á randgarþ rauþan Mark. Skeggj. Wis.* 52; 20,1.

*heiþinn vildi herr of siþir* Mark. Skeggj. Wis. 52; 21,1.
*heiþin váru hjǫrtu lýþa* Mark. Skeggj. Wis. 52; 22,1.
*viþa setti vísdóms gróþir* Mark. Skeggj. Wis. 52; 25,1.
*blíþan gøddi bjǫrtum auþi* Mark. Skeggj. Wis. 52; 26,1.
*alla leiþ áþr ǫþlingr náþi* Mark. Skeggj. Wis. 53; 26,7.
*áþan tók viþ allvalds skrúþi* Mark. Skeggj. Wis. 53; 30,5.
*síþan harma siklings dauþa* Mark. Skeggj. Wis. 53; 31,5.
*ógnin stóþ af jarla meiþi* Mark. Skeggj. Wis. 53; 32,4.
*mjǫk's fróþr sás getr greiþa* Ein. Skúl. Wis. 53; 1,3.
*frægr stóþ af því flóþar* Ein. Skúl. Wis. 54; 2,7.
*þjóþ vann hann und heiþa* Ein. Skúl. Wis. 54; 7,5.
*þjóþ né þengill føþisk* Ein. Skúl. Wis. 55; 11,7.
*réþ ok tólf sá's trúþi* Ein. Skúl. Wis. 55; 13,1.
*þjóþ muna þengill bíþa* Ein. Skúl. Wis. 55; 13,3.
*móþs vann margir dáþir* Ein. Skúl. Wis. 55; 14,1.
*náþit bjartr þá's beiþir* Ein. Skúl. Wis. 56; 19,1.
*áþr enn upp ór víþu* Ein. Skúl. Wis. 56; 25,5.
*áþr sá's orþa hlýþu* Ein. Skúl. Wis. 56; 26,3 (*hlyru* Flb I, 3).
*fǫþur skulu fulltings biþja* Ein. Skúl. Wis. 56; 27,1.
*móþir mart á láþi* Ein. Skúl. Wis. 56; 27,3.
*áþr á Hlýrskógsheiþi* Ein. Skúl. Wis. 57; 28,5.
*áþr hvat Óláfs téþu* Ein. Skúl. Wis. 57; 31,3.
*enn þás brúþr at brauþi* Ein. Skúl. Wis. 57; 35,5.
*auþar aumum beiþi* Ein. Skúl. Wis. 58; 37,3.
*auþskýfanda óþar* Ein. Skúl. Wis. 58; 40,7.
*háþisk hildr á víþum* Ein. Skúl. Wis. 59; 52,1.
*hríþ óx Hamþis klæþa* Ein. Skúl. Wis. 59; 52,7.
*rǫþuls bliku vápn í veþri* Ein. Skúl. Wis. 60; 53,7.
*striþ svall ógn þás óþusk* Ein. Skúl. Wis. 60; 54,3 (*strid stall ognar*
    *eydis* Flb I, 6).
*nauþr í nýjum óþi* Ein. Skúl. Wis. 60; 57,3.
*nýta þjóþ ok nauþum* Ein. Skúl. Wis. 61; 68,3.
*gǫfugs óþar létt góþi* Ein. Skúl. Wis. 62; 70,7.
*hljóþs at ferþar prýþi* Bjarni Kolb. Wis. 68; 1,4 (*fnúþi* Cod. AM
    61 fol.).
*ættgóþir mér hlýþi* Bjarni Kolb. Wis. 68; 1,8.
*óhljóþ sǫgukvæþi* Bjarni Kolb. Wis. 68; 5,8.
*bǫþgjarnastir niþjar* Bjarni Kolb. Wis. 68; 7,4.
*rjóþendr skipum síþan* Bjarni Kolb. Wis. 69; 10,4 (*sinum* A).
*hugprúþr vesa síþan* Bjarni Kolb. Wis. 69; 13,4.
*ótrauþr á lǫg skeiþum* Bjarni Kolb. Wis. 69; 15,2.
*góþings at mér stríþi* Bjarni Kolb. Wis. 69; 15,8 u. ö.
*hríþ kannaþi lýþi* Bjarni Kolb. Wis. 69; 16,6.
*eldr gnauþaþi víþa* Bjarni Kolb. Wis. 70; 19,2.
*hjalmaskóþs á víþum* Bjarni Kolb. Wis. 70; 20,6.

*ótrauþr verit rjóþa Bjarni Kolb. Wis.* 70; 21,4.
*Ármóþ resa síþan Bjarni Kolb. Wis.* 70; 21,6.
*glaþr hofþingja enn þriþja Bjarni Kolb. Wis.* 70; 21,8.
*átróþr mikinn greiþa Bjarni Kolb. Wis.* 70; 23,2 (*gniþu A greiþa*
    *Gisl. om helr.* 35).
*hugprúþum Ármóþi Bjarni Kolb. Wis.* 71; 29,8.
*óþa Holgabrúþi Bjarni Kolb. Wis.* 71; 32,2.
*hríþ fell byrr í váþir Bjarni Kolb. Wis.* 71; 33,8.
*ótrauþr á kaf réþi Bjarni Kolb. Wis.* 72; 56,8.
*óblauþr þar síþan Bjarni Kolb. Wis.* 72; 37,6.
*dauþr lá herr á skeiþum Bjarni Kolb. Wis.* 72; 40,4.
*bera skal lið fyr lýþa Haukr Vald. Wis.* 78; 1,1.
*gríþar Geitis blóþi Haukr Vald. Wis.* 79; 4,3.
*Helgi rauþ enn hríþar Haukr Vald. Wis.* 79; 7,1.
*rorþu hauþr þás háþu Haukr Vald. Wis.* 79; 9,1.
*rauþ Finnbogi friþa Haukr Vald. Wis.* 80; 14,1.
*frýþut fylgimeiþar Haukr Vald. Wis.* 80; 16,1.
*öþ sds jarli heiþnum Haukr Vald. Wis.* 80; 18,3.
*rega knáþu þul þjóþir Haukr Vald. Wis.* 80; 18,5.
*bróþr váru þar báþir Haukr Vald. Wis.* 80; 18,7.
*beiþi ek þik mær ok móþir Eyst. Ásgr. Wis.* 87; 3,1.
*skapan ok fæþing skírn ok prýþi Eyst. Ásgr. Wis.* 87; 5,1.
*áþr vas hann þó jafnt ok síþan Eyst. Ásgr. Wis.* 88; 6,5.
*skapaþr vas góþr ok skein i prýþi Eyst. Ásgr. Wis.* 88; 7,3.
*guþs eingetnum syni enn síþan Eyst. Ásgr. Wis.* 88; 7,3.
*áþr enn fengi allá prýþi Eyst. Ásgr. Wis.* 88; 10,3.
*leiþkunnandi um likams æþar Eyst. Ásgr. Wis.* 88; 11,7.
*sjá'r liþandi maþr af móþur Eyst. Ásgr. Wis.* 88; 12,1.
*útleiþandi af Adams síþu Eyst. Ásgr. Wis.* 88; 13,1.
*aþ ei fari vit lífs of leiþum Eyst. Ásgr. Wis.* 89; 16,7.
*auþgint mjok þvit Eva trúþi Eyst. Ásgr. Wis.* 89; 17,1.
*heimr er dauþr enn hvat er til ráþa Eyst. Ásgr. Wis.* 90; 21,1.
*nema hjálpræþi guþs hit góþa Eyst. Ásgr. Wis.* 90; 22,7.
*sé þér dýrþ meþ sannri prýþi Eyst. Ásgr. Wis.* 90; 26,5 u. ö.
*leiþ sigrandi páfugls prýþi Eyst. Ásgr. Wis.* 90; 27,1.
*fyrbjóþandi henni at hræþast Eyst. Ásgr. Wis.* 91; 29,5.
*guþ himnanna framm mun fæþast Eyst. Ásgr. Wis.* 91; 29,7.
*fimm mánuþum ok fjórum síþar Eyst. Ásgr. Wis.* 91; 33,1.
*bæþi senn þvit mey ok móþur Eyst. Ásgr. Wis.* 91; 34,3.
*umsniþningar Jesú prýþi Eyst. Ásgr. Wis.* 91; 35,5.
*kvíþik at hans remming ráþa Eyst. Ásgr. Wis.* 92; 40,7.
*áþr ek sveik þau Evam bæþi Eyst. Ásgr. Wis.* 92; 43,3.
*augu græþing orþ at hlýþa Eyst. Ásgr. Wis.* 93; 46,7.
*dæmin góþ at vaxa viþa Eyst. Ásgr. Wis.* 93; 47,3.
*leiþan dreng at ljótum ráþum Eyst. Ásgr. Wis.* 93; 48,1.

*svá bjóþandi í sáran dauþa Eyst. Ásgr. Wis.* 94; 52,7.

*særþist bæþi sonr ok móþir Eyst. Ásgr. Wis.* 94; 56,7.

*hvat er tíþenda helgir leiþast Eyst. Ásgr. Wis.* 95; 62,3.

*hvat er tíþenda hjálpast lýþir Eyst. Ásgr. Wis.* 95; 62,5.

*hvat er tíþenda himnar bjóþast Eyst. Ásgr. Wis.* 95; 62,7.

*síþan reis meþ sigri af dauþa Eyst. Ásgr. Wis.* 96; 67,1.

*áþr enn upp yfir himna hæþir Eyst. Ásgr. Wis.* 96; 67,7.

*bjóþast hvárki blót né eiþar Eyst. Ásgr. Wis.* 96; 71,7.

*herrann bauþ meþ hæstri prýþi Eyst. Ásgr. Wis.* 97; 74,3.

*ungir glaþir frjálsir fríþir Eyst. Ásgr. Wis.* 97; 74,5.

*tvá hræþumst ek dóm ok dauþa Eyst. Ásgr. Wis.* 97; 76,1.

*hræþiliga meþ blindri bliþu Eyst. Ásgr. Wis.* 97; 78,5.

*beiþik nú fyr Márju móþur Eyst. Ásgr. Wis.* 98; 82,1.

*pín mik áþr enn detti á daupinn Eyst. Ásgr. Wis.* 98; 82,5.

*at því miþur sék þá síþan Eyst. Ásgr. Wis.* 98; 82,7.

*hræþumst ek at sárt muni sviþa Eyst. Ásgr. Wis.* 98; 84,1.

*heitu ok rauþu hjartans blóþi Eyst. Ásgr. Wis.* 98; 85,5.

*þá'r mæþumst í nógum nauþum Eyst. Ásgr. Wis.* 98; 86,5.

*líknar æþr ok lífgan þjóþa Eyst. Ásgr. Wis.* 99; 89,7.

*máþar fyrr enn Márju prýþi Eyst. Ásgr. Wis.* 99; 94,7 *(móþar A, Magnuss.* 94).

*þér býþ ek ok þinni móþur Eyst. Ásgr. Wis.* 100; 96,3.

*svangóþir rak síþan Guth. s. Hkr.* 87,33b.

*Selund náþi þá síþan Guth. s. Hkr.* 88,16a.

*malmhríþar svall meiþum Guth. s. Hkr.* 102,27a.

*blóþøxar tjá beiþa Eyv. skald. Hkr.* 103,17a.

*bulka skíps ór báþum Eyv. skald. Hkr.* 106,17a.

*nú hefr folkstríþir Fróþa Eyv. skald. Hkr.* 111,21b.

*ráþ eru rammrar þjóþar Eyv. skald. Hkr.* 111,28b.

*réþat oss til auþar Glúmr Geir. Hkr.* 136,31a.

*þá's riþloga reiþir Eyj. Daþ. Hkr.* 140,12a.

*af dynbeiþi dauþum Eyj. Daþ. Hkr.* 140,14b.

*áþr at yggjar brúþi Eyj. Daþ. Hkr.* 140,22b.

*stríþ um stála meiþa Þórþr Kolb. Hkr.* 154,33b.

*súþlǫngum frá sveiþa Þórþr Kolb. Hkr.* 155,1a.

*áþr vex skalds ok skeiþar Þórþr Kolb. Hkr.* 155,10a.

*hruþusk riþmarar róþa Tindr Hallk. Hkr.* 157,32b.

*áþr hjǫrmeiþr hrjóþa Tindr Hallk. Hkr.* 160,19b.

*liþar langra skeiþa Tindr Hallk. Hkr.* 160,21b *(leiþar Fris., Fms.* I, 183; *Thork.* 56).

*þú hefr ǫþlinga Óþni Þorl. Rauþf. Hkr.* 170,1b.

*ljóþa litlu síþar Þórþr Kolb. Hkr.* 170,27a.

*auþs enn upp um kvæþi Þórþr Kolb. Hkr.* 170,32a.

*sótti reiþr at ráþum Þórþr Kolb. Hkr.* 170,30b.

*oddhriþar fór eyþa* Eyj. Daþ. Hkr. 199,29a.

*þriþja hauþrs á þjóþir* Halld. ökr. Hkr. 216,15a.

*skeiþr glœstu þá þjóþir* Halld. ökr. Hkr. 215,15a.

*áþr varþ egg at rjóþa* Halld. ökr. Hkr. 217,15b (*aþr rox um gram*
    *godan* Flb I, 520).

*svanbrœþir namtú síþan* Ótt. sv. Hkr. 220,12b.

*réþ œttstuþill íþan* Ótt. sv. Hkr. 226,1b.

*rauþ Hringmaraheiþi* Ótt. sv. Hkr. 226,20a.

*blíþr hilmir tókt breiþa* Ótt. sv. Hkr. 226,32a.

*náþut ungr at eyþa* Ótt. sv. Hkr. 229,1a.

*nœþi straumr ef stöþi* Ótt. sv. Hkr. 234,12b.

*bláđgjóþa tókt brœþir* Ótt. sv. Hkr. 235,16a.

*hlýþ mínum brag meiþir* Sighv. sk. Hkr. 248,25a.

*gjóþs ne gorvar hríþir* Sighv. sk. Hkr. 252,21a.

*mjoþ fyr malma kveþju* Sighv. sk. Hkr. 253,6b.

*blóþs fekk sorr þar's slœþusk* Sighv. sk. Hkr. 253,17b.

*þá's til góþs enn gjóþi* Sighv. sk. Hkr. 253,27b.

*hróþrs baþt heilan líþa* Bersi Hkr. 254,8a.

*brúþr man heldr at háþi* Sighv. sk. Hkr. 255,19b.

*áþr hefk gott viþ góþu* Sighv. sk. Hkr. 274,14a.

*góþs megut gott um ráþa* Sighv. sk. Hkr. 274,16b.

*fljóþ sjá reyk hvar ríþum* Sighv. sk. Hkr. 275,3a.

*létk til Eiþs þvít óþumk* Sighv. sk. Hkr. 307,27a.

*hrœþum ek viþ Óþins* Sighv. sk. Hkr. 308,14a.

*lítt reiþik þó lýþa* Sighv. sk. Hkr. 308,31a.

*yþr kveþk jorþ es náþut* Sighv. sk. Hkr. 310,17b.

*hringstríþi varþ hlýþa* Arn. jarl. Hkr. 335,14a.

*þjóþ gall rœsis reiþi* Arn. jarl. Hkr. 364,25a.

*konungs dauþa munk kviþa* Sighv. sk. Hkr. 427,25a.

*ráþit hefk at ríþa* Hárekr Hkr. 427,25a.

*láþ dynmari leiþar* Hárekr Hkr. 427,27a.

*suþr sœskíþum* Þor. loft. Hkr. 440,30b.

*þar's stóþ fyr Staþ* Þor. loft. Hkr. 441,1a (*storr* Flb II, 306; *stór*
    Fgrsk. 84; *stórir* Fms V, 7; *stoþ* Ohs 59).

*skeiþ hans lá svá síþan* Sighv. sk. Hkr. 444,1b.

*blóþ kom varmt í víþan* Sighv. sk. Hkr. 444,10b.

*bragningr rauþ fyr breiþan* Sighv. sk. Hkr. 444,8b.

*skeiþ vann skjoldungr auþa* Sighv. sk. Hkr. 444,19a.

*biþrat betri dauþa* Sighv. sk. Hkr. 446,5a.

*þýþr lét þermlask bœþi* Sighv. sk. Hkr. 453,22a.

*sviþa sár af móþi* Jokull Hkr. 455,1a.

*rjóþum vér af reiþi* Har. Sig. Hkr. 479,5a (*Þorm. Kolbr. Ohs* 67).

*þá réþ í boþ bráþa* Sighv. sk. Hkr. 490,10a.

*rauþ í rekka blóþi* Sighv. sk. Hkr. 491,7a.

*emkat rjóþr enn rauþum* Þorm. Kolbr. Hkr. 497,33 a.

*auþn at Engla striþi* Sighv. sk. Hkr. 499,9 a (*ǫnd : sendi* Flb II, 366;
  *avnd : striþi* OHS 223).

*áþr vitu eigi meiþar* Sighv. sk. Hkr. 499,12 a.

*þjóþ réþ þengils dauþa* Sighv. sk. Hkr. 499,14 a.

*gǫþik hélzt i hróþri* Sighv. sk. Hkr. 508,31 a.

*nú hykk rjóþanda réþu* Arn. jarl. Hkr. 515,7 a (vgl. Thork. 73).

*hlóþu hirþmenn prúþir* Þjóþ. sk. Hkr. 416,53 b.

*flýþi Sveinn enn siþan* Þjóþ. sk. Hkr. 519,10 b.

*breiþ ok brynjur siþar* Sighv. sk. Hkr. 520,30 a.

*þjóþ mætti fá fóþask* Sighv. sk. Hkr. 522,25 b.

*Ástriþi láttu óþri* Sighv. sk. Hkr. 522,31 a.

*óþ meþ ǫxi breiþa* Arn. jarl. Hkr. 535,11 a.

*suþr gnauþuþu súþir* Þjóþ. sk. Hkr. 529,11 b.

*setti bjóþr at breiþu* Arn. jarl. Hkr. 529,26 b.

*réþ Óláfs sonr eiþum* Þjóþ. sk. Hkr. 532,1 b.

*valska rauþ fyr víþa* Arn. jarl. Hkr. 536,25 b.

*lǫgþu grǿþis glóþa* Þjóþ. sk. Hkr. 537,26 a.

*svá þykt flugu siþan* Þjóþ. sk. Hkr. 538,5 b.

*skeiþr nam herr at hrjóþa* Þjóþ. sk. Hkr. 538,28 b.

*þjóþ sǫkk niþr at nauþum* Þjóþ. sk. Hkr. 538,36 b.

*hrauþ Óláfs mǫgr áþan* Þjóþ. sk. Hkr. 539,3 a.

*staþar hefr stafn i miþju* Þjóþ. sk. Hkr. 539,17 b.

*slóþ drap fram at flóþi* Þjóþ. sk. Hkr. 539,31 b (*stoþ : flóþi* Fms
  VI, 81).

*náþi jarl at eyþa* Þjóþ. sk. Hkr. 540,3 a.

*flýþi jarl af auþu* Þjóþ. sk. Hkr. 541,25 a.

*réþ herkonungr hrjóþa* Þjóþ. sk. Hkr. 541,25 b.

*skeiþr tók Bjarnar bróþur* Arn. jarl. Hkr. 541,30 a.

*vápn gatk friþ enn fljóþi* Þjóþ. sk. Hkr. 542,1 b.

*bauþ Óláfs sonr áþan* Þjóþ. sk. Hkr. 542,9 a.

*rauþr leikr um bǿ breiþan* Þjóþ. sk. Hkr. 542,25 a.

*sviþr um seggja búþir* Þjóþ. sk. Hkr. 542,21 b.

*eyþir bygþ sem bráþast* Þjóþ. sk. Hkr. 542,23 b.

*móþr berr halr um heiþi* Þjóþ. sk. Hkr. 542,25 b.

*hlóþ enn hála téþu* Arn. jarl. Hkr. 543,12 b.

*háþisk heilli góþu* Þjóþ. sk. Hkr. 544,7 a.

*þjóþ veit at hefr háþar* Þjóþ. sk. Hkr. 555,7 a.

*stóþusk ráþ ok reiþi* Stúfr sk. Hkr. 555,28 a.

*þjóþ fekk vísan váþa* Stúfr sk. Hkr. 555,30 b.

*náþi gǫrr enn glóþum* Þór. Skeggj. Hkr. 557,7 a.

*eyþir augun bǿþi* Þjóþ. sk. Hkr. 557,13 a.

*sneiþ fyr Sikiley víþa* Har. harþr. Hkr. 558,10 a.

*Sviar tóþu þér siþan* Þjóþ. sk. Hkr. 559,24 a.

*skeiþr enn skelktu brúþir* Valg. Hkr. 559,32 b.

*nú's valmeiþum elpis Þjóþ. sk. Hkr. 560,31 a.*
*bauþ half riþ sik siþan Þjóþ. sk. Hkr. 562,25 b.*
*siklings þjóþ enn siþan Oddr Kik. Hkr. 568,14 b.*
*leiþangr bjóttu af láþi Bǫlv. Hkr. 570,13 a.*
*gjalfr stóþum reistu gróþi Bǫlv. Hkr. 570,15 a.*
*auþ varþ út at reiþa Grani Hkr. 571,3 b.*
*fórir reiþr sás rauþa Þorl. f. Hkr. 572,6 a.*
*breiþ á Buþla sliþir Þorl. f. Hkr. 572,8 a.*
*flýþu þeir á Þjóþu Stúfr sk. Hkr. 572,18 a.*
*bauþ sás beztrar tíþar Þorl. f. Hkr. 573,7 a (Þjóþ. sk. Mork. 57;*
    *Flb III, 341).*
*ok snarráþir siþan Þorl. f. Hkr. 574,18 b.*
*rjóþandi mun ráþa Har. harþr. Hkr. 578,22 a.*
*rauþ enn rýrt varþ siþan Arn. jarl. Hkr. 586,16 a.*
*skeiþ sák framm at flóþi Þjóþ sk. Hkr. 592,1 a.*
*róþr vas greiddr á gróþi Steinn Herd. Hkr. 594,10 a.*
*bæþi fló þá's blóþi Steinn Herd. Hkr. 595,7 b (benja flóþ í blóþi*
    *Fms VI, 316).*
*áþr enn ǫþlingr flýþi Arn. jarl. Hkr. 596,3 b.*
*lífs báþu sér lýþir Þjóþ. sk. Hkr. 606,26 b.*
*skǫþ lætr skína rauþan Trǫllk. Hkr. 613,12 a.*
*hráþr sér ǫrnis jóþa Trǫllk. Hkr. 613,14 a.*
*bauþ þessa fǫr þjóþum Þjóþ. sk. Hkr. 621,19 a.*
*dræþis naut eyþir Þjóþ. sk. Hkr. 626,5 a.*
*af góþum byr griþar Stúfr sk. Hkr. 630,24 a.*
*þá's blóþstara bræþir Stúfr sk. Hkr. 630,22 b.*
*þjóþ nýtr Ólafs auþar Steinn Herd. Hkr. 635,15 a.*
*sé þu hverr slíkt fé reiþir Steinn Herd. Hkr. 635,17 a.*
*konungs prýþa þau klæþi Steinn Herd. Hkr. 635,21 a.*
*syni Ólafs bauþ siþan Anon. Hkr. 636,19 b.*
*sviþr bjartr logi breiþan Anon. Hkr. 640,3 b.*
*beiþ ofmikit eyþir Þork. ham. Hkr. 641,3 b.*
*þjóþ rann mylsk til móþi Bjǫrn krepph. Hkr. 646,34 b.*
*sigryóþir réþ siþan Bjǫrn krepph. Hkr. 647,16 b.*
*framreiþar vas frauþi Anon. Hkr. 651,25 b.*
*óþ at ensku láþi Ein. Skúl. Hkr. 662,18 a.*
*uáþi herr at hrjóþa Halld. skv. Hkr. 663,9 b.*
*suþr vátt sigr hinn þriþja Halld. skv. Hkr. 663,29 a.*
*áþr viþ einkar breiþa Ein. Skúl. Hkr. 667,3 b.*
*borg heiþna tókt bræþir Halld. skv. Hkr. 668,1 a.*
*háþisk hver viþ prýþi Halld. skv. Hkr. 668,1 b.*
*fulleiþa hefr fróþum Þór. stuttf. Hkr. 687,1 a.*
*gramr fóþir val riþa Halld. skv. Hkr. 707,15 a.*
*auþ gefr Eysteinn lýþum Ein. Skúl. Hkr. 738,8 a.*
*rýþr bragnings kyn blóþi Ein. Skúl. Hkr. 738,10 b.*

*eyþendr sá yþrar* Þorbj. skakk. Hkr. 740,11b.
*rauþ flugu stál í striþri* Ein. Skúl. Hkr. 766,14b.
*áþr á grund af gróþis* Ein. Skúl. Hkr. 766,16b.
*síþ af slíkum ráþi* Ein. Skúl. Hkr. 755,28b.
*trauþr esa tenn at rjóþa* Þorbj. skakk. Hkr. 781,30a.
*Óláfssúþ und auþi* Hallr Sn. Kgs. 71,9a.
*stál bruna rauþ á reyþar* Hallr Sn. Kgs. 71,9b.
*enn sigrgóþi síþan* Sturla Kgs. 279,3b.
*rjóþr sák hlækinn heþna* Jatgeirr Kgs. 286,17a.
*eptir dolgstriþi dauþan* Sturla Kgs. 320,13a.
*þjóþ fekk ræsis reiþi* Sturla Kgs. 825,8b.
*folkprúþr keyrþi flota breiþan* Ól. hvít. Kgs. 339,18a.
*eiþar rufusk viþ Jnga bróþur* Anon. Kgs. 343,32b.
*flárœþi kom framm um síþir* Ól. hvít. Kgs. 356,32a.
*viþa settu þinar þjóþir* Sturla Kgs. 426,15a.
*síþan héldut suþr meþ láþi* Sturla Kgs. 426,15b.
*nauþa vissu nýjar súþir* Sturla Kgs. 432,14b.
*síþan leit es seglum hlóþu* Sturla Kgs. 432,24b.
*sníþa létu þinar þjóþir* Sturla Kgs. 432,24a.
*prúþar náþu sveitir síþan* Sturla Kgs. 433,5a.
*viþa fór um búkarls búþir* Sturla Kgs. 433,24b.
*ríþa frák ór borgum breiþum* Sturla Kgs. 445,10a.
*viþa glǫddusk valskar þjóþir* Sturla Kgs. 445,12a.
*ǫþlings bróþr af yþru ráþi* Sturla Kgs. 445,12b.
*ok sókngóþir síþan* Sturla Kgs. 458,4b.
*leiþir langskíþum* Sturla Kgs. 469,7a.
*hlóþu hugprúþir* Sturla Kgs. 474,15a.
*stóþ af stórráþum* Sturla Kgs. 469,10a.
*suþr af sæskíþum* Sturla Kgs. 470,9b.
*bauþ hinn bǫþfróþi* Sturla Kgs. 471,24a.
*viþa vargfóþis* Sturla Kgs. 472,10a.
*auþar úþjóþa* Sturla Kgs. 472,36a.
*áþr enn egghríþar* Sturla Kgs. 474,34b.
*áþr enn allvald prúþar* Sturla Kgs. 482,15a.
*lýþa grams yfir leiþi* Sturla Kgs. 482,15b.

### þg : þg.

*græþgi drep meþ glæpum auþgum* Eyst. Ásgr. Wis. 97; 78,3.

### þl : þl.

*buþlungr vildi bjart líf øþlask* Mark. Skeggj. Wis. 53; 28,7.

### þn : þn.

*Hreþn á hǫlþum roþnar* Ein. Skúl. Hkr. 717,15b.

þr : þr.

hvcþru brynju Viþris Brage Wis. 3; 11,2.
vaþr lá Viþres arfa Brage Ger. 23; 16,1.
kømrat yþr né øþri Þorbj. hornkl. Wis. 15; 9,1.
glaþr í Gǫndlar veþrum Ein. Skúl. Wis. 27; 4,7.
meiþr es mǫrgum øþri Korm. Qgm. Wis. 26; 2,1.
sukku niþr af Naþri Hallfr. v. Wis. 35; 10,1.
biþr allskonar øþri Ein. Skúl. Wis. 61; 62,1.
dauþr enn drengi aþra Haukr Vald. Wis. 79; 6,7.
fenris leþr í fóþri Haukr Vald. Wis. 79; 7,3.
sá vas vápnrjóþr Viþris Haukr Vald. Wis. 80; 16,3.
fjþrirjǫþr enn fjandmenn yþra Arn. jarl. Wis. 44; 4,3.
glaþrar dvelst í jungfrú iþrum Eyst. Ásgr. Wis. 91; 31,7.
aþra sveit með hæstum heiþri Eyst. Ásgr. Wis. 96; 72,5.
suþr at sjávar naþri Eyj. Daþ. Hkr. 140,24a.
áþr frágum þat aþra Eyj. Daþ. Hkr. 199,8a.
Ulfs feþr vas þat aþra Sighv. sk. Hkr. 230,28b.
jarls niþr komtu yþra Bjarni gullbr. Hkr. 456,31a.
þér munk eþr unz ǫþrum Þorm. Kolbr. Hkr. 478,1a (vgl. Thork. 71).
skeiþr hefr hann fyr hauþri Þjóþ. sk. Hkr. 592,16b.
breþr í Bjarkey miþri Anon. Hkr. 640,1a.
meþr vituþ ǫþling øþra Ein. Skúl. Hkr. 667,10a.

## Lauger Vocal : langem Vocal.

meyjar hjóls enn mæri Brage Wis. 2: 2,3.
hinn's mjǫtyggl máva Brage Ger. 26; 22,3.
fló með fróþgum tíva Þjóþ. hv. Wis. 8,1 (vgl. Wis. 183).
leiþiþlr ok læva Þjóþ. hv. Wis. 10; 11,3.
þá's í Qngulseyjar Ein. Skúl. Wis. 57; 31,7.
flája getr enn frýju Sighv. sk. Hkr. 437,30a (fleira Ohs, Flb II, 304;
     fløra OHS 178).
há þótti mér hlæja Sighv. sk. Hkr. 521,35a.
nú taka Norþmenn knýja Þjóþ. sk. Hkr. 542,15a.
hvé hefr til Heiþabæjar Þorl. f. Hkr. 572,28a.
þás til þengils bæjar Þorl. f. Hkr. 572,28b.
há brynjaþar hlýja Þjóþ. sk. Hkr. 592,27b.
Hléseyjar lemr hávan Þjóþ. sk. Hkr. 592,31a.
svá lauk siklings ævi Þjóþ. sk. Hkr. 621,17b.
Jóan mun at frýja Anon. Hkr. 640,1b.
því vas nent at nýju Þorbj. skakk. Hkr. 740,13a.

## B.

## *Aþalhendingar.*

### add : add.

*naglskadds viþ trú stadda* Ein. Skúl. Wis. 61; 68,4.
*saddr varþ í gný nadda* Haukr Vald. Wis. 79; 5,6.
*Þórhadd viþu nadda* Haukr Vald. Wis. 81; 23,8.
*nadds hámána radda* Guth. s. Hkr. 97,28b.
*syni Maddaþar staddir* Ein. Skúl. Hkr. 742,4a.
*kvadda af engli dróttinn gladda* Eyst. Ásgr. Wis. 94; 55,2.

### af : af.

*óstafr fǫþur hafþi* Ein. Skál. Wis. 27; 6,2.
*hafanda staf* Sighv. sk. Wis. 41; 9,4.
*hafa es landa krafþir* Sighv. sk. Wis. 42; 6,6.
*afskýfþr farit hafþi* Ein. Skúl. Wis. 56; 26,4 (*afskurdr* Flb I, 3).
*láþstafr vegit hafþi* Þórþr Kolb. Hkr. 170,26b.

### afl : afl.

*aflfátt meþalkafla* Sighv. sk. Hkr. 488,35b.
*jarþar skafls af afli* Eil. Guþr. Wis. 31; 8,7.

### afn : afn.

*heilags tafns ok hrafna* Ulfr Ugg. Wis. 30; 7,7.
*yþru nafni mannkyn hafna* Arn. jarl. Wis. 45; 8,2.
*tveir nafnar hræ jafnan* Hallarst. Wis. 48; 17,4.
*hrafna vins nema hafni* Haukr Vald. Wis. 78; 1,3.
*sins nafna lét hrafna* Haukr Vald. Wis. 79; 7,8.
*ulfs kom hrafn at tafni* Haukr Vald. Wis. 79; 10,2.
*jafnan hefr ek mœsta kafnat* Eyst. Ásgr. Wis. 97; 77,4.
*hafnit nefju nafna* Hildr Hkr. 66,1a (!).
*stafns fletbalkar hrafna* Eyj. Daþ. Hkr. 140,13b.
*hrafni skeiþar stafna* Sighv. sk. Hkr. 253,30b.
*valtafn frekum hrafni* Þorm. Kolbr. Hkr. 478,2b (*valtamn : ramne*
Ohs 344).
*hrafni skeiþar stafna* Sveinnflokkr Hkr. 513,21b.
*hrafna sék til hafnar* Sighv. sk. Hkr. 521,11a (!).
*grafnings und kló hrafni* Arn. jarl. Hkr. 529,2b.
*framstafn varar hrafni* Þjóþ. sk. Hkr. 538,29a (*hramni* Kph III, 39;
Fris. 186,28a).
*jafnþarfr bláum hrafni* Arn. jarl. Hkr. 543,20b.
*skafnir snekkju stafnar* Þjóþ. sk. Hkr. 592,26a.
*hrafgrennir lýkr stafnum* Anon. Hkr. 602,20b.
*stafnrúm Haralds jafnan* Trǫllk. Hkr. 612,33b.

bolum tafn und kló hrafni Blakkr Kgs. 111,11 a.
fekk tafn bldum hrafni Sturla Kgs. 279,2 b.
nafnkunnr jǫfurr skipum stafna Öl. hrit. Kgs. 380,7 a.
konungs nafn á þik jafnam Sturla Kgs. 458,7 a.
hrafn á valtafni Sturla Kgs. 470,2 b.

### aft : aft.

aftr geirbrúar hafta Ein. Skál. Wis. 27; 9,6.
fara aftr vali krafta Hárekr Hkr. 428,31 b.

### afþ : afþ.

gramr svafþi bil hafþi Ein. Skál. Wis. 26; 1,4.
hafþi jarl um krafþa Halld. ökr. Hkr. 207,29 b.
hafþi gulli vafþan Sighv. sk. Hkr. 488,33 a.

### ag : ag.

orþhags kyni sagþar Ein. Skál. Wis. 62; 70,2.

### agl : agl.

gagls viþ strengjar hagli Hallfr. v. Wis. 33; 7,2.
haglig ráþ meþ Agli þork. ham Hkr. 639,6 a.
Baglar stóþu í brodda hagli Baglar Kgs. 161,29 b (?).

### agn : agn.

Ragnarr ok fjǫlþ sagna Brage Wis. 2; 7,4.
hagnaþr vas þat bragna Ein. Skál. Wis. 28; 16,6.
varþ ragna konr gagni Ein. Skál. Wis. 29; 23,2, ⎫
ragn Hákonar magna Ein. Skál. Wis. 29; 23,8, ⎬ vgl. Thork. 51.
sagna galdrs enn Ragnir Eil. Guþr. Wis. 30; 3,4.
vá gagn faþir Magna Eil. Guþr. Wis. 32; 20,2.
Magnús alt í gagnum Sighv. sk. Wis. 42; 3,2.
Magnús konungr fagni Sighv. sk. Wis. 43; 17,4.
bragningi goþ fagni Hallarst. Wis. 50; 33,4.
hafi gagn enn ek þagna Hallarst. Wis. 50; 35,8.
bragningr vildi goþdóm magna Mark. Skeggj. Wis. 51; 11,2.
Magnúss hvatir bragnar Ein. Skál. Wis. 56; 27,4.
Magnús Hugin fagna Ein. Skál. Wis. 57; 29,4.
hagnaþr ór styr gagni Ein. Skál. Wis. 57; 32,8.
ragnræfrs enn ek þagna Ein. Skál. Wis. 62; 71,8.
ragnskreytir lét fagna Haukr Vald. Wis. 79; 4,2.
agnvelgjandi á króki fagna Eyst. Ásgr. Wis. 95; 60,8.
rettu bragna konr gagni Ött. sv. Hkr. 226,31 b.
fim bragningar gagni Ött. sv. Hkr. 284,29 b.
bragna konr meþgagni Sighv. sk. Hkr. 446,6 a.
Magnúss faþir gagni Sighv. sk. Hkr. 453,23 b.
magni keyrþr í gagnum þorm. Kolbr. Hkr. 498,10 b.

*feþr Magnús biþk fagna Sighv. sk. Hkr.* 510,24 *b.*
*Magnús konungr fagna Sighv. sk. Hkr.* 516,25 *b.*
*Magnús enn þvi fagnum Sighv. sk. Hkr.* 516,27 *a.*
*Magnús konungr fagna Sighv. sk. Hkr.* 522,20 *a.*
*Magnús at ek fagna Sighv. sk. Hkr.* 522,24 *a.*
*jǫfur magnar guþ fagna Sighv. sk. Hkr.* 523,19 *a.*
*Magnús kjalar vagna Þjóþ. sk. Hkr.* 538,27 *a.*
*gagnsælan mér fagna Stúfr sk. Hkr.* 630,25 *a.*
*bekksagnir lætr bragna Steinn Herd. Hkr.* 635,13 *b (!).*
*bragningr gjǫfum fagna Steinn Herd. Hkr.* 635,14 *b.*
*bragningr skaut af magni Þork. ham. Hkr.* 648,14 *a.*
*snjallr bragningr hlaut fagna Ein. Skúl. Hkr.* 668,7 *b.*
*semr Magnús friþ bragna Ein. Skúl. Hkr.* 738,11 *a.*
*gagn Sigurþar magni Ein. Skúl. Hkr.* 744.6 *a.*
*snarir bragningar her at magna Ól. hvit. Kgs.* 349,10 *a.*
*þungr magnaþisk agi bragna Ól. hvit. Kgs.* 357,4.
*bragningr ef vel hagnar Ól. hvit. Kgs.* 374,14 *a.*
*bragna fjǫlþ af sinu magni Sturla Kgs.* 445,11 *a.*
*bragna sigrmagnaþr Sturla Kgs.* 471,25 *a.*
*bragna fjǫlmagnat Sturla Kgs.* 473,3 *a.*

### agr : agr.

*sjá bragr hinn hárfagra Jór. skaldm. Hkr.* 77,23 *b.*
*dagr náþit lit fagrum Sighv. sk. Hkr.* 491,31 *b.*
*dagr enn vifin fagru Magn. berf. Hkr.* 654,28 *a.*
*heilagr konungr fagran Ein. Skúl. Wis.* 54; 9,8.
*lagraustaþar meþ á sjón fagri Eyst. Ásgr. Wis.* 94; 52,6.

### agþ : agþ.

*bragþviss at þat lagþi Þjóþ. hv. Wis.* 9; 5,6.
*hlifar flagþs ok lagþi Ein. Skúl. Wis.* 28; 15,6.
*oddbragþs hinn's þat sagþi Hallfr. v. Wis.* 37; 22,2.
*brynflagþs reginn lagþi Halld. ókr. Hkr.* 212,30 *b.*
*lagþisk suþr til Agþa Halld. ókr. Hkr.* 217,35 *a.*
*Agþir nær um lagþan Sighv. sk. Hkr.* 252,15 *b.*

### ak : ak.

*vilge slakr es rakþesk Braye Ger.* 23; 16,2.

### akk : akk.

*vágs blakkriþi ok Frakka Ein. Skúl. Wis.* 28; 19,8 (vgl. *Wis.* 132).
*rakklyndr at þvi sprakka Haukr Vald.·Wis.* 79; 5,4.
*blakkriþandi bakka Glúmr Geir. Hkr.* 86,34 *a (!) (blikkriðandi*
*Fris.* 67,21 *a).*
*vigrakkr konungr blakka Ótt. sv. Hkr.* 220,2 *a.*

ógnrakkr gjafar þakka Bjarni gullbr. Hkr. 456,30a.
olsblakk viþ hræ Frakka Þork. Skall. Hkr. 621,10b.
folkrakkr gefa nakkvat Þór. stutf. Hkr. 686,21a.

### akk : ak.

rak vegbrautar nakkva Þorbj. hornkl. Wis. 14; 3,8.

### aks : aks (ax : ax).

haffaxa lét vaxa Ein. Skál. Wis. 27; 4,6.
salþaks megin vaxa Eil. Guþr. Wis. 31; 7,8.
ljótvaxinn hræ Saxa Hallfr. v. Wis. 34; 6,4.
vax eitt í ham faxa Anon. Hkr. 151,23a.

### akks : aks.

marblakks á kaf saxi Ein. Skúl. Hkr. 766,13a.

### al : al.

svalheims ralar Þór. loft. Hkr. 441,10a (suqlheims rqlur Fms V, 7;
    Flb II, 307).
Aleinn lifdvalar Sturla Kgs. 472,11b (Áleinn Wis.).

### ald : ald.

oft Þrivalda haldet Brage Ger. 24; 19,2.
hjalmfaldinn mun valda Þjóþ. hv. Wis. 9; 3,4.
Horþa valdr of faldinn Ein. Skál. Wis. 28; 17,6.
skalmald hefr þvi valdit Hallfr. v. Wis. 37; 26,6.
allvaldr búendr gjalda Sighv. sk. Wis. 38; 2,8.
galdrs upphofum valda Sighv. sk. Wis. 38; 4,2.
ógnvaldr níu taldar Sighv. sk. Wis. 39; 9,6 (ógndiarfur OHS 4).
Haralds arfi lét haldask Sighv. sk. Wis. 42; 5,5 (!).
aldr ok herverk sjaldan Sighv. sk. Wis. 43; 16,6.
haldask biþk hans aldr Ótt. sv. Wis. 44; 2,3 (!).
aldar hefr allvaldr Ótt. sv. Wis. 44; 5,3 (!).
flestan aldr und drifnu tjaldi Arn. jarl. Wis. 45; 7,4.
aldri frák enn vísi valdiþ Arn. jarl. Wis. 45; 11,5.
aldrspelli frák valda Hallarst. Wis. 46; 5,8.
skjaldbúnum lét haldit Hallarst. Wis. 47; 7,4.
hjaldrríkr ok gaf skjaldu Hallarst. Wis. 47; 12,2.
Hyr-Baldr hvitra skjalda Hallarst. Wis. 49; 25,5.
sigrs valdari goþs lqg halda Mark. Skeggj. Wis. 51; 8,8.
folkvaldr í dyn skjalda Ein. Skúl. Wis. 55; 13,6.
baugskjaldar lauk aldri Ein. Skúl. Wis. 56; 19,2.
hauþtjalda brá aldri Ein. Skúl. Wis. 56; 19,6 (bar dauda Flb I, 3).
allsvald fyr hjor gjalda Ein. Skúl. Wis. 59; 50,1.
himnavalds þars aldri Ein. Skúl. Wis. 61; 63,6.

*hald blóþugra skjalda Haukr Vald. Wis.* 81; 25,6.
*hjaldrǫrr ok vann sjaldan Haukr Vald. Wis.* 81; 26,2.
*staþi haldandi í kyrrleiks valdi Eyst. Ásgr. Wis.* 87; 1,4; 100; 100,4.
*allsvaldanda kóngi at gjalda Eyst. Asgr. Wis.* 87; 4,8.
*tvá jafnaldra í sinn valdi Eyst. Ásgr. Wis.* 88; 6,8.
*sæmd ok vald þitt minkist aldri Eyst. Ásgr. Wis.* 90; 26,8 u. ö.
*allsvaldandi kóngr at gjalda Eyst. Asgr. Wis.* 96; 70,2.
*alda er þeim meþ virþing haldin Eyst. Ásgr. Wis.* 97; 74,8.
*margfaldaþan lofsǫng gjalda Eyst. Ásgr. Wis.* 100; 95,4.
*allvaldr sá's gaf skaldum Glúmr Geir. Hkr.* 89,29a.
*aldr Hákonar skaldum Eyv. sk. Hkr.* 111,29a.
*tveim skjaldum lékk aldri Eyv. sk. Hkr.* 112,2b.
*aldrbót ok Sigvalda Skúl. Þorst. Hkr.* 211,24a.
*aldrgipta Rǫgnvaldi Sighv. sk. Hkr.* 230,29b.
*allvaldr um getr aldar Ótt. sv. Hkr.* 234,19a (!).
*eitt skald drasils tjalda Sighv. sk. Hkr.* 249,28a.
*allvaldr loft skalda Sighv. sk. Hkr.* 248,27b.
*skald biþr hins at haldi Sighv. sk. Hkr.* 307,20a.
*Rǫgnvald konungr haldit Sighv. sk. Hkr.* 310,14a.
*þar á hald und Rǫgnvaldi Sighv. sk. Hkr.* 310,26a.
*Rǫgnvald konungr halda Sighv. sk. Hkr.* 311,13a.
*allvaldr gefa skaldi Sighv. sk. Hkr.* 431,32b.
*allvalds enn fé gjalda Sighv. sk. Hkr.* 437,33a.
*aldr fullara at halda Sighv. sk. Hkr.* 446,6b.
*kald ef ek má valda Þorm. Kolbr. Hkr.* 474,9b.
*allvaldr náir skaldum Þorm. Kolbr. Hkr.* 478,2a.
*hjaldr á breiþa skjaldu Þjóþ. sk. Hkr.* 538,4a.
*aldprúþr fyrir haldi Þjóþ. sk. Hkr.* 539,28b.
*minn skjǫld á hliþ sjaldan Þjóþ. sk. Hkr.* 542,18a.
*hjaldrs Danmarkar skjaldu Þjóþ. sk. Hkr.* 542,26b.
*allvaldr Dǫnum gjalda Arn. jarl. Hkr.* 543,13a.
*galdrs akkeri halda Har. harþr. Hkr.* 570,6b.
*kaldnefr furu halda Þjóþ. sk. Hkr.* 570,10b.
*allvalds skipum halda Anon. Hkr.* 570,27b.
*sjaldfestar guþ valda Þorl. f. Hkr.* 572,4b.
*liþbaldr af sér tjaldi Þjóþ. sk. Hkr.* 592,9a.
*skjald es dregr at hjaldri Trǫllk. Hkr.* 613,13a.
*haldorþ í bug skjaldar Har. harþr. Hkr.* 620,14a.
*haldi upp því's valda Þjóþ. sk. Hkr.* 626,15a.
*hjaldrs tilgerþir valda Þjóþ. sk. Hkr.* 626,20b.
*hyggr skald af þrjá sjaldan Magn. berf. Hkr.* 654,26a.
*hjaldrs lausmæli gjalda Ein. Skúl. Hkr.* 662,25b.
*hafkaldan lof skaldi Ein. Skúl. Hkr.* 667,4a.
*eykr hjaldr Sigurþar skjaldar Ein. Skúl. Hkr.* 738,9a.
*folktjald komit aldri Ein. Skúl. Hkr.* 738,9b.

*allvaldr skipum haldit Sturla Kgs.* 277,18a.
*Hǫrþa valdr um faldinn Sturla Kgs.* 279,2a.
*valdr fláræþi gjalda Ól. hvít. Kgs.* 303,29a.
*valdr norrónar aldar Sturla Kgs.* 325,7a.
*hjaldrs fýstu þeir sakar haldar Ól. hvít. Kgs.* 340,31a.
*aldir kráþu varla haldusk Ól. hvít. Kgs.* 344,2a.
*járnfaldit líþ saman hjaldri Ól. hvít. Kgs.* 385,7.
*aldar gramr af páfa valdi Sturla Kgs.* 407,15a.
*reiþivaldr meþ frægþum haldit Sturla Kgs.* 407,15b.
*hringa baldr af þínu valdi Sturla Kgs.* 426,18b.
*allvaldr griþum halda Giz. Þorv. Kgs.* 441,29.
*vald framm komit aldar Sturla Kgs.* 458,7b.
*yþvart vald um heiminn kalda Sturla Kgs.* 459,4a.
*allvaldr enn þú ríki haldit Sturla Kgs.* 459,4b.
*hjaldri járnfaldin Sturla Kgs.* 474,36a (umzustellen mit 474,37a,
    vgl. S. 151).
*aldir gunntjalda Sturla Kgs.* 474,33b.

### aldr : aldr.

*hjaldrsklþs þrumu galdra Þorbj. hornkl. Wis.* 14; 2,2.
*hjaldrmǫgnuþr þér aldri Sighv. sk. Wis.* 42; 10,8.
*hjaldrs af vápna galdri Ein. Skúl. Wis.* 58; 43,2.
*margfaldr ǫfund kaldri Ein. Skúl. Wis.* 60; 58,4.
*liþsvaldr numinn aldri Ein. Skúl. Wis.* 61; 62,6.
*fleingaldr vǫlu skjaldar Haukr Vald. Wis.* 79; 7,4.
*valdr himnanna á þrítugs aldri Eyst. Ásgr. Wis.* 92; 37,2.
*þrǫngþr ok kvaldr af mæþing taldri Eyst. Ásgr. Wis.* 97; 79,6.
*herbaldr lyki aldri Bjǫrn krepph. Hkr.* 641,21b.
*hjaldrs einskǫpuþr galdra Snorre Sturl. Kgs.* 352,2a.

### alf : alf.

*sjalflofta kom Þjalfi Eil. Guþr. Wis.* 31; 9,4.
*undirjalfrs at alfi Eil. Guþr. Wis.* 32; 19,3 (!).
*Alfheims bliku kalfa Eil. Guþr. Wis.* 32; 19,4.
*halfa lest af harra sjalfum Mark. Skeggj. Wis.* 53; 30,3 (!).
*bengjalfrs ok þi sjalfa Óttr. sr. Hkr.* 235,17a.
*ek hef sjalfr krafit halfa Sighv. sk. Hkr.* 249,11b.
*halfger viþ Niþ sjalfa Klǫngr Br. Hkr.* 249,29b (Þórþr Sjdr.
    Fgrsk. 74).
*guþ sjalfr enn mér halfa Sighv. sk. Hkr.* 377,20b.
*upp hvalfa svik sjalfan Sighv. sk. Hkr.* 437,32b (!) (hvalfra : sjalfr
    OHS 178).
*Kalfr viþ Bókn austr sjalfa Bjarni gullbr. Hkr.* 446,35a.
*Jalfaþs nema gram sjalfan Þorm. Kolbr. Hkr.* 497,19b (almnedrs Flb
    II, 364; iolfaþrs Ohs 72; ialfoþs OHS 222; iálmflóds D).

*Alfhildr enn þik sjalfa Sighv. sk. Hkr.* 522,32 a.
*gjalfr enn hlýþur skjalfa Anon. Hkr.* 602,18 a.
*sjalfr upp Nóreg halfan Anon. Hkr.* 636,20 b.

### alfr : alfr.

*fjalfrs ólágra gjalfra Þjóþ. hv. Wis.* 11; 18,2.

### alk : alk.

*galkn viþ randar balku Hallfr. v. Wis.* 35; 8,4.

### all : all.

*ballfǫgr gǫtu allir Brage Wis.* 2; 6,6 (*ball fann* Cod. 1 e β, vgl. *Wis.* 117).
*dólg ballastan vallar Þjóþ. hv. Wis.* 9; 6,6.
*svall þá's gekk meþ gjallan Korm. Qgm. Wis.* 26; 4,1 (!).
*valfalls of sæ allan Ein. Skál. Wis.* 27; 8,6.
*fjall-Gauts hnefa skjalla Ulfr Ugg. Wis.* 29; 4,2.
*Heimdallr at mǫg fallinn Ulfr Ugg. Wis.* 30; 6,4.
*gall manntælir halla Eil. Guþr. Wis.* 30; 3,6.
*hallands of sér falla Eil. Guþr. Wis.* 31; 7,2.
*stall viþ -rastar falli Eil. Guþr. Wis.* 31; 10,4.
*hall -fylvingum -vallar Eil. Guþr. Wis.* 32; 14,2.
*snjallráþr konungs spjalli Hallfr. v. Wis.* 33; 5,2.
*allvaldr i styr falla Hallfr. v. Wis.* 34; 4,2 (*allvandliga falla* Flb
    I, 110).
*allvaldi tváa snjalla Hallfr. v. Wis.* 35; 3,6.
*allr glepsk friþr af falli Hallfr. v. Wis.* 37; 21,3 (!). 25,7 (!).
*herfall vas þar alla Sighv. sk. Wis.* 39; 7,6.
*allan Nóreg gotna spjalli Arn. jarl. Wis.* 44; 5,6.
*allvaldr est þú óvægr kallaþr Arn. jarl. Wis.* 46; 15,8.
*allréttligum dómi halla Mark. Skeggj. Wis.* 51; 8,6.
*hallir nápu vitt at falla Mark. Skeggj. Wis.* 52; 22,6.
*harra spjalli laþmenn snjalla Mark. Skeggj. Wis.* 53; 26,6.
*alls stýrandi konung snjallan Mark. Skeggj. Wis.* 53; 31,1.
*snjallir menn of heimsbygþ alla Mark. Skeggj. Wis.* 53; 31,6.
*allsvaldanda ens snjalla Ein. Skúl. Wis.* 53; 1,2.
*veþr kallaþisk hallar Ein. Skúl. Wis.* 54; 2,4.
*allráþanda hallar Ein. Skúl. Wis.* 54; 5,4.
*goþs hallar vér allir Ein. Skúl. Wis.* 56; 7,2.
*dáþsnjalls verǫld alla Ein. Skúl. Wis.* 56; 56,8.
*Jóan kallak allrar Ein. Skúl. Wis.* 54; 9,3.
*vallrjóþanda allra Ein. Skúl. Wis.* 55; 10,6.
*hall ok Norþmenn allir Ein. Skúl. Wis.* 55; 11,4.
*alls heims fyr gram snjallum Ein. Skúl. Wis.* 55; 16,8.
*snjallr lausnara spjalli Ein. Skúl. Wis.* 57; 30,2.
*snjalls of Danmǫrk alla Ein. Skúl. Wis.* 58; 36,4.

styrsnjallr roþins galla Ein. Skúl. Wis. 59; 48,4.
Skalla-Grims enn snjalli Haukr Vald. Wis. 79; 10,8.
Hallfreþr konung snjallan Haukr Vald. Wis. 80; 12,4.
Siþu-Hallr viþ alla Haukr Vald. Wis. 81; 22,4.
allir senu meþ gráti at kalla Eyst. Ásgr. Wis. 93; 50,4.
grams fall á sjá alla Glúmr Geir. Hkr. 102,28b.
fallsól brá vallar Eyv. sk. Hkr. 111,27a.
randvallar lét falla Eyj. Daþ. Hkr. 140,13a.
hall bilar hára fjalla Þórþr Kolb. Hkr. 214,25b.
allvalds nutu allir Þórþr Kolb. Hkr. 217,28b (!).
Hallands um gram snjallan Halld. ökr. Hkr. 215,6b.
allvalds liþi falla Sighv. sk. Hkr. 252,28a.
grams stallara alla Sighv. sk. Hkr. 274,15a.
snjallr unz gramr vas fallinn Bjarni gullbr. Hkr. 493,16b.
hall um Nóreg allan Sighv. sk. Hkr. 521,31a.
ballr Skánungum allar Arn. jarl. Hkr. 541,31a.
allitt Svía kallum Þjóþ. sk. Hkr. 543,2b.
snjallr landreki allir Þjóþ. sk. Hkr. 559,25a.
valfalls Selund alla Valg. Hkr. 560,7a.
allr enn þat má kalla Menn Har. harþr. Hkr. 572,23a.
allvaldr í sjá falla Þjóþ. sk. Hkr. 592,15a.
all ráþn þverran falla Steinn Herd. Hkr. 593,27b.
grams stallari alla Steinn Herd. Hkr. 594,11a.
snjalls landreka spjalli Steinn Herd. Hkr. 594,11b.
Halland jǫfurs spjallar Steinn Herd. Hkr. 595,2b.
alla nótt hinn snjalli Þjóþ. sk. Hkr. 595,15a.
lofsnjallr Dana allra Anon. Hkr. 602,18b.
snjallr gramr Danir allir Anon. Hkr. 602,25a.
allmǫrg búendr snjallir Anon. Hkr. 602,36a.
niþrfall Hálfs galla Þjóþ. sk. Hkr. 606,29b¹).
heilagt fall til vallar Ól. hlg. Hkr. 613,24a.
falli sjalfr til vallar Þjóþ. sk. Hkr. 620,17a.
snjalls at rér rom allir Þjóþ. sk. Hkr. 621,18b.
falla liþsmenn allir Arn. jarl. Hkr. 621,30b.
allvalda til kalla Anon. Hkr. 628,5b; 633,4b.
málsjallr hafa allan Anon. Hkr. 636,22b.
snjallr viþ borg þá's kalla Halld. skv. Hkr. 663,30a.
austr um fjall meþ drengi snjalla Ól. hvít. Kgs. 341,4b.
snjallráþan þik Danir allir Sturla Kgs. 442,7b.
snjallmæltr hlutut allrar Sturla Kgs. 458,5b.
hallar lifgalli Sturla Kgs. 470,10a.

---

¹) Hier will Sievers, Beitr. V, 516, Háva lesen, Gísl. Njál. II, 279 ff. dagegen Háalfr.

### all : al.

styrjar valdi rauþu falla Snorri Sturl. Kgs. 281,18a.
hjaldrdrifs á Kýrfjalli Jatgeirr Kgs. 286,18a.

### alm : alm.

Vilhjalms fyr bö hjalma Sighv. sk. Wis. 39; 11,6 (malma Flb II, 21).
falma kváþu ögishjalmi Arn. jarl. Wis. 44; 4,4.
gerzkum malmi Peitu hjalma Arn. jarl. Wis. 45; 6,8.
malmi skrýddr ok faldinn hjalmi Mark. Skeggj. Wis. 52; 18,4.
bugust almar geþ falma Eyv. sk. Hkr. 111,8a.
malmþings i dyn hjalma Skúli Þorst. Hkr. 211,22b.
jalmfreyr und sik malma Hallv. Hár. Hkr. 442,2b.
skalmöld vex nú falma Þorm. Kolbr. Hkr. 476,10a.
alms meþ bjarta hjalma Sighv. sk. Hkr. 490,9b.
fjalmennr konungr hjalmum Valg. Hkr. 560,9a.
malmr kom harþr viþ hjalma Arn. jarl. Hkr. 596,3a (?).
hjalmstofn i gný malma Har. harþr. Hkr. 620,14b.
Vilhjalmr sás rauþ malma Þork. skall. Hkr. 624,20a.
alm stökk blóþ á hjalma Bjǫrn krepph. Hkr. 648,16a.
alm sveigþi liþ hjalma Ein. Skúl. Hkr. 766,13b.
alm dynviþir malma Þorbj. skakk. Hkr. 781,31b.

### alp : alp.

Simon skalpr of hjalpask Ein. Skúl. Hkr. 755,29b.

### als : als.

sjávar bals at Halsi Glúmr Geir. Hkr. 134,22b (vgl. S. 59).

### alsk : alsk.

falsk und hjalm hinn valska Sighv. sk. Hkr. 252,28b.
falsk riddarinn valski Magn. berf. Hkr. 651,23.

### alt : alt.

alt meþ grönu salti Sighv. sk. Hkr. 311,15b.
alt hefr sás fjǫrvaltan Sighv. sk. Hkr. 416,30a.
alt brimgaltar Þór. loft. Hkr. 440,29b.
einfalt i Griksalti Ein. Skúl. Hkr. 667,6a.

### am : am.

samráþa þeir Hamþir Brage Wis. 2; 5,6.
upp lét gramr i gamla Sighv. sk. Wis. 39; 13,5.
namsk þat meþ gram Sighv. sk. Wis. 40; 3,2.
liþs gramr saman Sighv. sk. Wis. 40; 4,2.
gramr iþróttir framþi Hallarst. Wis. 49; 25,4.
hvárr lézk grams i hamri Hallarst. Wis. 49; 26,6.

*allframr bûendr gamla Sighv. sk. Hkr.* 417,4a.
*grams skip framt Þór. loft. Hkr.* 440,35a.
*enkak tamr at samna Bjarni gullbr. Hkr.* 456,12b.
*lastsamr ara hins gamla Þór. stuttf. Hkr.* 687,4a.

### amd : amd.

*samdœgris goþ framdi Ein. Skúl. Wis.* 56; 20,8.

### aml : aml.

*hamljót regin gamlar Þjóþ. hv. Wis.* 10; 10,8.
*meinsamliga hamlaþr Ein. Skúl. Wis.* 60; 60,8.
*framligt Haraldr Gamla Glúmr Geir. Hkr.* 110,21a.

### amm : amm.

*glamma. ó-fyr-skammu Þjóþ. hv. Wis.* 9; 2,4.
*gammi nás und hramma Ein. Skúl. Wis.* 28; 16,2.
*hrœgamma sá ramma Ein. Skúl. Wis.* 29; 21,6.
*gammleiþ Þórarr skammu Eil. Guþr. Wis.* 30; 2,2 (vgl. *Njál.* II, 322 C.).
*dolgs ramms firum glamma Eil. Guþr. Wis.* 31; 10,2.
*rammþing háit glamma Arn. jarl. Hkr.* 536,26a (*ramþing : gamla*
    *Flb* III, 275; *gamma Fris* 184,25).
*frammi valgammar Sturl. Kgs.* 474,16b.
*framm í rapna glammi Þjóþ. sk. Hkr.* 540,26b.
*framm haf Sleipni þramma Ulfr Ugg. Wis.* 30; 8,2.
*hart gekk framm enn rammi Haukr Vald. Wis.* 80; 14,4[1]).

### amm : am.

*hildar rammr enn stillar framþi Mark. Skeggj. Wis.* 51; 7,6.
*þrekrammr stoþat framla Ein. Skúl. Wis.* 62; 71,2.
*gramr sjalfr meginrammir Sighv. sk. Hkr.* 492,17a.
*gramr ok jarl fyr skammu Þjóþ. sk. Hkr.* 537,27a.

### amr : amr.

*gramr fyr skǫrpum hamri Þjóþ. hv. Wis.* 11; 18,6.
*gramr meþ dreyrgum hamri Eil. Guþr. Wis.* 32; 18,2.
*hugframr í bǫþ ramri Hallfr. v. Wis.* 36; 18,6.
*es framr Svia gramr Ótt. sv. Wis.* 141; 6,4.
*framr tók herr á ramri Steinn Herd. Hkr.* 615,19b.

### amþ : amþ.

*gram þanns gunni framþi Hallfr. v. Wis* 35; 3,3.

---

1) Ebenso wie *enn* (vgl. S. 134) will *Sievers* auch *framm*
lesen. Auch dies bestätigen die Reime. Wir haben keinen Reim
zu *m*, aber drei *aþalhendingar* und eine *skothending* mit *mm*,
ausserdem einen Endreim mit *mm*.

*an : an.*

*Danmarkar þik vandan Ótt. sv. Hkr.* 220,4 *a.*
*Damnǫrk svana Þór. loft. Hkr.* 441,10 *b.*
*svans sigrlana Þór. loft. Hkr.* 440,32 *a (!) (svángs Fms* V, 6; *Flb*
II, 307; *sigr vána Fgrsk.* 85).
*Damnǫrk spanit Sighv. sk. Wis.* 40; 5,2.

*and : and.*

*saums andvanar standa Brage Wis.* 2; 5,4.
*landa vanr á sandi Brage Wis.* 3; 10,2.
*Ermengandr af sande Brage Ger.* 23; 16,4
*band ǫllu þvi randa Þjóþ. hv. Wis.* 11; 17,2.
*sandmens i bý randir Þorbj. hornkl. Wis.* 15; 8,4.
*austrland at mun banda Ein. Skál. Wis.* 26; 3,2.
*grandvarr und sik landi Ein. Skál. Wis.* 27; 7,4.
*hofs land ok vé banda Ein. Skál. Wis.* 27; 8,4.
*vandar dýr at landi Ein. Skál. Wis.* 27; 11,8.
*folklandum sá branda Ein. Skál. Wis.* 28; 13,6.
*sjau landrekar randa Ein. Skál. Wis.* 28; 14,4.
*andur -þǫrf at landi Ein. Skál. Wis.* 28; 15,8.
*andvigr saman randir Ein. Skál. Wis.* 28; 20,4.
*Gautland frá sæ randir Ein. Skál. Wis.* 29; 22,8.
*andóttr vinar banda Ulfr Ugg. Wis.* 29; 3,2.
*landvǫrþr fyr sæ handan Hallfr. v. Wis.* 36; 20,4.
*landfolk tekit handum Sighv. sk. Wis.* 42; 6,8.
*landsfolk sótti þér til handa Arn. jarl. Wis.* 44; 3,4.
*skeiþar brands fyr þér ór landi Arn. jarl. Wis.* 44; 5,4.
*brandr gall á Englandi Hallarst. Wis.* 46; 5,6.
*Skotland skǫrpum brandi Hallarst. Wis.* 47; 6,5.
*gall brandr viþ slǫg randa Hallarst. Wis.* 48; 17,2.
*handsǫxum lék vandla Hallarst. Wis.* 49; 25,6.
*elris grand i himni standa Mark. Skeggj. Wis.* 52; 22,8.
*dáþvandr gjafar anda Ein. Skúl. Wis.* 54; 6,2.
*orms landa vas blandinn Ein. Skúl. Wis.* 56: 23,8.
*tandrauþs huliþr sandi Ein. Skúl. Wis.* 56; 25,2.
*grand altari standa Ein. Skúl. Wis.* 59; 50,8.
*brandél á Girklandi Ein. Skúl. Wis.* 59; 51,2.
*lifskinandi af helgum anda Eyst. Ásgr. Wis.* 88; 11,8.
*lifs andvani enn fullr af grandi Eyst. Ásgr. Wis.* 89; 20,4.
*ik grátandi frammi at standa Eyst. Ásgr. Wis.* 90; 21,6.
*bandi rétt hins neþsta fjanda Eyst. Ásgr. Wis.* 90; 22,6.
*lifanda vist ok kvaldar andir Eyst. Ásgr. Wis.* 90; 23,6.
*skapandi alt meþ sýni ok anda Eyst. Ásgr. Wis.* 90; 24,2.
*logandi ǫll meþ skirleiks anda Eyst. Ásgr. Wis.* 90; 25,6.
*vandat fái nú stef til handa Eyst. Ásgr. Wis.* 90; 26,4.

*friþar samband á hverju landi Eyst. Ásgr. Vis.* 92; 40,4.

*fjandans brjóst í gegnum standa Eyst. Ásgr. Vis.* 93; 45,8.

*undir heilsu vizku at standa Eyst. Ásgr. Vis.* 93; 46,8.

*yfirvaldanda himins ok landa Eyst. Ásgr. Vis.* 94; 52,2 *(yfirbjóþanda*
      *engla ok þjóþa CD).*

*lifandi guþ meþ feþr ok anda Eyst. Ásgr. Vis.* 94; 57,4.

*fjandr í kring um búka standa Eyst. Ásgr. Vis.* 96; 73,4.

*þú ert hitnandi heilags anda Eyst. Ásgr. Vis.* 99; 90,5 (!).

*grœs ilmandi dupt ok sandar Eyst. Ásgr. Vis.* 99; 93,4.

*vandak miþr enn þætti standa Eyst. Ásgr. Vis.* 100; 97,4.

*nú rekit gand ór landi Hildr Hkr.* 66,2.

*ráþrandr á Skotlandi Glúmr Geir. Hkr.* 86,32b.

*valbrands viþra landa Guth. s. Hkr.* 97,29b (?).

*bands jódraugar landa Þórþr Sjár. Hkr.* 105,13a.

*grandaþr Dana brandi Eyv. sk. Hkr.* 106,18b.

*dolgsbands fyr ver handar Glúmr Geir. Hkr.* 110,19b.

*landmens klar sanda Eyj. Dap. Hkr.* 140,11b.

*dregr land at mun banda Eyj. Dap. Hkr.* 140,15b.

*bandum rækr í landi Anon. Hkr.* 151,21b.

*Gotlands vala strandar Eyj. Dap. Hkr.* 199,7b.

*land Valdamars brandi Eyj. Dap. Hkr.* 199,32a.

*landvorþr áskip randir Ótt. sv. Hkr.* 220,13a.

*þat land jofurr brandi Ótt. sv. Hkr.* 226,19b.

*rand á Túskalandi Ótt. sv. Hkr.* 229,2b.

*úttland fyr þvi standa Ótt. sv. Hkr.* 235,19b.

*andur þér til handa Bersi Hkr.* 254,15b *(endr Flb II, 45).*

*brand ok Vettaland Brynj. ulf. Hkr.* 266,3f (wol mit *OHS* 49 *Vetta-*
      *landir* zu lesen?).

*andurt sumar landi Sighv. sk. Hkr.* 274,22b.

*landsráþundum branda Ótt. sv. Hkr.* 284,23a.

*branda rjóþr ór landi Ótt. sv. Hkr.* 284,31a.

*Guþbrandr hét sá landum Sighv. sk. Hkr.* 343,4a.

*fjandr leggr oss til handa Sighv. sk. Hkr.* 473,31b.

*rand,'s í hlýtk standa Har. Sig. Hkr.* 479,6a *(Þorm. Kolbr. Ohs* 67).

*andþrútt hofuþ landi Sighv. sk. Hkr.* 510,16a.

*hand kristit lið standa Sighv. sk. Hkr.* 510,23b.

*Jótlandi gramr branda Arn. jarl. Hkr.* 529,29b.

*Vestlandi gramr branda Arn. jarl. Hkr.* 536,26b.

*brandleikr saman randir Þjóþ. sk. Hkr.* 537,29a.

*strandhogg numit landi Þjóþ. sk. Hkr.* 539,18b.

*brand rá gramr til landa Þjóþ. sk. Hkr.* 541,28b.

*upp á land at standa Þjóþ. sk. Hkr.* 542,10a.

*snekkju brand fyr landi Bolv. sk. Hkr.* 547,17a.

*landrauþs á Serklandi Þjóþ. sk. Hkr.* 550,2a.

*Grikklands jofurr handa Þór. Skeggj. Hkr.* 557,9a.

*fjanda grams til strandar* Grani *Hkr.* 571,2b.
*rand hefr oft fyr landi* Þorl. f. *Hkr.* 572,7a.
*randir Sveinn á landi* Þorl. f. *Hkr.* 573,10a (*Þjóþ. sk. Mork.* 57; *Flb* III, 341).
*dróttinvandr ok standa* Þjóþ. sk. *Hkr.* 577,31a.
*randabliks ór landi* Har. harþr. *Hkr.* 578,23a.
*friþvandr jǫfurr standa* Þjóþ. sk. *Hkr.* 594,2a.
*hallandi framm brandar* Anon. *Hkr.* 602,20a.
*vandmælt svát af standisk* Þjóþ. sk. *Hkr.* 607,6a.
*lífs grand í staþ vandum* Þjóþ. sk. *Hkr.* 621,20b.
*Halland farit brandi* Bjǫrn. krepph. *Hkr.* 638,13a.
*þýtr vandar bǫl standa* Anon. *Hkr.* 640,4a.
*Sandey konungr randir* Bjǫrn. krepph. *Hkr.* 647,15a.
*orþvandr á Serklandi* Þór. stuttf. *Hkr.* 687,2b.
*grandmeiþ Sigars fjanda* Halld. skv. *Hkr.* 707,14b (*branda Fris.* 312,18b).
*friþum land jǫfurs brandi* Blakkr *Kgs.* 111,9b.
*brand í Verma landi* Sturla *Kgs.* 305,27b.
*hallar gandr á sviþum landi* Sturla *Kgs.* 433,27a.
*landa útstrandir* Sturla *Kgs.* 464,27b.
*landa stýrandi* Sturla *Kgs.* 466,18a.
*brands á Skotlandi* Sturla *Kgs.* 469,28b.
*grand at Skotlandi* Sturla *Kgs.* 473,5b.

### ang : ang.

*svangr vas þat fyr langu* Þjóþ. hv. *Wis.* 9; 6,2.
*herfangs ofan stangu* Þjóþ. hv. *Wis.* 9; 6,8.
*fangsæll of veg langan* Þjóþ. hv. *Wis.* 9; 8,2.
*fangsæll þaþan ganga* Ein. Skál. *Wis.* 28; 16,8 (*fengsæll þaþan gengi Fris.* 107,28b).
*angrþjóþ sega tangu* Eil. Guþr. *Wis.* 32; 15,6.
*langvinr slu* Þrangvar Eil. Guþr. *Wis.* 32; 16,4.
*þangs rauþbita tangar* Eil. Guþr *Wis.* 32; 21,2.
*heiftar strangr at ganga* Sighv. sk. *Wis.* 42; 10,2.
*ǫlna vang enn langi* Hallarst. *Wis.* 48; 15,6.
*gangr umb Orm enn langa* Hallarst. *Wis.* 48; 19,4.
*strangr á Orm enn langa* Hallarst. *Wis.* 48; 22,4.
*sóknstrangr Ormr enn langi* Hallarst. *Wis.* 49; 23,4.
*strangr í bjarg at ganga* Hallarst. *Wis.* 49; 27,4.
*langan veg til Róms at ganga* Mark. Skeggj. *Wis.* 51; 10,2.
*ǫldugangi skipum þangat* Mark. Skeggj. *Wis.* 52; 16,2.
*hjaldrganga vas snǫruþ þangat* Mark. Skeggj. *Wis.* 52; 19,2.
*vangi mest á hǫnd at ganga* Mark. Skeggj. *Wis.* 52; 21,4.
*langvinr frá kvǫl stangri* Ein. Skúl. *Wis.* 61; 68,2.
*sá hanganda á nǫglum stangast* Eyst. Ásgr. *Wis.* 94; 56,4.

svanvangs liþi þangat Guth. s. Hkr. 89,6b.
gangr um Orminn langa Halld. ókr. Hkr. 212,22a.
langar Ormr hinn langi Halld. ókr. Hkr. 212,32a.
þangat Ormr hinn langi Halld. ókr. Hkr. 217,16a.
allsvangr gøtur langar Sighv. sk. Hkr. 274,30a.
svanvangs í før langa Sighv. sk. Hkr. 310,9b.
langum heldr enn ganga Hárekr Hkr. 427,28a.
svangs mjǫk langar Þór. loft. Hkr. 441,6a.
þangs fjǫlmennan ganga Har. harþr. Hkr. 578,21a.
sjáfang í tvau gangi Þjóþ. sk. Hkr. 592,13b.
sjáfang ór mar strangum Þjóþ. sk. Hkr. 592,17a.
hugstrangr skipa langra Steinn Herd. Hkr. 594,29a.
sóknstrangr í kaupangi Steinn Herd. Hkr. 628,8a.
angr makligra at hanga Þork. ham. Hkr. 641,4b.
svangr flaug ǫrn til hanga Bjǫrn krepph. Hkr. 641,23b.
sangran ill ok þunt un stangir Anon. Kgs. 343,31b (saungvan Flb
    III, 112; sángvan Fms IX, 439; sangvan Kph V, 187).
sóknarstrangs á land at ganga Sturla Kgs. 433,6a.

#### angr : angr.

strangr kaupskipum angra Ótt. sv. Hkr. 234,13b.
dolgstrangr skipa langra Þjóþ. sk. Hkr. 529,12a.

#### ann : ann.

rǫstu rann í ranni Brage Wis. 2; 3,5.
brann upphiminn manna Þjóþ. hv. Wis. 10; 16,4.
mannskøps raddar tanna Þorbj. hornkl. Wis. 14; 3,6.
annarr konungmanna Þorbj. hornkl. Wis. 15; 9,2.
sannreynis fentanna Korm. Ǫgm. Wis. 26; 1,2.
rann síns fǫþur hranna Ein. Skál. Wis. 26; 3,8.
mannfall viþ styr annan Ein. Skál. Wis. 28; 15,4.
engi maðr und ranni Ein. Skál. Wis. 29; 22,2
rann fetrunar Naumu Eil. Gupr. Wis. 31; 5,2.
hann lét of sǫk sanna Hallfr. v. Wis. 36; 12,5.
kannkak maryt viþ manna Hallfr. v. Wis. 37; 24,7 (!).
hann vas menskra manna Hallfr. v. Wis. 37; 28,3.
kannk til marys enn manna Sighv. sk. Wis. 38; 1,5.
fjǫrbann lagit mannum Sighv. sk. Wis. 39; 12,4 (manna Hkr. 228;
    Fms IV, 55).
þann jarl es varþ annarr Sighv. sk. Wis. 40; 15,6.
ætt manna fannsk Sighv. sk. Wis. 41; 8,2.
hann telk yfirmann Ótt. sv. Wis. 44; 2,4.
manngi veit ek fremra annan Arn. jarl. Wis. 44; 1,2.
manngi rypr sér mildingr annarr Arn. jarl. Wis. 45; 5,7.
hann's ríkstr konungmanna Hallarst. Wis. 47; 9,8 u. ö.

hann sem Nóregs manna Hallarst. Wis. 47; 11,6.
annarr ǫþlings manna Hallarst. Wis. 49; 27,1 (!).
hann réþ prútt ept manni Hallarst. Wis. 49; 28,2.
hvar vitu þann es anni Hallarst. Wis. 50; 32,2.
annarr gramr til þurftar mannum Mark. Skeggj. Wis. 51; 14,2.
hann gerþi fǫr út at kanna Mark. Skeggj Wis. 53; 28,6.
berask mannr und skýranni Ein. Skúl. Wis. 54; 2,6 (maþr:skýjaþri
    Flb I, 1).
ranni fremþarmanna Ein. Skúl. Wis. 55; 10,8.
ranns ferr hvert á annat Ein. Skúl. Wis. 59; 46,8.
rann sex tigir manna Ein. Skúl. Wis. 60; 54,8.
hann gerir sér manna Ein. Skúl. Wis. 61; 66,8.
hann armviþu fannar Haukr Vald. Wis. 80; 12,6.
þann ok Óláf annan Haukr Vald. Wis. 80; 18,6.
hann ófáum manni Haukr Vald. Wis. 80; 19,8.
hǫfuþsmanna veg sannan Haukr Vald. Wis. 81; 22,8.
duldist hann fyr augsjón manna Eyst. Ásgr. Wis. 89; 15,6.
bannat lofat enn flest alt annat Eyst. Ásgr. Wis. 89; 16,4.
át hann nú þat er vissi bannat Eyst. Ásgr. Wis. 89; 18,4.
rann þá glæpr af hverjum til annars Eyst. Ásgr. Wis. 89; 20,2.
sannliga hverr at þyngir annan Eyst. Ásgr. Wis. 90; 21,4.
sannr hǫfþinginn engla ok manna Eyst. Ásgr. Wis. 90; 28,6.
mann ok guþ bauþ trúan at sanna Eyst. Ásgr. Wis. 91; 34,4.
ungan mann at prísa á þann veg Eyst. Ásgr. Wis. 92; 36,4.
meiri er hann enn gǫrvalt annat Eyst. Ásgr. Wis. 92; 38,4.
fæddan mann er skilja var bannat Eyst. Ásgr. Wis. 92; 39,2.
þanninn ferr þeim unga manni Eyst. Ásgr. Wis. 92; 41,6.
lokkar hann svá Jesú manna Eyst. Ásgr. Wis. 93; 48,2.
sannheilug fyr græþing manna Eyst. Ásgr. Wis. 94; 56,8.
hverr vann sigrinn skapari manna Eyst. Ásgr. Wis. 95; 62,2.
sannr lífgari dauþra manna Eyst. Ásgr. Wis. 95; 63,2.
Eva mann fyr epli bannat Eyst. Ásgr. Wis. 96; 66,2.
hann er guþs meþ virþing sannri Eyst. Ásgr. Wis. 96; 68,6.
manns náttúru ok líkam sannan Eyst. Ásgr. Wis. 96; 69,2.
eru kannaþar hvers sem annars Eyst. Ásgr. Wis. 96; 71,6.
sanna gipt er leysi ór banni Eyst. Ásgr. Wis. 98; 80,6.
leys mitt bann fyr iþran sanna Eyst. Ásgr. Wis. 98; 83,2.
Norþmanna gram þannig Eyv. sk. Hkr. 106,8b.
mannr lét ǫnd ok annar Þórþr Sjár. Hkr. 107,3b.
rann engi því manna Þórþr Kolb. Hkr. 170,31b.
hann þverþi friþ mannum Eyj. Daþ. Hkr. 200,6b.
hann yfir Nóregs mannum Þórþr Kolb. Hkr. 217,31b.
annar lendra manna Sighv. sk. Hkr. 231,8a.
hranna dýrra manni Bersi Hkr. 254,11b.
þann dag konungs mannum Sighv. sk. Hkr. 307,35b.

*engr mannr und skýranni* Arn. jarl. *Hkr.* 323,32*b*.
*rann þess's fremstr vas manna* Arn. jarl. *Hkr.* 364,26*a*.
*hann engum svá manni* Sighv. sk. *Hkr.* 378,4*b*.
*mann veitk engi annan* Sighv. sk. *Hkr.* 446,3*b* (!).
*friþbann var þar mannum* Sighv. sk. *Hkr.* 490,9*a*.
*hann rauþ járn enn annan Hofgarþr Hkr.* 491,26*b* (!).
*gunnranns konungmanna* Sighv. sk. *Hkr.* 492,26*b*.
*hann verþangar mannum* Bjarni gullbr. *Hkr.* 493,19*b*.
*ræþr grann skǫgul manni* Þorm. Kolbr. *Hkr.* 497,31*a*.
*fannk ǫrva drif svanni* Þorm. Kolbr. *Hkr.* 498,12*a*.
*þann styrk búandmanna* Sighv. sk. *Hkr.* 499,15*a*.
*morgin þann sem manni* Sveinnfl. *Hkr.* 513,20*a* (!).
*annara þau manna* Sighv. sk. *Hkr.* 521,31*b*.
*hungrbann framast manna* Þjóþ. sk. *Hkr.* 535,24*a*.
*mann rǫskliga annan* Þjóþ. sk. *Hkr.* 538,17*a*.
*manna Sveins ok hanna* Þjóþ. sk. *Hkr.* 540,20*b*.
*rann þat svikum manna* Stúfr sk. *Hkr.* 555,29*a*.
*rann eldr um sjǫt manna* Arn. jarl. *Hkr.* 586,17*a* (vgl. *Gísl. om*
    *helr.* 9).
*annat Þingamanni* Ulfr st. *Hkr.* 612,4*b*.
*svanni holdi manna* Trǫllk. *Hkr.* 613,13*b*.
*Haraldr sannar þat manna* Þjóþ. sk. *Hkr.* 626,6*b*.
*sanns nýtr hverr viþ annan* Þjóþ. sk. *Hkr.* 626,13*b*.
*hann's ríkr jǫfurr banna* Steinn Herd. *Hkr.* 628,10*a*.
*hann vas nýztr at kanna* Stúfr sk. *Hkr.* 630,23*a*.
*hann's beztr alinn manna* Anon. *Hkr.* 636,20*a*.
*Lǫgmanni þar bannat* Bjǫrn krepph. *Hkr.* 647,28*a*.
*vasat hann kominn þannug* Anon. *Hkr.* 651,28*a*.
*falsk annat liþ manna* Eldjárn *Hkr.* 652,13*a*.
*þann harm es skalk svanna* Magn. berf. *Hkr.* 654,26*b*.
*annan vetr und ranni* Ein. Skúl. *Hkr.* 662,27*a*.
*þann jarl drasil hranna* Ein. Skúl. *Hkr.* 742,4*b*.
*þann ok Hildiťanni* Snorri Sturl. *Kgs.* 352,4*a*.
*friþbann hóf þá ǫfund manna* Ól. hvít. *Kgs.* 356,33*a*.
*éztra manna gǫfugr svanni* Sturla *Kgs.* 445,13*b*.

ann : an.

*manndýrþir stef vanda* Ein. Skúl. *Wis.* 55; 18,4.
*manndráp á Englandi* Þork. Skall. *Hkr.* 624,22*b*.

ans : ans.

*folkit hans ok lízt þat vansi* Eyst. Ásgr. *Wis.* 93; 47,2.
*hans forvitni honum til vansa* Eyst. Ásgr. *Wis.* 95; 60,6.

app : app.

*happ Þórarinn kappi* Haukr Vald. *Wis.* 81; 26,4.

**Kahle**, Die Sprache der Skalden.                    **13**

### apt : apt.

beyypist aptr i pina kjapta Eyst. Ásgr. Wis. 96; 66,8.
aptr geirbrúar hapta Anon. Kgs. 476,19 a.


### ar : ar.

snarir herfarir Sighv. sk. Wis. 40; 3,4.
var glæstr sá's bar Sighv. sk. Wis. 41; 6,6.
farlystir's bar Sighv. sk. Wis. 41; 9,2.
ari getr verp par Ótt. sv. Wis. 44; 3,4.
vura kostr fara Ein. Skúl. Hkr. 709,28 a.


### arf : arf.

óyndjarfan hlaut arfi Eil. Gupr. Wis. 31; 10,5 (!).
arforpr Haralds starfi Sighv. sk. Wis. 39; 7,8.
vigdjarfs frǫmum arfa Ein. Skúl. Wis. 57; 30,4.
mannparfr Haralds arfi Ein. Skúl. Wis. 59; 51,4.
óyndjarfs fyr kné hvarfa Sighv. sk. Hkr. 274,17 a.
aftr hvarf dreginn karfa Sighv. sk. Hkr. 307,28 a.
vápndjarfr Haralds arfi Bjarni gullbr. Hkr. 446,33 a.
pingdjarfr um kné hvarfa Porm. Kolbr. Hkr. 478,4 a.
starf til króks at hvarfi Pjóp. sk. Hkr. 607,2 b.
innan parf at hvarfa Ulfr st. Hkr. 612,4 a (hverfa Fris 242,11 a
    Fms 401).
Ulfs parfa par arfi Steinn Herd. Hkr. 628,9 b (!).
hvarf Guprǫpar arfi Bjǫrn krepph. Hkr. 647,26 a.


### arg : arg.

margspakr Niparvarga Porbj. hornkl. Wis. 15; 8,2.
barg ópyrmir varga Ein. Skál. Wis. 26; 2,6.
gunn vargs himintargu Eil. Gupr. Wis. 30; 4,2.
varghollr primu marga Hallfr. v. Wis. 35; 7,8.
gaf margan val vargi Sighv. sk. Wis. 41; 1,7 (!).
margs fýsa skǫp varga Pórpr Kolb. Hkr. 170,26 a.
margr býr um prek varga Ótt. sv. Hkr. 222,5 b.
margdýrr konungr varga Sighv. sk. Hkr. 453,19 a.
marg hvar sundr flaug targa Sighv. sk. Hkr. 520,29 a.
vargteitir hraup marga Arn. jarl. Hkr. 541,13 a.
teitr vargr i ben marga Bjǫrn krepph. Hkr. 646,31 b.
deyr sá margr er engi bjargar Eyst. Ásgr. Wis. 97; 76,2.
hvar getr pann er sér megi bjarga Eyst. Ásgr. Wis. 90; 21,2.


### ark : ark.

barklaust i Danmarku Hallfr. v. Wis. 34; 5,2.
hold barkapra sarka Hallfr. v. Wis. 35; 6,8.

barkrjóþr ok Danmarku Hallv. Hár. Hkr. 442,4a.
hér er skark í Danmarku Þjóþ. sk. Hkr. 542,10b.

## arl : arl.

hjarl Sigurþi jarli Korm. Qgm. Wis. 26; 2,4.
hjarl ok sextán jarla Ein. Skál. Wis. 29; 24,4.
farligs at vin jarla Hallfr. v. Wis. 35; 9,6.
tryggs jarl háit snarla Sighv. sk. Wis. 39; 11,8.
karlfolk ok svá jarla Sighv. sk. Wis. 42; 5,2.
farligt eiki Vísundr snarla Arn. jarl. Wis. 45; 7,8.
jarl af sínu hjarli Hallarst. Wis. 47; 7,8.
ítr jarl einkar snarla Hallarst. Wis. 48; 21,1.
undarlig svát skil ek þat varla Eyst. Ásgr. Wis. 92; 41,4.
farlig sóing jarli Tindr Hallk. Hkr. 157,33a.
Sarla blés fyr jarli Tindr Hallk. Hkr. 157,35a (vgl. Thork. 55) [1]).
jarl goþ vorþu hjarli Eyj. Daþ. Hkr. 199,17b: 200,8b.
farlands vinir jarla Þórþr Kolb. Hkr. 217,31a.
hjarls dróttna boþ jarli Þórþr Kolb. Hkr. 232,14a.
karlhofþa lét jarli Sighv. sk. Hkr. 252,15a.
húskarl nefi jarla Sighv. sk. Hkr. 310,4a.
varla Knútr ok jarlar Sighv. sk. Hkr. 416,30b.
húskarlar þar jarli Sighv. sk. Hkr. 431,16a.
húskarla liþ jarli Þjóþ. sk. Hkr. 538,29b.
húskarlar grams varla Oddr Kik. Hkr. 568,13b.
húskarla liþ jarli Har. harþr. Hkr. 578,21b.
hjarlsókn banat jarli Þork. ham. Hkr. 648,16b.
snarlyndr fromum jarli Ein. Skúl. Hkr. 662,27b.
Sigurþr jarl meþ húskarla Anon. Hkr. 781,26a.
karl sá's vegr at jarli Anon. Kgs. 50,20.
Hákarlastrond fromum jarli Ól. hvít. Kgs. 339,19b.
jarl veitti svor ræsi snarla Ól. hvít. Kgs. 340,29a.

## arm : arm.

harma Erps of barmar Brage Wis. 2; 3,8.
farmr Sigynjar arma Þjóþ. hv. Wis. 9; 7,2.
farmr meinsvarans arma Eil. Guþr. Wis. 30; 3,2.
tollr karms sá es harmi Eil. Guþr.Wis. 32; 18,6 (barms Cod. Sparfv.).
barmfogr háum armi Bolv. sk. Hkr. 547,19b.
harm á borgar armi Menn Har. harþr. Hkr. 572,25b.
hnotgarmr búendr arma Þjóþ. sk. Hkr. 606,21b.
varma bráþ á Harmi Bjorn krepph. Hkr. 641,14a.
varmr fylkingarárma Halld. skv. Hkr. 705,23b.
elris garmr í ræfrit varma Sturla Kgs. 437,7.

---

[1]) Vgl. Nor. aisl. Gr.² § 3 Anm.

armt : armt.

*varmt ǫldr i men Karmtar Ein. Skúl. Hkr.* 766,19 a.

arn : arn.

*varnendr goþa farnir Þjóþ. hv. Wis.* 9; 4,8.
*arnsúg faþir Marna Þjóþ. hv. Wis.* 10; 12,8.
*þorns barna sér marnar Eil. Guþr. Wis.* 31; 7,6.
*hróþrargjarn ok Bjarni Hallarst. Wis.* 50; 34,8.
*gjarn hjálmþrimu Bjarni Haukr Vald. Wis.* 79; 4,4.
*veþrgjarn hugar Bjarna Haukr Vald. Wis.* 80; 16,4.
*þrætugjarn meþ klókar varnir Eyst. Ásgr. Wis.* 96; 72,2.
*Márja barn ok hjálpar varna Eyst. Ásgr. Wis.* 98; 85,4.
*barnungr þaþan farna Glúmr Geir. Hkr.* 86,35 a.
*heiptgjarn konungr arnat Þorl. f. Hkr.* 572,29 a
*arnar væng af jarni Þjóþ. sk. Hkr.* 592,19 b          } vgl. S. 58.
*arnar hungrs á jarnum Þorbj. Skakk. Hkr.* 740,12 b
*illgjarn viþ tré Bjarni Þorbj. Skakk. Hkr.* 795,8 b.

arp : arp.

*garp ókafra snarpan Haukr Vald. Wis.* 81; 20,4.
*gullvarpaþr snarpar Glúmr Geir. Hkr.* 89,31 b.

arr : arr.

*varr sinn bana þarri Þjóþ. hv. Wis.* 10; 16,8 (vgl. *Wis.* 121).
*Varrandi sæ fjarri Sighv. sk. Wis.* 40; 14,6.
*fylkir snarr viþ Dana harra Mark. Skeggj. Wis.* 53; 23,8.
*gómsparra sér fjarri Ein. Skúl. Wis.* 59; 48,8.
*snarr hljómboþi darra Haukr Vald. Wis.* 80; 19,4.
*snarr hljómviþu darra Haukr Vald. Wis.* 81; 20,6.
*snarr Hólmgǫngu Starri Haukr Vald. Wis.* 81; 27,2.
*flugvarr konungr sparra Glúmr Geir. Hkr.* 102,26 a.
*snarr búþegna harri Sighv. sk. Hkr.* 230,27 b.
*snarr Skjalgs vinum fjarri Sighv. sk. Hkr.* 444,18 b.
*snarr Skánunga harri Þjóþ. sk. Hkr.* 539,26 b.
*snarr enn minn vas harri Þork. Skall. Hkr.* 624,20 b.
*snarr rauþ Sygna harri Bjǫrn krepph. Hkr.* 641,11 a (!).
*ógis marr und harra Ein. Skúl. Hkr.* 662,19 a.
*varrar eld á móti svarra Sturla Kgs.* 445,13 a.
*darra flugskjarrir Sturla Kgs.* 472,2 a.

arr : ar.

*Jvarr ara Sighv. sk. Wis.* 41; 11,3 (!).
*bleyþiskjars á móti harra Mark. Skeggj. Wis.* 53; 29,2.

art : art.

fullsnart frókna hjarta Hallarst. Wis. 46; 5,1
jarteignir rann bjartar Hallarst. Wis. 49; 31,2.
bjartan auþ ok fróknligt hjarta Mark. Skeggj. Wis. 51; 9,2.
snart rekninga bjartar Bersi Sk. Hkr. 254,17a.
hart kolsvartir Þór. loft. Hkr. 440,27b.
hart kníþi svǫl svartan Bǫlv. sk. Hkr. 547,16a (?).
fljóþ mart hǫrundbjarta Valg. Hkr. 560,15b (vgl. S. 82).
vígbjartr snǫru hjarta Þjóþ. sk. Hkr. 596,20b.
bǫþsnart konungs hjarta Arn. jarl. Hkr. 621,6a.

artr : artr.

sá lét bjartr frá bjartri Ein. Skúl. Wis. 54; 2,5 (bert Flb I, 1).

arþ : arþ.

harþgeþr neþan starþe Brage Ger. 24; 18,4.
garþi þær of farþir Þjóþ. hv. Wis. 11; 20,6.
harþráþr skipa barþum Þorbj. hornkl. Wis. 14; 1,2.
harþr Lopts vinar barþa Ein. Skál. Wis. 27; 5,2.
garþs Hlórriþi farþi Ein. Skál. Wis. 27; 8,8.
Hagbarþa gram varþa Ein. Skál. Wis. 28; 18,8.
garþ-Rǫgnir styr harþan Ein. Skál. Wis. 28; 19,2.
garþ yrþjóþum varþi Ein. Skál. Wis. 28; 20,8.
loptvarþaþar barþa Ein. Skál. Wis. 29; 22,6.
Njarþ-ráþ fyr sér -gjarþar Eil. Guþr. Wis. 31; 7,4.
harþ-Gleipnis dýn barþi Eil. Guþr. Wis. 31; 11,4.
fjarþeplis kván jarþar Eil. Guþr. Wis. 32; 15,2.
barþi Brezkrar jarþar Hallfr. v. Wis. 34; 9,5.
harþfengr Dǫnum varþi Hallfr. v. Wis. 35; 5,4.
barþmána vann skarpan Hallfr. v. Wis. 37; 27,6.
Harþa Knúts í garþi Sighv. sk. Wis. 43; 17,2.
meingarþr margra jarþa Hallarst. Wis. 49; 30,3 (!).
harþla ríkr í Miklagarþi Mark. Skeggj. Wis. 53; 30,4.
harþfengr jǫfurr barþisk Ein. Skúl. Wis. 57; 28,6.
Miklagarþs ok jarþar Ein. Skúl. Wis. 60; 53,2.
barþraukns fáir hárþa Ein. Skúl. Wis. 60; 53,6.
barþisk hann viþ harþa Haukr Vald. Wis. 79; 6,3.
sem blývarþa í djúpleik jarþar Eyst. Ásgr. Wis. 88; 9,4.
garþs Eylimafjarþar Glúmr Geir. Hkr. 134,24a.
harþa ríkr þá's barþisk Eyj. Daþ. Hkr. 140,9b.
harþ komt austr í Garþa Eyj. Daþ. Hkr. 199,32b.
harþa langt at garþi Sighv. sk. Hkr. 275,2b.
geþharþr konungr jarþar Sighv. sk. Hkr. 307,21b.
vandar garþs ens harþa Þorl. m. Hkr. 476,3a.
varþr at þér í Garþa Sighv. sk. Hkr. 522,18b.

*varþ þar's Magnús barþisk Þjóþ. sk. Hkr.* 535,22 *b.*
*harþéls viþir barþusk Þjóþ. sk. Hkr.* 538,35 *a.*
*jarþ muna Sveinn um varþa Þjóþ. sk. Hkr.* 539,16 *b.*
*harþfengr Dani barþi Þjóþ. sk. Hkr.* 542,4 *b.*
*Miklagarþs fyr barþi Bǫlv. sk. Hkr.* 547,17 *b.*
*borinn varþ und miþgarþi Þorl. f. Hkr.* 573,8 *a (Þjóþ. sk. Mork.* 57 ;
    *Flb* III, 341).
*hryngarþ konungr barþi Þjóþ. sk. Hkr.* 592,32 *a.*
*Giparþr þar's liþ barþisk Anon. Hkr.* 651,26 *a.*
*hvaljarþar Giparþi Eldjárn Hkr.* 652,4 *b.*
*Giparþr í hel barþir Eldjárn Hkr.* 652,15 *b.*
*harþa austan fjarþar Anon. Kgs.* 279,18 *a.*
*roþnu barþi austan fjarþar Snorre Sturl. Kgs.* 281,20 *a.*
*harþr ok ranngarþi Sturla Kgs.* 464,29 *b.*
*jarþir vestrgarþa Sturla Kgs.* 469,13 *a.*

### ask : ask.

*vask til Rúms í haska Sighv. sk. Hkr.* 521,29 *b* (vgl. S. 58).

### ass : ass.

*Alkasse styr hvassan Halld. skv. Hkr* 664,4 *a.*

### ast : ast.

*lasta vinds í bylja kasti Eyst. Ásgr. Wis.* 98 ; 81,2.
*gleþinnar past ok eyþinǥ lasta Eyst. Ásgr. Wis.* 99 ; 89,6.
*rastar varþ at kasta Tindr Hallk. Hkr.* 157,33 *b.*
*last ef sjá's hinn bazti Sighv. sk. Hkr.* 308,32 *a* (vgl. S. 79).
*fast harþliga kastat Þjóþ. sk. Hkr.* 539,18 *a.*
*blés kastar hel fasta Bjǫrn krepph. Hkr.* 638,11 *b.*

### at : at.

*at lét hinn's sat Sighv. sk. Wis.* 41 ; 11,2.
*hvatlyndum Þorkatli Hallarst. Wis.* 49 ; 29,6.
*hvatir feldu gram skatnar Ein. Skúl. Wis.* 55 ; 17,6.
*hvatum norróna skatna Haukr Vald. Wis.* 80 ; 13,6.
*flatvǫllr héþan batnar Þjóþ. hv. Hkr.* 75,27 *a.*
*hygg þú at jǫfurr skatna Sighv. sk. Hkr.* 429,28 *a.*
*þat vildi guþ batni Sighv. sk. Hkr.* 522,32 *b.*
*sat oft hnipin vatni Oddr Kik. Hkr.* 568,15 *b.*
*þat sá herr at skatna Arn. jarl. Hkr.* 621,6 *b.*
*þat líkar vel skatnum Steinn Herd. Hkr.* 629,13 *a.*
*hvatir guldut þess skatnar Blakkr Kgs.* 111,30 *a.*
*hvatir fundu þat skatnar Sturla Kgs.* 443,2 *b.*

*atl : atl.*

*hvatlyndum Þorkatli Hallarst. Wis.* 49; 29,6.
*hraun Atla Þorkatli Haukr Vald. Wis.* 79; 5,2.


*atn : atn.*

*hás batnaþar vatni Ein. Skúl. Wis.* 56; 22,4.
*vatni herskatnar Sturla Kgs.* 472,4b.


*atr : atr.*

*hvatr Jordánar vatri Ein. Skúl. Hkr.* 667,11b (*vatni Jofrask. Pering.*
II, 241; *hvatt : vatni Fms* VII, 88).


*ats : ats (az : az).*

*Hildar fats ok Þjaza Þjóþ. hv. Wis.* 9; 1,8.
*faz véltu goþ Þjaza Korm. Qgm. Wis.* 26; 5,4.


*att : att.*

*flaust hratt af sér brattum Ótt. sv. Hkr.* 234,18b.
*satt einarþar latta Þork. ham. Hkr.* 641,4a.


*att : at.*

*Sighvatr hefr gramr lattan Sighv. sk. Wis.* 42; 9,2.


*auf : auf.*

*vallrauf fjǫgur haufoþ Brage Ger.* 26; 24,8 (vgl. *Ger.* S. 8).


*aug : aug.*

*baug ørlygis draugi Brage Wis.* 2; 8,8.
*mundlaug fǫþor augom Brage Ger.* 25; 20,4.
*haugs-Grjótúna baugi Þjóþ. hv. Wis.* 10; 14,4.
*brodda flaug áþr bauga Hallfr. v. Wis.* 35; 4,3.
*Droplaugar sun bauga Haukr Vald. Wis.* 79; 6,8.
*fagnaþarlaug af hvers manns augum Eyst. Ásgr. Wis.* 91; 32,2.
*éldraugr skarar hauga Eyv. skald. Hkr.* 106,16b.
*flaugar dǫrr um hauga Þjóþ. sk. Hkr.* 539,32b.
*baugum grimmr at Haugi Stúfr sk. Hkr.* 630,23b.


*auk : auk.*

*rauk Danmarkar auka Brage Ger.* 26; 24,4.
*hauks flaug hjalfa aukinn Þjóþ. hv. Wis.* 10; 12,4.
*hauka nú mun kvæþit aukask Arn. jarl. Wis.* 46; 15,4.
*Gaukr Trandils sun hauka Haukr Vald. Wis.* 80; 19,6.
*i munlauks á hauka Eyv. sk. Hkr.* 111,22a.
*lauki gæft til auka Har. harþr. Hkr.* 587,35b.

#### aum : aum.

draum i sverþa flaumi Brage Wis. 2; 3,4.
draum sinn konungr Rauma Ein. Skúl. Wis. 55; 15,4.
sólar straums i drauma Ein. Skúl. Wis. 57; 28,2.
harþan taum viþ Rauma Þjóþ. sk. Hkr. 606,19a.
glaum rak ná fyr straumi Ein. Skúl. Hkr. 766,15a.

#### aun : aun.

afl raun vas þat skaunar Eil. Guþr. Wis. 31; 9,2.
raundýrliga launuþr Ein. Skúl. Wis. 61; 69,4.

#### aup : aup.

hlaupár of vér gaupu Eil. Guþr. Wis. 31; 5,4.
hlaupsildr Egils gaupna Eyv. sk. Hkr. 123,34b.
úthlaupum gram kaupask Sighv. sk. Hkr. 453,14a.

#### aus : aus.

haus enn vægþarlausi Haukr Vald. Wis. 80; 16,6.
haus úfalan lausa Sighv. sk. Hkr. 431,6a.
lausn Valdamar hausi Sighv. sk. Hkr. 508,32b.
hausa friþlausir Sturla Kgs. 469,11b.

#### auss : aus.

ólauss burar hausi Þjóþ. hv. Wis. 11; 19,6.

#### aust : aust.

austr at miklu trausti Hallfr. v. Wis. 33; 1,2.
austr i malma gnaustan Hallfr. v. Wis. 37; 24,2.
þat haust es komt austan Sighv. sk. Wis. 42; 6,2.
vist austr munarlaust Ótt. sv. Wis. 44; 5,2.
gnaust sex tegum flausta Hallarst Wis. 48; 18,4.
vegligt flaustr ór Gorþum austan Mark. Skeggj. Wis. 51; 5,2.
hraustir menn af trausti Ein. Skúl. Wis. 60; 54,2.
flausta einkar hraustum Haukr Vald. Wis. 80; 16,2.
ifunarlaust meþ fullu trausti Eyst. Ásgr. Wis. 93; 50,2.
austr geþbóti hraustan Guth. s. Hkr. 89,6a.
austr i Salt meþ flaustum Ótt. sv. Hkr. 220,11a.
austr svafk fátt á hausti Sighv. sk. Hkr. 310,7b.
ifla flausts á hausti Hárekr Hkr. 428,29b.
austr bragningi at trausti Giz. g. Hkr. 475,33b.
hraustr þjóþkonungr austan Arn. jarl. Hkr. 515,14b.
hraustr i Nóreg austan Þjóþ. sk. Hkr. 519,13a.
vestr sjau tigu flausta Þjóþ. sk. Hkr. 529,14a.
austr á bragning hraustan Þjóþ. sk. Hkr. 557,12b.
grunlaust Haraldr austan Valg. Hkr. 559,10a.

flaust í Danmǫrk austan Þjóþ. sk. Hkr. 562,28 a.
þarflaust Haraldr austan Þorl. f. Hkr. 572,29 b.
Austmenn á veg flausta Þorl. f. Hkr. 574,11 a.
saklaust hinn forhrausti Arn. jarl. Hkr. 596,2 a.
þarflaust Haraldr austan Þjóþ. sk. Hkr. 621,20 a.
bǫþhraustr viþ gram traustan Sturla Kgs. 320,12 b.
bǫþhraustr fregit austan Ól. hvít. Kgs. 374,12 a.
vægþarlaust fyr Geitkjǫrr austan Sturla Kgs. 433,6 b.
austan sigrflaustan Sturla Kgs. 464,22 b.

### aut : aut.

hlaut andskoti Gauta Þorbj. hornkl. Wis. 15; 7,6.
teinhlautar fjǫr Gauta Ein. Skál. Wis. 28; 21,8.
Gauts herþrumu brautir Eil. Guþr. Wis. 30; 1,6.
flaut eiþsvara Gauta Eil. Guþr. Wis. 31; 8,2.
sigr hlaut arin brauti Eil. Guþr. Wis. 32; 18,4.
braut enn breki þaut Ótt. sv. Wis. 44; 4,1 (!).
sverþbautinn her Gauti Glúmr Geir. Hkr. 86,35 b.
skautjalfaþar Gauta Guth. s. Hkr. 88,24 a.
sverþgautr fǫrunautar Þjóþ. sk. Hkr. 539,7 a.
braut háskrautum Ein. Skúl. Hkr. 709,28 b.
laut hrafn í ben Gauta .Kolli Hkr. 726,31 a.

### autsk : autsk (zk : zk).

hlauzk mér til þess gauzkan Þjóþ. sk. Hkr. 542,2 a.

### auþ : auþ.

hauþrs runn kykva nauþar Eil. Guþr. Wis. 31; 8,6.
Auþs-systur mjǫk trauþan Hallfr. v. Wis. 33; 6,4.
auþ lǫnd at gram dauþan Hallfr. v. Wis. 37; 21,2.
ótrauþr skarar rauþar Sighv. sk. Wis. 39; 21,2.
sauþungs konungr nauþir Sighv. sk. Wis. 40; 15,2.
lauþri bifþisk goll et rauþu Arn. jarl. Wis. 45; 10,2.
auþit vas þá flotnum dauþa Arn. jarl. Wis. 45; 12,2.
auþig skrín meþ golli rauþu Mark. Skeggj. Wis. 51; 12,4.
hǫfgan auþ í golli rauþu Mark. Skeggj. Wis. 53; 30,2.
dnauþigr tók dauþa Ein. Skúl. Wis. 54; 3,8.
auþarmildr frá hauþri Ein. Skúl. Wis. 54; 5,2.
lætrauþr konungr nauþum Ein. Skúl. Wis. 57; 33,4.
melins auþar fekk dauþum Haukr Vald. Wis. 80; 11,8.
snauþ ok nøkt í myrkr ok dauþa Eyst. Ásgr. Wis. 89; 19,4.
bauþ sik fram viþ hvers manns dauþa Eyst. Ásgr. Wis. 89; 20,8.
ærusnauþ í myrkr ok dauþa Eyst. Ásgr. Wis. 93; 43,4.
bifaþist hauþr í þínum dauþa Eyst. Ásgr. Wis. 95; 59,8.
fremdarsnauþr á Jésú dauþa Eyst. Ásgr. Wis. 95; 65,2.

*eilíf nauþ enn kvikr er dauþinn* Eyst. Ásgr. Wis. 97; 73,8.
*auþmjúkligast ok firrast dauþa* Eyst. Ásgr. Wis. 97; 79,4.
*ǫllum bauþ til lífs frá dauþa* Eyst. Ásgr. Wis. 98; 85,8.
*auþvdn Haralds dauþi* Glúmr Geir. Hkr. 136,32a.
*sagþr es dauþr enn auþir Þórþr* Kolb. Hkr. 217,33b.
*auþsætt vas þat rauþa* Sighv. sk. Hkr. 253,16a.
*úthauþrs boþa trauþir* Bersi Hkr. 254,13a.
*lætrauþr skipi auþu* Sighv. sk. Hkr. 444,20b.
*útrauþ legi rauþum* Jǫk. Hkr. 455,4a.
*hróþrauþigs sá dauþi* Bjarni gullbr. Hkr. 493,21b.
*harmdauþa mér rauþu* Sighv. sk. Hkr. 523,21b.
*auþtróþu varþ auþit* Þjóþ. sk. Hkr. 539,29a (!) (*aur trádo ver
        ádan* Kph III, 41).
*trauþr viþ Ólaf dauþan* Þjóþ. sk. Hkr. 546,10b.
*brandr hrauþ af sér rauþu* Steinn Herd. Hkr. 595,8b.
*ónauþigr fæk auþar* Ulfr st. Hkr. 612,3a (!).
*auþligr konungs dauþi* Arn. jarl. Hkr. 621,28a.
*rauþan lífs ok auþar* Bjǫrn krepph. Hkr. 646,35a.
*fulltrauþr á jó rauþum* Anon. Hkr. 651,26b.
*auþgrimms búin rauþu* Hallr Sn. Kgs. 71,10a.
*auþit léztu flotnum dauþa* Sturla Kgs. 432,13b.
*auþar glóþrauþum* Sturla Kgs. 466,20b.

### auþr : auþr.

*hauþr Eydana skjaldborg rauþri* Mark. Skeggj. Wis. 52; 24,8.
*auþr frá verþung dauþri* Arn. jarl. Hkr. 596,4b.

### aþ : aþ.

*leikblaþs Reginn fjaþrar* Þjóþ. hv. Wis. 10; 12,6.
*vaþs af fránum naþri* Ulfr Ugg. Wis. 29; 4,6.
*Aþalráþs þaþan* Sighv. sk. Wis. 41; 6,8.
*glaþmæltr þegi aþrir* Ein. Skúl. Hkr. 744,6b.

### aþn : aþn.

*hlaþnar illa staþnir* Bǫlv. Hkr. 570,16b.

### aþr : aþr.

*maþr und sólar jaþri* Hallfr. v. Wis. 36; 13,4.
*glaþr ok báþa Naþra* Hallfr. v. Wis. 36; 18,4.
*glaþr vísi drakk þaþra* Hallfr. v. Wis. 47; 13,4.
*risnumaþr svát hver tók aþra* Mark. Skeggj. Wis. 52; 17,2.
*glaþr vettrimar naþri* Ein. Skúl. Wis. 59; 47,4.
*glaþr tók jarl viþ naþri* Halld. ókr. Hkr. 217,14b.
*saþr vas engr fyr þaþra* Sighv. sk. Hkr. 308,30b.
*glaþr í nótt á Jaþri* Ól. heil. Hkr. 446,26a.

glaþr hvártreggi aþrum Anon. Hkr. 603,17a.
heiptglaþr ok vas þaþra Ein. Skúl. Hkr. 662,17b.
þaþra alt meþ Blálands jaþri Sturla Kgs. 461,33a.
naþr sveit hverr tók aþra Þjóþ. sk. Hkr. 594,4b.
maþr es hann fór þaþra Þorbj. skakk. Hkr. 795,8a.

df : df.

Óláfar friþ gáfu Sighv. sk. Wis. 42; 5,4.

dg : dg.

endildg fyr mági Þjóþ. hv. Wis. 10; 15,2.
bdg sefgrimnis mága Eil. Guþr. Wis. 31; 4,8.
vér frágum þat vága Eyj. Daþ. Hkr. 200,7a (?).
bdg þat kveþk mik frágu Bjarni gullbr. Hkr. 493,16a.
mágum heim sem frágum Jllugi Brynd. Hkr. 550,7a.

dl : dl.

hróþrmál sunar báli Ulfr Ugg. Wis. 30; 7,4.
stála ríkismálum Hallfr. v. Wis. 33; 4,4.
Áláf[1]) kominn stála Hallfr. v. Wis. 37; 22,6.
Áláfr né svik fálusk Sighv. sk. Wis. 38; 2,2.
Áláfr sem ferk máli Sighv. sk. Wis. 39; 7,4.
þunn stál á bak málum Sighv. sk. Wis. 42; 10,4.
alt's heiligt svá mála Sighv. sk. Wis. 43; 15,4.
stálum bifþusk fyrir dlar Arn. jarl. Wis. 45; 10,6.
Áláfs gervik slíkt at málum Arn. jarl. Wis. 46; 15,2.
Áláfr ok klauf stálum Hallarst. Wis. 46; 4,8.
Áláfr of gall dála Hallarst. Wis. 47; 8,6.
válaust muninn máli Ein. Skúl. Wis. 58; 37,6.
Áláf í gný stála Ein. Skúl. Wis. 60; 54,4.
taki af mál enn þurflug sálin Eyst. Ásgr. Wis. 97; 75,2.
nálæg vertu minni sálu Eyst. Ásgr. Wis. 98; 86,6.
bæna mál fyr kristnum sálum Eyst. Ásgr. Wis. 99; 88,6.
Áláfr konungr mála Sighv. sk. Hkr. 307,19a.
Áláfr hugat málum Sighv. sk. Hkr. 310,12a.
Áláfr tekit málum Sighv. sk. Hkr. 310,20b.
Áláfr búinn hála Sighv. sk. Hkr. 414,9b.
Áláf af því mála Sighv. sk. Hkr. 417,6a.
Áláfr þrimu stála Þórþr Sjár. Hkr. 422,26a.
hálikt fyr því máli Sighv. sk. Hkr. 431,16b.
Áláf um tók málum Sighv. sk. Hkr. 445,6b.
útála haf stáli Bjarni gullbr. Hkr. 456,12a.

---

1) Über die verschiedenen Formen dieses Namens vgl. *Gislason*
*AnO.* 1860 S. 331 ff.

*útála vel máli Bjarni gullbr. Hkr.* 456,32 *a.*
*gall bál Hárs stála Hofgarþr Hkr.* 491,25 *a.*
*Áláfs sonar málum Sighv. sk. Hkr.* 516,25 *a.*
*Áláfs í þeim málum Bjarni gullbr. Hkr.* 526,7 *b.*
*sonr Áláfs þér hála Þjóþ. sk. Hkr.* 526,26 *b.*
*mál ǫll vega í skálum Anon. Hkr.* 603,4 *a.*
*Áláfr ok friþmálum Anon. Hkr.* 628,5 *a* u. 633,3 *a.*
*Áláfr konungr hála Steinn Herd. Hkr.* 628,8 *b.*
*Þrályndr til friþmála Steinn Herd. Hkr.* 629,13 *b.*
*hála róktar málum Magn. berf. Hkr.* 654,36 *b.*
*hrannbáls glǫtuþr mála Halld. skv. Hkr.* 707,16 *b.*
*sitt mál í kné lituþr stála Ól. hvít. Kgs.* 340,31 *b.*
*varbáls hǫtuþr kardináli Sturla Kgs.* 407,13 *a.*
*liþbáls at veþmáli Sturla Kgs.* 427,28 *b.*

### álf : álf.

*Þórálfr Hnikars bjálfa Haukr Vald. Wis.* 80; 13,4.
*Jesús sjálfr í musteris hválfi Eyst. Ásgr. Wis.* 92; 36,8.
*ǫll skjálfandi enn himnar sjálfir Eyst. Ásgr. Wis.* 95; 59,6.

### álm : álm.

*jurtir málmr sem laufgir pálmar Eyst. Ásgr. Wis.* 99; 94,4.
*frægra málma ægishjálmi Sturla Kgs.* 433,12 *b.*

### ám : ám.

*forn Adám í Jesú kvámu Eyst. Ásgr. Wis.* 95; 64,4.

### án : án.

*Mána vegr und hánum Þjóþ. hv. Wis.* 10; 14,8.
*grán hǫtt Fenris kvánar Eil. Guþr. Wis.* 32; 13,8.
*fráneygjum sunr gránum Sighv. sk. Wis.* 41; 1,6.
*fimtán fjǫrnis mána Hallarst. Wis.* 48; 16,5 (!).
*grán ok skinn á hánum Hallarst. Wis.* 49; 30,6.
*ossa ván meþ hánum Ein. Skúl. Wis.* 54; 4,8.
*Óþs kvánar byr mána Guth. s. Hkr.* 102,6 *b.*
*folk ránar þér mána Þorl. Rauþf. Hkr.* 170,4 *a.*
*slíks vas ván at hánum Þórþr Kolb. Hkr.* 170,31 *a.*
*fráns leggbita hánum Halld. ókr. Hkr.* 212,20 *b.*
*mitt rán gefisk hánum Ól. heil. Hkr.* 446,26 *b.*
*auþván róit hánum Sighv. sk. Hkr.* 253,30 *a.*
*Skánunga gramr hánum Þórþr Sjár. Hkr.* 422,26 *b.*
*segi ván Heþins kvánar Giz. g. Hkr.* 475,31 *b.*
*ormfrán séa hánum Sighv. sk. Hkr.* 491,4 *b.*
*fimtán á því láni Sighv. sk. Hkr.* 510,18 *a.*
*Skánunga gramr hánum Þjóþ. sk. Hkr.* 532,4 *b.*

*Skáney yfir sláni Þjóþ. sk. Hkr.* 543,16b.
*Skánunga lokrdnir Þjóþ. sk. Hkr.* 542,24a.
*ráns gall herr frá hánum Arn. jarl. Hkr.* 543,21a (!).
*Skáney Donum nánar Valg. Hkr.* 559,33b.
*fráns sizt ýtt vas hánum Þjóþ. sk. Hkr.* 592.2b.
*þrotna ván frá hánum Steinn Herd. Hkr.* 593,27a.
*afls ván þapan hánum Þjóþ. sk. Hkr.* 605,13b.
*vánar dags á Spáni Halld. skv. Hkr.* 663,19a.
*rán gekk slíkt at vánum Sturla Kgs.* 325,9b.

### áp : áp.

*hryngráþ Egils vápna Hallfr. v. Wis.* 33; 8,4.
*hjǫrgráþs hugþa dráþu Hallarst. Wis.* 50; 34,7 (!).

### ár : ár.

*ár-Gefnar mat báru Þjóþ. hv. Wis.* 9; 2,6.
*mdr valkastar báru Þjóþ. hv. Wis.* 9; 3,6 (vgl. Gisl. Ark. VIII, 52).
*Fárbauta mǫg Várar Þjóþ. hv. Wis.* 9; 5,2.
*váru heldr ok hdrar Þjóþ. hv. Wis.* 10; 10,7 (!).
*hdrs ǫl-Gefjon sára Þjóþ. hv. Wis.* 11; 20,2.
*Fárbauta mǫg vári Ulfr Ugg. Wis.* 29; 2,4.
*randfárs brumaþr hdri Hallfr. v. Wis.* 33; 1,4.
*logndrungum váru Hallfr. v. Wis.* 35; 9,2.
*naddfárs í boþ sdrir Hallfr. v. Wis.* 35; 10,2.
*fár beiþ ór staþ sára Sighv. sk. Wis.* 38; 2,6.
*frár ok gekk at drum Hallarst. Wis.* 49; 25,8.
*ár grimmliga skáru Ein. Skúl. Wis.* 58; 40,8.
*undbáru flug váru Ein. Skúl. Wis.* 60; 54,6.
*bláróst konungr drum Guth. s. Hkr.* 87,34a.
*ófdr búendr sárir Þórþr Sjdr. Hkr.* 107,4b.
*sárgamms blǫþum ára Þórþr Kolb. Hkr.* 156,4b.
*mdr fekk á sjá sára Halld. ókr. Hkr.* 206,8b (!).
*sárlauk roþinn bárum Skúli Þorst. Hkr.* 211,24b.
*dr at hersar váru Þórþr Kolb. Hkr.* 217,29a.
*fár hans býir váru Þórþr Kolb. Hkr.* 217,35b.
*mǫrg ár und þér báru Ótt. sv. Hkr.* 220,11b.
*ófdr búendr sárir Sighv. sk. Hkr.* 253,13b.
*sára linns í dri Bersi Sk. Hkr.* 254,13b.
*fell sdr á il hvára Sighv. sk. Hkr.* 307,33b.
*sdrs leyfum vér árar Sighv. sk. Hkr.* 431,30a.
*hvdrungi frák váru Sighv. sk. Hkr.* 488,35b.
*drstrauma vann sdran Hofgerþ. Hkr.* 491,27b.
*hyggr fár um mik sáran Þorm. Kolbr. Hkr.* 497,34b.
*hdrvǫxt konungs dru Sighv. sk. Hkr.* 508,32a.
*vigtdr konungs drum Sighv. sk. Hkr.* 521,6b.

*nár á hverri báru* Þjóþ. *sk. Hkr.* 538,37 *b.*
*sjár þýtr auþs um árum* Þjóþ. *sk. Hkr.* 539,8 *b (!).*
*mǫrg tár í grǫf báru Oddr Kik. Hkr.* 568,13 *a.*
*Danir váru þá báru Bǫlv. Hkr.* 570,14 *b.*
*hvert ár Danir váru Stúfr sk. Hkr.* 571,19 *b.*
*hár sjau tigum ára* Þjóþ. *sk. Hkr.* 592,19 *a.*
*ófár Mǫrukára Steinn Herd. Hkr.* 615,21 *a.*
*knár riddarinn hári Eldjárn Hkr.* 652,4 *a.*
*hár þar's staddir várut Eldjárn Hkr.* 652,13 *b.*
*már drekkr suþr ór sárum Magn. berf. Hkr.* 654,22 *a (!).*
*eljunþrár und hári Ein. Skúl. Hkr.* 717,16 *a.*
*váru sogns meþ sára Ein. Skúl. Hkr.* 742,3 *a (!).*
*kapps hár logi sára Ól. hvít. Kgs.* 303,29 *b.*
*fár eldingar meginsára Ól. hvít. Kgs.* 386,35 *b.*
*ógnarbáru hǫfuþsára Sturla Kgs.* 433,15 *b.*
*feþgin vár meþ nógu ári Eyst. Ásgr. Wis.* 89; 18,8.
*Márja hlýþ nú orþum várum Eyst. Ásgr. Wis.* 90; 28,2.
*geislinn brár fyr augum várum Eyst. Ásgr. Wis.* 91; 33,4.
*fyr Máríu grát hinn sára Eyst. Ásgr. Wis.* 94; 57,2.
*son Máríu er naglar skáru Eyst. Ásgr. Wis.* 98; 87,4.
*Márja léttu syndafári Eyst. Ásgr. Wis.* 99; 91,4.
*Márja littu klǫkk á tárin Eyst. Ásgr. Wis.* 99; 91,6.
*Márja ber þú smyrsl í sárin Eyst. Ásgr. Wis.* 99; 91,8.

### árr : ár.

*sárr mun gramr at hváru Hallfr. v. Wis.* 36; 19,6.
*Márja lifþu sæmd í hárri Eyst. Ásgr. Wis.* 99; 91,2.

### ársk : ársk.

*árskaptan grun vinir hvárskis Ól. hvít. Kgs.* 344,4 *a.*

### ás : ás.

*hrafnásar viþ blása* Þjóþ. *hv. Wis.* 9; 4,4.
*þás ellilyf Ása* Þjóþ. *hv. Wis.* 10; 9,3 (!).
*atblásendr því vási* Þjóþ. *sk. Hkr.* 542,28 *a.*
*hrás þaut vargr í ási Bǫlv. sk. Hkr.* 547,4 *a.*

### ásk : ásk.

*sásk vítt búendr háska Þórþr Kolb. Hkr.* 154,34 *a (sázt vík búendr ríkir Fris.* 120,14 *a).*

### áss : ás.·

*áss hretviþri blásin Eil. Guþr. Wis.* 31; 8,8 (vgl. *Gisl. Ark.* VIII, 57).

*át : át.*

*firrist hlátr enn kann at gráta Eyst. Ásgr. Wis.* 92; 42,2.
*ógrátandi rǫrrum láta Eyst. Ásgr. Wis.* 95; 59,2.
*fyrlátiþ mér ek vil gráta Eyst. Ásgr. Wis.* 97; 79,1.
*rátr til glǿps á báti Sighv. sk. Hkr.* 307,30a.
*oflátinn skal gráta Sighv. sk. Hkr.* 521,6a.
*litt kátr meþ brá váta Sturla Kgs.* 482,16b.

*átt : átt.*

*vátt sinn bana þátti Þjóþ. hv. Wis.* 10; 16,8.
*átta mærþar þáttum Ulfr Ugg. Wis.* 29; 2,8.
*Vinþum háttr enn átta Sighv. sk. Wis.* 39; 8,2.
*hátt 's víkingar átta Sighv. sk. Wis.* 39; 10,6.
*brátt réþ hann þeims átti Hallarst. Wis.* 46; 2,6.
*hljómváttandi knátti Hallarst. Wis.* 46; 3,6.
*hátt fjall hvártki mátti Hallarst. Wis.* 49; 27,5 (!).
*slíkr háttr svá munk vátta Hallarst. Wis.* 50; 35,5 (!).
*sátta rof þaz buþlungr átti Mark. Skeggj. Wis.* 52; 15,4.
*hersa máttir sex ok átta Mark. Skeggj. Wis.* 53; 30,8.
*máttigs framir váttar Ein. Skúl. Wis.* 54; 6,4.
*máttigt hǫfuþ áttar Ein. Skúl. Wis.* 54; 8,8.
*Evam brátt sem Moises váttar Eyst. Ásgr. Wis.* 88; 13,2.
*náttúran sér ekki mátti Eyst. Ásgr. Wis.* 91; 31,4.
*átti dagr af fæþing váttar Eyst. Ásgr. Wis.* 91; 35,6.
*er nú váttr er þann dag mátti Eyst. Ásgr. Wis.* 92; 37,6.
*sjálf náttúran manndóm váttar Eyst. Ásgr. Wis.* 96; 65,4.
*fátt er þat er siþuna váttar Eyst. Ásgr. Wis.* 97; 76,8.
*átt er skjǫldungr máttit Sighv. sk. Hkr.* 230,27a.
*máttit jarl þau's áttuþ Ótt. sv Hkr.* 235,18b (!).
*hátt vápna brak knátti Sighv. sk. Hkr.* 253,11a.
*þǫrf nátt ok dag sáttum Sighv. sk. Hkr.* 311,15a.
*áttungr í sal knátti Sighv. sk. Hkr.* 416,23b.
*eigi smátt er máttit Sighv. sk. Hkr.* 491,31a.
*átt leifþ Haralds knátti Sighv. sk. Hkr.* 516,23b.
*átt hafa þeira sáttir Þjóþ. sk. Hkr.* 532,2b.
*áttján Haraldr sáttir Þjóþ. sk. Hkr.* 555,10a.
*fátt's til nema játta Þjóþ. sk. Hkr.* 577,29b.
*eigi brátt viþ sáttum Anon. Hkr.* 602,36b.
*sátt lauksk þar meþ váttum Anon. Hkr.* 603,15b.
*fráttu hve fylkir mátti Bjǫrn krepph. Hkr.* 641,11b (!).
*fátt liþ galeiþr átta Halld. skv. Hkr.* 663,12b.
*knátti enn hin átta Halld. skv. Hkr.* 666,1a (!).
*máttigr tigir átta Ein. Skúl. Hkr.* 742,6a.

*átt : át.*

*látr valrugar máttu* Eil. Guþr. Wis. 32; 19,6.
*látr minn faþir átti* Eyv. sk. Hkr. 112,13b.
*allbrátt at fjǫrláti* Sighv. sk. Hkr. 446,4b.

*áv : áv* (doch vgl. S. 21).

*þá vá Þorsteinn hávan* Haukr Vald. Wis. 81; 23,7 (!).
*sá vas hjǫrr ens háva* Ein. Skúl. Wis. 59; 44,5.

*áv : áf* (doch vgl. S. 21).

*svá frák hitt át háva* Hallfr. v. Wis. 34; 3,1 (!).

*áþ : áþ.*

*ráþalfs af mar bráþum* Brage Wis. 3; 11,8 (vgl. Wis. 117).
*dagráþ* Heþins *váþa* Ein. Skál. Wis. 28; 21,4.
*háþi jarl þars áþan* Ein. Skál. Wis. 29; 22,1 (!).
*heiptbráþr umb sik váþir* Hallfr. v. Wis. 33; 2,4.
*dáþ ǫflgan gram kváþu* Hallfr. v. Wis. 34; 2,4.
*randláþs viþir kváþu* Hallfr. v. Wis. 36; 17,6.
*áþr bragningi ráþit* Sighv. sk. Wis. 43; 11,6.
*áþr skalt viþ því ráþa* Sighv. sk. Wis. 43; 13,2.
*ulfa gráþar þeira ráþi* Arn. jarl. Wis. 44; 5,2.
*sóknbráþr sigri ráþa* Hallarst. Wis. 46; 3,7 (!) (*sannfróþr* Flb I, 94; Fms I, 105).
*sóknbráþs jǫfurs dáþir* Ein. Skúl. Wis. 55; 12,2.
*tírbráþr á goþ láþi* Ein. Skúl. Wis. 55; 13,2.
*dáþmilds koma láþi* Ein. Skúl. Wis. 56; 25,8.
*happsdáþir því ráþi* Ein. Skúl. Wis. 62; 70,4.
*láþvǫrþr Aþalráþi* Ótt. sv. Hkr. 225,34a.
*hǫfum ráþit vel báþir* Sighv. sk. Hkr. 248,33b.
*áþr at slíku láþi* Ótt. sv. Hkr. 284,33b.
*ógnbráþr áþr þér náþum* Ótt. sv. Hkr. 334,22b.
*ormláþs hati báþa* Sighv. sk. Hkr. 343,2b.
*áþr var stýrt til váþa* Arn. jarl. Hkr. 364,24b.
*alldáþgǫfugr báþum* Sighv. sk. Hkr. 377,18a.
*hvatráþr ertu láþi* Ótt. sv. Hkr. 422,21b.
*sá var áþr búinn ráþa* Sighv. sk. Hkr. 445,6b.
*ráþinn varþ frá láþi* Bjarni gullbr. Hkr. 447,1b.
*framráþr tjogu háþi* Sighv. sk. Hkr. 510,25a.
*sannráþinn frá láþi* Þjóþ. sk. Hkr. 519,11b.
*bráþ fekk hrafn's háþum* Þjóþ. sk. Hkr. 538,3a (!).
*bráþr at váru ráþi* Þjóþ. sk. Hkr. 542,26a.
*hvatráþr konungr láþi* Þorl. f. Hkr. 573,8b (Þjóþ. sk. Mork. 57; Flb III, 341).
*ráþandi manndáþa* Þjóþ. sk. Hkr. 594,2b.

snarráþs enn þá báþa Þjóþ. sk. Hkr. 620,17b.
leyft ráþ vas þat náþi Ein. Skúl. Hkr. 667,9b.
folkhráþr konungr háþi Hallr Sn. Kgs. 71,12b.
geþþráþir landráþa Sturla Kgs. 320,14b.
ógnarhráþs at fylkis láþi Sturla Kgs. 433,4a.
varma bráþ at þínu ráþi Sturla Kgs. 433,17a.

### ef : ef.

rekstefju tekk hefja Hallarst. Wis. 46; 1,4.
hefk þar lokit stefjum Hallarst. Wis. 49; 24,4.
gefit á jǫrþ mik leystan hefþi Eyst. Ásgr. Wis. 90; 22,8.

### efl : efl.

steflig orþ megi tungan efla Eyst. Ásgr. Wis. 94; 51,4.

### efn : efn.

hefnir fenguþ yrkis efni Arn. jarl. Wis. 46; 15,1.
sóknefnandi at hefna Haukr Vald. Wis. 80; 17,6.
Júþas nefndr er óvænt stefndi Eyst. Ásgr. Wis. 93; 48,4.
hefnendr setnefni Eyv. skald. Hkr. 103,20a.
Gefnar sinni stefnu Eyv. skald. Hkr. 106,8a.
Skjalgs hefnir sér nefnd Sighv. sk. Hkr. 444,32a.
vefgefn þrlar stefnur Þjóþ. sk. Hkr. 540,22b.
efni mæltrar stefnu Anon. Hkr. 602,27a.
hefnendr konungs efni Þjóþ. sk. Hkr. 620,19b.

### efnd : efnd.

hefnd sins fǫþur efnda Hallarst. Wis. 46; 5,4.

### efr : efr.

hefr hann langt yfir spheras efri Eyst. Ásgr. Wis. 96; 72,6.

### efs : efs.

refsing firum efsa Sighv. sk. Hkr. 453,16b (hnefsa Flb II, 316;
    ofsa OHS 190).

### eft : eft.

heftuþ ér enn eftir Ótt. sv. Hkr. 284,24b.

### eg : eg.

hegju hilmis segja Hallarst Wis. 49; 23,7.
hás vegs megi segja Ein. Skúl. Wis. 61; 64,2.
veg þinn konungr segja Eyv. skald. Hkr. 103,18b.
segik þat megi Þór. loft. Hkr. 441,8b.

þegi seimbrotar segja Arn. jarl. Hkr. 515,9 a (!) (sic OHS 234; Flb
III, 262; Fris 168,3 a; Kph. III, 1; Fms. VI, 22; þeigi : seigja
Pering. II, 1; þe(y)gi Hkr. 515; vgl. Thork. 73).
hvatt segir hinn's þat fegrir Þjóþ. sk. Hkr. 605,15 b.

## egg : egg.

gunnvegjar brú leggja Þjóþ. hv. Wis. 9; 1,2.
hreggs dǫgling tveggja Þorbj. hornkl. Wis. 14; 4,4.
geira hregg viþ seggi Þorbj. hornkl. Wis. 14; 5,2.
réþ egglituþr seggir Þorbj. hornkl. Wis. 14; 5,6 (red egghrǫdr
   leggia Flb I, 572; egghróþr Fms X, 187,18; vgl. Njál. II, 115).
eggþings Heþins veggjar Ein. Skál. Wis. 28; 14,6.
hreggs vafreyþa tveggja Eil. Guþr. Wis. 32; 14,6.
fótlegg þurnis veggjar Eil. Guþr. Wis. 32; 17,4.
hnitregg meþ fjǫlþ seggja Hallfr. v. Wis. 35; 7,6.
hvárttveggja mér seggir Hallfr. v. Wis. 36; 19,8.
folksveggs drífar hreggi Sighv. sk. Wis. 39; 10,2.
óskeggjaþr þá beggju Sighv. sk. Wis. 43; 17,8.
myrkt hregg. mækis eggja Hallarst. Wis. 48; 20,1 (!).
armleggjar rǫf dýrum seggjum Mark. Skeggj. Wis. 51; 7,4.
eggjar týndan lifi seggja Mark. Skeggj. Wis. 52; 19,6.
frán beit egg at leggja Ein. Skúl. Wis. 57; 29,6.
seggs marglitendr eggja Ein. Skúl. Wis. 60; 59,2.
seggr dǫglinga tveggja Haukr Vald. Wis. 80; 12,2.
eggdjarfr fyrir seggi Haukr Vald. Wis. 80; 15,6.
hregg Miþfjarþar Skeggi Haukr Vald. Wis. 81; 21,2.
seggir blandit gall meþ drengjum Eyst. Ásgr. Wis. 95; 58,2.
ráþlauss seggr at ýmsum veggjum Eyst. Ásgr. Wis. 99; 92,6.
seggi mækis eggjar Glúmr Geir. Hkr. 87,4b.
sóknheggr und sik leggja Glúmr Geir. Hkr. 136,32b.
sverþs eggja spor leggja Tindr Hallk. Hkr. 160,22 a (leggi Kph.
   I, 241; Pering I, 258; Thork. 56; doch vgl. Wimmer, navne-
   ord. bújn. S. 57).
seggir hvárirtveggju Sighv. sk. Hkr. 252,22b.
skeggi aþrartveggju Sighv. sk. Hkr. 255,22b.
beggja kost á veggjum Sighv. sk. Hkr. 310,4a.
sakar leggit þit beggja Sighv. sk. Hkr. 310,22b.
þess eggjumk vér hreggi Þorf. m. Hkr. 476,5b.
seggr hné margr und eyggjar Sveinfl. Hkr. 513,19a.
seggjum hneitis eggja Arn. jarl. Hkr. 515,10a.
hreggi óst ok leggi Þjóþ. sk. Hkr. 539,7b.
hregg af eikiveggjum Þjóþ. sk. Hkr. 540,20a.
reggbuss saman leggja Arn. jarl. Hkr. 541,11b.
eggdjarfr und sik leggja Stúfr sk. Hkr. 555,18a.
eggjumk vigs ok tveggja Har. harþr. Hkr. 586,33a.

*skeleggjaþr framm leggja Steinn Herd. Hkr. 594,9b.*
*hvárstveggja mjǫk seggir Anon. Hkr. 602,34a.*
*eggjask vestr at leggja Trǫllk. Hkr. 612,31a.*
*eggdjarfr í frið leggja Steinn Herd. Hkr. 629,15a.*
*seggja kind und eggjar Bjǫrn krepph. Hkr. 647,15b.*
*hvártveggja Breiðskeggi Blakkr Kgs. 121,5a.*
*hreggmildr jǫfurr leggja Guþm. Odds. Kgs. 274,19a.*
*stála hregg þvit œ mun beggja Ól. hvít. Kgs. 356,33b.*

### egl : egl.

*veglig flaust und búnu segli Sturla Kgs. 441,12b.*

### eglþ : eglþ.

*neglþum straum hinn heglþa Þjóþ. sk. Hkr. 592,17b.*

### egn : egn.

*þegns ynótt mǽilregni Ein. Skál. Wis. 27; 4,4.*
*sverþregns loft þegna Ulfr Ugg. Wis. 30; 9,4.*
*fjǫlgegn ok réþ hegna Sighv. sk. Wis. 42; 4,2.*
*hjaldrgegnir bú þegna Sighv. sk. Wis. 42; 11,2.*
*dvergs regn dreyra megnum Hallarst. Wis. 50; 31,3 (dverg regns*
 *dýrþar magnat Fms II, 282; dyggregns dyrdar mággnut*
 *Flb I, 468).*
*þegnum kunni ósiþ hegna Mark. Skeggj. Wis. 51; 8,4.*
*róys hegnir drap ótal þegna Mark. Skeggj. Wis. 52; 20,2.*
*hvargegnan má Qzur fregna Mark. Skeggj. Wis. 53; 27,6.*
*liþgegn snara þegna Ein. Skúl. Wis. 55; 14,6.*
*regn dreif stáls í gegnum Ein. Skúl. Wis. 60; 55,2 (regn dreif staal*
 *á þegna Flb I, 6).*
*friþgegns af jartegnum Ein. Skúl. Wis. 61; 67,2.*
*naddregns hrǫtum þegni Eyr. sk. Hkr. 103,34a.*
*gegn eru þér at þegnum Ótt. sv. Hkr. 334,21a (!).*
*þegns dóttir mik fregna Giz. g. Hkr. 475,33a.*
*regndjarfr tvia þegna Hofgarþ. Hkr. 491,27a.*
*regni haust nótt gegnum Arn. jarl. Hkr 541,13b.*
*fegnir lǫnd ok þegna Þjóþ. sk. Hkr. 562,28b.*
*þegnar alt í gegnum Anon. Hkr. 602,34b.*
*gram fregn at því gegnan Guþm. Odds. Kgs. 274,20a (!).*
*gegn létuþ kyr hegna Ól. hvít. Kgs. 303,30b (!).*
*hyggju gegn enn líf gaf þegnum Ól. hvít. Kgs. 373,6b.*
*vegnat brǫgþum fegnir Ól. hvít. Kgs. 374,14b.*
*grdr regnbogi Hnikars þegna Ól. hvít. Kgs. 386,33b.*
*yþrir þegnar rána hegnir Sturla Kgs. 426,18a.*
*þegnar úfegnir Sturla Kgs. 471,25b.*

*egr* : *egr.*

*fár vegr es mér fegri Þjóþ. sk. Hkr.* 542,17 b *(!).*

*eidd* : *eidd.*

*greiddr sárliga meiddu Ein. Skúl. Wis.* 58; 40,4.
*leiddr af móþur faþminn breiddi Eyst. Ásgr. Wis.* 94; 55,6.
*lamdr ok meiddr er valdit beiddi Eyst. Ásgr. Wis.* 95; 61,8.

*eif* : *eif.*

*raddsveif at Þorleifi Þjóþ. hv. Wis.* 9; 1,4 *(raddkleif W).*
*bifkleif at Þorleifi Þjóþ. hv. Wis.* 10; 13,8 u. 11; 20,8.
*hugreifum Óleifi Ulfr Ugg. Wis.* 29; 1,2.
*folkreifum Óleifi Hallfr. v. Wis.* 35; 11,4.
*benkneif fyr Óleifi Hallfr. v. Wis.* 36; 15,8.
*hugreifum Óleifi Hallfr. v. Wis.* 37; 28,2.
*portgreifar Óleifi Sighv. sk. Wis.* 39; 8,8.
*dreif mest at Óleifi Sighv. sk. Wis.* 39; 9,8.
*fǫþurleifþ konungs greifum Sighv. sk. Wis.* 43; 14,8 *(fulleiþ* : *reiþi Fms* VI, 44; *fulleidr* : *greifum Flb* III, 269).
*ǫrn reifir Óleifi Ótt. sv. Wis.* 141; 6,3 (!)
*hugreifr meþ Óleifi Halld. ókr. Hkr.* 215,6 a.
*gunnreifum Óleifi Sighv. sk. Hkr.* 252,22 a.
*hugreifum Óleifi Sighv. sk. Hkr.* 430,7 a.
*Óleifr funa kleifar Jǫk. Hkr.* 454,22 b.
*gunnreifr meþ Óleifi Þorm. Kolbr. Hkr.* 476,10 b.
*þreifsk sókn meþ Óleifi Sighv. sk. Hkr.* 480,21 a.
*gunnreifum Óleifi Sighv. sk. Hkr.* 491,2 a.
*vigreifr fyr Óleifi Bjarni gullbr. Hkr.* 493,14 a.
*fjǫruskeifr á her veifat Þór. stuttf. Hkr.* 687,2 a.

*eifþ* : *eifþ.*

*ættleifþir svan reifþan Guþm. Odds. Kgs.* 274,21 b.

*eig* : *eig.*

*geigurþing at eiga Hallfr. v. Wis.* 35; 9,4.
*ódeigr Skota feiga Hallarst. Wis.* 47; 6,8.
*hneigendr Dvalins veigum Haukr Vald. Wis.* 78; 1,4.
*krýpk eigi svá sveigir Bersi Hkr.* 254,12 b *(!).*
*feigr eþa Danmǫrk eiga Arn. jarl. Hkr.* 529,4 b.
*valteigs brakan eigi Har. harþr. Hkr.* 620,12 a.
*hyrsveigir mér eigi Guþm. Odds. Kgs.* 274,19 b.
*geigurþing viþ yþr at eiga Sturla Kgs.* 442,9 a.
*feigir svanteigar Sturla Kgs.* 470,8 b.

*eigþ* : *eigþ.*

*Vísundr hneigþi þrǫm sveigþan Þjóþ. sk. Hkr.* 529,14 b.

## eik : eik.

sveik apt Ása leikum Þjóþ. hv. Wis. 10; 12,2.
folkleikr Heþins reikar Ein. Skál. Wis. 29; 24,6.
skáleik Heþins reikar Eil. Guþr. Wis. 31; 11,8.
illbleikum gaf stelkar Ein. Skál. Wis. 58; 43,4.
léttleikann í svaranna reikan Eyst. Ásgr. Wis. 89; 17,2.
eik sás rauþ hin bleika Sighv. sk. Hkr. 444,2a.
eik hví vér 'rom bleikir Þorm. Kolbr. Hkr. 498,10a.
bleikr verþungar leiki Sighv. sk. Hkr. 521,24a.

## eil : eil.

feþr Meila sér deila Þjóþ. hv. Wis. 9; 4,2.
þrymseilar hval deila Þjóþ. hv. Wis. 9; 5,4.
heilagr á því deili Ein. Skúl. Wis. 58; 41,8.
geþ deilisk mér seilar Haukr Vald. Wis. 78; 2,8.
heilagt viþ þau deila Sighv. sk. Hkr. 308,8b.
heilráþ Svía deila Sighv. sk. Hkr. 516,19b.

## eim : eim.

reimuþ Jǫtunheima Þjóþ. hv. Wis. 9; 7,6.
lǫgseims faþir heiman Eil. Guþr. Wis. 30; 1,4.
þeim skævaþar geima Hallfr. v. Wis. 35; 5,6.
geima vals í þessum heimi Arn. jarl. Wis. 45; 9,8.
þeim es fremstr varþ beima Hallarst. Wis. 46; 1,8.
þeim bauþ Kristr af heimi Hallarst. Wis. 50; 33,2.
þeirar heims í heimi Ein. Skúl. Wis. 54; 2,1 (!).
heims myrkrum brá þeima Ein. Skúl. Wis. 54; 2,2.
heims læknir gram þeima Ein. Skúl. Wis. 60; 57,8.
þeim sárjǫkuls geima Haukr Vald. Wis. 80; 14,8.
þeim í gegn enn seima Haukr Vald. Wis. 81; 26,6.
nálgist heim ok ættir beima Eyst. Ásgr. Wis. 92; 39,6.
heimleiþar þvít verþa beimar Eyst. Ásgr. Wis. 97; 74,4.
heimkvámu styr þeima Sighv. sk. Hkr. 255,18a.
ýgr tveim viþ kyn beima Ótt. sv. Hkr. 422,23b.
seims þjóþkonungr beimum Sighv. sk. Hkr. 429,28b.
seims enn þat veitk heiman Sighv. sk. Hkr. 492,24a.
heimkvámu fyr beima Þjóþ. sk. Hkr. 539,9a.
þeim's hann gaf seima Oddr Kík. Hkr. 568,15a.
þeim markar bǫl sveima Bjǫrn krepph. Hkr. 641,23a; Sturla Kys.
     305,27a.

## ein : ein.

hvé hreingróit steini Brage Wis. 2; 1,2.
myrk hreins loka reinar Þjóþ. hv. Wis. 10; 16,6.
hein at Grundar sveini Þjóþ. hv. Wis. 11; 19,4.
morþteins í dyn fleina Korm. Qgm. Wis. 26; 2,2 (morþreins Codd.).

*rein at Singasteini Ulfr Ugg. Wis.* 29; 2,2.
*friþscin vas þar hreini Eil. Guþr. Wis.* 32; 13,6.
*mein þótt smátt sé und einum Hallfr. v. Wis.* 37; 26,4.
*Aþalsteins búendr seinir Sighv. sk. Wis.* 42; 4,8.
*meinilla gekk Sveini Hallarst. Wis.* 48; 20,2.
*hreins ok flokka eina Hallarst. Wis.* 50; 34,4.
*einart lá þat fyrr und Sveini Mark. Skeggj. Wis.* 52; 23,8.
*hrein musteri fimm at steini Mark. Skeggj. Wis.* 52; 25,4.
*sin mein goþi einum Ein. Skúl. Wis.* 55; 14,4.
*hreins grimmligra meina Ein. Skúl. Wis.* 61; 61,6.
*fleinglygg Aþalsteini Haukr Vald. Wis.* 79; 9,4.
*Aþalsteins dunu fleina Haukr Vald. Wis.* 80; 13,2.
*einvigis til hreina Haukr Vald. Wis.* 80; 15,2.
*ǫllbeinir hlaust fleini Haukr Vald. Wis.* 80; 16,8.
*fleins at morni einum Haukr Vald. Wis.* 81; 23,6.
*Steinars syni fleina Haukr Vald. Wis.* 81; 26,8.
*eining sǫnn í þrennum greinum Eyst. Ásgr. Wis.* 87; 1,8; 100; 100,8.
*einfalt boþ meþ dyggleik hreinum Eyst. Ásgr. Wis.* 89; 14,8.
*svá'r greinanda at húsi einu Eyst. Ásgr. Wis.* 90; 27,6.
*hold ok bein af líkam hreinum Eyst. Ásgr. Wis.* 91; 30,8.
*ein persóna þrennrar greinar Eyst. Ásgr. Wis.* 91; 31,8.
*hreinferþugastra meydómsgreina Eyst. Ásgr. Wis.* 91; 33,8.
*sex daga grein ok fjórum einum Eyst. Ásgr. Wis.* 92; 36,6.
*flein ódygþar honum at meini Eyst. Ásgr. Wis.* 92; 42,8.
*sex daga grein ok fjórum einum Eyst. Ásgr. Wis.* 96; 68,2.
*hreinferþugastan lærisveinum Eyst. Ásgr. Wis.* 96; 68,4.
*tveim einum selmeina Guth. s. Hkr.* 88,10a.
*rein í hǫfn at Sveini Sighv. sk. Hkr.* 252,8a.
*meinum tolf ok eina Sighv. sk. Hkr.* 307,35a.
*eins þat's tókt af Sveini Sighv. sk. Hkr.* 310,16b.
*gein hauss firir steini Þjóþ. sk. Hkr.* 539,16a.
*steinblindr aþalmeini Þór. Skeggj. Hkr.* 557,9b.
*meinfórt þaþan Sveini Þjóþ. sk. Hkr.* 541,28a.
*segik eina spá fleini Þjóþ. sk. Hkr.* 570,10a.
*Sveins fagrdrifin steini Þorl. f. Hkr.* 572,7b.
*Einar þann's kann skeina Har. harþr. Hkr.* 578,19a.
*þar's eindagaþr Sveini Þjóþ. sk. Hkr.* 593,4b.
*meinfórt Haraldr Sveini Steinn Herd. Hkr.* 595,2a.
*Heina illum steini Þjóþ. sk. Hkr.* 606,29a.
*hrein skulu tveir fyr einum Ulfr. st. Hkr.* 612,2b.
*mein um afl sér steini Þork. ham. Hkr.* 639,6b.
*ein es sú's mér meinan Magn. berf. Hkr.* 654,20a (!).
*visa grein á sumri einu Ól. hvít. Kgs.* 259,20.
*einart viþ guþ hreinan Sturla Kgs.* 458,12b.
*fleins í staþ einum Sturla Kgs.* 464,29a.

### einn : einn.

Eysteinn konungr beinna Ein. Skúl. Wis. 54; 8,2.
fæþist sveinn af meyju hreinni Eyst. Ásgr. Wis. 91; 33,2.
einn er dróttinn Márju hreinni Eyst. Ásgr. Wis. 100; 95,8.
einn hefsk fríþr at beinni Hallv. Hár. Hkr. 442,2a.
Sveinn at Danmork einni Bjarni gullbr. Hkr. 519,18a.
Sveinn rómoldu einnar Bolv. Hkr. 565,18b.

### einn : ein.

tálhreinn meþal beina Þjóþ. hv. Wis. 9; 3,2.
Sveinn harþliga skeina Sighv. sk. Hkr. 253,28a.
Haraldr ok Sveinn viþ meinum Anon. Hkr. 603,15a.

### eiþ : eiþ.

sveiþr varþ í for Greipar Þjóþ. hv. Wis. 10; 13,4.
ógnsveiþinni blóþgum greipum Ól. hvít. Kgs. 387,18a.

### eir : eir.

meir Hákonar fleira Korm. Ogm. Wis. 26; 3,2 (meirr Sigroðar
    fleira SnE I, 466; fleina Cod. 1 e Ƶ).
meir hollvinir fleiri Hallfr. v. Wis. 35; 5,8.
Eiríkr eþr hlut meira Hallfr. v. Wis. 36; 15,6.
geirar upp at Leiru Sighv. sk. Wis. 40; 14,4.
meiri verþi þinn enn þeira Arn. jarl. Wis. 44; 1,7 (!).
fleiri skip til ófals þeira Arn. jarl. Wis. 45; 11,8.
þeira flaust viþ sigri meira Arn. jarl. Wis. 46; 14,8.
Eiríkr í dyn geira Hallarst. Wis. 48; 22,6.
geira hóti fleira Hallarst. Wis. 49; 24,8.
Eiríkr vas sás mátti meira Mark. Skeggj. Wis. 51; 9,7 (!).
Eiríkr vas til Róms í þeiri Mark. Skeggj. Wis. 51; 12,8.
Eiríkr brendi sali þeira Mark. Skeggj. Wis. 52; 22,6.
Eiríkr þótt vas gefit fleira Mark. Skeggj. Wis. 53; 30,6.
meir jarteigna þeira Ein. Skúl. Wis. 57; 34,6.
hykk meir geta þeira Haukr Vald. Wis. 79; 7,2.
atgeirs í for þeiri Haukr Vald. Wis. 79; 9,6.
geirveþr í for þeiri Guth. s. Hkr. 88,24b.
Eiríks of rak geira Glúmr Geir. Hkr. 102,26b.
geirveþr í for þeiri Glúmr Geir. Hkr. 121,8b.
Eiríkr í hug meira Þórþr Kolb. Hkr. 170,33a.
Eiríkr und sik geira Eyj. Dah. Hkr. 199,9a u. 200,4a.
Eiríkr koma þeira Þórþr Kolb. Hkr. 232,14b.
eirlaust konungr þeira Sighv. sk. Hkr. 252,6b.
þeir áttu flug þeira Sighv. sk. Hkr. 255,26b.
meir fannsk þinn enn þeira Ótt. sv. Hkr. 281,32a.
meir kunnum skil fleiri Sighv. sk. Hkr. 307,17b.

Eiriks svika þeira Sighv. sk. Hkr. 310,14 b.
framt's Eiriks kyn meira Sighv. sk. Hkr. 417,4 b.
geirs ofrhugi meiri Sighv. sk. Hkr. 444,32 b.
lið þeira frák meira Bjarni gullbr. Hkr. 447,4 b.
þeir at halfu fleiri Sighv. sk. Hkr. 488,33 b.
geirs orrostu meiri Þjóþ. sk. Hkr. 537,29 b.
þeir létu skip fleiri Þorl. f. Hkr. 574,11 b.
drepum meira hlut þeira Blakkr Kgs. 111,11 b.
meir hǫfþingi þeira Blakkr Kgs. 120,34 a.
herrar tveir af drengskap meira Ól. hvít. Kgs. 384,20 a.
eiransamt við brúþfǫr þeiri Sturla Kgs. 422,4 b.

### eir : eirr.

geirrasár her þeira Ein. Skál. Wis. 28; 19,4.
meir skyldumst enn nǫkkurr þeirra Eyst. Ásgr. Wis. 87; 4,6.

### eis : eis.

svá geisar þá eldr ok eisa Eyst. Ásgr. Wis. 96; 70,5 (!) (æsir A,
    F.-J.; æstist C).

### eist : eist.

iarþar vreist of freista Brage Ger. 23; 19,4.
reist gerþut þess jǫfrar freista Mark. Skeggj. Wis. 53; 32,4.
hreistr ok ull sem dropar ok gneistar Eyst. Ásgr. Wis. 99; 93,8.

### eit : eit.

veitkat hitt hvárt Heita Hallfr. v. Wis. 36; 19,1.
bór heitir svá Peitu Sighv. sk. Wis. 40; 14,8.
sverþ beit enn fló peita Hallarst. Wis. 48; 17,6.
sveiti fell á valkost heitan Mark. Skeggj. Wis. 52; 19,8.
brenn heitu tók leita Ein. Skúl. Wis. 57; 35,6.
veitk son Hugins teiti Ein. Skúl. Wis. 58; 41,6.
heitfastr jǫfurr veitir Ein. Skúl. Wis. 61; 64,6.
þǫgn veiti hlyn peitu Haukr Vald. Wis. 78; 2,6.
Geitir réþ at beita Haukr Vald. Wis. 79; 3,6.
hrægeitunga feitir Halld. ókr. Hkr. 206,7 b.
sleit ǫrn gera beitu Halld. ókr. Hkr. 216,13 b.
ógnteitir jǫfurr Peitu Ótt. sv. Hkr. 229,2 a.
gammteitǫndum heita Sighv. sk. Hkr. 249,9 a.
ulfs beitu fekk heitir Ótt. sv. Hkr. 422,23 a.
ǫlum teitan má sveita Þorf. m. Hkr. 476,3 b.
hneitis egg i sveita Þjóþ. sk. Hkr. 541,26 b.
frami veitisk þér beiti Valg. Hkr. 559,8 a.
fylkis sveit hinn's veitat Þorl. f. Hkr. 572,31 a.
ógnteitum lið veita Þjóþ. sk. Hkr. 605,13 a.
veit ǫrna sér beitu Trǫllk. Hkr. 612,31 b.

*beit døglinga hneitis Arn. jarl. Hkr.* 621,8b.
*sveita leik ok teiti Magn. berf. Hkr.* 654,23a.
*eitrkǫld ropin heitu Ein. Skúl. Hkr.* 766,17a.
*jǫfra sveit þóat rápug heiti Ól. hvít. Kgs.* 356,35a.
*sveitir háleitan Sturla Kgs.* 464,22a.

### eitr : eitr.

*fránleitr ok blés eitri Ulfr Ugg. Wis.* 29: 3,8.

### eitt : eitt.

*veitt er líf þat er Adam neitti Eyst. Ásgr. Wis.* 90; 23,2.
*eitt hans barn er miskunn veitti Eyst. Ásgr. Wis.* 95; 64,8.

### eitt : eit.

*eitt kveld meginsveitum Sturla Kgs.* 312,11.

### eiþ : eiþ.

*reiþr at Reifnis skeiþi Brage Wis.* 3; 11,7 (!).
*veiþr mælti svá leiþir Þjóþ. sk. Wis.* 10; 11,6.
*heiþ sitr Þórr í reiþu Korm. Qgm. Wis.* 26; 3,4.
*eiþrandr flota breiþan Ein. Skúl. Wis.* 26; 1,2.
*stikleiþar veg breiþan Eil. Guþr. Wis.* 30; 5,7.
*heiþrekr of kom breiþu Eil. Guþr. Wis.* 32; 17,2.
*hleypimeiþr fyr Heiþa Hallfr. v. Wis.* 34; 5,3 (!).
*hann gekk reiþr of skeiþar Hallfr. v. Wis.* 35; 6,2.
*sæmeiþr konungs reiþi Sighv. sk. Wis.* 38; 1,4.
*leiþ víkinga skeiþar Sighv. sk. Wis.* 38; 3,6.
*reiþ herr ofan skeiþum Sighv. sk. Wis.* 39; 5,6.
*reiþr's herr konungr leiþask Sighv. sk. Wis.* 43; 11,8.
*skeiþarhúf meþ Gerzku reiþi Arn. jarl. Wis.* 44; 2,4.
*reiþar búningr upp í heiþi Arn. jarl. Wis.* 45; 8,6.
*heiþit folk í virki breiþi Arn. jarl. Wis.* 45; 12,6.
*baþ hann heiþin goþ meiþa Hallarst. Wis.* 47; 9,4.
. *hvessimeiþr á skeiþum Hallarst. Wis.* 47; 14,4.
*heiþar manns í lofi reiþa Mark. Skeggj. Wis.* 51; 4,8.
*hristimeiþar konungs reiþi Mark. Skeggj. Wis.* 53; 32,2.
*heiþbjartrar lof greiþir Ein. Skúl. Wis.* 61; 67,8.
*fólkmeiþa vá beiþir Haukr Vald. Wis.* 79; 4,6.
*heiþinn unz varþ meiþir Haukr Vald. Wis.* 79; 6,6.
*eldmeiþir tók reiþa Haukr Vald. Wis.* 80; 15,8.
*heiþingjar sem Júþar leiþir Eyst. Ásgr. Wis.* 94; 53,2.
*leiþa mik í dróttins reiþi Eyst. Ásgr. Wis.* 97; 76,4.
*allreiþr Dana skeiþar Guth. s. Hkr.* 88,8b.
*rymleiþ flota breiþan Eyr. sk. Hkr.* 103,31b (*rimseiþ Fris* 80,31b).
*viggmeiþr Dana skeiþum Þórþr Kolb. Hkr.* 155,2b.

*leiþangr Dana skeiþum* Þórþr Kolb. Hkr. 157,15 a.
*folkmeiþar Dana skeiþar* Eyj. Daþ. Hkr. 200,6 a.
*meiþr sjau tigum skeiþa* Halld. ókr. Hkr. 207,31 a.
*vápneiþr lokit skeiþum* Halld. ókr. Hkr. 215,8 b (*vapneirþ* Ólafss.
    Oddii 59; *vápnreiþ* Fgrsk. 65).
*skeiþ Hákonar reiþi* Ótt. sv. Hkr. 235,19 a.
*greiþendr á skip reiþir* Sighv. sk. Hkr. 253,7 a.
*reiþir upp á skeiþar* Sighv. sk. Hkr. 253,13 a.
*heiþmildr eþa þá leiþumk* Bersi Hkr. 254,17 b.
*breiþ eru austr til Eiþa* Ótt. sv. Hkr. 284,30 b (!).
*reiþr um skóg frá Eiþum* Sighv. sk. Hkr. 307,33 a.
*erum heiþnir vér reiþi* Sighv. sk. Hkr. 308,15 a.
*Eiþaskóg á leiþu* Sighv. sk. Hkr. 308,26 b.
*Eiþaskógr á leiþu* Sighv. sk. Hkr. 309,4 b.
*heiþmanns tǫlu greiþri* Sighv. sk. Hkr. 310,18 a.
*reiþr gekk hann um skeiþar* Sighv. sk. Hkr. 444,8 a.
*ekk gekk reiþr um skeiþar* Ól. heil. Hkr. 446,24 b.
*heiþsær á mik reiþi* Jǫk. Hkr. 455,4 b.
*meiþr þess konungs leiþi* Sighv. sk. Hkr. 523,12 b.
*heiþi rastar breiþa* Þjóþ. sk. Hkr. 535,24 b.
*reiþr þorþir þú meiþa* Þjóþ. sk. Hkr. 540,4 b.
*Magnús reiþr af skeiþum* Þjóþ. sk. Hkr. 542,12 a.
*skreiþask lítils heiþar* Har. harþr. Hkr. 546,19 a.
*skeiþr brynjaþar reiþi* Bǫlv. sk. Hkr. 547,19 a.
*Haralds skeiþ und vef breiþum* Þjóþ. sk. Hkr. 559,25 b.
*leiþ fyr yþr til skeiþa* Valg. Hkr. 560,13 b.
*Heiþabœr af reiþi* Menn Har. harþr. Hkr. 572,25 a.
*eiþ láta sér skeiþar* Þjóþ. sk. Hkr. 592,26 b.
*eiþfastr Haraldr skeiþum* Anon. Hkr. 602,14 b.
*greiþ dróttinssvik leiþa* Bjǫrn krepph. Hkr. 641,14 b.
*ofanreiþ hinn þjóbreiþi* Anon. Hkr. 650,13.
*breiþ húfum þér reiþa* Eldjarn Hkr. 652,2 b.
*reiþorþr tǫlur greiþir* Ein. Skúl. Hkr. 744,4 b.
*breiþskeggs yfir leiþi* Blakkr Kgs. 120,32 a.
*reiþr á land af skeiþum* Sturla Kgs. 277,20 b.
*eiþvandr konungs reiþi* Sturla Kgs. 305,25 b.
*þunnar skeiþr und búnu reiþi* Sturla Kgs. 432,25 a.
*hlaþnar skeiþr á vatnit breiþa* Sturla Kgs. 438,26 b.
*alla leiþ af flota breiþum* Sturla Kgs. 441,17 a.
*skeiþum brynreiþar* Sturla Kgs. 464,34 b.
*breiþa guþleiþum* Sturla Kgs. 470,4 a.
*breiþar strandleiþir* Sturla Kgs. 472,4 a.

*eiþr : eiþr.*

*reiþr atseti Hleiþrar* Steinn Herd. Hkr. 594,29 b.

ck : ck.

drekar landreka Sighv. sk. Wis. 41; 7,4.
þrekr döglinga rekna Ótt. sv. Hkr. 284,33a.
frændsekju styr rekja Sighv. sk. Hkr. 446,11a.

ckk : ckk.

hekk Vǫlsunga drekko Brage Ger. 25; 21,4.
sepr gekk Svǫlnis ekkja Þjóþ. hv. Wis. 10; 15,7.
straum hrekk-Mimis ekkjur Eil. Guþr. Wis. 31; 9,6.
bekk falljǫtuns rekka Eil. Guþr. Wis. 32; 18,8.
hugrekki sér þekkja Hallfr. v. Wis. 34; 1,4.
hnekkir sinna rekka Hallfr. v. Wis. 35; 2,6.
bekkdóm Hepins rekka Hallfr. v. Wis. 36; 12,4.
gekk hilmis lið rekkum Sighv. sk. Wis. 39; 5,8.
stillir fekk ok ekki Hallarst. Wis. 47; 12,6.
hrekkvibaugs ens dekkva Ein. Skúl. Wis. 55; 16,2 (vgl. S. 45).
hastrekka mjǫþ drekki Haukr Vald. Wis. 78: 1,8.
hrekkjum vǫn í synd at blekkja Eyst. Ásgr. Wis. 93; 45,4.
flekklausastan vann til ekki Eyst. Ásgr. Wis. 96; 65,8.
gekk næst hugins drekka Þórþr Sjár. Hkr. 107,8b.
fekk regnþorins rekka Þórþr Kolb. Hkr. 232,24b (!).
þat's ekkju munr nekkvat Har. Sy. Hkr. 479,4a (!) (Þorm. Kolbr.
        Ohs 67; noccur Ohs 67; Flb II, 344).
þróask ekki mér rekka Sighv. sk. Hkr. 521,22a.
ek hefi ekki at drekka Þjóþ. sk. Hkr. 543,1a (!).
gekk á Fjón enn fekkat Valg. Hkr. 560,8a (!).
gekk at Sveinn af snekkju Arn. jarl. Hkr. 596,1a (!).
gekk sjalfr á mik drekka Stúfr sk. Hkr. 630,25b.
gekk hátt Skota stekkvir Bjǫrn krepph. Hkr. 646,33b.
gekk eldr um sjǫt rekka Ól. hvít. Kgs. 303,31a.
fekk sætt af því stilli rekka Ól. hvít. Kgs. 340,29b.

ckk : ck.

Eireks á haf snekkjum Guth. s. Hkr. 98,4b.
folkreks enn ol drekka Sighv. sk. Hkr. 255,27b.
hnektumk heiþnir rekkar Sighv. sk. Hkr. 308,7b (!).
úþekk sú's mér hnekti Sighv. sk. Hkr. 308,13b.
hnekt dýrloga bekkjar Sighv. sk. Hkr. 309,8b.
ekin dúþisk rá snekkju Þjóþ. sk. Hkr. 516,32a.
rekjandi mér snekkju Þjóþ. sk. Hkr. 626,20a.
Frireks ofar nekkvi Þorbj. skakk. Hkr. 795,6b.

ckn : ckn.

teknir menn ok dǫrrin reknu Arn. jarl. Wis. 44; 3,8.

eks : eks (ex : ex).

sex þeim es hvǫt vexa Þjóþ. sk. Hkr. 596,20a.

## el : el.

selr út í því telja Sighv. sk. Wis. 43; 14,6 (dvelja Flb III, 269; Fms VI, 44).

veljendr glaþir telja Ein. Skúl. Wis. 61; 68,6.

velr svá mǫrg í kvæþi at selja Eyst. Ásgr. Wis. 100; 98,2 (fela AB).

tel ek þenna svá skilning dvelja Eyst. Ásgr. Wis. 100; 98,4.

veljandi þér selja Eyv. sk. Hkr. 112,11b.

Steinkels gefin helju Þjóþ. sk. Hkr. 605,15a (Steinkel Fms VI, 336).

## eld : eld.

Gauts eld hinn's styr beldi Korm. Qgm. Wis. 26; 4,2.

hjalmelda mar feldu Ulfr Ugg. Wis. 30; 8,4.

elds þeim svikum beldi Hallfr. v. Wis. 36; 20,6.

eldi glík í Danaveldi Arn. jarl. Wis. 45; 10,8.

heldr ok niþr í feldi Sighv. sk. Wis. 43; 13,6.

heldr náliga at kveldi Ein. Skúl. Wis. 59; 47,2.

lagar eldbrota veldi Ein. Skúl. Wis. 60; 53,4.

feikt ofbeldit kvelr í eldi Eyst. Ásgr. Wis. 88; 9,6.

váru ofbeldit lǫngum feldan Eyst. Ásgr. Wis. 97; 77,2 (hreldan Magnuss.).

eldr ok reykr at beldir Ótt. sv. Hkr. 226,33b.

eld ef nú biþk felda Sighv. sk. Hkr. 249,11a.

eldr hykk at sal feldi Klǫngr B. Hkr. 249,22a (Þórþr Sjár. Fgrsk. 74).

orþ seldum þau elda Bersi Sk. Hkr. 254,12a (!).

hás elds svikum beldu Sighv. sk. Hkr. 499,13b.

enn helzk þeim's sun seldi Sighv. sk. Hkr. 508,29b (!).

hyrfeld gefa eldi Þjóþ. sk. Hkr. 540,6b.

bjartr eldr Danaveldi Þjóþ. sk. Hkr. 542,24b.

bjartr eldr Hróiskeldu Valg. Hkr. 560,5b.

sviþukveld vas þat eldi Þork. Skall. Hkr. 624,10a.

elds né ráns es kveldar Anon. Hkr. 640,2b.

veldr því karl í feldi Sig. Jors. Hkr. 686,2.

heldr í stuttum feldi Þór. stuttf. Hkr. 686,5a.

metumk heldr at val feldan Nefari Kgs. 110,10b.

hljóp eldr í sal feldan Sturla Kgs. 205,25a.

heitan eld á Danaveldi Sturla Kgs. 433,25a.

harþa sveld ór Nóregs veldi Sturla Kgs. 437,19b.

himna eldr í Danaveldi Sturla Kgs. 441,19a.

## eldr : eldr.

hitt veldr mér at meldrar Þorm. Kolbr. Hkr. 498,1a (!) (þat velldr mér en mæra Ohs 73).

elf : elf.

helfing sinn at Elfi Þjóþ. sk. Hkr. 593,4a.

elg : elg.

elgreymir Brodd-Helga Haukr Vald. Wis. 79; 3,4.
elgs fenviþu Helgi Haukr Vald. Wis. 79; 6,2.
elgs í gegnum Helga Haukr Vald. Wis. 79; 8,8.
Helganes þar's elgi Arn. jarl. Hkr. 541,11a.

ell : ell.

herr fell of gram velli Ein. Skál. Wis. 27; 12,8.
felli-Njǫrþr á velli Ein. Skál. Wis. 28; 21,2.
Ellu steins of bella Eil. Guþr. Wis. 32; 19,8.
ellifta styr fellu Sighv. sk. Wis. 39; 11,2.
rógsvellir baþ fella Hallarst. Wis. 48; 22,2.
vellum grims enn ellri Ein. Skál. Wis. 61; 69,8.
bellir bragningr elli Eyv. sk. Hkr. 112,3a (?).
fellr á hendr mér elli Eyv. sk. Hkr. 112,4b.
hvi bellit þvi stellir Hildr Hkr. 66,4a (vgl. Thork. 43).
reykvell ofan fella Valg. Hkr. 560,7b.
bleikir fellu menn at velli Ól. hvít. Kys. 385,9.
felli gunnspelli Sturla Kys. 472,9b.

els : els.

ló hels sumum frelsi Valg. Hkr. 560,9b (hel Eirsp., Fyrsk. 114;
        Mork. 18; Fris. 203,17b; Fms. VI, 75).

elt : elt.

veltilig um sjóvarbelti Eyst. Ásgr. Wis. 88; 10,2.

emr : emr.

skemr landreki fremri Sighv. sk. Hkr. 510,18b.

en : en.

men dreyrugra benja Brage Wis. 2; 9,4.
fens vd gramr til menja Korm. Qgm. Wis. 26; 6,4.
Feneyjar liþ dýrþ at venja Mark. Sk. Wis. 51; 10,4.
beni ték viþ þrek venjask Jǫk. Hkr. 455,2b.
morþvenjandi Fenju Þorm. Kolbr. Hkr. 498,2a (mot æggiaþra
        spiota Ohs 73).

end : end.

ende sciþs of kende Brage Ger. 24; 17,4.
hendr sem fótr of kendu Brage Wis. 2; 4,4.
hendr viþ stangar enda Þjóþ. hv. Wis. 9; 7,8.
lofkendr himins endum Ein. Skál. Wis. 29; 24,8.

*endr bark mærþ af hendi Ulfr Ugg.* Wis. 30; 9,2.
*Endils á mó spendi Eil. Guþr.* Wis. 30; 3,8.
*hendi flotna .sendis Sighv. sk.* Wis. 43; 16,8.
*Venda sorg at døglingr spendi Arn. jarl.* Wis. 45; 11,6.
*endr fíkular brendar Hallarst.* Wis. 47; 6,5.
*fleygjendr at gram rendu Hallarst.* Wis. 48; 16,6.
*endr fimm skipum rendi Hallarst.* Wis. 48; 12,2.
*þat vas endr und hendi Hallarst.* Wis. 49; 28,6.
*snilli kendr við Danmǫrk lenda Mark. Sk.* Wis. 51; 5,8.
*sendist fram af Adáms lendum Eyst. Ásgr.* Wis. 89; 19,8.
*sendist fram af guþdóms hendi Eyst. Ásgr.* Wis. 90; 23,4.
*tendrat brjóst mest liknar vendi Eyst. Ásgr.* Wis. 98; 81,4.
*endr ór þinni hendi Eyv. sk.* Hkr. 111,6b.
*oss lendingar sendu Eyv. sk.* Hkr. 123,34a.
*viþlendr níu senda Þorl. Rauþf.* Hkr. 170,4b.
*lofkenda frák sendu Þórþr Kolb.* Hkr. 232,12a.
*Upplendingar sendi Sighv. sk.* Hkr. 255,25a.
*sendimenn fyr hendi Sighv. sk.* Hkr. 309,2a.
*Hjaltlendingar hendir Ótt. sv.* Hkr. 334,24a.
*Upplendinga brendi Arn. jarl.* Hkr. 364,24a.
*vask endr meþ þér sendi Sighv. sk.* Hkr. 431,30b.
*endr stallarum kendu Bjarni gullbr.* Hkr. 493,19a.
*heims enda sér kendan Sighv. sk.* Hkr. 510,16b.
*endr þeir er Óláfr grendi Sighv. sk.* Hkr. 521,13b (!).
*hendr tvær jǫfurs spendu Sighv. sk.* Hkr. 535,14b.
*brendr vas upp meþ endum Menn Har. harþr.* Hkr. 572,22a (!).
*endr býrskipum rendi Þorl. f.* Hkr. 572,31b.
*Upplendingum kendi Þjóþ. sk.* Hkr. 607,8a.
*endr Skjálgs vinum lendir Þork. ham.* Hkr. 639,4b.
*afrendr konungr viþa lendum Ól. hvit. Kgs.* 339,17a.

### eng : eng.

*hraundrengr þaþan lengi Þjóþ. hv.* Wis. 11; 17,6[1]).
*gengis Þrónzkra drengja Hallfr. v.* Wis. 35; 3,4.
*lengi slikra drengja Hallfr. v.* Wis. 35; 10,8.
*nú's þengill framgenginn Hallfr. v.* Wis. 37; 25,2.
*snarr þengill bauþ Englum Hallfr. v.* Wis. 39; 6,2.
*gengit jarl of fenginn Hallfr. v.* Wis. 39; 13,8.
*engla fylki himnaþengils Arn. jarl.* Wis. 45; 9,4.
*þengils á bý gengu Hallarst.* Wis. 47; 8,4.
*engi kann svá lengi Hallarst.* Wis. 49; 23,6.

---

[1]) Von *Nor. aisl. Gr.*² § 66,3 als frühester Beleg angeführt für die Periode, in welcher *i*-Umlaut zum zweiten Mal auftritt, bewirkt durch erhaltenes *i*.

sinn dreng ok gekk lengra Hallarst. Wis. 49; 28,8.

engi maþr veit fremra þengil Mark. Skeggj. Wis. 50; 2,2.

stengr báru fram elsi drengir Mark. Skeggj. Wis. 52; 17,2.

engi maþr viþ Dana þengil Mark. Skeggj. Wis. 53; 29,8.

engi þorþi kapp at strengja Mark. Skeggj. Wis. 53; 32,6.

gǫfugr þengill baþ drengjum Ein. Skúl Wis. 60; 56,2.

engr brimloga slengvir Ein. Skúl. Wis. 60; 56,6 (øngr: slengvir Wis.,
    ungr: slunginn Flb I, 6; vgl. S. 46).

engill mekt þá'r hafþi fengit Eyst. Ásgr. Wis. 88; 7,6.

engill bann þat er hafþi fengit Eyst. Ásgr. Wis. 89; 15,2.

hǫfuþ engillinn talaþi lengra Eyst. Ásgr. Wis. 91; 29,6.

hér samtengþust menn ok englar Eyst. Ásgr. Wis. 91; 34,8.

engi kvǫl megi dróttna lengi Eyst. Ásgr. Wis. 98; 87,6.

strengir himna lopt ok englar Eyst. Ásgr. Wis. 99; 94,2.

slitu drengir friþ lengi Halld. ökr. Hkr. 212,20a.

þengill sína drengi Halld. ökr. Hkr. 215,8a.

engi nýtri drengi Ótt. sv. Hkr. 234,20a.

þengils á jó strengjar Sighv. sk. Hkr. 253,5b.

búin fengusk skip gengu Sighv. sk. Hkr. 253,11b.

drjúggenginn vas drengjum Sighv. sk. Hkr. 309,1b (!).

drengr magnar lof þengils Sighv. sk. Hkr. 309,2b.

fulldrengila gengit Sighv. sk. Hkr. 309,15b.

þengill þinna drengja Sighv. sk. Hkr. 310,25a (!).

Englands enn vér fengum Sighv. sk. Hkr. 437,19a.

þengils vina gengi Sighv. sk. Hkr. 437,31b.

Erlengr sá's vel lengi Sighv. sk. Hkr. 445,4a.

saman tengja baþ drengi Sveinnflokkr Hkr. 513,19b.

geng um þvert frá þengils Sighv. sk. Hkr. 521,21a (!).

snarfengjan bar þengil Arn. jarl. Hkr. 529,27a.

þengils enn óx fengi Þjóþ. sk. Hkr. 538,27b.

vengis hjǫrtr und drengjum Har. harþr. Hkr. 558,13a.

fengr varþ Þrónda þengils Þorl. f. Hkr. 574,10b (!).

þengill snekkju strengja Þjóþ. sk. Hkr. 592,34a.

þengils hǫfuþ fengit Þjóþ. sk. Hkr. 607,8b.

ráþgegn konungr þegnum Þjóþ. sk. Hkr. 626,13a.

þengill af sér drengi Steinn Herd. Hkr. 635,20b.

hlaut drengja vinr fengi Halld. skv. Hkr. 663,10b.

þengill ef stef fengak Þór. stuttf. Hkr. 686,19a.

margs gengis naut lengri Halld. skv. Hkr. 705,23a.

margar stengr enn bǫrþnisk lengi Baglar Kgs. 161,28b; Birkibein.
    Kgs. 161,33b.

engi vildi fylgja lengra Anon. Kgs. 343,33b.

engi maþr var Jóta þengils Sturla Kgs. 426,19 (!).

herskips stengr í kyrþum lengi Sturla Kgs. 432,15a.

snarfengr konungr yþrir drengir Sturla Kgs. 432,25b.

*hraustr þengils sonr fengit Sturla Kgs. 458,10a.*
*þengill hefr þar annarr engi Sturla Kgs. 459,3b (!).*
*Engus herfengna Sturla Kgs. 469,6b.*
*drengja lof þengils Sturla Kgs. 473,12b.*

### engr : engr.

*armi drengr enn lengra Sighv. sk. Hkr. 308,13a.*

### enn : enn.

*salpenningi kenna Brage Wis. 3; 11,2.*
*menn ólteiti kenna Eil. Guþr. Wis. 32; 15,4.*
*menn at vápna sennu Hallfr. v. Wis. 34; 2,2.*
*enn þeir's víþa nenna Hallfr. v. Wis. 35; 11,2.*
*enn segir auþar kenni Hallfr. v. Wis. 37; 24,1 (!).*
*hlenna dolgr eþr vitar brenni Arn. jarl. Wis. 45; 8,8.*
*þrenn kristnaþi ok tvenna Hallarst. Wis. 47; 10,2.*
*hirþmenn konungs spenna Hallarst. Wis. 47; 13,2.*
*senn døglinga þrenna Hallarst. Wis. 48; 16,4.*
*viti menn at frák tvenna Hallarst. Wis. 49; 26,2.*
*goþs þrenning mér kenna Ein. Skúl. Wis. 53; 1,4.*
*hǫfuþsmenn i staþ þenna Ein. Skúl. Wis. 61; 65,2.*
*allnennins brag þenna Ein. Skúl. Wis. 61; 68,8.*
*yfirspennanda heima þrennra Eyst. Ásgr. Wis. 90; 22,4.*
*henni bæri til fǫgnuþ þenna Eyst. Ásgr. Wis. 91; 30,2.*
*guþs þrenning meþ lýþum kennast Eyst. Ásgr. Wis. 92; 37,8.*
*svá mun enn um Jesúm þenna Eyst. Ásgr. Wis. 92; 43,6.*
*son menniligr guþs ok hennar Eyst. Ásgr. Wis. 93; 44,2 (minniligr B,*
    *ynniligr A, eingetinn D).*
*kenning tók um bygþ at renna Eyst. Ásgr. Wis. 93; 46,2.*
*þenna leik er hafþan kennir Eyst. Ásgr. Wis. 93; 47,6.*
*þessi spenna um blessat ennit Eyst. Ásgr. Wis. 93; 49,6.*
*fylgþarmenn viþ storminn þenna Eyst. Ásgr. Wis. 94; 53,4.*
*helga menn er fjǫtrar spenna Eyst. Ásgr. Wis. 95; 61,6.*
*dreifast menn i flokka tvenna Eyst. Ásgr. Wis. 96; 72,4.*
*drepnir menn er þar skulu brenna Eyst. Ásgr. Wis. 96; 73,2.*
*viþrkennandi mjúkleik þenna Eyst. Ásgr. Wis. 98; 83,4.*
*brennanda sák renna Glúmr Geir. Hkr. 121,10a.*
*sónska menn at sennu Halld. ókr. Hkr. 212,21b (!).*
*enn brauztu éla kennir Ótt. sv. Hkr. 225,28a (!).*
*hagkennanda þenna Bersi Sk. Hkr. 254,9a.*
*hirþmenn þeir's svan grenna Sighv. sk. Hkr. 310,2a.*
*landsmenn konung þenna Sighv. sk. Hkr. 437,19b.*
*enn þeir's austan nenna Sighv. sk. Hkr. 480,31b (!).*
*snargnenninn son hennar Sighv. sk. Hkr. 516,21b.*
*menn at vápna sennu Þjóþ. sk. Hkr. 538,6a.*

Norþmenn sali brenna Þjóþ. sk. Hkr. 540,26a.
menn Sveins þeir's nú renna Þjóþ. sk. Hkr. 542,30b.
Sveins menn fyrir renna Þjóþ. sk. Hkr. 542,28b.
hirþmenn ara grenni Arn. jarl. Hkr. 543,13b.
enn Bolgara brennir Þjóþ. sk. Hkr. 546,9a (!).
muni enn þinnig nenna Har. harþr. Hkr. 558,11b.
hirþmenn jǫfurs brenna Þork. Skall. Hkr. 624,8a.
allvalds menn á brennur Bjǫrn krepph. Hkr. 647,17a.
vili menn at hykk hennar Magn. berf. Hkr. 654,35b (!).
hernenninu fjǫlmennum Halld. skv. Hkr. 665,18b.
béjarmenn viþ rennu Þorbj. skakk. Hkr. 781,29b.
menn drifu hart til vápna sennu Baglar Kgs. 161,28a; Birkibein.
    Kgs. 161,33a.
menn báru þá ávǫxt tvennan Ól. hvít. Kgs. 259,18a.
menn seldusk þar gisla tvenna Ól. hvít. Kgs. 349,8a.

### ent : ent.

pentat innan firmamentum Eyst. Ásgr. Wis. 90; 27,2.

### er : er.

ferk ef þú skulum berjask Sighv. sk. Wis. 42; 9,4.
verfákum lét herjat Hallarst. Wis. 46; 4,6.
hverjum þræl er lysti at berja Eyst. Ásgr. Wis. 94; 52,4.
verit meþ oss unz verþi Þjóþ. hv. Hkr. 75,28b (!).
herland skal svá verja Þorm. Kolb. Hkr. 474,9a.
Verdóla liþ berjask Þorf. m. Hkr. 476,5a.
hverja vík í skerjum Þjóþ. sk. Hkr. 592,28b.
hermǫnnum gram berjask Halld. skv. Hkr. 663,19b.
berjask útverja Sturla Kgs. 471,27b.

### erf : erf.

erfþir fram at hverfa Sighv. sk. Wis. 42; 3,8.
erfþ sem til réþ hverfa Bjarni gullbr. Hkr. 519,16a.
grams erfingjum hverfa Þjóþ. sk. Hkr. 620,19a.

### erg : erg.

dvergranns í Túnsbergi Jaty. Kgs. 286,20b.

### erk : erk.

verkendr meginserkjar Hallfr. v. Wis 35; 10,4 (Heþins serkjar
    Fms II, 319; Flb I, 486; Fyrsk. 65; Ólafss. Oddii 58).
merki frembar verka Hallarst. Wis. 47; 10,6.
sterkligt jǫfurs merki Hallarst. Wis. 48; 19,2.
erkistól umb Saxa merki Mark. Skeggj. Wis. 51; 13,2.
merki blés umb hilmi sterkan Mark. Skeggj. Wis. 52; 19,4.

Kahle, Die Sprache der Skalden.         15

sóknsterkr hvé ferk verka Ein. Skúl. Wis. 54; 8,4.
folksterks af því verki Ein. Skúl. Wis. 56; 26,6.
tírarsterks ór hverkum Ein. Skúl. Wis. 58; 40,6.
verk fyr þjóþ at merkja Ein. Skúl. Wis. 60; 57,2.
berserk at því verki Haukr Vald. Wis. 80; 18,8.
fǫgr stórmerkin dróttins verka Eyst. Ásgr. Wis. 88; 5,8.
ráþsterkr framar merkjum Guth. s. IIkr. 102,4 a.
serk hringofinn merki Tindr Hallk. Hkr. 157,35 b.
gǫndlar serks und merkjum Sighv. sk. IIkr. 253,5 a.
þess verks búendr merki Sighv. sk. Hkr. 490,15 b.
stórverk enn óþ merki Bjarni gullbr. IIkr. 493,14 b.
merkendr Heþins serkjar Þjóþ. sk. Hkr. 537,27 b.
merki jarls hins sterka Þjóþ. sk. Hkr. 539,30 b.
berkak Magnús merki Þjóþ. sk. IIkr. 542,17 a (!).
merki stórra verka Þjóþ. sk. Hkr. 542,32 b.
hringserks litaþr merki Arn. jarl. Hkr. 543,22 a.
bragnings verk á Serkjum Halld. skv. Hkr. 665,18 a.
serkrjóþr Háva merki Ein. Skúl. IIkr. 717,19 a.
Skǫglar serks fyr Skúla merkjum Snorri Sturl. Kgs. 281,20 b.
hildar serki framar merkjum Ól. hvít. Kgs. 386,35 a.

### ern : ern.

þjóf hvern konungr ernan Sighv. sk. Hkr. 453,23 a.
hvern dag frekir ernir Sighv. sk. Hkr. 521,12 b.
hernaþr á Foxerni Eldjárn IIkr. 652,15 a.

### err : err.

allr herr Skota þverri Þorbj. hornkl. Wis. 15; 8,6.
ferr jǫrþ und menþverri Hallfr. v. Wis. 33; 6,2.
mjǫk es verr enn svá ferri Hallfr. v. Wis. 37; 22,8.
oft þverri stóþk ferri Hallfr. v. Wis. 37; 26,2.
landherr búendr verri Sighv. sk. Wis. 42; 8,6.
hverr gramr es þér stórum verri Arn. jarl. Wis. 44; 1,6.
verri brǫgþ ok lýtin þverra Eyst. Ásgr. Wis. 93; 47,4.
maþrinn hverr enn glæpir þverri Eyst. Ásgr. Wis. 99; 88,4.
herr fyr málma þverri Guth. s. IIkr. 102,4 a (mána Thork. 44).
gerra gramr i snerru Guth. s. IIkr. 102,3 b (geyrra Fris. 79,13 b).
þinn herr skipum ferri Ótt. sv. Hkr. 226,19 a (herskipum Flb I, 20).
erringar lið verra Ótt. sv. IIkr. 252,20 b.
berr mik Dǫnum ferri Ótt. sv. Hkr. 274,30 b (fjarri Flb II, 58).
þér hverr konungr ferri Ótt. sv. IIkr. 284,23 b.
herr sákak far verra Sighv. sk. Hkr. 307,28 b.
hverr skal þegn þót þverri Sighv. sk IIkr. 437,30 b (!) (hvarr Kph.
  II, 294; herr Pering. II, 709; þo at kynni Flb II, 304).
herr gekk snart at snerru Þjóþ. sk. IIkr. 538,36 a (!).

*ræsis herr ór verri þjóþ. sk. Hkr. 592,9b.*
*ferr Magnúsi ok Sverri Anon. Kgs. 51,12b.*
*beri Sverrir hlut verra Nefari Kgs. 110,10a.*
*hverr mun hringþverris Sturla Kgs. 474,17b.*

### err : er.

*her Sǫnskan ferr Sighv. sk. Wis. 40; 3,8.*
*herr frá Þursaserkjum Arn. jarl. Hkr. 335,15a.*
*hverr veitk nema verþu Haraldr harþr. Hkr. 546,18b (!).*
*hungrþverrir lét herjat Bjǫrn krepph. Hkr. 646,28b (!).*

### ers : ers.

*vers Hólmgǫngu Bersi Haukr Vald. Wis. 81; 24,4.*
*útvers frǫnum hersi Eyj. Dáþ. Hkr. 140,11a.*
*ógnar skers né hersa Sighv. sk. Hkr. 499,13a.*
*hersar gunnversum Sturla Kgs. 474,33a.*

### erst : erst.

*gerstr þá's illr hinn versti Sighv. sk. Hkr. 308,30a (gestr Flb II, 114).*

### erþ : erþ.

*sverþ þjóþkonungs ferþar Þorbj. hornkl. Wis. 15; 7,4.*
*sóknherþir lét sverþa Ein. Skúl. Wis. 27; 11,3.*
*sverþs liþhatar gerþu Eil. Guþr. Wis. 31; 11,2.*
*sverþleik í Mǫn skerþir Hallfr. v. Wis. 34; 8,8.*
*sverþjalmr óx þar verþa Hallfr. v. Wis. 36; 12,6.*
*verþung jǫfurs sverþum Hallfr. v. Wis. 36; 14,8.*
*holms verþa Týr sverþa Hallfr. v. Wis. 36; 15,2.*
*landher þar skǫp verþa Hallfr. v. Wis. 37; 23,4.*
*sverþþing háit verþa Sighv. sk. Wis. 39; 7,2.*
*verþung konungs sverþum Sighv. sk. Wis. 41; 1,8.*
*snjallri ferþ áþr berþisk Ein. Skúl. Wis. 55; 15,2.*
*harmskerþanda ferþum Ein. Skúl. Wis. 58; 38,4.*
*verþr bragi af því skerþi Ein. Skúl. Wis. 58; 40,2.*
*ferþ himneska verþan Ein. Skúl. Wis. 58; 42,4.*
*herþendr þrimu sverþa Haukr Vald. Wis. 79; 6,4.*
*verþ meþ brugþnu sverþi Haukr Vald. Wis. 79; 10,4.*
*sverþs rǫskvari verþa Haukr Vald. Wis. 80; 17,2.*
*dugi nú ferþ svát lífguþ verþi Eyst. Ásgr. Wis. 90; 21,8.*
*sverþi nist í bringu ok herþar Eyst. Ásgr. Wis. 94; 56,2.*
*sverþleiks reginferþir Glúmr Geir. Hkr. 89,29b.*
*eldgerþr falar verþi Eyv. sk. Hkr. 123,26b.*
*verþung Haraldr sverþum Glúmr Geir. Hkr. 134,16b.*
*oddherþir fat gerþa Þórþr Kolb. Hkr. 155,9b.*
*gerþr bjúglimum herþa Tindr Hallk. Hkr. 157,31a.*

verþbjóþr hugins ferþar Tindr Hallk. Hkr. 160,20 a.
eitt es sverþ þat's sverþa Hallfr. v. Hkr. 194,26 a (!).
sverþ auþgan mik gerþi Hallfr. v. Hkr. 194,27 a.
sverþótt mun nú verþa Hallfr. v. Hkr. 194,29 a.
mana vansverþat verþa Hallfr. v. Hkr. 194,26 b (!).
verþr emk þriggja sverþa Hallfr. v. Hkr. 194,27 b.
umgerþ at þvi sverþi Hallfr. v. Hkr. 194,29 b.
fúrherþir styr gerþi Eyj. Daþ. Hkr. 200,2 a.
gerþisk harþr um herþar Sighv. sk. Hkr. 252,29 a (!) (gerþisk Hkr.)
sverþ upp í skip gerþu Sighv. sk. Hkr. 253,18 b.
verþung um fǫr gerþak Sighv. sk. Hkr. 310,9 a.
ferþ liþ þrota verþa Sighv. sk. Hkr. 437,21 b.
sverþi laust um herþar Sighv. sk. Hkr. 492,19 b.
þess gerþuzk þér verþir Bjarni gullbr. Hkr. 526,5 a.
gerþum þar svát þverþi Þjóþ. sk. Hkr. 538,26 b (!).
Sveins ferþ bana verþir Þjóþ. sk. Hkr. 541,20 a.
friþskerþi þér verþa Bǫlv. sk. Hkr. 547,2 b.
ferþ at hvárgi skerþi Anon. Hkr. 603,17 b (fylld at hvárgi skyldi
  Fms VI, 333).
verþung Háva gerþar Steinn Herd. Hkr. 635,22 b (Hárs Mork. 135;
  Hálfs Hkr., Háva Sievers, Beitr. V, 516).
sverþ á úthlaups ferþum Bjǫrn krepph. Hkr. 641,12 a. ·
hné ferþ enn lét verþa Þork. ham. Hkr. 648,14 b.
grams ferþ Manork verþa Hálld. skv. Hkr. 666,2 b.
hrafns verþar liþ sverþum Kolli Hkr. 726,4 b.
glaum herþundum sverþa Kolli Hkr. 726,31 b.
ýta ferþar hringa skerþir Snorri Sturl. Kgs. 281,22 a.
lá ferþ vegin skǫrpum sverþum Ól. hvít. Kgs. 373,6 a.
málma skerþir Svía ferþar Sturla Kgs. 422,2 b.
úþri ferþ af heimangerþum Sturla Kgs. 438,19 a.
ferþ var friþskerþis Sturla Kgs. 465,18 b (!).
herþi bǫþgerþir Sturla Kgs. 467,10 b.
ferþ vann friþskerþis Sturla Kgs. 470,1 a (!).
herþu herferþir Sturla Kgs. 472,8 a (!).
sverþa bliþskerþir Sturla Kgs. 473,12 a.

### es : es.

flesdrótt Jvu nesja Eil. Guþr. Wis. 31; 12,4.
Helganes fyr kesjum Þjóþ. sk. Hkr. 541,18 a.

### ess : ess.

þess lífa þjóþar sessa Hallfr. v. Wis. 35; 2,7 (!).
jǫfra sess í verǫld þessi Mark. Skeggj. Wis. 50; 2,4.
eljunhress í þessu Ein. Skúl. Wis. 61; 11,6.
baugness vesa þessi Ein. Skúl. Wis. 61; 69,2.

*goþs blessun liþs þessa Ein. Skúl. Wis.* 62; 70,8.
*hennar vess á diktan þessa Eyst. Ásgr. Wis.* 100; 99,4.
*þess hefr seggja sessi Tindr Hallk. Hkr.* 157,34*a* (!).
*hressfórs jǫfurs þessar Sighv. sk. Hkr.* 310,7*a*.

## est : est.

*mest bifgyrþil nestu Eil. Guþr. Wis.* 32; 17,8.
*leiknar hest á lesti Hallfr. v. Wis.* 34; 6,3.
*vil's mest ok dul flestum Eil. Guþr. Wis.* 37; 26,8.
*mest gótt í trau bresta Eil. Guþr. Wis.* 37; 28,4.
*vestr hernaþ rak mestan Hallarst. Wis.* 46; 3,4.
*mest fylgþu því hvergi lestir Mark. Skeggj. Wis.* 51; 9,4.
*mestr ofrhugi jǫfri flestum Mark. Skeggj. Wis.* 51; 9,8.
*vas hann mestr konungr flestar Ein. Skúl. Wis.* 55; 18,2.
*mest of heims bygþ flesta Ein. Skul. Wis.* 58; 39,4.
*auk prest þeirs lǫg lestu Ein. Skúl. Wis.* 60; 59,5 (!).
*alls mest vini flesta Ein. Skúl. Wis.* 61; 63,2.
*eitt er mest er þó'r at lesti Eyst. Ásgr. Wis.* 89; 20,6.
*vignestr saman bresta Guth. s. Hkr.* 97,28*a*.
*valkesti hrauþ flestar Þórþr Kolb. Hkr.* 157,15*b*.
*mest enn ór á lesti Sighv. sk. Hkr.* 231,10*b*.
*grǿþis hests fyr vestan Þórþr Kolb. Hkr.* 232,25*a*.
*alls mest konungr flestra Sighv. sk. Hkr.* 307,19*b*.
*alls mest reka gesti Sighv. sk. Hkr.* 308,21*b*.
*flest es ek kom vestan Sighv. sk. Hkr.* 310,12*b*.
*fest viþ arm hinn vestra Sighv. sk. Hkr.* 416,13*b*.
*frest urþu þess vestan Bjarni gullbr. Hkr.* 456,30*b*.
*hestr um Skáney vestan Þjóþ. sk. Hkr.* 542,12*b*.
*vestr helmingi mestum Ein. Skúl. Hkr.* 662,17*a*.
*ulfnestir skip festi Ein. Skúl. Hkr.* 667,4*b*.
*ilestr ok meþ vey mestum Sturla Kgs.* 443,4*b*.
*gestils skeiþlestum Sturla Kgs.* 464,34*a*.
*flestum bauglestis Sturla Kgs.* 472,37*b*.
*ilest fyr haf vestan Anon. Kgs.* 476,19*b*.

## et : et.

*etjulund at setja Ein. Skúl. Wis.* 26; 1,8.
*fjǫrnets goþa at hvetja Eil. Guþr. Wis.* 30; 1,2 *(Fornjóts R, fiornatz W)*.
*fetum suþr metinn Sighv. sk. Wis.* 41; 10,2.
*selbergs gamall vetra Eyj. Daþ. Hkr.* 140,25*a*.
*élhvetjandi setja Eyj. Daþ. Hkr.* 140,23*b*.
*etr hrafn af ná getnum Þorl. Rauþf. Hkr.* 170,2*b*.
*hrafn etr af ná getnum Ól. heil. Hkr.* 446,24*a*.
*setit hefk oft viþ betra Jǫk. Hkr.* 455,2*a*.

### etr : etr.

*ýsetrs hati vetra Hallfr. v. Wis.* 33; 1,2.
*reyrar setrs á einum vetri Arn. jarl. Wis.* 46; 15,6.
*setr vas þat fyr betra Ein. Skúl. Wis.* 54; 8,2
*þrjá vetr konungs betra Ein. Skúl. Wis.* 55; 13,4.
*linnsetrs es telsk betri Sighv. sk. Hkr.* 343,4b.
*ormsetrs hati vetra Arn. jarl. Hkr.* 515,8b.
*hjalmsetr gamall vetra Þjóþ. sk. Hkr.* 546,8b.
*vetrlengis stígr betri Ein. Skúl. Hkr.* 662,19b.

### ett : ett.

*málhvettan byr settu Eil. Guþr. Wis.* 31; 6,2.
*flærþum settr ok talar meþ prettum Eyst. Ásgr. Wis.* 89; 17,7.
*fyrstan prett ok manndráp settir Eyst. Ásgr. Wis.* 96; 66,6 (*mann-*
*dráp þyrstan F.-J.* 430).
*þetta verk er í einn staþ settik Eyst. Ásgr. Wis.* 100; 96,4.
*grimsetta íl hjarna kletti Snorri Sturl. Kgs.* 281,24b.

### ett : et.

*heinflets viþ mér settu Sighv. sk. Hkr.* 308,19a.
*geirnets sumar þetta Guþm. Odds. Kgs.* 274,21a.

### eyf : eyf.

*hungrdreyfi skalk leyfa Hallfr. v. Wis.* 36; 19,2.
*ferkleyf á þat leyfi Þjóþ. sk. Hkr.* 592,15b.

### eyfþ : eyfþ.

*hreyfþi hjǫr kleyfþan Sturla Kgs.* 470,1b (!).

### eyg : eyg.

*báleygs at sér teygja Hallfr. v. Wis.* 33; 4,2.

### eyg : eyj.

*leygs í Suþreyjum Sturla Kgs.* 469,8a.
*fleygr í Suþreyjum Sturla Kgs.* 470,4b.

### eyr : eyr.

*reyrar leggs viþ eyra Ulfr Ugg. Wis.* 29; 4,4.
*frumseyris kom dreyra Eil. Guþr. Wis.* 31; 4,4.
*almreyrs lituþr dreyra Ein. Skúl. Wis.* 55; 17,4.
*sverþa Freyr í dreyra Haukr Vald. Wis.* 79; 10,6.
*keyra járn svát stǫkk um dreyrinn Eyst. Ásgr. Wis.* 93; 49,8.
*freyr í manna dreyra Glúmr Geir. Hkr.* 87,2b.
*reyr Hákonar dreyra Glúmr Geir. Hkr.* 110,21b.
*hnitu reyr saman dreyra Halld. ókr. Hkr.* 212,30a.
*keyrum hnoss svát heyri Sighv. sk. Hkr.* 275,1b (!).

*eyst : eyst.*

*hlunni geyst í salt et eystra Arn. jarl. Wís.* 44; 2,2.

*Eysteinn hvé brag leystak Ein. Skúl. Wís.* 62; 71,6 *(œztann : leysta Flb* I, 7).

*hana leystir ok því mák treysta Eyst. Ásgr. Wís.* 98; 85,6.

*eyt : eyt.*

*þreyta fyrr at skeytum Þjóþ. sk. Hkr.* 538,4b.

*eyþ : eyþ.*

*bleyþivandr á seyþi Þjóþ. hv. Wís.* 9; 2,8.

*eyþi dalreyþar Sturl. Kgs.* 469,8b.

*eþ : eþ.*

*geþjarþar lú kveþja Ulfr Ugg. Wís.* 29; 1,4.

*feþju þaut meþ steþja Eil. Guþr. Wís.* 31; 6,8.

*marbeþjum meþ Sighv. sk. Wís.* 40; 4,3 *(marbiðiom Ohs* 49).

*hirþmeþr konungs veþja Hallarst. Wís.* 49; 26,4.

*itrgeþs loft kveþja Ein. Skúl. Wís.* 54; 10,4.

*dyljat meþr þess gleþja Ein. Skúl. Wís.* 56; 21,2 *(dylezt menn viþ þat gleþja B., dragisk mærþ þannig hrœrþa Flb* I, 3; *dyljask meþr viþ þat geþja Cedersch.).*

*gleþiligur í lopt hin neþri Eyst. Ásgr. Wís.* 90; 27,4.

*meþr þvílíkri tignarkveþju Eyst. Ásgr. Wís.* 91; 29,4.

*eþr : eþr.*

*meþr fengu mikit veþr Ótt. sv. Wís.* 44; 4,3 (!).

*veþr nú's brim fyr eþri Þjóþ. hv. Hkr.* 75,29b *(vgl. Hoffory Ark. f. n. F.* I, 45 ff.)

*ék : ék.*

*vist ef léki Dominus tecum Eyst. Ásgr. Wís.* 100; 99,8.

*él : él.*

*þú skalt réttr nema vélum Þjóþ. hv. Wís.* 10; 11,5 *(vellt W, vœlum R).*

*hélug borþ í stefjaméli Arn. jarl. Wís.* 45; 11,4.

*hjaldréls frœmuþr vélar Ól. hvít. Kgs.* 303,31b.

*éll : éll.*

*héll í trygþ um véllan Þork. Skall. Hkr.* 624,22a.

*és : és.*

*Hléseyjar þrǫm blésu Ein. Skúl. Hkr.* 717,19b.

*ét : ét.*

*lézt at Hákon héti Þór. stuttf. Hkr.* 686,18b.

étt : étt.

*rétt's atsókn enn sétta Sighv. sk. Wis.* 39; 6,1.
*gat rétt viþ þrǫm sléttan Ein. Skúl. Wis.* 57; 31,2.
*réttferþugast i visum sléttum Eyst. Ásgr. Wis.* 87; 3,4.
*þat er rétt trúa min englastéttum Eyst. Ásgr. Wis.* 88; 6,4.
*léttliga hrǫpum i dauþans stéttir Eyst. Ásgr. Wis.* 89; 16,8.
*rétt á stag fyr slétta Valg. IIkr.* 559,31b.

éþ : éþ.

*gramr réþ enn þá tépi Þjóþ. sk. Hkr.* 606,19b.

if : if.

*háklifs jǫfurr lifþi Hallfr. v. Wis.* 36; 20,8.
*stafnklifs drifu Þór. loft. Hkr.* 441,2a.
*klif meþan Ólafr lifþi Sighv. sk. Hkr.* 521,36a.
*drifu þeir's eft lifþu Valg. IIkr.* 560,13a.

ifn : ifn.

*þrifnuþr allr unz himinn rifnar Arn. jarl. Wis.* 44; 1,8.

ift : ift.

*skrift þjóþkonungr niftar Sighv. sk. IIkr.* 522,20b.

ig : ig.

*hnigu fjǫrvanir sigri Þorbj. hornkl. Wis.* 15; 5,8.
*Sigtún enn skip hnigþu Valg. IIkr.* 559,10b.

igg : igg (vgl. S. 47 ff.) [1]).

*trigglaust of far þriggja Þjóþ. hv. Wis.* 9; 1,6.
*jarþbiggvi svá liggja Ein. Skál. Wis.* 29; 24,2.
*viggs Geirrøþar liggja Eil. Guþr. Wis.* 30; 1,8.
*snarr þiggjandi viggjar Hallfr. v. Wis.* 33; 3,2.
*seimþiggjandi liggja Ein. Skúl. Wis.* 59; 48,6.
*viggjum hollr at liggja Glúmr Geir. IIkr.* 134,22a.
*stafnviggs hǫfuþ liggja Eyj. Daþ. Hkr.* 199,15a.
*viggruþr eþa hér liggjum Þorm. Kolbr. IIkr.* 478,4b.
*Falstrbiggva lið tiggi Arn. jarl. Hkr.* 543,15a.
*tiggi tolf ok þriggja Þjóþ. sk. IIkr.* 546,9b (?).
*gligg fell ótt um tiggja Þjóþ. sk. IIkr.* 559,23b.
*hniggu þú andskotum tiggi Valg. IIkr.* 560,5a.
*Fjónbiggva lið tiggi Arn. jarl. IIkr.* 586,17b.
*flagþviggs und kló liggja Þork. Skall. IIkr.* 624,8b.

---

[1]) Von den Wörtern, welche nach spätcrem, allgemeinem Sprachgebrauch *y* haben, sind hier nur diejenigen eingereiht, deren *i* ich durch den Reim für gesichert halte.

### igr : igr.

sigr flugbeiddra vigra Þorbj. hornkl. Wis. 15; 7,8.
vas þér sigr skaftr grams ens digra Arn. jarl. Wis. 45; 13,6.
oft vas sá sigr hinn digri Sighv. sk. Hkr. 378,2b.
flestan sigr hins digra Sighv. sk. Hkr. 453,25b.
sigri ræntr hinn digri Jǫk. Hkr. 454,24b.
oftgan sigr hinn digri Sighv. sk. Hkr. 480,32a.
jǫfurr sigr hvatastr digri Sighv. sk. Hkr. 516,21a.
jǫfurr vá sigr hins digra Þjóþ. sk. Hkr. 539,4a.
flestan sigr hinn digri Ól. hlg. Hkr. 613,22a.

### ik : ik.

dýrbliks eþr þó kvikvan Hallfr. v. Wis. 36; 19,4.
blikruþr bryþa miklum Hallarst. Wis. 46; 2,5 (!).
sik jarteignir miklar Ein. Skúl. Wis. 56; 20,4.
unnar bliks frá miklum Ein. Skúl. Wis. 57; 33,2.
gunnbliks lipi miklu Halld. ókr. Hkr. 206,9a.
þik remmir guþ miklu Ótt. sv. Hkr. 284,27b.
bliks vildastan miklu Sighv. sk. Hkr. 308,28a.
þik beztan vin miklu Sighv. sk. Hkr. 311,15b.
sik lengst hafa miklu Sighv. sk. Hkr. 437,33b.
mikill varþ á staþ Stikla Sighv. sk. Hkr. 490,10b.
sik beztan gram miklu Steinn Herd. Hkr. 635,18a.
hjaldrbliks enn sik miklu Þork. ham. Hkr. 641,2b.

### ikk : ikk.

stikka vápn ok skikkjur Hallarst. Wis. 47; 12,4.

### ikk : ik.

mikit dýrligri skikkju Hallarst. Wis 49; 30,4.
mik vildir þú skikkju Þór. stuttf. Hkr. 686,5b.

### ikl : ikl.

siklings ór styr miklum Hallfr. v. Wis. 37; 24,6.
siklingr ýlti flota miklum Arn. jarl. Wis. 45; 6,2.
siklingr numin miklu Ein. Skúl. Wis. 61; 63,4.
siklings þess's goþ miklar Ein. Skúl. Wis. 61; 67,6.
ætt siklinga mikla Ótt. sv. Hkr. 226,31a.
siklingr firum mikla Sighv. sk. Hkr. 252,6a.
siklinga fǫr mikla Sighv. sk. Hkr. 309,4a.
siklingr ǫrr enn mikla Þórþr Sjár. Hkr. 422,21a.
siklings í her miklum Sighv. sk. Hkr. 444,2b.
ǫrstiklandi miklu Þorm. Kolbr. Hkr. 476,8a.
siklingr í her miklum Þjóþ. sk. Hkr. 542,22b.
siklings vinir mikla Þorl. f. Hkr. 574,19a.

*seima stiklir flota miklum* Sturla *Kgs.* 426,16 *b.*
*miklum framstiklir* Sturla *Kgs.* 472,35 *a.*

## il : il.

*Silunds kilir* Sighv. *sk.* Wis. 40; 3,4 *(Selunz* Flb II, 277; *Sælunz*
    Fgrsk. 81; Fms IV, 351).
*kilir vestan til* Sighv. *sk.* Wis. 41; 7,6.
*til hvat búmen vilja* Sighv. *sk.* Wis. 43; 12,8.
*svá'r skiljanda dróttins vilja* Eyst. Ásgr. Wis. 88; 11,6.
*skili þjóþir minn ljósan vilja* Eyst. Ásgr. Wis. 100; 98,6.
*vil ek at drápan heiti* Lilja Eyst. Ásgr. Wis. 100; 99,8.
*skilk hvat gramr lézk vilja* Þórþr Kolb. Hkr. 232,12 *b.*
*þilblakks konungs vilja* Sighv. *sk.* Hkr. 255,27 *a.*
*þú ert til borinn vilja* Sighv. *sk.* Hkr. 307,23 *b.*
*til Hringstaþa iljar* Þjóþ. *sk.* Hkr. 539,32 *a* (*illra* Fms VI, 80).
*bilstyggr* Haraldr *vilja* Þorl. *f.* Hkr. 573,10 *b* (*Þjóþ. sk.* Mork. 57;
    Flb III, 341).
*vili girndar þvi skiljask* Anon. Hkr. 603,4 *b.*

## ild : ild.

*fémildr konungr vildi* Ein. Skál. Wis. 27; 12,2 u. 28; 18,2.
*hoddmildum ték hildar* Ulfr Ugg. Wis. 29; 1,1 *(hialdrgegnis U).*
*Hildr en Hropts of gildar* Ulfr Ugg. Wis. 30; 8,3.
*bragþmildr Loka vildi* Eil. Guþr. Wis. 31; 4,6.
*fémildum gramr vildi* Sighv. *sk.* Wis. 41; 2,2.
*vildak meþ þér mildum* Sighv. *sk.* Wis. 43; 15,6.
*hildings und gram mildum* Hallarst. Wis. 46; 4,4.
*hildingr né þar vildi* Hallarst. Wis. 47; 7,6.
*fémildr fylkingr vildi* Hallarst. Wis. 47; 9,1.
*hildings hófþi mildi* Hallarst. Wis. 47; 12,7 (!).
*ómildr baka vildi* Ein. Skúl. Wis. 57; 35,4.
*leikmildr* Sigurþr Hildar Ein. Skúl. Wis. 61; 69,6.
*hildfrókn* Kraka *ens milda* Haukr Vald. Wis. 81; 21,8.
*orþasnild þótt prófa vildi* Eyst. Ásgr. Wis. 95; 64,2.
*mildin sjálf þótt deyja vildi* Eyst. Ásgr. Wis. 96; 67,4.
*mildin sjálf þvit gjarna vildak* Eyst. Ásgr. Wis. 100; 95,2.
*hlymmildingum gildir* Guth. *s.* Hkr. 97,30 *a.*
*hoddmildingar vildu* Eyj. Daþ. Hkr. 140,25 *b.*
*veþrmildr ok semr hildi* Eyj. Daþ. Hkr. 199,9 *b*; 200,8 *a.*
*herskildi fór hildar* Eyj. Daþ. Hkr. 200,5 *b* (!).
*hildr óx viþ þat skildir* Ótt. *sv.* Hkr. 225,29 *b.*
*mildr ef konum vildak* Sighv. *sk.* Hkr. 430,5 *a.*
*óx hildr meþ gram mildum* Sighv. *sk.* Hkr. 480,32 *b.*
*hildr sem* Magnús *vildi* Þjóþ. *sk.* Hkr. 544,8 *a.*
*hildar leik und skildi* Þjóþ. *sk.* Hkr. 550,2 *b.*

*ógnar mildr þá's vildi Stúfr sk. Hkr.* 594,4*a.*
*hildings vinir skilda Þjóþ. sk. Hkr.* 594,4*a (skjalda Fms VI,* 314).
*mildings enn griþ vildi Arn. jarl. Hkr.* 621,28*b.*
*mildr enn Magnús vildi Anon. Hkr.* 636,21*b (!).*
*Mathildr ok vekr hildi Magn. berf. Hkr.* 654,21*a.*
*hildr enn gaft af mildi Halld. skv. Hkr.* 668,2*b.*
*hildingr muni vildri Þór. stuttf. Hkr.* 686,7*b.*
*hildingr hinn fémildi Þór. stuttf. Hkr.* 686,19*b.*
*hringmildr fara vildi Kolli Hkr.* 726,7*a.*
*auþmildr sakar gildi Sturla Kgs.* 279,4*a.*
*ógnmildr friþask vildi Sturla Kgs.* 320,12*a.*
*hildar tungl meþ skata mildum Ól. hvít. Kgs.* 385,5.
*svá vildi guþ framiþr mildi Ól. hvít. Kgs.* 387,20*b.*
*snildar brúþr þann er eiga vildi Sturla Kgs.* 445,11*b.*

### ill : ill.

*villan gerþisk þeim at illu Mark. Skeggj. Wis.* 52; 15,2.
*illr gerisk hugr af villu Ein. Skúl. Wis.* 60; 58,2.
*sem engillinn tók at spillast Eyst. Ásgr. Wis.* 88; 9,2.
*faþma vill enn siþnum spilla Eyst. Ásgr. Wis.* 88; 9,8.
*andspilli fekk stillis Sighv. sk. Hkr.* 416,23*a.*
*illa sát í milli Þjóþ. sk. Hkr.* 538,8*b.*
*illa galt frá stilli Stúfr sk. Hkr.* 555,29*b.*
*gotu illa fór stillir Þjóþ. sk. Hkr.* 557,14*b.*
*illa hélt viþ stilli Halld. skv. Hkr.* 707,14*a.*
*margillr ok sveik stilli Ein. Skúl. Hkr.* 755,29*a.*

### ilt : ilt.

*ilt nú kveþk her stiltan Þjóþ. sk. Hkr.* 621,18*a.*

### im : im.

*þreifsk brims þrima Sighv. sk. Wis.* 40; 4,7 (*þoru hæims þrimu Ohs* 49; *þornheims þrimu Fyrsk.* 81).
*Limafjarþar brim Hallarst. Wis.* 41; 7,8.
*eljunfimr á himnum Hallarst. Wis.* 50; 33,6.
*styrjafimr til himna Ein. Skúl. Wis.* 55; 15,6.
*ógnfimr berum himni Ein. Skúl. Wis.* 59; 47,8.
*lim salkonungs himna Ein. Skúl. Wis.* 61; 66,6.
*gimsteinn brúþa ok dróttning himna Eyst. Ásgr. Wis.* 99; 89,4.
*fimr gramr Lima Þór. loft. Hkr.* 440,28*a (fíra Flb II,* 306; *Fms V,* 6).
*brimdýr fyr Stim Þór. loft. Hkr.* 441,8*a.*
*limsorg nær himni Bjorn krepph. Hkr.* 646,29*a.*
*vígfimr konungr himni Kolli Hkr.* 726,7*b.*
*brims á bjarthimna Sturla Kgs.* 465,20*a (!).*

*imm : imm.*

*végrimmr á þat snimma Hallfr. v. Wis.* 34; 4,4.
*malmgrimmu háiþ rimma Oddr Kik. Hkr.* 543,28a *(marggrim Þjóþ. sk. Flb* III, 284).
*hvar grimmligar rimmu Þjóþ. sk. Hkr.* 555,8a.

*imm : im.*

*grimmum stóþ á Gǫndlar himni Ól. hvít. Kgs.* 386,32b *(!).*

*imt : imt.*

*hjalmum grimt et fimta Sighv. sk. Wis.* 39; 5,2.
*dimt i sinn et fimta Hallarst. Wis.* 50; 31,4.

*ind : ind.*

*Vindversk of hræ gindu Ein. Skúl. Wis.* 57; 29,8 *(gindu Cedersch.).*
*baþat valgrindar vinda Eyv. sk. Hkr.* 106,5a *(!).*
*Vinda skeiþr ok gindu Halld. ókr. Hkr.* 216,14a *(sic Thork.* 62; *ginðo Fris.* 166,13a).
*vindblásit skóf Strindar Sighv. sk. Hkr.* 274,22a.

*ing : ing.*

*hringa þeir of fingu Brage Wis.* 3; 10,8 (vgl. S. 3-f. u. 54 f.).
*Jngifreys at þingi Þjóþ. hv. Wis.* 10; 10,6 (vgl. S. 49).
*heimþingaþar Vingnis Þjóþ. hv. Wis.* 11; 19,2.
*afspring meþ þér þingat Korm. Qgm. Wis.* 26; 5,2.
*hringbalkar fram gingu Eil. Guþr. Wis.* 33; 13,4.
*hringskyrtur fram gingu Hallfr. v. Wis.* 35; 9,8.
*Hringsfirþi liþ þingat Sighv. sk. Wis.* 39; 10,4.
*þingmenn nǫsum stinga Sighv. sk. Wis.* 43; 13,8.
*dróttins þing meþ hringum Sighv. sk. Wis.* 43; 16,4.
*hildingr ór lyptingu Hallarst. Wis.* 49; 23,2.
*hringvarpaþar gjalfri kringþum Mark. Skeggj. Wis.* 50; 3,4.
*ǫþlinga hnígr þingat Ein. Skúl. Wis.* 54; 5,6.
*mildings þess's gaf hringa Ein. Skúl. Wis.* 59; 46,2.
*þingdjarfs firar inga Ein. Skúl. Wis.* 59; 49,6.
*heiþingja liþ gingi Ein. Skúl. Wis.* 60; 55,4.
*hrings fell á þvi þingi Haukr Vald. Wis.* 79; 9,7 (!).
*erfingja fram gingu Haukr Vald. Wis.* 80; 13,8.
*hrings ófáir gingu Haukr Vald. Wis.* 80; 14,6.
*þing allsnarpra hringa Haukr Vald. Wis.* 80; 18,2.
*brynþings fetilstinga Eyv. skald. Hkr.* 103,18a.
*hrings at miklu þingi Halld. ókr. Hkr.* 217,13a.
*gunnþinga jarnhringar Ótt. sv. Hkr.* 225,31b (vgl. *SnE* II, 26[12]; *Gisl. AnO.* 1863, 406 Anm. 3 u. *Njál.* II, 318; *Sievers,* Beitr. V, 515).

þings mágrennir hingat Ótt. sv. Hkr. 235,17b.
hringmiþlǫndum þingat Sighv. sk. Hkr. 253,18a.
ǫþling þann's klauf hringa Þórþr Sjár. Hkr. 422,28a.
Erlingr ras þá fínginn Bjarni gullbr. Hkr. 447,2a.
hrings's blindr kom þingat Sighv. sk. Hkr. 523,14b.
brynþings fetilstinga Arn. jarl. Hkr. 529,27b.
þingat gramr meþ hringum Arn. jarl. Hkr. 541,31b.
þing akkeris hringa Anon. Hkr. 570,27a.
fylking Haralds gingu Þjóþ. sk. Hkr. 606,21a.
logi þingaþi Hringum Þjóþ. sk. Hkr. 606,27b.
maþr brings tǫpuþ fínginn Bjǫrn krepph. Hkr. 647,26b.
Erlingr at víkingum Þorbj. skakk. Hkr. 795,6a.
siklingr kominn hingat Hallr Sn. Kgs. 71,14a.
dǫglingr kominn hingat Hallr Sn. Kgs. 71,14b.
ǫrþingaþr víkinga Sturla Kgs. 277,18b.
hingat skelk í bringu Anon. Kgs. 279,18b.
dáþfínginn hǫfþingja Sturla Kgs. 320,14a.
þingfrökn jǫfurr rǫlum stinga Ól. hvít. Kgs. 373,4b.
hringa elldingum Sturla Kgs. 465,21b.
Hringa viþþingaþr Sturla Kgs. 469,5a.
Jnga gerningum Sturla Kgs. 472,37a.
hrings í brynþingi Sturla Kgs. 474,16a.

inn : inn.

skǫpt ginnregin brinna Þjóþ. hv. Wis. 10; 13,2.
Finns ilja brú minni Þjóþ. hv. Wis. 10; 13,6.
ginnungavé brinna Þjóþ. hv. Wis. 10; 15,4.
hlaut innan své minnum Ulfr Ugg. Wis. 30; 4.8 u. 7,8.
minni fyrsta sinni Sighv. sk. Wis. 38; 1,6.
vinnask fjórþa sinni Sighv. sk. Wis. 38; 4,4.
innanlands at vinna Sighv. sk. Wis. 42; 11,4.
hollvinr minn í lypting innan Arn. jarl. Wis. 45; 7,6.
inndrótt þín es hǫfþ at minnum Arn. jarl. Wis. 45; 9,6 (en : minom
    Flb III, 322).
fǫrnuþr þinn viþ helming minna Arn. jarl. Wis. 45; 13,4.
hrælinns hverju sinni Hallarst. Wis. 46; 3,5 (!) (hrænadrs Flb I, 94).
morþlinns mǫrgu sinni Hallarst. Wis. 47; 14,1 (!) (morþbrands
    Cod. Berg.).
efsta sinn ok þrinnum Hallarst. Wis. 48; 15,2.
annat sinn at linna Hallarst. Wis. 48; 18,2.
oflinn aldri vinna Hallarst. Wis. 49; 22,7 (!) (olinn Cod. Berg. ǫflinn
    Fms II, 329; jtrann Flb I, 491).
dólgminnigs skalk inna Hallarst. Wis. 49; 29,2.
linns þrimr hlutum minna Ein. Skúl. Wis. 57; 32,2.
innendr megu finna Ein. Skúl. Wis. 59; 51,6.

gekk inn at Frey linna Haukr Vald. Wis. 79; 8,2.
minn dróttinn i holdgan þinni Eyst. Ásgr. Wis. 91; 32,4.
lagast minnilig tár af kinnum Eyst. Ásgr. Wis. 91; 35,8.
skapari minn fyr á sjó þinni Eyst. Ásgr. Wis. 94; 51,8 u. ö.
mildast vildi eitthvert þinni Eyst. Ásgr. Wis. 94; 53,8.
grefst hér inn meþ krókum stinnum Eyst. Ásgr. Wis. 97; 78,4.
linna eitr um hjartat innan Eyst. Ásgr. Wis. 97; 80,4.
sinni rétt fyr hjálp ok minni Eyst. Ásgr. Wis. 100; 99,2.
optsinn enn þess minnumk Guth. s. Hkr. 98,2 a.
sigrminnigr vilt finna Eyv. sk. Hkr. 106,6 b.
sinn róþrs viþ þrǫm stinnan Þórþr Sjár. Hkr. 107,2 b.
þinn góþan byr finna Eyv. sk. Hkr. 112,13 a.
svá hǫfum inn sem Finnar Eyv. sk. Hkr. 123,12 a.
finns ǫlknarar linna Eyj. Daþ. Hkr. 140,23 a.
dolglinns at fǫr þinni Ótt. sv. Hkr. 220,13 b (dǫglings Flb II, 15).
linns hefr lǫnd at vinna Ótt. sv. Hkr. 225,30 a (!).
sinn þvít fyrst gekk innan Sighv. sk. Hkr. 231,8 b.
Jnnþrónsk þót liþ minna Sighv. sk. Hkr. 255,16 b.
hrælinns megu vinna Sighv. sk. Hkr. 255,25 b.
hugsvinn kona innan Sighv. sk. Hkr. 275,4 b.
hér finnumk meir þinnar Sighv. sk. Hkr. 307,17 a.
inni fjórum sinnum Sighv. sk. Hkr. 308,32 b.
minn dróttin komk finna Sighv. sk. Hkr. 309,6 b.
Þorfinns til Dýflinnar Arn. jarl. Hkr. 335,15 b.
þinn skáli mér innan Sighv. sk. Hkr. 429,30 b.
sinn helvíti innan Sighv. sk. Hkr. 431,6 b.
minn vinr þinnig Þór. loft. Hkr. 440,25 a.
Jnney þau's vér finnum Þorm. Kolbr. Hkr. 474,7 a.
Jnnþróndir kol sinna Þorm. Kolbr. Hkr. 474,7 b.
Jnnþróndum lét finnask Sighv. sk. Hkr. 491,8 b (Jnnþrændir sokun
      stinna Flb II, 355).
hræs minnask þeir sinna Sighv. sk. Hkr. 521,12 a.
innan mǫrgu sinni Sighv. sk. Hkr. 521,14 b.
minn dróttinn lék sinna Sighv. sk. Hkr. 521,22 b.
Jnnþrónda liþ finni Þorl. f. Hkr. 572,4 a.
hugstinnir liþ minna Þorl. f. Hkr. 574,21 a.
finnk oft at drífr minna Har. harþr. Hkr. 578,19 b.
ginn enn gráleik inna Har. harþr. Hkr. 586,32 b (!).
hugi minn's þat sinni Arn. jarl. Hkr. 596,4 a.
svinns at æ mun vinnask Þjóþ. sk. Hkr. 607,6 b.
minn aldregi finna Magn. berf. Hkr. 654,28 b.
fjorþa sinn at vinna Halld. skv. Hkr. 664,4 b.
drengr minnisk þess vinna Ein. Skúl. Hkr. 668,5 a.
sinni ferþ at hjaldri stinnum Ól. hvít. Kys. 380,9 b.
innan lands viþ dóttur þinni Sturla Kys. 438,19 b.

*innan lands svát dómi finnisk Sturla Kgs.* 441,17b.
*innan lands af mildi sinni Sturla Kgs.* 461,31a.

### inn : in.

*inndæll skapi lindis Þjóþ. sk. Hkr.* 592,32b.
*vindsamt Harald finna Anon. Hkr.* 602,27b.
*Sintre konungs inna Halld. skv. Hkr.* 663,21a.

### ip : ip.

*sjau skip konur hnipnar Þjóþ. sk. Hkr.* 539,4b *(sic Kph* III, 40;
  vgl. *Thork.* 75; *hnipnar Hkr.).*

### ipt : ipt.

*vinda ript né gramr baþ svipta Ól. hvít. Kgs.* 380,7b.
*sviptilundr á dýrþar skriptum Sturla Kgs.* 439,16a.
*gullsviptir hlaut giptu Sturla Kgs.* 443,3a *(!).*

### irk : irk.

*virki skrýddar hǫfuþkirkjur Mark. Skeggj. Wis.* 52; 25,2.
*virk Jórsali ok Girkjum Stúfr sk. Hkr.* 555,20a.

### irr : irr.

*emk skirr um þat firrask Sighv. sk. Hkr.* 521,31a *(sic Kph.* III, 12;
  vgl. S. 57).

### irþ : irþ.

*veþrhirþir baþ stirþan Ein. Skál. Wis.* 28; 18,6.
*geþstirþir konungs firþa Sighv. sk. Hkr.* 444,30a.
*hirþ svát engis virþir Steinn Herd. Hkr.* 635,20a.
*hirþmanni geþstirþum Eldjárn Hkr.* 652,2a.
*virþar geþstirþir Sturla Kgs.* 472,11a.
*virþar baugnirþi Sturla Kgs.* 474,18a

### iss : iss.

*jarl vissi sik foldar missa Arn. jarl. Wis.* 46; 14,6.

### ist : ist.

*ítr lista rann kristnat Hallarst. Wis.* 47; 11,2.
*himinvistar til kristni Ein. Skúl. Wis.* 54; 6,8.
*ulfnistanda kistu Ein. Skúl. Wis.* 56; 25,6.
*fái þar vist er sjálfr hann misti Eyst. Ásgr. Wis.* 99; 15,4.
*ættir Krist er spjótit nisti Eyst. Ásgr. Wis.* 96; 66,4.
*listuligrar móþur Kristi Eyst. Ásgr. Wis.* 100; 95,6.
*Kristr er fjórir broddar nistu Eyst. Ásgr. Wis.* 100; 96,2.
*kilir ristu men Listu Sighv. sk. Hkr.* 274,24a.
*ókristinn hal ristar Sighv. sk. Hkr.* 308,28b.

*jafnvist er þat Lista Sighv. sk. Hkr.* 310,24 *a*.
*vist um aldr meþ Kristi Stúfr sk. Hkr.* 555,31 *b*.
*Jvist búendr mistu Bjǫrn krepph. Hkr.* 646,33 *a*.

### it : it.

*harþa vitr á Fitjum Haukr Vald. Wis.* 80; 11,6.
*slitinn af fjandans króki bitrum Eyst. Ásgr. Wis.* 98; 82,8.
*hnits í Storþ á Fitjum Þórþr Sjár. Hkr.* 105,15 *a*.
*hjaldvitjaþar sitja Þjóþ. sk. Hkr.* 577,29 *a*.

### itr : itr.

*margvitr ok hjǫr bitran Sighv. sk. Hkr.* 377,18 *b*.

### its : its.

*friþlits til Jvizu Halld. skv. Hkr.* 665,31 *b*.

### iþ : iþ.

*óniþraþan þriþja Brage Wis.* 3; 14,4.
*mildings friþar biþja Þjóþ. hv. Wis.* 10; 8,10.
*enn sunr biþils sviþnar Þjóþ. hv. Wis.* 10; 13,3.
*Yggs niþr friþar biþja Ein. Skál. Wis.* 27; 12,4.
*leikmiþjungr þriþja Ein. Skál. Wis.* 28; 20,2.
*þorns niþjum sik biþja Eil. Guþr. Wis.* 30; 2,4.
*Jþja setrs frá þriþja Eil. Guþr. Wis.* 30; 2,8.
*meina niþr í miþjan Eil. Guþr. Wis.* 32; 17,7.
*biþkván und sik Þriþja Hallfr. v. Wis.* 33; 3,4.
*liþsuþr ór Niþ Sighv. sk. Wis.* 40; 2,6.
*fylkis niþs enn þriþja Sighv. sk. Wis.* 38; 3,4.
*jǫfra liþs á miþli Sighv. sk. Wis.* 38; 4,6.
*hliþ þars stóþk í miþjum Sighv. sk. Wis.* 42; 2,6.
*upp eþr niþr frá miþju Hallarst. Wis.* 49; 27,8.
*liþhraustr konungr sár enn iþri Mark. Skeggj. Wis.* 53; 28,2.
*iþvandr of dag þriþja Ein. Skúl. Wis.* 54; 4,2.
*heilagr viþr sem biþjum Ein. Skúl. Wis.* 61; 65,6.
*uppi ok niþri ok þar í miþju Eyst. Ásgr. Wis.* 87; 1,6 u. 100; 100,6.
*upp ok niþr af himni þriþja Eyst. Ásgr. Wis.* 92; 40,2.
*ǫþrum niþr í fjandann miþjan Eyst. Ásgr. Wis.* 96; 72,8.
*biþkak mér hins þriþja Tindr Hallk. Hkr.* 160,22 *b*.
*friþlands á vit niþja Ótt. sv. Hkr.* 226,2 *a*.
*niþjungr Haralds miþjan Ótt. sv. Hkr.* 234,20 *b*.
*friþkaup vas þat miþjo Sighv. sk. Hkr.* 378,4 *a*.
*siþ næmr meþ liþ Þór. loft. Hkr.* 440,23 *a* (*hliþnæmr Fyrsk.* 85).
*liþu framm viþir Þór. loft. Hkr.* 440,25 *b*.
*friþmenn liþu Þór. loft. Hkr.* 440,33 *b*.
*grein varþ liþs á miþli Sighv. sk. Hkr.* 510,23 *a*.

*fylkis niþs á miþli Sighv. sk. Hkr.* 522,12b *(liþz Frís.* 173,31b).
*iþula róg á miþlum Bjarni gullbr. Hkr.* 526,5b (vgl. *Gisl. Aarb.*
1886, 227).
*liþs skjǫldunga á miþli Þjóþ. sk. Hkr.* 542,32a.
*liþs oddr ras þat miþju Þjóþ. sk. Hkr.* 593,32b.
*viþrnám friþar biþja Steinn Herd. Hkr.* 595,4a.
*skamt ras liþs á miþli Steinn Herd. Hkr.* 595,8a.
*friþr namsk ár hit þriþja Þjóþ. sk. Hkr.* 607,2a.

### iþl : iþl.

*allfriþliga á miþli Bǫlv. Hkr.* 565,16b.

### iþr : iþr.

*siþr ok jarl enn þriþja Hallfr. v. Wis.* 35; 3,8.
*friþr gekk sundr í stiþri Sighv. sk. Wis.* 38; 4,7 (!).
*friþr fylkis niþr Sighv. sk. Wis.* 40; 6,3 (!).
*viþr þeims nú ferr hiþra Sighv. sk. Wis.* 43; 12,2 (*heþra* Codd.,
*héþra Hkr.* 527,18b; vgl. *Thork.* 74; *Njál.* II, 604; *Sievers
PBB.* XVI, 241).
*viþr Helganes blóþugt fiþri Arn. jarl. Wis.* 46; 14,4.
*konungs niþr gaf þat miþri Ein. Skúl. Wis.* 57; 34,8 (*viþr Flb* I, 4).
*sviþrar mér um bláxin iþrir Eyst. Ásgr. Wis.* 97; 77,6.
*framm iþrask nú miþri Þjóþ. sk. Hkr.* 490,15a.
*Fiþr Árnason miþri Þjóþ. sk. Hkr.* 596,22b (*Finnr Hkr., Fiþr
Kph* III, 127; *Mork.* 81; *Fgrsk.* 130).

### if : if.

*oddarifs né drífu Ein. Skúl. Wis.* 26; 2,2.
*lífkǫld Hávars drífu Ein. Skúl. Wis.* 27; 4,8.
*líf skjótt firum hlífa Hallfr. v. Wis.* 35; 8,2.
*Óska rif gótt líf Ott. sv. Wis.* 44; 6,4.
*hans líf v(a)s þrotit klífa Hallarst. Wis.* 49; 27,6.
*baugdrif numinn lífi Ein. Skúl. Wis.* 55; 17,8.
*viþrlíf skorin knífi Ein. Skúl. Wis.* 60; 60,4.
*sjálft hreinlífit gimsteinn rifa Eyst. Ásgr. Wis.* 90; 27,8.
*mistar rifs í drífu Guth. s. Hkr.* 87,36a.
*geirrifa sér hlífa Guth. s. Hkr.* 102,4b.
*gifrs hlémána drífu Þórþr Sjár. Hkr.* 105,13b.
*hjǫrdrifa brá lífi Glúmr Geir. Hkr.* 136,30a.
*hjálmdrífu viþr lífi Sighv. sk. Hkr.* 307,21a.
*fleindrífu sér hlífa Þorm. Kolbr. Hkr.* 497,22b.
*hlíf raufsk fyr gram lífi Sighv. sk. Hkr.* 499,8a.
*ífs sem kykvir tifar Sighv. sk. Hkr.* 508,30a (vgl. *Kph.* II, 390;
*yxs Flb* II, 376; *ys OHS* 230).
*Álfífu son drífa Þjóþ. sk. Hkr.* 519,13b.

*Kahle,* Die Sprache der Skalden.      16

þingdrifu vel lið Sighv. sk. Hkr. 522.26a.
hlífél á gram drifa Þjóþ. sk. Hkr. 546,8a.
úsvifr Kraka drifu Grani Hkr. 571,2a.
hlífar landreki drifa Steinn Herd. Hkr. 595,17a.
heiþins vif at drífa Halld. skv. Hkr. 664,7b.
sóknar gifr í fleina drifu Sturla Kgs. 433,10a (gaugl:kofa Flb
    III, 192).

## ig : ig.

rigfrekr ofan sigask Þjóþ. hv. Wis. 9; 4,6.
himna stig til biskups vigþan Mark. Skeggj. Wis. 53; 27,8.
snáka stigs af vigi Haukr Vald. Wis. 79; 8,6.
vigs á rakna stigum Þorl. f. Hkr. 572,2a.
gagnstig ofan siga Halld. skv. Hkr. 665,20a.
rigs í Sarp at stiga Halld. skv. Hkr. 707,16a.

## ik : ik.

jarls ríki fram slíku Ein. Skál. Wis. 27; 6,8.
ríkr ásmagni slíku Ein. Skál. Wis. 27; 9,4.
vík Hákonar ríki Ein. Skál. Wis. 27; 10,4.
geirbríkar frið slíkan Ein. Skál. Wis. 27; 10,8.
gunnríkr hinn's hrǫt líkar Hallfr. v. Wis. 33; 2,2.
ríkr valkera líki Hallfr. v. Wis. 34; 7,2.
læsíks und gram ríkjum Hallfr. v. Wis. 36; 14,2.
glíkligs ór styr slíkum Hallfr. v. Wis. 37; 23,8.
heiptfíknum varþ ríkri Hallfr. v. Wis. 37; 27,2.
víkingar þar díki Sighv. sk. Wis. 39; 6,6.
víkingum hlut slíkan Hallarst. Wis. 47; 8,8.
hans ríki frák slíkum Hallarst. Wis. 47; 10,4.
gunnfíkinn lét blíkja Hallarst. Wis. 48; 14,6 (gunnfílinn:blíkra
    Cod. Berg.).
óþríkr frama slíkum Hallarst. Wis. 50; 32,4.
víkingum gramr hepti fíkjum Mark. Skeggj. Wis. 51; 8,2.
ríks keisara gjafara líka Mark. Skeggj. Wis. 52; 26,4.
jǫfra ríkir metnaþ slíkan Mark. Skeggj. Wis. 53; 29,6.
þvílíkr konungs ríki Ein. Skúl. Wis. 55; 11,8.
líknsamr himinríki Ein. Skúl. Wis. 55; 16,6.
dǫglings ríks af líki Ein. Skúl. Wis. 56; 22,2.
ǫþlings rík af slíku Ein. Skúl. Wis. 58; 39,2.
ríkr bendingar slíkar Ein. Skúl. Wis. 59; 49,4.
slík verk á jarþríki Ein. Skúl. Wis. 61; 62,8.
hræsíks þrimu líkar Ein. Skúl. Wis. 62; 70,6.
at viþrlíkjast yfrit ríkjum Eyst. Ásgr. Wis. 88; 8,2.
horsk ok rík viþ guþdóm líkjust Eyst. Ásgr. Wis. 89; 17,8.
ríkr herra fyr ódygþ slíka Eyst. Ásgr. Wis. 89; 19,2.
guþi líkjandi í dyggþum slíkum Eyst. Ásgr. Wis. 90; 25,8.

líkam lók hann meyjar ríkrar Eyst. Ásgr. Wis. 96; 65,6.
merkin slík um himnaríki Eyst. Ásgr. Wis. 98; 87,8.
Yggs ralbríkar slíkan Hildr Hkr. 66,2b.
benslks ríta ríkis Guth. s. Hkr. 98,4a.
allríkr í styr slíkum Þórþr Sjár. Hkr. 107,6b.
rík í móþur líki Eyr. sk. Hkr. 111,29b.
úríkr fyrir líki Anon. Hkr. 151,23b.
una líkar vel slíku Þórþr Kolb. Hkr. 217,29b.
ríki eftir at slíku Ótt. sv. Hkr. 225,34b.
fast skalt ríkr viþ ríkan Ótt. sv. Hkr. 311,12a (l).
jalks bríktopuþ líkan Sighv. sk. Hkr. 343,2a.
slíks ríkari Þór. loft. Hkr. 440,23b.
ríkingum skor ríkis Sighv. sk. Hkr. 453,21b.
feþr líkr konung slíkan Sighv. sk. Hkr. 522,26b.
hafi ríks þars vel líkar Stúfr sk. Hkr. 555,20b.
slíkt alt es her líkar Anon. Hkr. 603,2b.
fíks veldra guþ slíku Ól. hlg. Hkr. 613,24b.
víkingar gram ríkum Halld. skv. Hkr. 663,12a.
benja líkr af ríki Halld. skv. Hkr. 668,1a.
ríkilátr meþ afla slíkan Sturla Kgs. 441,19b.
ríkelds gjafir ríkjum Sturla Kgs. 443,2a.

### íkr : íkr.

Gandvíkr skotum ríkri Eil. Guþr. Wis. 30; 2,6.
nú'st ríkr af hrot slíkri Ótt. sv. Hkr. 220,2b.
allríkr skipan slíkri Sighv. sk. Hkr. 446,4a.

### im : im.

hrími stokkin búin gríma Arn. jarl. Wis. 44; 2,8.

### in : in.

jast-Rín Haralds mína Korm. Ǫgm. Wis. 26; 1,4.
rinheims fiandr sína Ein. Skúl. Wis. 27; 5,4.
feþr sínum vel mína Sighv. sk. Wis. 41; 2,4.
fjandmenn þínir resǫld sína Arn. jarl. Wis. 44; 4,8.
eln húskǫrlum sínum Hallarst. Wis. 47; 13,6.
Rínar sól á marfjǫll skína Mark. Skeggj. Wis. 51; 6,2.
min jarteignum skína Ein. Skúl. Wis. 54; 7,8.
sín tákn rǫþull skína Ein. Skúl. Wis. 56; 19,4.
skrín dýrþarvin þínum Ein. Skúl. Wis. 60; 64,8.
mínum at fyr umsjá þína Eyst. Ásgr. Wis. 87; 3,2.
í náttúruskærleik sínum Eyst. Ásgr. Wis. 88; 7,2.
tunga mín af herra þínum Eyst. Ásgr. Wis. 90; 22,2.
frúin skínandi af holdi þínu Eyst. Ásgr. Wis. 91; 29,8.
sína ǫnd fyr nauþsyn mína Eyst. Ásgr. Wis. 94; 52,8.

*hví nú þri lét Jesús pínast Eyst. Ásgr. Wis.* 95; 62,6.
*bǫrn sin ǫll í daupans pinu Eyst. Ásgr. Wis.* 95; 64,6
*min dróttinn í ríki þinu Eyst. Ásgr. Wis.* 96; 69,4.
*þína rægþ í nauþum mínum Eyst. Ásgr. Wis.* 97; 79,8.
*faþir skinandi krjúpak þinum Eyst. Ásgr. Wis.* 98; 81,6.
*sina eign á hjarta mínu Eyst. Ásgr. Wis.* 98; 85,4.
*min dróttning fyr barni þinu Eyst. Ásgr. Wis.* 98; 87,2.
*fyr skinanda barni þinu Eyst. Ásgr. Wis.* 99; 88,2.
*min dróttning af heiþri þinum Eyst. Ásgr. Wis.* 99; 92,4.
*ǫndin min at furþist pinu Eyst. Ásgr. Wis.* 100; 96,8.
*min þá'r ligg ek kvaldr í pinum Eyst. Ásgr. Wis.* 100; 99,6.
*hraf vins at mun sinum Guth. s. Hkr.* 87,36b.
*unnsvin vinnum mínum Eyv. sk. Hkr.* 129,28b (*vnn sinn Fris.* 95,38b).
*ótvin í bó sinum Sighv. sk. Hkr.* 308,15b (vgl. *Gísl. Njál.* II, 371 ff.;
     *Thork.* 66 f.).
*min ókunnar þinum Sighv. sk. Hkr.* 309,13b.
*rinleygs héþan mínum Hárekr Hkr.* 427,26a.
*min stallarar þinir Sighv. sk. Hkr.* 429,30a.
*gullit skrin at mínum Sighv. sk. Hkr.* 523,12a.
*sinar hendr at skríni Þjóþ. sk. Hkr.* 532,4a.
*ótvin skipi sinu Þjóþ. sk. Hkr.* 541,26a.
*tineik veri sinum Har. harþr. Hkr.* 570,6a.
*ermlin á glæ sinum Magn. berf. Hkr.* 654,34a (*armlinnz : sinnom*
     *Eirsp., Fris.* 276,13a; *ormlinnz : sinom Mork.* 152; *ormlina :*
     *sinum Fms.* VII, 62).
*sina dóttur arfa þinum Sturla Kgs.* 422,4a.
*hirþmenn þinir frelsi sinu Sturla Kgs.* 433,4b.
*Rínar logs of dreka þinum Sturla Kgs.* 439,18a.
*fjandmenn þinir lifi sinu Sturla Kgs.* 442,9b.
*þína dýrþ enn rauþull skini Sturla Kgs.* 459,6b.
*hnossir þinar mærþar tinir Sturla Kgs.* 461,33b.

### inn : in.

*faþir sinn liþi sinu Sighv. sk. Wis.* 42; 3,4.
*minn dróttinn leggr sina Sighv. sk. Wis.* 43; 14,2.
*linhjartaþr af pinu þinni Eyst. Ásgr. Wis.* 95; 59,4 (*sic Magnuss.* 60;
     *af pishnm þinum Wis.*).
*sá's minn vili þinu Sighv. sk. Hkr.* 248,35a.
*þinn hollvini mina Bersi sk. Hkr.* 254,19b.
*sinn halda vel Rínar Sighv. sk. Hkr.* 310,20a.
*minn dróttin fram sinum Sighv. sk. Hkr.* 490,30a.

### ins : ins.

*hróþrs mins bragar sins Ótt. sv. Wis.* 43; 1,4.

### íp : íp.

ríp í bratta gnípu Hallarst. Wís. 49; 28,1.

### ír : ír.

þrír jarlssynir tírar Ein. Skál. Wís. 27; 5,8.
tírar gjarn ok Íra Hallfr. c. Wís. 34; 9,4.
þrír samnafnar tíri Sighv. sk. Hkr. 308,21a.
eru eir um svik skírir Sighv. sk. Hkr. 431,18b (rær: skærir Kph.
    II, 285; vgl. S. 86).

### ís : ís.

Brísings goþa dísi Þjóþ. hv. Wís. 10; 9,6.
rísi margra Frísa Hallfr. c. Wís. 34; 6,6.
rísu gaf þeim paradísar Eyst. Ásgr. Wís. 88; 13,4.
lýkk rísu nú þrísa Sighv. sk. Hkr. 307,23a.
íslenzk konan rísat Sighv. sk. Hkr. 309,13a.
ískold á líþ rísa Þjóþ. sk. Hkr. 542,22a.
sárísa rauþ rísi Kolli Hkr. 726,33a.

### íss : ís.

íss rildu svá dísir Þjóþ. hv. Wís. 10; 17,1.
íss fyr mér at vísa Sighv. sk. Hkr. 274,15b.

### ít : ít.

rít vasa fríþr at líta Hallarst. Wís. 48; 16,2.
ítrir menn es hneggvi slíta Mark. Skeggj. Wís. 51; 4,4.
hvítings of sok lítla Ein. Skál. Wís. 58; 37,2 (vgl. Aarb. 1866, 304 f.).
annlits hvít þótt eplit bitiþ Eyst. Ásgr. Wís. 89; 17,6.
bíta kremja rífa ok slíta Eyst. Ásgr. Wís. 98; 84,8.
hlít annara nítiþ Sighv. sk. Hkr. 248,28b.
hofum lítinn dag slíta Sighv. sk. Hkr. 274,32a.
á líti þeir níta Sighv. sk. Hkr. 446,9b.
Hvítakristr at ríti Sighv. sk. Hkr. 521,29b.
öhlítulig lítlu Oddr Kik. Hkr. 543,28b (Þjóþ. sk. Flb III. 284).
rít erfiþi lítit Valg. Hkr. 560,11a.
hlítstyggr fyr sér lítit Arn. jarl. Hkr. 621,8a.
hvítjarpr sofa lítit Magn. berf. Hkr. 654,23b.

### ítt : ít.

rítt svá skal fríþ slíta Þórþr Sjár. Hkr. 107,2a.
lítt mun halr hinn hvíti Ól. hlg. Hkr. 446,22a (!).
vítt nam vargr at slíta Bjorn krepph. Hkr. 611,13a (!).

### íþ : íþ.

ok slíþrliga síþan Þjóþ. hv. Wís. 9; 6,4.
grjót-Níþaþar síþan Þjóþ. hv. Wís. 10; 9,8.

*tiþr fjǫrlama at biþa þjóþ. hv. Wis.* 11; 17,8.
*riþviggs lagar skiþum Þorbj. hornkl. Wis.* 14; 2,8.
*hriþremnis fjǫr viþa Ein. Skál. Wis.* 27; 4,2.
*folkskiþs ne mun siþan Ein. Skál. Wis.* 27; 6,6.
*viþfrægt enn gramr siþan Ein. Skál. Wis.* 28; 15,2.
*riþr at vilgi viþu Ulfr Ugg. Wis.* 30; 7,1 (!).
*viþfrægr enn mér liþa Ulfr Ugg. Wis.* 30; 7,2.
*striþlundr meþ vǫl Griþar Eil. Guþr. Wis.* 31; 9,8.
*ógnbliþr Skotum viþa Hallfr. v. Wis.* 34; 8,6.
*viþ lǫnd Breta striþir Hallfr. v. Wis.* 36; 12,2.
*munuma striþ of biþa Hallfr. v. Wis.* 36; 20,2.
*hriþ varþ stáls i striþri Sighv. sk. Wis.* 38; 3,1.
*brimskiþum lá siþa Sighv. sk. Wis.* 38; 3,8.
*hriþ Kinnlima siþu Sighv. sk. Wis.* 39; 5,4.
*siþ kveþa aptans biþa Sighv. sk. Wis.* 43; 15,2.
*meita hliþir sævar skiþi Arn. jarl. Wis.* 45; 9,2.
*skalk friþum lof smiþa Hallarst. Wis.* 46; 1,6.
*friþr þengill lét siþan Hallarst. Wis.* 46; 5,2.
*ókviþinn lét siþan Hallarst. Wis.* 47; 6,2.
*friþr til Nóregs siþan Hallarst. Wis.* 47; 7,2.
*brynskiþs viþum sviþa Hallarst. Wis.* 48; 21,6.
*ókviþinn réþ siþan Hallarst. Wis.* 49; 27,2.
*siþan jǫfn eþr friþri Hallarst. Wis.* 49; 30,8.
*hriþǫflgum vann smiþat Hallarst. Wis.* 50; 34,6.
*einkar tiþr enn mærþar bliþi Mark. Skeggj. Wis.* 51; 4,6.
*foldar siþu brimi kniþa Mark. Skeggj. Wis.* 52; 24,2.
*liþa flaustr es gramr lét smiþa Mark. Skeggj. Wis.* 52; 25,6.
*aldrstriþ þat es fregit viþa Mark. Skeggj. Wis.* 53; 31,4.
*hriþblásnum sal viþa Ein. Skúl. Wis.* 54; 7,6.
*látrstriþandi siþan Ein. Skúl. Wis.* 55; 16,4.
*viþlendr stǫþum siþan Ein. Skúl. Wis.* 55; 17,2.
*goþs riþari striþum Ein. Skúl. Wis.* 55; 18,6.
*lǫgskiþs yfir siþan Ein. Skúl. Wis.* 56; 20,6.
*bliþ verk muni siþar Ein. Skúl. Wis.* 56; 23,2.
*margfriþr jǫfurr siþan Ein. Skúl. Wis.* 56; 26,2.
*hátiþ verit siþan Ein. Skúl. Wis.* 58; 36,2.
*hliþ fám vikum siþar Ein. Skúl. Wis.* 58; 37,8.
*siþan málmastriþir Ein. Skúl. Wis.* 58; 38,2.
*skiþrennandi siþan Ein. Skúl. Wis.* 58; 41,2.
*harmstriþanda siþan Ein. Skúl. Wis.* 59; 44,6.
*oddhriþar þar siþan Ein. Skúl. Wis.* 59; 50,6.
*hjaldrstriþr skapi bliþu Ein. Skúl. Wis.* 60; 58,8.
*ófriþan réþ smiþa Haukr Vald. Wis.* 80; 18,4.
*þat er bliþan mest lifþi siþan Eyst. Ásgr. Wis.* 89; 13,6.
*viþa lands þar er nær ǫll siþan Eyst. Ásgr. Wis.* 89; 19,6.

*jungfrú blíþ þa'r sveinn er smiþaþr Eyst. Ásgr. Wis.* 91; 30,6.
*jǫfu liþendin fyrr né siþar Eyst. Ásgr. Wis.* 91; 31,2.
*ríþi mér at báþum siþum Eyst. Ásgr. Wis.* 92; 40,8.
*dróttinn blíþr ok hallt mér siþan Eyst. Ásgr. Wis.* 95; 63,4.
*sviþur brjóst ok hefndum kviþir Eyst. Ásgr. Wis.* 97; 76,6.
*ríþfrœgr héþan biþu Þjóþ. hv. Hkr.* 75,27b.
*ríþfrœgr at þat siþan Guth. s. Hkr.* 88,10b.
*ríþ Skáneyjar siþu Guth. s. Hkr.* 88,66 (*siþu Fris.* 68,33; vgl. *Aarb.*
1866, 244 ff.).
*iþvandr um kom siþan Guth. s. Hkr.* 89,4b (vgl. *Aarb.* 1866, 277;
*Thork.* 43).
*skiþrennandi siþan Eyv. sk. Hkr.* 112,11a.
*liþum hallinskiþa Glúmr Geir. Hkr.* 112,31a.
*mjǫk siþ um dag skiþi Eyj. Dah. Hkr.* 140,9a.
*malmhríþ jǫfurr siþan Eyj. Dah. Hkr.* 199,7a.
*gunnblíþr ok ráþ siþan Eyj. Dah. Hkr.* 199,17a u. 200,4b.
*ǫx hríþ at þat siþan Eyj. Dah. Hkr.* 199,30a.
*hríþ víþ Fáfnis siþu Halld. ókr. Hkr.* 212,32b.
*leyfþ iþ er þat siþan Sighv. sk. Hkr.* 248,33a (vgl. *Aarb.* 1866, 276).
*út hríþboþa siþan Bersi Sk. Hkr.* 254,5b.
*iþir hlýtk at ríþa Sighv. sk Hkr.* 274,26b (*idir Kph.* II, 82; *idnir*
*Flb* II, 58; vgl. *Aarb.* 1866, 276; *Thork.* 78).
*hafskiþs muni siþan Sighv. sk. Hkr.* 308,19b.
*friþs rættak mér siþan Sighv. sk. Hkr.* 308,26a (vgl. *Thork.* 78).
*víþboln ne kemr siþan Sighv. sk. Hkr.* 444,30b.
*siþ fregn at ek kviþa Jǫk. Hkr.* 454,22a.
*gunnblíþr þar's slǫg ríþu Har. Sig. Hkr.* 479,4b (*Þorm. Kolbr. Ohs.* 67).
*Dags hríþar spor sviþu Þorm. Kolbr. Hkr.* 498,26b.
*ríþlendan Ástriþi Sighv. sk. Hkr.* 516,29a.
*þann tíþ í haf skriþa Þjóþ. sk. Hkr.* 516,34a.
*mitt striþ er svá hlíþir Sighv. sk. Hkr.* 521,31b (*mitt striþ vera*
*siþan Fris.* 173,16b).
*ôbliþari siþan Sighv. sk. Hkr.* 521,36b.
*ríþ Skáneyjar siþa Þjóþ. sk. Hkr.* 543,4b.
*berr íþula siþan Þjóþ. sk. Hkr.* 544,8b (vgl. *Aarb.* 1866, 277; *Thork.* 78).
*ríþu frœgr um siþir Haraldr harþr. Hkr.* 546,19b.
*ǫgnblíþr í haf siþan Valg. Hkr.* 559,31a.
*haddstriþir þér siþan Bǫlv. Hkr.* 565,16a.
*ríþs mǫrg herǫþ siþan Bjǫrn krepph. Hkr.* 638,13b.
*hríþar gagls á Skiþi Bjǫrn krepph. Hkr.* 646,29b.
*oddhríþ vakiþ siþan Halld. skv. Hkr.* 666,2a.
*ǫgnblíþr und sal ríþum Ein. Skúl. Hkr.* 667,11a.
*hríþ ralslǫngur ríþa Ein. Skúl. Hkr.* 668,7a.
*oddhríþ ok brátt siþan Kolli Hkr.* 726,4a.
*griþar fáks í víþu Þorbj. skakk. Hkr.* 781,29a.

*riþa hart ok tiþum Nefari Kgs.* 110,12 *a.*
*gerum hriþ þá's þann sviþi Nefari Kgs.* 110,12 *b.*
*bliþs hertuga gjǫfum friþum Ól. hvít. Kgs.* 349,10 *b.*
*brodda hriþ fyr Nóregs siþu Ól. hvít. Kgs.* 380,9 *a.*
*rógstriþr Dǫnum siþar Sturla Kgs.* 427,26 *a.*
*gullstriþi þú siþan Sturla Kgs.* 427,26 *b.*
*ógnar striþr á Hallands siþu Sturla Wis.* 83; 11,6.
*hriþar herskiþum Sturla Kgs.* 464,28 *b (!).*
*hriþar brimskiþum Sturla Kgs.* 473,5 *a.*
*siþ til brynhriþar Sturla Kgs.* 473,14 *a.*
*mikit striþ vas þat siþan Sturla Kgs.* 482,14 *b.*

### odd : odd.

*helmings oddr i sumars broddi Mark. Skeggj. Wis.* 51; 5,4.
*hoddum roþnir oddar Arn. jarl. Hkr.* 621,30 *a (reknir broddar Fms.*
   VI, 420).
*hoddǫrr sá's rýþr odda Steinn Herd. Hkr.* 635,12 *b.*

### of : of.
*ofrask mun konungs lof Ótt. sv. Wis.* 43; 1,2.

### ofn : ofn.
*dagr rofnaþisk sofna Ein. Skúl. Wis.* 59; 47,6.

### oft : oft.
*oft blóþvǫlum Skofta Eyj. Dap. Hkr.* 140,15 *a.*
*Hrofts viþ dreyrgar toftir Þórþr Kolb. Hkr.* 214,25 *a (vgl. Gisl.*
   *Aarb.* 1866, 258; *Cl.-Vgf.* 636).
*oft skjǫldunga þoftí Ótt. sv. Hkr.* 234,15 *a* ) (vgl. *Aarb.* 1866, 259;
*oft guþvefjar þoftu Magn. berf. Hkr.* 654,34 *b* )   *Thorkels.* 78).
*oft á óþaltoftum Sighv. sk. Hkr.* 521,23 *b (!).*

### og : og.
*bogmenn at hǫr tognum Þjóþ. sk. Hkr.* 538,2 *b.*

### okk : okk.
*hers flokki viþ þjokkva Sighv. sk. Wis.* 41; 2,8.
*flokka áþokkuþ Sturla Kgs.* 465,19 *b.*

### old : old.
*hold Flæmingja goldit Hallfr. v. Wis.* 31; 7,4.
*blóþ ok hold af vatni ok moldu Eyst. Ásgr. Wis.* 88; 11,2.
*moldu þó'r meþ skæru holdi Eyst. Ásgr. Wis.* 88; 12,2.
*iflu folds um goldit Ótt. sv. Hkr.* 284,25 *a.*

### oly : olg.

berg solgnum þar dolgi Þjóþ. hv. Wis. 10; 16,2.
dolg Srikjóþar kolgu Eil. Guþr. Wis. 31; 12,2.
folgin jofurs dolga Sighv. sk. Wis. 42; 7,2.
benja kolgu yþrir dolgar Arn. jarl. Wis. 44; 4,6.
mellu dolgs um folginn Eyv. sk. Hkr. 111,24b.
jǫtna dolgs um folginn Eyv. sk. Hkr. 111,27b.

### oll : oll.

hollr af fornum þolli Þjóþ. hv. Wis. 9; 3,8.
þollr í Grislupollum Sighv. sk. Wis. 39; 11,4.
goll bauþ dróttinhollum Sighv. sk. Wis. 41; 1,2.
trolls marr trýni sollinn Hallarst. Wis. 48; 17,3 (!) (trœdlan trúr var
     sollinn Fms. II, 316; tröll maar tryne sollinn Flb 1, 484).
seggjum holls ok golli Ein. Skúl. Wis. 57; 31,2.
álfum hollr þás ollu Haukr Vald. Wis. 79; 4,7 (!).
goll døglingi hollum Ótt. sv Hkr. 227,17b (gull : þollar Flb II, 21;
     gull : hollost OHS 22; gǫll : holloz Kph. II. 15).
þollr gazt húskarl hollan Sighv. sk. Hkr. 248,32b (?).
hollan selr viþ golli Sighv. sk. Hkr. 431,4b.
holluzt búin golli Sighv. sk. Hkr. 431,32a.
skollaust þess's bjó golli Sighv. sk. Hkr. 523,19b (scollaust OHS 253;
     scull-laust Pering. II, 15; skuldlaust Eirsp.).
gollhrings viþ mér skolla Har. harþr. Hkr. 558,12b.
golls es ferr meþ skolli Har. harþr. Hkr. 586,33b.
varghollr dreka skolla Þjóþ. sk. Hkr. 539,32a.

### olm : olm.

bolm á randar holmi Þjóþ. hv. Wis. 11; 18,4.
holmreyþar tél olman Þorbj. hornkl. Wis. 15; 6,6.

### om : om.

somr eþr brott of komnum Hallfr. v. Wis. 37; 21,4 (vgl. Thorkels. 64).

### opt : opt.

rundin opt enn snerust á lopti Eyst. Ásgr. Wis. 93; 45,6.
optar spjótskoptum Sturla Kgs. 471,27a.

### org : org.

borg Kantara sorgar Sighv. sk. Wis. 39; 8,6.
Gunnvaldsborg of morgin Sighv. sk. Wis. 39; 13,6.
Skolborgar á Venþa sorgum Arn. jarl. Wis. 45; 13,2.
morginn vas þá borgar Ein. Skúl. Wis. 59; 48,2.
borg Kantara um morgin Ótt. sv. Hkr. 226,33a.
morgun Rúþuborgar Sighv. sk. Hkr. 416,13a.

*borgum nær um morgin* Sighv. sk. *Hkr.* 520,31 a.
*ormtorgs hǫtuþr borga* Þjóþ. sk. *Hkr.* 550,4 a.
*eyddri borg til sorga* Halld. skv. *Hkr.* 664,7 a.
*Akrsborg fegins morgin* Ein. Skúl. *Hkr.* 667,6 b.
*ár morgin til Sverris borgar Baglar* Kgs. 161,30 a.
*þann morgin til Sverris borgar Birkib.* Kgs. 161,35 a.

### orm : orm.

*vanr mun Ormr þótt Ormi* Hallfr. v. *Wis.* 35; 10,5.
*þremja storms at Ormi* Hallarst. *Wis.* 48; 21,4.
*storms fyr borþ af Ormi* Hallarst. *Wis.* 49; 29,8.
*ormi tók hann mál at forma Eyst.* Ásgr. *Wis.* 89; 15,8.

### orn : orn.

*þornranns hugum bornir* Eil. Guþr. *Wis.* 32; 13,2.
*hagþorns á mó sporna* Sighv. sk. *Hkr.* 274,24 b.
*dýrshorn Visund sporna* Sighv. sk. *Hkr.* 414,11 b.
*bornir mál hin fornu* Sighv. sk. *Hkr.* 446,11 b.
*forntraddan mó spornat* Þjóþ. sk. *Hkr.* 542,30 a.
*Hornskógi brá þorna Grani* Hkr. 571,4 a.

### orr : orr.

*orrostur stopþorrinn* Sighv. sk. *Hkr.* 231,10 a.

### orr : or.

*Þorroþr konung forþum* Sighv. sk. *Hkr.* 520,31 b.

### orþ : orþ.

*borþhǫlkvi rak norþan* Þorbj. hornkl. *Wis.* 14; 4,2.
*orþalaust at morþi* Þorbj. hornkl. *Wis.* 14; 4,6.
*í munborþs fyr norþan* Ein. Skál. *Wis.* 27; 10,2.
*jarl borþmǫrum norþan* Ein. Skál. *Wis.* 27; 11,2.
*morþfíkinn lét norþan* Ein. Skál. *Wis.* 27; 13,2.
*aurborþs á vit norþan* Ein. Skál. *Wis.* 28; 17,2.
*morþ alfs þess's kom norþan* Ein. Skál. *Wis.* 28; 18,4.
*orþsæll á men storþar Ulfr* Ugg. *Wis.* 29; 3,4.
*storþar leggs fyr borþi Ulfr* Ugg. *Wis.* 29; 3,6.
*Norþimbra því morþi* Hallfr. v. *Wis.* 34; 8,4 (*Nordimbra þar timbre*
    Flb I, 120).
*innan borþs at morþi* Hallfr. v. *Wis.* 36; 14,6.
*orþsæll jǫfurr norþan* Hallfr. v. *Wis.* 36; 16,2.
*norþr eru ǫll of orþin* Hallfr. v. *Wis.* 37; 21,1 (!).
*morþ veifanar orþi* Hallfr. v. *Wis.* 37; 24,8.
*norþr goþfǫþur orþinn* Hallfr. v. *Wis.* 37; 27,4.
*borþ óx viþar morþ* Ótt. sv. *Wis.* 44; 4,2.

skorþu réndi Visundr norþan Arn. jarl. Wis. 45; 6,4.
Skøglar borþs enn fjorþu Hallarst. Wis. 49; 29,4.
hingat norþr at skjøldungs orþum Mark. Skeggj. Wis. 51; 13,4.
borþi merkþ fyr Saxa norþan Mark. Skeggj. Wis. 52; 25,8.
Norþmanna val þorþi Ein. Skúl. Wis. 60; 55,8.
orþs hans føþur morþi Haukr Vald. Wis. 79; 4,8.
borþs hálfan teg fjorþa Haukr Vald. Wis. 81; 24,8.
liflig orþ í stupla skorþum Eyst. Ásgr. Wis. 87; 2,6.
vorþin svá at mætti orþin Eyst. Wis. 87; 3,5.
svá vorþinna spádómsorþa Eyst. Asgr. Wis. 88; 12,8.
orþin slik af tungu forþum Eyst. Ásgr. Wis. 92; 39,1.
forþum hefr ek slægvitr orþit Eyst. Ásgr. Wis. 93; 13,8.
orþum hyggst í kvæþi at skorþa Eyst. Ásgr. Wis. 99; 92.2.
þrøngskorþaþra kvæþisorþa Eyst. Ásgr. Wis. 100; 96,6.
Norþmanna gram þorþi Þórþr Sjár. Hkr. 105,15b.
orþrakkr fyr bý norþan Glúmr Geir. Hkr. 121,8a.
orþ á Vínu borþi Glúmr Geir. Hkr. 121,10b.
sporþfjøþruþum norþan Eyv. sk. Hkr. 123,28a.
þróttarorþ es þorþi Glúmr Geir. Hkr. 134,17a (?).
fylkis orþ at morþi Glúmr Geir. Hkr. 134,18b.
orþ heppinn því morþi Glúmr Geir. Hkr. 134,21b.
velk orþ at styr norþan' Þórþr Kolb. Hkr. 217,33a.
morþárr sá's fór norþan Sighv. sk. Hkr. 255,16a.
herskorþandi forþum Ótt. sr. Hkr. 284,27a.
orþ reyr þess's sat norþast Ótt. sv. Hkr. 284,25b.
orþsnjallr Visund norþan Sighv. sk. Hkr. 414,29a.
borþrøll Jaþar norþan Sighv. sk. Hkr. 444,9b.
borþ fyr Útstein norþan Bjarni gullbr. Hkr. 447,4a.
orþ fregni þat borþa Giz. g. Hkr. 475,31a (skorþa Ohx 69 B; vgl.
    Thork. 70).
seggr skyli orþ um forþask Þorm. Kolbr. Hkr. 476,8b.
tóksk morþ af því norþan Tryggvafl. Hkr. 513,13a.
Norþmanna skip forþum Sighv. sk. Hkr. 521,11a.
orþsæll ok vér forþum Sighv. sk. Hkr. 521,24b.
hléborþs Visundr norþan Arn. jarl. Hkr. 529,29a.
orþ Jórdanar borþum Stúfr sk. Hkr. 555,31a.
morþs hlunngotum norþan Valg. Hkr. 560,32b.
borþrøkn Haraldr norþan Þorl. f. Hkr. 572,9a.
morþ ráþbani orþinn Har. harþr. Hkr. 586,35a.
menskorþ bera forþum Har. harþr. Hkr. 620,12b.
Norþmenn í kaf borþi Þorbj. Skakk. Hkr. 710,14a.
flugu borþ um haf stillir norþan Ól. hvít. Kgs. 339,13a.
hildar borþs á Upplønd norþan Ól. hvít. Kgs. 373,4a.
Norþmanna gramr fyri borþum Sturla Kgs. 432,15b.
storþar ulfr fyr Glymstein norþan Sturla Wis. 83; 11,8.

*storþar gandr fyr Elfi norþan Sturla Kgs.* 438,28*b*.
*inn um borþ á legi norþan Sturla Kgs.* 441,12*a*.

### oss : oss.

*hnossum gǫfguþ skrin ok krossa Mark. Skeggj. Wis.* 53; 29,4.
*oss þás lif á krossi Ein. Skúl. Wis.* 54; 3,6.
*oss piningarkrossi Ein. Skúl. Wis.* 61; 65,8.
*fossum blóþit niþr á krossum Eyst. Ásgr. Wis.* 94; 54,4.
*oss var flutt at gǽgzt á krossinn Eyst. Ásgr. Wis.* 95; 60,2.
*hverjum oss vér prisum krossinn Eyst. Ásgr. Wis.* 95; 62,8.
*hnossfjǫlþ lofi ossa Sighv. sk. Hkr.* 516,19*a*.

### ost : ost.

*frost ágirni mér i brjosti Eyst. Ásgr. Wis.* 97; 78,2.
*kostalausu i glæþa frosti Eyst. Ásgr. Wis.* 98; 81,8.
*viþ orrostu kosta Anon. Hkr.* 781,24*a*.

### ot : ot.

*otrheims flota Þór. loft. Hkr.* 440,29*a*.
*snotran úþrotlig Sturla Kgs.* 464,36*b*.

### otn : otn.

*flotna randar botni Brage Wis.* 2; 7,2.
*sliks skotnaþar brotna Sighv. sk. Wis.* 39; 10,8.
*flotna rǫrþr á élkers botni Mark. Skeggj. Wis.* 50; 3,2.
*gotneskum her flotna Ótt. sv. Hkr.* 222,5*a (gottuerskum herflotta Flb* II, 17).

ots : os (oz : os) vgl. S. 79.

*skozkir alþroskins Sturla Kgs.* 474,37*b*.

### oþ : oþ.

*goþ rétti sér boþnum Halld. skv. Hkr.* 663,21*b*.

### óf : óf.

*hófu skjótt enn skófu Þjóþ. hv. Wis.* 10; 13,1 (!).
*hóf skotnaþra sófu Eil. Guþr. Wis.* 31; 6,4, doch vgl. *Gísl. Ark.* VIII, 57 *(háf : sváfu).*
*þjófs skal hǫnd i hófi Sighv. sk. Wis.* 43; 12,3 (!).
*ófs dýnviþir grófu Sturla Kys.* 482,16*a*.

### óf : óv (vgl. S. 69).

*óvarliga sem ritning prófar Eyst. Ásgr. Wis.* 88; 8,6.

### óg : óg.

*hógreiþar framm drógu Þjóþ. hv. Wis.* 10; 15,6.
*rögsegl Heþins bóga Ein. Skúl. Wis.* 26; 1,6.

*högbrotningi skógar Eil. Gnpr. Wis.* 32; 19,2.
*haddlögendr byr gnógan Haukr Vald. Wis.* 78; 2,4.
*Ormr skógarnef rógi Haukr Vald. Wis.* 80; 19,2.
*fagran plóg sem aldinskóga Eyst. Ásgr. Wis.* 88; 10,8.
*högr ef renn til skógar Hildr Hkr.* 66,4b (vgl. *Thork.* 43).
*yfir um skóg at spróga þjóþ. sk. Hkr.* 539,30a.
*nú lœtk skóg af skógi Haraldr harþr. Hkr.* 546,18a (?).
*róg á Krókaskógi Kolli Hkr.* 726,33b.
*drógusk litt um fjǫll ok skóga Anon. Kgs.* 343,33a.

ók : ók.

*forn ok klók á heiþnum bókum Eyst. Ásgr. Wis.* 87; 4,2.
*sókn er orþum tókusk Þorl. f. Hkr.* 574,19b.
*snóka dúnbróka Sturla Kgs.* 469,26b (*dýn bróka Fris., dýnkróka*
  *Flb* III, *dýnflóka Fms* X).

ókn : ókn.

*skipsókn riþ þrǫm Bóknar Sighv. sk. Hkr.* 444,20a.

ól : ól.

*gnapstól Haraldr sólar Þorbj. hornkl. Wis.* 15; 9,4.
*Ólafr skipa stóli Hallarst. Wis.* 46; 2,8.
*Óldfr und veg sólar Hallarst. Wis.* 47; 10,8 u. ö.
*ítrbóls meþ gram sólar Hallarst. Wis.* 50; 33,8.
*Ólafi brag sólar Ein. Skúl. Wis.* 54; 1,8.
*dagbóls konungr stóli Ein. Skúl. Wis.* 54; 5,8.
*Ólafr af gram sólar Ein. Skúl. Wis.* 55; 18,8 u. ö.
*máltöl skíni sólar Ein. Skúl. Wis.* 56; 19,8.
*Ólafs dreka bóli Ein. Skúl. Wis.* 58; 41,4.
*Ólafr bragar tölum Ein. Skúl. Wis.* 59; 50,4.
*sólar erkistóli Ein. Skúl. Wis.* 61; 65,4.
*Ólafs bragarstóli Ein. Skúl. Wis.* 61; 67,4.
*bóls taki seggr hrerr's sólar Ein. Skúl. Wis.* 61; 67,5 (!).
*gólig fǫng til jóla Bjarni gullbr. Hkr.* 446,33b.
*Ólafr borinn sólu Steinn Herd. Hkr.* 629,15b u. 635,18b.
*ból þat's ek veit gólast Anon. Hkr.* 640,2a.
*ál þjóþkonungr sólar Ein. Skúl. Hkr.* 662,25a.
*morþhjóls skipa stóli Halld. skr. Hkr.* 665,31a.

óm : óm.

*hljóms lof toginn skjóma Ein. Skúl. Wis.* 26; 3,6.
*hyrjar ljóma suþr á Jómi Arn. jarl. Wis.* 45; 12,4.
*Svolnis dóms i rómu Hallarst. Wis.* 46; 3,8.
*helga dóma út frá Rómi Mark. Skeggj. Wis.* 51; 12,2.
*heims dómari sóma Ein. Skúl. Wis.* 58; 42,2.

át hón blóm enn tapaþi sóma Eyst. Ásgr. Wis. 89; 18,2.
mektar blóm enn full af sóma Eyst. Ásgr. Wis. 90; 25,2.
sóma-ǫrr á efsta dómi Eyst. Ásgr. Wis. 96; 70,4.
Márju blómi fyr ypvarn sóma Eyst. Ásgr. Wis. 98; 80,8.
hljóms þá's hvítir kómu Sighv. sk. Hkr. 253,17a (!).
hjǫrdóm vǫlundr rómu Snorri Sturl. Kgs. 352,4b.

## ón : ón.

Ónars viþi gróna Hallfr. v. Wis. 33; 5,4.
Jón baptista dróttni þjónar Eyst. Ásgr. Wis. 92; 37,4.
lóns í hvassar sjónir Sighv. sk. Hkr. 491,4a.
hjónum nær á Fjóni Þjóþ. sk. Hkr. 540,24a.
Lizibón at fróni Halld. skv. Hkr. 663,30b.

## óp : óp.

hóps tviskelfþa drópu Hallarst. Wis. 50; 35,4 (vgl. Gísl. om heiðr. 41).

## ór : ór.

mórar skar for Þóre Brage Ger. 26; 22,4.
upp þjórhluti fjóri Þjóþ. hv. Wis. 9; 5,8.
Nóregr saman fóru Ein. Skál. Wis. 28; 14,8.
ór á svik hvé fóru Sighv. sk. Wis. 42; 7,4.
Þórólfr enn hugstóri Haukr Vald. Wis. 79; 9,8.
Ormr Stórolfs sun fjórum Haukr Vald. Wis. 80; 15,4.
stórhersǫgur fóru Þórþr Kolb. Hkr. 154,34b.
stór þing ofan fóru Ótt. sv. Hkr. 227,19b.
ér fórut sjá stóran Ótt. sv. Hkr. 234,18a.
saman fóru vit stórar Bersi Sk. Hkr. 254,19a.
Nóregs þinnig fórum Sighv. sk. Hkr. 309,8a.
fullstórum barg Þóri Sighv. sk. Hkr. 492,19a.
hugstórs es frýr Þóri Sighv. sk. Hkr. 492,26a.
Nóregs konungr stórum Steinn Herd. Hkr. 635,16b.
fór meþ Steigarþóri Anon. Hkr. 636,22a.
saman stórhugaþr Þórir Þork. ham. Hkr. 639,4a.
stórfjarri mér Þóri Jatg. Kgs. 286,20a.
hilmir fór meþ herskap stóran Ól. hvit. Kgs. 373,3a (!).

## ós : ós.

ómjós rǫþuls ljósi Ein. Skál. Wis. 54; 3,4.
Þrós hné þar til drósar Haukr Vald. Wis. 80; 17,7 (!).
ljósum valdrósar Sturla Kgs. 465,19a.

## óst : óst.

þjóst af Greipar brjósti Eil. Guþr. Wis. 32; 16,8.
grenjaþi þjóstr í þeirra brjóstum Eyst. Ásgr. Wis. 93; 48,8.

ól : ól.

snótar ulfr at móti Þjóþ. hv. Wis. 9; 2,2.
brjótr viþ jormunþrjóti Þjóþ. hv. Wis. 11; 18,8.
Illakkar móts til blóta Ein. Skál. Wis. 27; 9,2.
jótrs reytaugar þrjóti Eil. Guþr. Wis. 32; 17,6.
brjótendr skyti spjótum Hallfr. v. Wis. 35; 4,4.
snót Eiríki á móti Hallfr. v. Wis. 36; 16,4.
armgrjóts Trønu fljóta Hallfr. v. Wis. 36; 18,2.
mót aldrigi bóta Hallfr. v. Wis. 37; 27,8.
ulfs fót viþ sker Sóta Sighv. sk. Wis. 38; 1,8.
hót skjǫldungi at móti Sighv. sk. Wis. 43; 13,4.
Jóta gramr í kvæþi fljótu Arn. jarl. Wis. 44; 1,4.
spjótrunns staþa bótir Hallarst. Wis. 49; 30,2.
grjóti danskrar snótar Ein. Skál. Wis. 58; 35,8.
fót aldrtrega rótum Ein. Skál. Wis. 60; 59,4.
lamiþs fótar gramr rjóta Ein. Skál. Wis. 60; 61,2.
synda brjót at drepa sem skjótast Eyst. Ásgr. Wis. 93; 47,8.
logsóta ver fótum Eyv. sk. Hkr. 123,26a.
hót Sigvalda at móti Þórþr Kolb. Hkr. 156,4a.
njótr vey Jóta Þór. loft. Hkr. 441,6b.
arnarfót at móti Þór. loft. Hkr. 444,4a.
flettugrjóts ok spjóta Bjarni gullbr. Hkr. 446,35b.
mót á hæl fyr spjótum Har. Sig. Hkr. 479,6b (Þorm. Kolbr. Ohs 67).
Jótlands hafi fljóta Þorl. f. Hkr. 574,13b.
grjót ok veþr hin ljótu Þjóþ. sk. Hkr. 592,34b.
fljótmælts vinar Jóta Arn. jarl. Hkr. 593,2b.
hljótendr es sér brjóta Þjóþ. sk. Hkr. 626,15b.
Fjolnis hróts at móti Halld. skv. Hkr. 663,10a.
hóts annan veg þjóta Blakkr Kgs. 111,32b.
Bót af baugnjótum Sturla Kgs. 470,3a (!).

ótt : ótt.

þróttig Heþins sóttu Brage Wis. 3; 10,6.
fljótt baþ foldar dróttinn Þjóþ. hv. Wis. 9; 5,1 (!).
ótti lét of sóttan Þjóþ. hv. Wis. 10; 14,2.
gný-þróttar jǫrn dróttar Þorbj. hornkl. Wis. 14; 3,2.
dróttinn fund of sótti Ein. Skál. Wis. 28; 17,8.
sóki-þrótti á flótta Ein. Skál. Wis. 28; 20,6.
þróttarsteinn viþ ótta Eil. Guþr. Wis. 31; 10,8 u. 32; 20,4.
sótti ferþ á flótta Eil. Guþr. Wis. 31; 12,3 (!).
þróttar orþ á flótta Hallfr. v. Wis. 35; 2,8.
mørg kom drótt á flótta Hallfr. v. Wis. 35; 3,2.
minn dróttinn framm sótti Hallfr. v. Wis. 35; 4,8.
þróttharþan gramr sóttu Hallfr. v. Wis. 37; 23,2.
dróttin und lok sóttan Hallfr. v. Wis. 37; 25,4.

*þat v's flótta bǫl dróttinn Sighv. sk. Wis.* 39; 13,2.
*ótta lánardróttni Sighv. sk. Wis.* 42; 7,8.
*hótt Norrónar dróttir Hallarst. Wis.* 47; 8,2.
*drótt hné mǫrg þars sótti Hallarst. Wis.* 48; 18,6.
*óttu leiþ enn uppi þótti Mark. Sk. Wis.* 52; 22,7 (!).
*orþynóttar biþk dróttin Ein. Skúl. Wis.* 54; 10,2.
*Óttar of gram dróttar Ein. Skúl. Wis.* 55; 12,4.
*gnótt viþ heiþnar dróttir Ein. Skúl. Wis.* 57; 28,8.
*margþróttar leizk sá dróttum Haukr Vald. Wis.* 81; 24,2.
*annat gótt enn af þér dróttinn Eyst. Ásgr. Wis.* 87; 2,4[1]).
*svara mér skjótt enn hvi hefr dróttinn Eyst. Ásgr. Wis.* 89; 16,2.
*grimmilig sótt í myrkri ok ótta Eyst. Ásgr. Wis.* 97; 73,6.
*biþ ek óttandi hjálp mér dróttinn Eyst. Ásgr. Wis.* 97; 75,4.
*dróttinn minn í kvǫlum ok sóttum Eyst. Ásgr. Wis.* 98; 82.6.
*dóttir guþs ok lækning sótta Eyst. Ásgr. Wis.* 99; 89,2.
*drótt kom mǫrg á flótta Glúmr Geir. Hkr.* 87,2a.
*skjótt Jalfaþar flótta Guth. s. Hkr.* 87,34b.
*fljótt hersǫgn dróttni Eyv. sk. Hkr.* 103,20b.
*ótta vanr á flótta Þórþr Sjár. Hkr.* 107,6.
*íþróttir framm sótti Glúmr Geir. Hkr.* 112,31b.
*drótt kom mǫrg á flótta Halld. ókr. Hkr.* 216,16b.
*drótt vas drjúgligr ótti Ótt. sv. Hkr.* 220,12b (!).
*ótt enn mǫrg á flótta Ótt. sv. Hkr.* 226,21b.
*ungr sóttir þú Þróttar Ótt. sv. Hkr.* 235,16b (!).
*hafa drótt þá's fram sótti Sighv. sk. Hkr.* 255,20b.
*svara þóttumk dróttin Sighv. sk. Hkr.* 430,5b.
*dróttinrækt um sóttu Sighv. sk. Hkr.* 431,9a.
*skjótt lézt Knútum sóttan Bjarni gullbr. Hkr.* 456,14b.
*þótti hersa dróttinn Sighv. sk. Hkr.* 491,2b.
*drótt þjóþkonung sótti Sighv. sk. Hkr.* 491,10a.
*þróttr hinn's framm um sótti Sighv. sk. Hkr.* 492,24b.
*hann sótti framm dróttin Bjarni gullbr. Hkr.* 493,21b.
*drótt sem Óláfr þótti Sighv. sk. Hkr.* 499,15b.
*fljótt-skǫrum guþ dróttinn Þjóþ. sk. Hkr.* 516,32b.
*fljóttstyggr sá's varþ dróttin Sighv. sk. Hkr.* 521,4b.
*hann sótti guþ dróttni Sighv. sk. Hkr.* 523,14a.
*orþynótt sú's hlaut dróttinn Arn. jarl. Hkr.* 529,2a.
*fold sótti gramr dróttar Arn. jarl. Hkr.* 543,20a.
*gnótt ok bragnings dóttur Stúfr Hkr.* 559,2b.
*hljótt í skóg á flótta Valg. Hkr.* 560,11b.

---

[1]) So ist mit *Gisl. Aarb.* 1866, 298 zu lesen, und nicht wie *Wisén* hat *gott: drottinn,* denn sonst braucht, wie die Reime zeigen, *Eysteinn* immer *dróttinn,* also liegt kein Grund vor, hier Kürzung des langen Vocals vor Geminata anzunehmen.

*veit drótt.mikinn ótta Þjóð. sk. Hkr.* 560,32*a.*
*fila dróttinn rak flótta Grani Hkr.* 571,1*b (!).*
*allskjótt fapir Dóttu Grani Hkr.* 571,4*b.*
*fekk drótt mikinn ótta Stúfr sk. Hkr.* 571,19*a.*
*vask í nótt fyr óttu Menn Har. harþr. Hkr.* 572,23*b* [1])*.
*fira dróttinn rak flótta Steinn Herd. Hkr.* 615,18*b.*
*varþ skjótt rekinn flótti Bjǫrn krepph. Hkr.* 638,11*a.*
*Þrénzka drótt es þótti Bjǫrn krepph. Hkr.* 641,22*a (!).*
*gnýþróttr neþan sóttir Halld. skv. Hkr.* 665,20*b.*
*óttalauss við Nóregs dróttin Sturla Kgs.* 426,20*b.*
*vigadrótt í reknum flótta Sturla Kgs.* 433,10*b.*
*birkisótt enn hræddar dróttir Sturla Kgs.* 433,25*b.*
*gnótt þjóðkonungs dóttur Sturla Kgs.* 458,12*a.*
*ótti vigdróttir Sturla Kgs.* 464,27*a.*
*ótta rindróttar Sturla Kgs.* 469,13*b.*
*sóttir herdróttum Sturla Kgs.* 470,10*b.*
*skjótt af skozkum dróttum Anon. Kgs.* 476,20*a (!).*

### ótt : ót.

*sótt Ragnfreþi at móti Ein. Skál. Wis.* 27; 11,4.
*óttlaust ok nam brjóta Hallarst. Wis.* 46; 3,2.
*ótrautt Enskrar dróttar Hallarst. Wis.* 46; 5,7 (!).
*þat bar skjótt at móti Tryggvafl. Hkr.* 513,13*b.*
*skjótt ok mǫrgu spjóti Þjóð. sk. Hkr.* 538,2*a.*

### óþ : óþ.

*móþr svall Meila bróþur Þjóð. hv. Wis.* 10; 14,7 (!).
*stóþ Eindriþa blóþi Þjóð. hv. Wis.* 11; 19,8.
*ættum góþr nema Fróþi Ein. Skál. Wis.* 27; 10,6.
*hlaut Óþinn val Tróþa Ein. Skál. Wis.* 29; 23,4.
*bǫþfróþr sunar Óþins Ulfr Ugg. Wis.* 30; 5,2.
*kynfróþs þeims goþ hlóþu Ulfr Ugg. Wis.* 30; 6,2.
*hrjóþendr fjǫru þjóþar Eil. Guþr. Wis.* 31; 11,6.
*flóþrifs Danir stóþu Eil. Guþr. Wis.* 31; 12,6.
*vreiþr stóþ Vrǫsku bróþir Eil. Guþr. Wis.* 32; 20,1.
*rjóþask bjǫrt í blóþi Hallfr. v. Wis.* 33; 8,7.
*hræskóþ roþin blóþi Hallfr. v. Wis.* 34; 2,2 (Óláfsdrápa).
*hlóþ valkǫstu blóþi Hallfr. v. Wis.* 34; 3,4.
*blóþ kveldriþu stóþi Hallfr. v. Wis.* 34; 6,8.
*gjóþi Kumbrskar þjóþir Hallfr. v. Wis.* 34; 9,8.
*skóþ mær roþin blóþi Hallfr. v. Wis.* 36; 12,8.
*þjóþ varliga hrjóþa Hallfr. v. Wis.* 36; 14,4.
*mǫrg óþ bitr í blóþi Hallfr. v. Wis.* 36; 15,7 (!).

---

[1]) Vgl. *Nor. aisl. Gr.*[2] § 73,2, *Gisl. Ark.* VIII, 69.

Kahle, Die Sprache der Skalden.                                    17

*góþs ófárar þjóþar* Hallfr. v. Wis. 37; 25,6.
*blóþ í Nýjamóþu Sighv. sk. Wis.* 39; 9,4.
*hljóþs kveþk mér at ópi Hallarst. Wis.* 46; 1,2.
*blóþugr bragnings þjóþar Hallarst. Wis.* 46; 5,5 (!).
*sannfróþr trúu góþa Hallarst. Wis.* 47; 9,6.
*bróþir Knúts í veþri ópu Mark. Skeggj. Wis.* 51; 5,6.
*Fróþa stóls af hánum góþir Mark. Skeggj. Wis.* 51; 7,8.
*broddrjóþr viþ kyn þjóþar Ein. Skúl. Wis.* 56; 20,2.
*fjǫlgóþr konungs blóþi Ein. Skúl. Wis.* 56; 24,4.
*fremdarþjóþ enn góþa Ein. Skúl. Wis.* 56; 27,2.
*arnar jóþs enn góþi Ein. Skúl. Wis.* 57; 29,2.
*hǫnum tjóþi vel móþur Ein. Skúl. Wis.* 57; 32,6.
*grams hróþr es þat róþu Ein. Skúl. Wis.* 57; 34,4.
*þjóþknýtr Haralds bróþir Ein. Skúl. Wis.* 59; 49,2.
*Lóþurs vinar glóþa Haukr Vald. Wis.* 78; 1,2.
*fróþr vaskliga bróþur Haukr Vald. Wis.* 79; 8,4.
*Fjǫlnis glóþ í blóþi Haukr Vald. Wis.* 80; 14,2.
*harþglóþar sté Móþi Haukr Vald. Wis.* 81; 24,6 (*steinóþi* Cod.
AM 748).
*yfirbjóþandinn engla ok þjóþa Eyst. Ásgr. Wis.* 87; 1,2 u. 100; 100,2.
*góþu ok huldist Márju blóþi Eyst. Ásgr. Wis.* 91; 31,6.
*gleþiligt jóþit skinn af móþur Eyst. Ásgr. Wis.* 91; 33,6.
*ríkust móþir ætti góþa Eyst. Ásgr. Wis.* 91; 35,2.
*finnst móþernit hér meþ þjóþum Eyst. Ásgr. Wis.* 92; 41,2.
*Jesús góþr er lífgar þjóþir Eyst. Ásgr. Wis.* 94; 51,2.
*móþir guþs í tárum flóþi Eyst. Ásgr. Wis.* 94; 53,6.
*dǫpr ok móþ í tára flóþi Eyst. Ásgr. Wis.* 94; 54,8.
*hæfi blóþ þat er tók af móþur Eyst. Ásgr. Wis.* 96; 67,8.
*hold ok blóþ þat er tókt af móþur Eyst. Ásgr. Wis.* 98; 83,6.
*móþir guþs ok lækning þjóþa Eyst. Ásgr. Wis.* 98; 86,4.
*fróþr Skáneyjar góþa Glúmr Geir. Hkr.* 86,33a.
*gjóþum írskrar þjóþar Glúmr Geir. Hkr.* 87,4a.
*svellrjóþr at því fljóþi Guth. s. Hkr.* 102,28a.
*málmóþinn sá blóþi Glúmr Geir. Hkr.* 134,16a.
*þjóþum vall at rjóþa Glúmr Geir. Hkr.* 134,18a.
*hans bróþir mér góþu Glúmr Geir. Hkr.* 136,30b.
*ógnfróþr á lǫg stóþi Þórþr Kolb. Hkr.* 156,2a.
*élmóþr af Svíþjóþu Halld. ókr. Hkr.* 206,7a.
*ættgóþr Hæmings bróþir Halld. ókr. Hkr.* 217,16b.
*Svíþjóþar nes rjóþa Ótt. sv. Hkr.* 220,15b.
*hlóþ valkǫstu blóþi Ótt. sv. Hkr.* 226,21b.
*linns blóþa mér góþan Sighv. sk. Hkr.* 248,35b.
*blóþ fell rautt á róþa Sighv. sk. Hkr.* 252,7a.
*Ulfs bróþurliþ stóþusk Sighv. sk. Hkr.* 310,18b.
*þjóþskjǫldunga góþra Ótt. sv. Hkr.* 334,22a.

*á flatslóþir Tróþa* Hárekr *Hkr.* 428,30 b.

*þjóþ býþr oft meþ sjóþa* Sighv. sk. *Hkr.* 431,4 a.

*óþu blǫkk í blóþi* Bjarni gullbr. *Hkr.* 447,3 a (?).

*vígmóþr Haralds bróþir* Bjarni gullbr. *Hkr.* 456,14 a.

*hjaldrmóþum gram bróþir* Sighv. sk. *Hkr.* 480,21 b.

*blóþrǫst Svíar óþu* Sighv. sk. *Hkr.* 481,34 b.

*óþ framm konungr blóþi* Þorm. Kolbr. *Hkr.* 497,20 a.

*eggrjóþandi þjóþum* Arn. jarl. *Hkr.* 515,14 a.

*ilrjóþr af Svíþjóþu* Þjóþ. sk. *Hkr.* 519,11 a.

*Haralds bróþurson góþan* Bjarni gullbr. *Hkr.* 526,7 a.

*Haralds bróþurson stóþu* Þjóþ. sk. *Hkr.* 535,22 a.

*óþr í loft upp glóþum* Þjóþ. sk. *Hkr.* 540,22 a.

*fljóþs dugir vápn at rjóþa* Þjóþ. sk. *Hkr.* 540,24 b.

*vápn hljóþi mjǫk þjóþir* Oddr Kik. *Hkr.* 543,30 a.

*hróþigr konungr blóþi* Þjóþ. sk. *Hkr.* 555,8 b.

*óþal frá Svíþjóþu* Valg. *Hkr.* 559,33 a.

*ríkri þjóþ at rjóþa* Þorl. f. *Hkr.* 573,9 a (Þjóþ. sk. Mork. 57; Flb
    III, 341).

*þjóþ ǫll konungr bjóþa* Steinn Herd. *Hkr.* 595,4 b.

*blóþugr oddr þar's stóþu* Þjóþ. sk. *Hkr.* 595,15 b.

*Sveins þjóþar skip hrjóþa* Þjóþ. sk. *Hkr.* 596,14 b.

*glóþ varþ fǫst í tróþi* Þjóþ. sk. *Hkr.* 606,27 a.

*óþlát kona blóþi* Trollk. *Hkr.* 613,15 b.

*þjóþ fórsk mǫrg í móþu* Hallarst. Herd. *Hkr.* 615,18 a (?).

*góþ um skald í hljóþi* Magn. berf. *Hkr.* 654,36 a.

*yþr tjóþi guþ rjóþu* Halld. skv. *Hkr.* 664,15 a.

*sárflóþs þess's rýþr blóþi* Ein. Skúl. *Hkr.* 744,4 a.

*stafn blóþug skip móþu* Ein. Skúl. *Hkr.* 766,15 b.

*góþ er stillis fǫr róþa* Hallr Sn. *Kgs.* 71,8 a.

*óþusk allar þjóþir* Sturla *Kgs.* 305,24 a (?).

*ramri þjóþ meþan jǫrþ heldr flóþi* Ól. hvít. *Kgs.* 356,35 b.

*óþa straumr meþ heitu blóþi* Ól. hvít. *Kgs.* 386,33 a.

*hilmis þjóþ hins mærþan fróþa* Sturla *Kgs.* 426,14 b.

*órnu blóþi danskrar þjóþar* Sturla *Kgs.* 433,12 a.

*grimmrar þjóþar meginblóþi* Sturla *Kgs.* 433,17 b.

*fróþr af Nesþjóþum* Sturla *Kgs.* 467,8 a.

## ug : ug.

*hug vel duga* Sighv. sk. *Wis.* 40; 2,4.

*hug þvít eigi brugþumk* Sighv. sk *Wis.* 42; 7,6.

*smugul er ástar fuglar* Sighv. sk. *Hkr.* 522,10 b.

## ugg : ugg.

*ugglauss vera þótt miskunn huggi* Eyst. Ásgr. *Wis.* 97; 78,8.

*ugglaust hvatir glugga* Þorbj. Skakk. *Hkr.* 740,12 a.

*ugg : ug.*

*huggendr bana ugþu Þórþr Kolb. Hkr.* 156,2 *b.*

*ugþ : ugþ.*

*sem marg brugþinn fjandinn hugþi Eyst. Ásgr. Wis.* 89; 16,6.

*ukk : ukk.*

*hrukku lítt meþan full var skrukka Anon. Kgs.* 343,31 *a.*

*ukk : uk.*

*menn druknuþu sukknir Steinn Herd. Hkr.* 615,19 *a (sokknir Hkr.).*

*uld : uld.*

*huldr at mætti firrast kulda Eyst. Ásgr. Wis.* 91; 35,4.
*duldr em ek þvít ferr af kuldu Eyst. Ásgr. Wis.* 92; 39,8.

*ulf : ulf.*

*Ulfkell blár skulfu Þórþr Kolb. Hkr.* 232,27 *b* (vgl. S. 63; entweder
    *Ulfketill* oder *bláar* zu lesen, vgl. *Sievers*, Beitr. V, 515
    u. ebd. Anm. 2).
*Ulfr hákesjur skulfu Hallarst. Herd. Hkr.* 594,9 *a.*

*ull : ull.*

*ítr gulli laust Ullar Eil. Guþr. Wis.* 32; 17,5 (!).
*skynsemd full at betri er gulli Eyst. Ásgr. Wis.* 87; 5,2.
*fullegg Haraldr gullu Eyv. sk. Hkr.* 111,8 *b.*
*ullar fars af slegnu gulli Sturla Kgs.* 439,16 *b* [1]).

*um : um.*

*brums at miþju sumri Eyv. sk. Hkr.* 123,12 *b.*

*umn : umn.*

*gumnar váru sigri numnir Mark. Skeggj. Wis.* 52; 23,4.
*oss numnask skilgumna Eyj. Daþ. Hkr.* 199,30 *b (nunnaz : gunna
    Kph.* I, 296).

*und : und.*

*sundr Ulfs faþir mundi Þjóþ. hv. Wis.* 10; 8,4.
*hund ǫl-Gefnar fundu Þjóþ. hv. Wis.* 10; 11,2.
*lund ǫl-Gefnar bundu Þjóþ. hv. Wis.* 10; 11,4.
*grund vas grápi hrundin Þjóþ. hv. Wis.* 10; 15,3 (!).

---

[1]) Die älteren Skalden brauchen ausschliesslich den Stamm
*golla-*, nach *Gísl. om helr.* 44 wäre *Snorre* der Erste, welcher *gulla-*
hat. Vielleicht ist also, in dem an ungerader Stelle stehenden Vers
des *Eil. Guþr.* daher auch in *golli* zu ändern.

*sundr at Hrungnis fundi Þjóþ. hv. Wis.* 10; 15,8.

*lundprúþr viþ stik bundinn Þorbj. hornkl. Wis.* 10; 6,8.

*þrimlundr of jók Þundi Ein. Skdl. Wis.* 27; 4,3 (*þrerlyndr Fris.* 90,8b).

*hraut unda fjǫlþ Þundar Ein. Skúl. Wis.* 10; 11,6.

*þrimr hundruþum lunda Ein. Skdl. Wis.* 28; 16,4.

*hundfornan kjǫl sprundi Eil. Guþr. Wis.* 32; 14,8.

*hundmargr drasil sunda Hallfr. v. Wis.* 35; 5,2.

*sunds Þorketill undan Hallfr. v. Wis.* 36; 18,8.

*jǫfra kund at sundi Sighv. sk. Wis.* 38; 1,2.

*fund Hákonar sundi Sighv. sk. Wis.* 40; 15,4.

*hans grund til þess fundar Sighv. sk. Wis.* 42; 9,8.

*hilmis kundr til Venda grundar Arn. jarl. Wis.* 45; 11,2.

*Danir skunduþu undan Hallarst. Wis.* 48; 20,4.

*sjaldstundum verþr fundinn Hallarst. Wis.* 50; 35,6.

*hauklundaþan Danagrundar Mark. Skeggj. Wis.* 50; 1,2.

*undan flýþu Vindr af stundu Mark. Skeggj. Wis.* 52; 23,2.

*Jóta grundar Cesars fundi Mark. Skeggj. Wis.* 53; 26,8.

*dǫglingr grundar skamt frá Lundi Mark. Skeggj. Wis.* 53; 27,2.

*undreyr bitu sundi Ein. Skúl. Wis.* 57; 31,8.

*harþr fundr vas sjá grundar Ein. Skúl. Wis.* 57; 32,4.

*fylkis kundr til grundar Ein. Skúl. Wis.* 58; 44,2.

*gunndjarfs liþi fundinn Ein. Skúl. Wis.* 59; 44,8.

*þúsundum laut undan Ein. Skúl. Wis.* 59; 52,6.

*hundraþ brimis sunda Ein. Skúl. Wis.* 60; 55,6.

*vápnsundruþ hræ fundu Ein. Skúl. Wis.* 60; 56,4.

*Hundlings á snægrundu Haukr Vald. Wis.* 79; 3,2.

*leik-þundr á Snægrundu Haukr Vald. Wis.* 80; 17,4.

*legir á grundu stǫþu ok undrast Eyst. Ásgr. Wis.* 91; 31,2.

*fundinn hrøktu lǫmdu ok bundu Eyst. Ásgr. Wis.* 93; 49,2.

*fundu þeir enn heimrinn stundi Eyst. Ásgr. Wis.* 95; 58,4.

*mundu at eigi skiljumst undan Eyst. Ásgr. Wis.* 99; 88,8.

*undirstaþan sé réttlig fundin Eyst. Ásgr. Wis.* 100; 97,6.

*undan hljóti at vikja stundum Eyst. Ásgr. Wis.* 100; 97,8.

*vápnundudum sunda Glúmr Geir. Hkr.* 97,30b.

*þars í sundr á sundi Tindr Hallk. Hkr.* 157,31a (?) (*sanndi Fris.* 122,31b).

*sundr Skánunga fundar Halld. ókr. Hkr.* 207,31b.

*sundvarpaþi stundum Ótt. sv. Hkr.* 220,15a.

*Jatmundar þar grundu Ótt. sv. Hkr.* 226,2b.

*Lundún saman bundit Þórþr Kolb. Hkr.* 232,27a.

*saman bundusk skip fundi Sighv. sk. Hkr.* 252,8b.

*undan skeiþr at sundi Sighv. sk. Hkr.* 274,26a.

*fundi ef sjalfr kemsk undan Sighv. sk. Hkr.* 416,32b.

*lundr í Eyrarsundi Hárekr Hkr.* 427,26b.

*sund Eikunda Þór. loft. Hkr.* 440,31b.

*riklundu*þ*um undan Sighv. sk. Hkr.* 453,16 *a.*
*hundm*ǫ*rgum lét grundar Sighv. sk. IIkr.* 453,19 *b.*
*Lundúna gramr fundna Bjarni gullbr. IIkr.* 456,32 *b.*
*framlunda*þ*r* Q*gmundar Sighv. sk. IIkr.* 480,23 *b.*
*fund enn Dagr hélt undan Sighv. sk. IIkr.* 499,10 *b.*
*hundmargr Svía grundar Sighv. sk. Hkr.* 516,23 *a.*
*mundak* þ*ann es undi Sighv. sk. IIkr.* 520,28 *a (!) (mun*þ*a : un*þ*i*
  *OHS* 237*; var*þ*i Fris.* 172,15 *b*).
*undr's nema allvaldr Lundar* Þ*jó*þ*. sk. IIkr.* 539,3 *b (!) (ver*þ*r : yr*þ*i*
  *Fris.* 187,23 *b; vátr sem veig*þ*u skauti Fms* VI, 80).
*fundinn su*þ*r til Lundar* Þ*jó*þ*. sk. Hkr.* 542,18 *b.*
*f*ǫ*gr sprund Danir undan Valg. IIkr.* 560,15 *a.*
*grund es Magnús fundut B*ǫ*lv. Hkr.* 565,18 *a.*
þ*engils fund af stundu Stúfr sk. Hkr.* 572,19 *a.*
*snar lunda*þ*r hélt undan* Þ*orl. f. IIkr.* 574,13 *a.*
*fagrt sprund í á hrundit* Þ*jó*þ*. sk. IIkr.* 592,2 *a.*
*hans fundr Danir undan* Þ*jó*þ*. sk. Hkr.* 593,6 *b.*
*hundra*þ *Dana fundar Steinn Herd. Hkr.* 594,31 *a.*
þ*rimr hundru*þ*um sunda Steinn Herd. IIkr.* 594,31 *b.*
*grund frá Eyrarsundi Anon. IIkr.* 602,14 *a.*
*eysund konungs fundar Anon. Hkr.* 602,16 *b.*
*ríklunda*þ*r veit undir Steinn Herd. Hkr* 615,21 *b.*
*lundr í* Q*ngulssundi Bj*ǫ*rn krepph. IIkr.* 648,11 *a.*
*N*ǫ*rvasund til unda Halld. skv. Hkr.* 664,15 *b.*
Q*nundr kva*þ*sk eigi mundu Anon. Hkr.* 781,23 *a.*
*hart skundu*þ*u undan Anon Hkr.* 781,26 *b.*
*sumir skundu*þ*u undan Sturla Kgs.* 279,4 *b.*
*heila grundar meginundir Snorre Sturl. Kgs.* 281,24 *a.*
*lunda v*ǫ*ll Mustrarsundi Sturla Kgs.* 432,27 *a.*
*malma lunds á vi*þ*ri grundu Sturla Kgs.* 433,15 *a.*
*ógnar lundr á* þ*inni grundu Sturla Kgs.* 437,17 *b.*
*au*þ*ar lundr vi*þ þ*ik til fundar Sturla Kgs.* 438,26 *a.*
*hilmis kundr til j*ǫ*rmungrundar Sturla Kgs.* 441,14 *a.*
*grundar v*ǫ*r*þ*r at Eyrasundi Sturla Kgs.* 441,14 *b.*
*grundar gjalfrundit Sturla Kgs.* 473,4 *b (!).*
*undan víglundum Sturla Kgs.* 474,35 *b.*
*skundu skýpundar Sturla Kgs.* 474,36 *b (!) (skyndo Kph* V, 373*; Fms*
  X, 141).

ung : ung.

*lung Vafa*þ*ar gungnes Brage Ger.* 26*;* 23,2.
þ*ungr vas Loftr of sprunginn* Þ*jó*þ*. hv. Wis.* 10*;* 8,8.
*barnungr á l*ǫ*g* þ*rungit* Þ*orbj. hornkl. Wis.* 14*;* 1,4.
*tungls brá sólar* þ*ungu Eil. Gu*þ*r. Wis.* 32*;* 14,4.
*ungr á Danska tungu Sighv. sk. Wis.* 40*;* 15,8.
*fekk mér ungum tunga Sighv. sk. Wis.* 43*;* 17,6.

*ungr of nam hann margar tungur* Mark. Skeggj. Wis. 51; 9,6.
*fylkir ungr enn brynjur sprungu* Mark. Skeggj. Wis. 52; 20,4.
*eljunþungr á Danska tungu* Mark. Skeggj. Wis. 53; 27,4.
*ungs á Danska tungu* Ein. Skúl. Wis. 56; 26,8.
*ungs manns skera tungu* Ein. Skúl. Wis. 58; 37,4.
*slungins mál ok tungu* Ein. Skúl. Wis. 58; 38,8.
*lofþungs vinar tungla* Ein. Skúl Wis. 59; 46,6.
*hungr slokþi vel þungan* Ein. Skúl. Wis. 59; 52,2.
*himintungl þegar stungu* Ein. Skúl. Wis. 60; 59,8.
*útstunginna tungu* Ein. Skúl. Wis. 60; 61,4.
*lofþungs gjafar tunga* Ein. Skúl. Wis. 60; 64,4.
*sungu lof með Danskri tungu* Eyst. Ásgr. Wis. 87; 4,4.
*sunginn heiþr af ǫllum tungum* Eyst. Ásgr. Wis. 90; 26,6 u. ö.
*fekk ungr þar's spjǫr sungu* Skúli Þorst. Hkr. 211,22a.
*þar's svallungur sungu* Bersi Sk. Hkr. 254,18a (?).
*hungr Nóregi þrungit* Hallv. Hdr. Hkr. 442,4b.
*þung vas sókn fyr Tungum* Sighv. sk. Hkr. 444,11a.
*ungr fyr norþan Tungur* Sighv. sk. Hkr. 444,18a.
*ungr valkǫstu þunga* Arn. jarl. Hkr. 543,15b.
*ungr veltrima tungur* Bjǫrn krepph. Hkr. 617,28b.
*verum þungir Kuflungum* Blakkr Kgs. 111,9a.
*foraþstungur Kuflunga* Blakkr Kgs. 111,32a.
*Ribbunga hlut þungan* Sturla Kgs. 277,20a.
*skýþrungnum Foldungum* Anon. Kgs. 279,16b.
*Ribbungum skǫp bana þungan* Snorri Sturl. Kgs. 281,22b.
*lunglorgs viþ Ribbunga* Jatg. Kgs. 286,18b (*lynglorgs* Flb III, 51).
*herþrungit Ribbungum* Sturla Kgs. 312,10.
*gyllar sungu hjalla tungur* Ól. hvít. Kgs. 385,11.

## unn : unn.

*brunn ǫlskakki runna* Brage Wis. 2; 4,6.
*áttrunnr Hýmis kunni* Þjóþ. hv. Wis. 10; 9,4.
*-unn nýkomin sunnan* Þjóþ. hv. Wis. 10; 10,4.
*gunnmás fyr haf sunnan* Þorbj. hornkl. Wis. 15; 6,2.
*gunnr komsk Urþr at brunni* Korm. Qgm. Wis. 26; 4,4.
*sunnr Danmarkar runnu* Ein. Skál. Wis. 28; 17,4.
*fór gunn-Viþurr sunnan* Ein. Skál. Wis. 28; 19,6.
*strǫng varþ gunnr áþr gunnar* Ein. Skál. Wis. 28; 16,1.
*svarþ runnar fen gunnar* Eil. Guþr. Wis. 31; 8,4.
*hrapmunnum svalg gunnar* Eil. Guþr. Wis. 32; 16,2.
*unndýrs frǫmum runnum* Hallfr. v. Wis. 33; 8,2.
*hlunnviggja bǫ sunnan* Hallfr. v. Wis. 34; 5,4.
*hvarkunnr fyr lǫg sunnan* Hallfr. v. Wis. 35; 4,6.
*sunnr eldviþum kunnum* Hallfr. v. Wis. 35; 6,5 (?).
*gunnþings á hjǫr þunnum* Hallfr. v. Wis. 35; 6,6.

*gunnr Hákonar sunnan Hallfr. v. Wis.* 36; 16,8.
*gunnr óx fyr haf sunnan Hallfr. v. Wis.* 36; 17,2.
*sunnarla styr kunnan Sighv. sk. Wis.* 39; 13,4.
*munnrjóþr es kom sunnan Sighv. sk. Wis.* 40; 14,2.
*virþum kunn enn víþa runnin Arn. jarl. Wis.* 45; 13,7 (!).
*vigrunnr velja kunni Hallarst. Wis.* 47; 8,7 (!).
*unnelds yppirunnum Hallarst. Wis.* 49; 23,5.
*gunnelds geymirunnum Hallarst. Wis.* 50; 32,5.
*Krists unnandi pávi sunnan Mark. Skeggj. Wis.* 51; 14,4.
*gunnǫflugr miskunnar Ein. Skúl. Wis.* 53; 1,6.
*kunn réttlætis sunna Ein. Skúl. Wis.* 54; 4,4.
*munnrjóþr Hugins kunna Ein. Skúl. Wis.* 55; 14,2 (*gunna Flb* I, 2).
*seggium kunns í brunni Ein. Skúl. Wis.* 56; 23,6.
*sunnr Skáneyjum kunnir Ein. Skúl. Wis.* 57; 35,2.
*þunnvaxin ský Gunnar Ein. Skúl. Wis.* 58; 43,6.
*tírkunn numin munni Ein. Skúl. Wis.* 60; 60,2.
*unnit mærþ sem kunnum Ein. Skúl. Wis.* 62; 71,4.
*runnar hlustar munnum Haukr Vald. Wis.* 78; 1,6.
*áþr grunnungi Gunnar Haukr Vald. Wis.* 79; 3,5 (!).
*Gunnhildar bǫr kunnu Haukr Vald. Wis.* 79; 11,4.
*Gunnarr snǫrum runnum Haukr Vald. Wis.* 81; 20,2.
*úlfr mun fyr haf sunnan Haukr Vald. Wis.* 81; 21,4.  .
*fúrrunna lǫg kunni Haukr Vald. Wis.* 81; 22,2.
*vunnin yþr af þessum munni Eyst. Ásgr. Wis.* 87; 2,8.
*runnin upp viþ lifandi brunna Eyst. Ásgr. Wis.* 90; 25,4.
*full miskunnar sætleiks brunna Eyst. Ásgr. Wis.* 90; 28,4.
*kunnigt lof þar er hirþar runnu Eyst. Ásgr. Wis.* 91; 34,6.
*fjǫlkunnigan enn þér at unna Eyst. Ásgr. Wis.* 93; 44,4.
*sunnudag ok gǫrþi kunnan Eyst. Ásgr. Wis.* 96; 67,2.
*óbrunnit ok niþr at grunnum Eyst. Ásgr. Wis.* 96; 70,8.
*samvizkunnar bygþ af grumnum Eyst. Ásgr. Wis.* 98; 84,2.
*élrunnr mǫrum sunnar Guth. s. Hkr.* 88,8 *a.*
*gunnborþ Haraldr sunnan Eyv. sk. Hkr.* 103,36 *b.*
*Gunnhildar kom sunnan Þórþr Sjár. Hkr.* 107,8 *a.*
*morþkunnr Haraldr sunnan Anon. Hkr.* 151,21 *a.*
*sunnr af dregnum hlunni Þórþr Kolb. Hkr.* 155,2 *a.*
*hafizk hefir runnr af gunni Þorl. Rauþf. Hkr.* 170,2 *a.*
*hlunnvigs í bǿ runnu Eyj. Daþ. Hkr.* 200,2 *b.*
*sunnr hélt gramr til gumnar Halld. ókr. Hkr.* 206,8 *a* (!).
*unnviggs konungr sunnan Halld. ókr. Hkr.* 207,29 *a.*
*sunnr ok danska runna Halld. ókr. Hkr.* 212,22 *b.*
*þunn galkn ísarnmunnum Halld. ókr. Hkr.* 216,16 *a* (vgl. *Njál.*
    II, 319 f.; *Sievers* Beitr. V, 515; *Mork.* 62).
*enn sunnr at gný gunnar Halld. ókr. Hkr.* 217,12 *b* (!) (*en sneri* . .
    *Flb* I, 520).

svarat unnum rér gunnar Bersi Sk. Hkr. 254,11a.
sunnu margr til grunna Sighv. sk. Hkr. 255,20a.
gunnrjóþr alls vel kunnut Sighv. sk. Hkr. 274,17b.
hlunns af hilmis runnum Sighv. sk. Hkr. 309,7b (!).
unnheim dreka sunnan Sighv. sk. Hkr. 414,29b.
vér unnum gný Gunnar Öl. hlg. Hkr. 446,25a (!).
sunnan ferþ at gunni Tryggrafl. Hkr. 513,15a.
sunnudag um unnin Þjóþ. sk. Hkr. 538,37a.
unnr á sanda grunni Þjóþ. sk. Hkr. 539,9b.
sunnr leikr eldr um unnin Þjóþ. sk. Hkr. 540,21a (!).
gunnr fyr Árós sunnan Oddr Kik. Hkr. 543,30b (Þjóþ. sk. Flb
      III, 284).
munn es létzt af gunni Bölv. sk. Hkr. 547,2a.
úbrunnin kom gunnar Stúfr sk. Hkr. 555,18b.
unnvigg Haraldr sunnan Valg. Hkr. 560,34b.
gullmunnuþ rýþr sunnan Þorl. f. Hkr. 572,9b.
øxar munn hinn þunna Har. harþr. Hkr. 578,23b.
brunnit goll af hlunni Þjóþ. sk. Hkr. 592,4b.
unnar dags á munni Þork. ham. Hkr. 641,2a.
vals munnlitaþr gunnar Ein. Skúl. Hkr. 668,5b.
hrafns munnlitaþr þunnar Ein. Skúl. Hkr. 717,16b.
munnfagra Jórunni Anon. Hkr. 51,12a (Jngunni Flb II, 575; Fms
      VIII, 118; Kph IV, 83).
brunnu skip þá's kappar runnu Baglar Kgs. 161,30b, Birkib. 161,35b.
þunnum reiþ til Þrándheims sunnan Öl. hvlt. Kgs. 373,3b (!).
unnviggs skipuþr Dönum sunnan Sturla Kgs. 426,14a.
þunnar skeiþr af fyrihlunnum Sturla Kgs. 426,16a.
brunnit land til skógar runnu Sturla Kgs. 433,27b.
unnar meiþ ór dregnum hlunni Sturla Kgs. 437,19a.
unnartams fyr lægi sunnan Sturla Kgs. 438,17b.
gunnar logs fyr gröþi sunnan Sturla Kgs. 442,8a (!).
sunnan logrunnar Sturla Kgs. 469,28a.


### unn : un.

kunleggs alinmunni Eil. Guþr. Wis. 32; 21,4.
Hákun firar unnu Sighv. sk. Wis. 42; 4,4.


### unnr : unnr.

viþkunnr um skǫr þunnri Þjóþ. sk. Hkr. 562,26a.


### urþ : urþ.

mjúkhurþum fram þurþu Ein. Skál. Wis. 28; 14,2.
hurþ vas aftr enn spurþumk Sighv. sk. Hkr. 308,6a.
atburþ konungs furþa Sighv. sk. Hkr. 491,32b.

óraburþ sem furþr Þjóþ. sk. Hkr. 591,11 b.
furþa gramr at jǫfnum burþum Ól. hvit. Kgs. 387,18 b *(fyrþa Kgs)*.

#### ust : ust.

stálgustr ofan þustu Sighv. sk. Hkr. 490,10 b.

#### uþr : uþr.

áttruþr í gin Suþra Eil. Guþr. Wis. 32; 15,8.
suþrvik Dǫnum kuþri Sighv. sk. Wis. 38; 4,8.

#### úf : úf.

fellr húfr í svig dúfu Hallr Sn. Kgs. 71,12 a.
húfum bládúfur Sturla Kgs. 466,20 a.

#### úg : úg.

drjúgr vas Loftr at ljúga Eil. Guþr. Wis. 30; 1,3 (!).

#### úk : úk.

járnstúkur vel lúka Sighv. sk. Hkr. 416,25 b.
úmjúk konung sjúkan Sighv. sk. Hkr. 499,10 a.
búk reiþir lá sjúkan Blakkr Kgs. 111,30 b.

#### ún : ún.

snúnaþr vas þat brúna Ein. Skál. Wis. 27; 7,2 *(snúdadr C. Kph;*
      *suarr : barma Flb I, 86)*.
Lundúna þér snúnat Ótt. sv. Hkr. 225,31 a *(snuþat OHS 21)*.
rauþ brúnan hjǫr túnum Sighv. sk. Hkr. 491,10 b.
húna gulli búnu Sighv. sk. Hkr. 492,17 b.
brún veþr á Sigtúnum Arn. jarl. Hkr. 515,16 b.
húnskrift í Sigtúnum Þjóþ. sk. Hkr. 516,34 b.
Túnsbergi þér snúna Þorbj. skakk. Hkr. 781,31 a.
brún í rauþtúnum Sturla Kgs. 474,31 b.

#### únn : ún.

húnn skrautliga búnar Sighv. sk. Hkr. 377,20 a.

#### úp : úp.

djúpráþ kona stjúpi Sighv. sk. Hkr. 516,29 b.

#### úr : úr.

fúrs í Þróttar skúrum Ein. Skál. Wis. 27; 5,6.
benfúr meilskúrum Hallfr. v. Wis. 33; 8,8.

#### ús : ús.

Klúspetrúsi Sighv. sk. Wis. 41; 9,8.
kappfúsum Magnúsi Bjarni gullbr. Hkr. 519,16 b.

*Magnús fǫþur húsi Sighv. sk. Hkr.* 523,21a.
*fús gaus eldr ór húsum Bjǫrn krepph. Hkr.* 646,31a *(fúss Kph.*
III, 209).
*ógnfúsir Ljóþhúsa Sturla Kgs.* 325,9a.

### úss : ús.

*dýrþar fúss í húsi Hallarst. Wis.* 50; 31,8.
*fúss í braut ór vǫlundarhúsi Eyst. Ásgr. Wis.* 99; 92,8.

### út : út.

*útvés fyrir lúta Eil. Guþr. Wis.* 31; 12,8.
*út flæmþi Knútr Sighv. sk. Wis.* 40; 4,4.
*hrafns sút í gras lúta Haukr Vald. Wis.* 81; 25,4.
*samknúta vers úti Sighv. sk. Hkr.* 255,22a.
*út sín hǫfuþ Knúti Sighv. sk. Hkr.* 378,2a.
*Knútr ok Hákon úti Sighv. sk. Hkr.* 416,32a.
*Knútr herskipum úti Hárekr Hkr.* 427,28b.
*út heiþingja sútar Þjóþ. sk. Hkr.* 557,14a.
*út í lǫnd á geima þrútinn Sturla Kgs.* 438,17a.

### útt : út.

*niþrlútt fyrir útan Sighv. sk. Hkr.* 308,8a *(útan Hkr. vgl. Nor. aisl.*
Gr. § 127).

### úþ : úþ.

*Súþvirki liþ búþir Sighv. sk. Wis.* 39; 6,8.
*húþlendinga búþar Haukr Vald. Wis.* 78; 2,2.
*hugprúþr á sik trúþi Haukr Vald. Wis.* 81; 25,8.
*allsnúþula prúþar Sighv. sk. Hkr.* 275,2a.
*súþ várum þá prúþir Har. harþr. Hkr.* 558,11a.
*lǫng súþ drekans prúþa Þjóþ. sk. Hkr.* 592,4a.
*orms súþ ór bé prúþar Þjóþ. sk. Hkr.* 592,11a.
*minn snúþr es þat prúþa Trollk. Hkr.* 612,33a.
*snúþigt Hugans prúþa Bjǫrn krepph. Hkr.* 648,11b.

### ygg : ygg (doch vgl. auch igg : igg).

*byggvendr at þat hryggvir Þjóþ. sk. Wis.* 10; 10,2.
*óhryggva vé byggva Ein. Skál. Wis.* 27; 9,8.
*Tryggva sunr fyrstyggvan Hallfr. v. Wis.* 34; 6,2.
*byggvendr ok hjó tyggi Hallfr. v. Wis.* 34; 9,6.
*hugdyggvan sun Tryggva Hallfr. v. Wis.* 36; 13,2.
*flugstyggs sunar Tryggva Hallfr. v. Wis.* 37; 21,4 u. 25,8.
*læstyggs sunar Tryggva Hallfr. v. Wis.* 37; 22,4.
*Yggs Lundúna bryggjur Sighv. sk. Wis.* 39; 6,4.
*hvar dyggr ok sunr Tryggva Sighv. sk. Wis.* 42; 5,6.
*Yggjar veþr meþan heimrinn byggvisk Arn. jarl. Wis.* 46; 14,2.

*alldyggr arfi Tryggva Hallarst. Wis.* 46; 4,7 (!).
*hrygg arfþegi Tryggva Hallarst. Wis.* 50; 32,8.
*hugdyggs of sun Tryggva Hallarst. Wis.* 50; 34,2.
*dyggvan þat tér verǫld hryggva Mark. Skeggj. Wis.* 53; 31,8.
*hygg vin rǫþuls tyggja Ein. Skúl. Wis.* 54; 9,6.
*dyggr enn þjóþ of hyggi Ein. Skúl. Wis.* 61; 62,4.
*i byggurum viþ dóminn hryggva Eyst. Ásgr. Wis.* 96; 71,2.
*byggving meþaldyggvan Eyv. sk. Hkr.* 106,16a.
*hygg kómu son Tryggva Þórþr Kolb. Hkr.* 170,28b.
*yggs gunnþorinn bryggjur Ott. sv. Hkr.* 225,29a.
*aldyggs sonar Tryggva Sighv. sk. Hkr.* 230,29a.
*ygglaust es þat dyggra Sighv. sk. Hkr.* 310,2b (vgl. *Thork.* 68).
*flugstyggs sonar Tryggva Sighv. sk. Hkr.* 414,9a.
*hvardyggr jǫfurr glyggvi Valg. Hkr.* 559,8b.
*aldyggr Selund byggja Þjóþ. sk. Hkr.* 626,6a.

## ygg : yg.

*hvatt tortrygþar hyggju Hallfr. v. Wis.* 35; 2,5 (!).
*rimmu-Yggr af Sónskar bygþir Arn. jarl. Wis.* 44; 3,2.
*Yggjar más í Þrónda bygþir Arn. jarl. Wis.* 44; 4,2.
*hlífar styggr í bygþum Bjǫrn krepph. Wis.* 641,21a.
*glyggs Jórsala bygþar Ein. Skúl Hkr.* 667,9a.
*glyggs ór Finnbygþum Sturla Kgs.* 464,24a.
*hryggs í stórbygþir Sturla Kgs.* 472,9a.

## ygþ : ygþ.

*hrygþafull í Vinþa bygþum Mark. Skeggj. Wis.* 52; 22,2.
*bygþ Jórsala friþi trygþa Mark. Skeggj. Wis.* 53; 28,8.
*hrygþin jarþar neþstu bygþar Eyst. Ásgr. Wis.* 88; 5,6.
*bygþ geymandi hreinleiks dygþa Eyst. Ásgr. Wis.* 91; 30,4.
*háleit bygþin allra dygþa Eyst. Ásgr. Wis.* 98; 86,2.
*hrygþar folk í Dana bygþum Sturla Kgs.* 432,27b.
*hrygþar stund í Dana bygþum Sturla Kgs.* 434,9.
*dygþar menn ór Finna bygþum Sturla Kgs.* 438,28a.
*bygþir údygþar Sturla Kgs.* 470,8a.

## ykk : ykk.

*ykkr kveþk jafna þykkja Sighv. sk. Hkr.* 343,1b (!).

## yld : yld.

*herskyldir tǫg fyldi Arn. jarl. Hkr.* 543,22b.

## ylg : ylg.

*sylgs valkyrjur fylgja Ulfr Ugg. Wis.* 30; 7,6.
*sylg Óláfi fylgja Hallfr. v. Wis.* 36; 17,8.

*tirfylgjandi ylgjar Sighv. sk. Wis.* 39; 12,2.
*fylgþak þeim es fylgju Sighv. sk. Wis.* 41; 2,1.
*ylgr fær at hræm syly Ott. sv. Wis.* 44; 3,2.
*ylgr saddisk vel fylgju Haukr Vald. Wis.* 79; 11,2.
*syly Eiríki fylgja Halld. ökr. Hkr.* 206,9b.
*gunn sylg es vér fylgþum Sighv. sk. Hkr.* 253,16b.
*jarls fylgjurum dylgjar Þjóþ. sk. Hkr.* 540,10b.
*syly es jöfri fylgik Þjóþ. sk. Hkr.* 543,4a.

### ym : ym.

*hlymrœks of trøþ glymja Þorbj. hornkl. Wis.* 14; 3,4.
*rymr knáttu spjör glymja Þorbj. hornkl. Wis.* 15; 7,2.
*hlymþél viþ mœl glymja Eil. Guþr. Wis.* 31; 6,6.
*rymr knáttu spjör glymja Hallfr. v. Wis.* 35; 7,4.

### yms : yms.

*rdþmglyms Finna ymsir Ól. hvít. Kgs.* 734,12b (vgl. S. 58).

### yn : yn.

*kynstirr viþum brynju Haukr Vald. Wis.* 81; 25,2.
*skjaldhlynr á brim dynja Þórþr Kolb. Hkr.* 155,11a.
*hrynserk Viþurr brynju Tindr Hallk. Hkr.* 157,31b.
*hjördynr svalar brynjur Sighv. sk. Hkr.* 252,30a.
*kynstórs at viþ brynju Bersi Sk. Hkr.* 254,15a.
*synjor framm í brynju Sighv. sk. Hkr.* 480,34a *(sinjor Hkr., sinnior*
   Kph II, 353; *sinior OHS* 210; *syniur Flb* II, 346)[1]*).*
*brynjat folk at dynja Sighv. sk. Hkr.* 490,11a.
*hjördynr enn varp brynju Arn. jarl. Hkr.* 535,14a.
*sverþdynr ok þó brynju Þjóþ. sk. Hkr.* 542,4a.
*hábrynjuþ skip synja Steinn Herd. Hkr.* 635,14a.
*kynstórr firum brynjur Steinn Herd. Hkr.* 635,22a.
*þinghlynr til Bjørggynjar Sturla Kgs.* 482,14a.

### ynd : ynd.

*framlyndum gram myndu Ein. Skúl. Wis.* 57; 28,4.
*syndalíkn ok dagligt yndi Eyst. Ásgr. Wis.* 88; 5,4.
*synda líkn at þeirra myndir Eyst. Ásgr. Wis.* 97; 80,2.
*hauklyndr vesa myndu Steinn Herd. Hkr.* 593,25a *(hauklundr : mundu*
   *Flb* III, 361).

### yng : yng.

*ynglingr und sik þryngri Ótt. sv. Hkr.* 334,24b.

---

   [1]) Andererseits ist, gleichfalls bei *Sighv.*, die Form *sinjor*
gesichert, im Reim auf *þinna, SnE.* I, 514.

*ynn : ynn.*

*brynn ór Þrándheims mynni* Hallarst. Wis. 48; 15,4 (vgl. S. 57).

*yr : yr.*

*yrþjóþ Heþins byrjar* Ein. Skál. Wis. 28; 13,8.
*hyr né malm í broddi styrjar* Arn. jarl. Wis. 45; 8,4.
*hyr gǫllungum styrjar* Haukr Vald. Wis. 81; 23,2.
*oft byrjuþ lof spyrja* Sighv. sk. Hkr. 522,12 a.
*styrjǫld vas þá byrjuþ Þjóþ.* sk. Hkr. 557,12 a.

*yrk : yrk.*

*allstyrkan vel dyrka* Ein. Skál. Wis. 54; 7,4 (vgl. S. 58).
*styrkjan vant at yrkja* Ein. Skál. Wis. 59; 46,4.
*yeþstyrks lofi dyrka* Ein. Skál. Wis. 60; 57,6 (vgl. S. 58).
*harþan styrk í súta myrkri* Eyst. Ásgr. Wis. 97; 77,8.
*myrkblás þvít hauk yrkja* Sighv. sk. Hkr. 248,26 a.

*yrkr : yrkr.*

*undrast myrkr er ljós er styrkra* Eyst. Ásgr. Wis. 95; 61,2.

*yrn : yrn.*

*Hyrningr áþr þat fyrnisk Þórþr* Kolb. Hkr. 214,26 b.

*yrr : yrr.*

*jǫfurr dyrr enn þik fyrri* Eyv. sk. Hkr. 112,2 a (vgl. S. 57).
*gnógr styrr var þar fyrri* Sighv. sk. Hkr. 490,30 b.
*fyrr sagþak þat kyrru Þjóþ.* sk. Hkr. 542,2 b.
*jungfrú kyrr þvít vissi fyrri* Eyst. Ásgr. Wis. 91; 29,2.

*yrr : yr.*

*húsdyrr fyrir spyrjask* Sighv. sk. Hkr. 416,25 a.

*yrst : yrst.*

*fyrstr enum golli byrsta* Ulfr Ugg. Wis. 30; 5,4.

*yrþ : yrþ* (vgl. S. 58 f.).

*sú dyrþ muna fyrþum* Ein. Skál. Wis. 56; 24,2.
*gǫfug dyrþ konungs fyrþa* Ein. Skál. Wis. 59; 45,2.
*vyrþi sǫk til himnadyrþar* Eyst. Ásgr. Wis. 89; 14,2.
*fyrþa laþar til himna dyrþar* Eyst. Ásgr. Wis. 96; 68,8.
*fyrþa hverr's lil sinnar dyrþar* Eyst. Ásgr. Wis. 97; 74,2.
*síbyrþ viþ skip fyrþar* Sighv. sk. Hkr. 444,4 b.
*dyrþar son ef yrþi* Sighv. sk. Hkr. 522,24 b.

*yst : yst.*

*vel tyst konung lystir* Sighv. sk. Wis. 42; 9,6.

ylt : ylt.

hǫlþa kylt of stytta Sighv. sk. Wis. 43; 12,4.

yþ : yþ.

skjaldfryþr of nam ryþja Hallarst. Wis. 47; 6,6 (skiol froþr : rioda
Flb I, 120; skjaldrjóþr : hrjóþa Njál. II, 55).
yþvarrar biþk styþja Ein. Skál. Wis. 54; 8,6.

yþr : yþr.

ryþr þat konung yþrum Sighv. sk. Wis. 42; 8,2.

ýdd : ýdd.

sénn vas skrýddr meþ prýddum Hallarst. Wis. 50; 31,6.
niþjum prýddr ok siklings skrýddi Öl. helt. Kgs. 349,8b.
kynprýddr jǫfurr yþr um skrýdda Sturla Kgs. 407,13b.

ýfþ : ýfþ.

hann stýfþi svá þýfþir Sighv. sk. Hkr. 453,22a.

ýn : ýn.

friþarsýn glepi týnisk Ein. Skál. Wis. 61; 63,8.

ýnd : ýnd.

segl hýnd viþ stag rýndu Þjóþ. sk. Hkr. 529,12b (hund : rundo
Kph. III, 25).

ýr : ýr.

ættrýri goþ stýra Ein. Skál. Wis. 29; 23,6.
hlýrvigg enn mól stýri Hallfr. v. Wis. 33; 1,8.
hlýrs þeim gota stýrþi Hallfr. v. Wis. 36; 16,6.
hvártki flýr þú hlenna rýrir Arn. jarl. Wis. 45; 8,3 (!) (þreytir Flb
III, 322; Mork. 32; Fms. VI, 197; vgl. Gísl. om helr. 56).
fýris garmr um skeiþar stýri Arn. jarl. Wis. 45; 10,4 (fýris Hkr.
529,23a; fýris Kph. III, 25; Wis.).
Bjarnar hlýra Frakklands stýrir Mark. Skeggj. Wis. 62; 26,2.
hlýrar tveir meþ dýrum Haukr Vald. Wis. 79; 9,2.
heimsstýranda fekk hann skýra Eyst. Ásgr. Wis. 86; 12,6.
fiskar dýr sem holt ok mýrar Eyst. Ásgr. Wis. 99; 93,6.
hlýrvangs skipi stýra Jǫk. Hkr. 454,24a.
sólrýrandi hinn dýri Þjóþ. sk. Hkr. 538,31a.
nýri skeiþ at stýra Þjóþ. sk. Hkr. 592,13a.
rýr Hákonar dýrum Ein. Skál. Hkr. 766,19b.
hlýrs fagngota stýrir Hallr Sn. Kgs. 71,8b.
Gauta stýrir megindýrum Sturla Kgs. 422,2a.
stýri brimdýra Sturla Kgs. 469,11a.

### ýrr : ýr.

Týr vas tjǫrva dýrra *Hallfr. v. Wis.* 34; 9,3 (!).
alldýrr konungr stýri *Hallfr. v. Wis.* 35; 10,6.
margdýrr koma stýrir *Hallfr. v. Wis.* 37; 23,6.
órýrr framast dýrþar *Sighv. sk. Wis.* 43; 16,2.
alldýrr konungr stýra *Sturla Kgs.* 458,10b.

### ýrþ : ýrþ.

jǫfurs dýrþ hǫfum skýrþa *Ein. Skúl. Wis.* 61; 66,2.
dýrþ englanna slíku stýrþi *Eyst. Ásgr. Wis.* 90; 23,8.
dýrþarmenn er ríkjum stýrþu *Eyst. Ásgr. Wis.* 92; 36,2.

### ýs : ýs.

vígskýs enn þat lýsisk *Hallfr. v. Wis.* 35; 7,2 (vígskyrs *Flb* I, 484).
ek fýsumk nú lýsa *Hallarst. Wis.* 49; 24,6.

### ýst : ýst.

fýstusk þeir at þrýsta *Eil. Guþr. Wis.* 30; 2,3 (!).
gǫndlar fýst sem lýstak *Hallarst. Wis.* 50; 32,6.
lýst skal hitt es lofþungr fýstisk *Mark. Skeggj. Wis.* 51; 10,1 (!).
lýst skal hitt es læknask fýstisk *Mark. Skeggj. Wis.* 53; 28,1 (!).
því's sýst frama lýstan *Ein. Skúl. Wis.* 55; 12,6.

### ýt : ýt.

nýtr herflýtir *Þór. loft. Hkr.* 441,2b.

### ýtr : ýtr.

harþla nýtr of landet ýtra *Mark. Skeggj. Wis.* 52; 24,6.
brýtr stundum frið nýtra *Ein. Skúl. Wis.* 60; 58,6.

### ýþ : ýþ.

hlýþut járni sýþar *Hallfr. v. Wis.* 33; 7,4 (hlǫþur : sǫþur *W.*, seþar *R*,
   vgl. *Wis.* 135).
vǫrnuþ býþr enn hlýþiþ *Sighv. sk. Wis.* 43; 12,6.
alþýþa varþ stilli at hlýþa *Mark. Skeggj. Wis.* 52; 23,6.
alþýþ goþi hlýþir *Ein. Skúl. Wis.* 54; 6,6.
alþýþu brag hlýþa *Ein. Skúl. Wis.* 54; 9,4.
þegnprýþis brag hlýþa *Ein. Skúl. Wis.* 55; 11,2.
sóknþýþr jǫfurr prýþask *Ein. Skúl. Wis.* 57; 31,6.
býþr þeim í skyldu at hlýþa *Eyst. Ásgr. Wis.* 89; 14,4.
erendi býþr enn þessi hlýþir *Eyst. Ásgr. Wis.* 90; 24,4.
hlýþinnar vill bjǫrtu skrýþast *Eyst. Ásgr. Wis.* 90; 24,8.
gagnprýþanda hlýþa *Arn. jarl. Hkr.* 364,26b.
óprýþi mér hlýþa *Þór. stuttf. Hkr.* 686,7a.

*ædd : ædd.*

*fæddr maþr er ek næsta hræddumst Eyst. Ásgr. Wis.* 92; 41,8.
*mjölku fæddr enn reifum klæddist Eyst. Ásgr. Wis.* 92; 42,4.
*hæddan rægþan slógn afklæddan Eyst. Ásgr. Wis.* 93; 49,4.
*fæddan sveinin reifum klæddi Eyst. Ásgr. Wis.* 94; 55,4.
*græddi oss er helstríþ mæddi Eyst. Ásgr. Wis.* 94; 55,8.
*hræddr varliga bræddu Þór. stuttf. Hkr.* 687,4b.
*hrædd viþ herklæddan Sturla Kgs.* 467,9b (!).

*æf : æv.*

*ærinliga ok þakkir gæf Eyst. Ásgr. Wis.* 89; 13,8.

*æfr : æfr.*

*dagræfrs konung hæfra Ein. Skúl. Wis.* 59; 51,8.
*ræfr þola nauþ ok næfrar Þjóþ. sk. Hkr.* 540,25a (!).

*æg : æg.*

*rægja kind of bægjask Korm. Ogm. Wis.* 26; 6,2.
*órægr konungr vægja Hallfr. v. Wis.* 34; 8,2.
*frægr aldrigi vægja Hallfr. v. Wis.* 34; 1,2.
*sér næyjandist engum vægja Eyst. Ásgr. Wis.* 88; 8,4.
*tin dægranna rásir hægar Eyst. Ásgr. Wis.* 96; 67,6.
*viþfrægr viþ sér bægja Ótt. sv. Hkr.* 227,19a.
*ofrægir fé þægi Sighv. sk. Hkr.* 431,18a.
*rá frægr konungr ægi Sighv. sk. Hkr.* 444,11b (vgl. Thork. 69).
*hilmir frægr enn vægja Steinn Herd. Hkr.* 593,25b.
*hilmir frægr á saltan ægi Sturla Kgs.* 437,17a.
*ægiligt hinn vlþa frægi Sturla Kgs.* 442,7a (ögiligt Wis. 84!).
*ægis nafn frægjum Sturla Kgs.* 464,36a.
*fræg ok úvægin Sturla Kgs.* 470,2a.

*ægr : ægr.*

*ægr viþ vigslu frægri Sturla Kgs.* 458,5a.

*ægþ : ægþ.*

*yþra vægþ er týndum nægþist Eyst. Ásgr. Wis.* 98; 82,4.
*vægþarlaust af yþrum frægþum Sturla Kgs.* 461,30b.

*æl : æl.*

*goþs þræl ǫfugmæti Ein. Skúl. Wis.* 61; 61,8.
*vruggt mælik þat sælu Ein. Skúl. Wis.* 61; 62,2.
*illmælis rak tælir Haukr Vald. Wis.* 81; 23,4.
*angrtælir réþ mæla Arn. jarl. Hkr.* 529,4a.

æm : æm.

eru æ minniliy eptirdæmi Eyst. Ásgr. Wis. 94; 52,1 (!).
ódæmin þeir sǫgþu at kæmi Eyst. Ásgr. Wis. 95; 61,4.

æn : æn.

mjúka bæn ok fagran tænaþ Eyst. Ásgr. Wis. 98; 82,2.

ær : ær.

nær vasa trauþr at særa Hallarst. Wis. 48; 19,6.
telk þærs ek veit færi Hallarst. Wis. 49; 25,2.
særendr goþi kæran Ein. Skúl. Wis. 56; 22,6.
Væringjar framm bæri Ein. Skúl. Wis. 60; 53,8.
guþi værik þau skyldr at færa Eyst. Ásgr. Wis. 87; 3,8.
ærinn sér enn skepnan væri Eyst. Ásgr. Wis. 88; 6,6.
færaglǫggr ef nǫkkur væri Eyst. Ásgr. Wis. 95; 60,4.
súthrærandi ok pislarfæri Eyst. Ásgr. Wis. 96; 71,4.
færir máttkir vitrir skærir Eyst. Ásgr. Wis. 97; 74,6.
færast at meþ ópi ok kæru Eyst. Ásgr. Wis. 98; 84,6.
blessuþ mær þú ert dróttni kærust Eyst. Ásgr. Wis. 99; 90,4.
allar þær af fyrnsku væri Eyst. Ásgr. Wis. 99; 94,6.
mær heiþ þegnum bæri Sighv. sk. Hkr. 253,7b.
snotr mær konungs væri Sighv. sk. Hkr. 255,18b.
þær sem engar væri Sighv. sk. Hkr. 310,24b.
liþ færa ok skip smæri Sighv. sk. Hkr. 437,21b.
mær lauk eþr ǫlbæri Sveinnfl. Hkr. 513,21a.
Selunds mær hverr ve bæri Þjóþ. sk. Hkr. 539,28a.
mær hlær at því færi Anon. Hkr. 570,25b.
nær at landamæri Þjóþ. sk. Hkr. 593,6a.
nær til landamæris Anon. Hkr. 602,25b.
værir mildr ef mæra Þór. stuttf. Hkr. 686,4b (!).
hæra nafn enn mundang væri Ól. hvít. Kgs. 357,2.
kæris Norþmæra Sturla Kgs. 474,31a.

ærr : ær.

blessuþ mær þú ert sprundum hærri Eyst. Ásgr. Wis. 91; 28,8.
loflig mær þú ert englum hærri Eyst. Ásgr. Wis. 99; 89,8.

ærþ : ærþ.

upp's mærþ kominn lærþrar Ein. Skúl. Wis. 54; 9,2.

æs : æs.

ódæsinn framm ræsir Arn. jarl. Hkr. 535,12a.

æst : æst.

næst riþra þat smæstum Ein. Skúl. Wis. 60; 57,4.
skapara næstr i vegsemd hæstri Eyst. Ásgr. Wis. 88; 7,4.

*glœstum ár it næsta* Bŏlv. Hkr. 570,16a.
*glœst sjautigi hit fœsta* Þjóþ. sk. Hkr. 596,14a.
*fœst gott ok dul hœsta* Blakkr Kgs. 121,3b.

## æt : œt.

*fimm nœtr vala strætis* Ein. Skúl. Wis. 56; 25,4.
*ágœtr sunu mœta* Haukr Vald. Wis. 81: 22,6.
*mœtri þeirrʼr ek skal gœta* Eyst. Ásgr. Wis. 90; 24,6.
*mœtr guþi hann Addm sœti* Eyst. Ásgr. Wis. 92; 43,2.
*hvert ágœt í tignarsœti* Eyst. Ásgr. Wis. 95; 62,4.
*ágœtust fyr lítillæti* Eyst. Ásgr. Wis. 99; 90,2.
*mœtir upp á stræti* Anon. Hkr. 781,21b.
*nœtr sex ok friþ gœta* Giz. Þorv. Kgs. 441,31.
*gœtis hásœti* Sturla Kgs. 464,24b.
*gœtir norþsœtra* Sturla Kgs. 467,10a.
*gœtis vegmœta* Sturla Kgs. 469,26a (*geitis vegmeita* Flb III, 222).
*gœtis hásœta* Sturla Kgs. 474,35a.

## œtt : œtt.

*varga œtt of klífa mœtti* Arn. jarl. Wis. 45; 13,8.
*œttgóþr skŏrungr mœtti* Haukr Vald. Wis. 79; 5,8.
*brjóst er mœtt af þessum hœtti* Eyst. Ásgr. Wis. 94; 56,6.
*fœttust orþ enn þurru mœttir* Eyst. Ásgr. Wis. 95; 58,6.
*mœtti skýra fullum hœtti* Eyst. Ásgr. Wis. 99; 94,8.
*vœttisk þess í krœpis hœtti* Eyst. Ásgr. Wis. 100; 97,2.
*hœtting vas þat mœtti Tindr* Hallk. Hkr. 160.20b.
*sœtt gekk seggja œttar* Halld. ökr. Hkr. 207,30b (?).
*hœtt fŏrsk betr enn vœttak* Sighv. sk. Hkr. 307,30b.
*hœttlig járn es vœttik* Þorm. Kolbr. Hkr. 498,12b (*hetligt : œtla* Flb
  II, 365; *hœtlect : vœnte* Ohs 73).
*hœtt góþs friþar vœtta* Þjóþ. sk. Hkr. 560,34a.
*allhœtt ef skal sœttask* Anon. Hkr. 603,2a.
*úsœtt enn vel mœtti Snorri* Sturl. Kgs. 352,2b.
*œttum góþr at rofna sœttir* Sturla Kgs. 432,13a.

## œtt : œt.

*mœtr gramr viþ þik sœttu* Ótt. sv. Hkr. 284,29a.

## œþ : œþ.

*hrœþask menn viþ œttar klœþi* Arn. jarl. Wis. 45; 6,6.
*hátt kvœþi skal bœþi* Ein. Skúl. Wis. 58; 38,6.
*œþra sess ok virþing bœþi* Eyst. Ásgr. Wis. 88; 7,8.
*mœþist þegar er um skal rœþa* Eyst. Ásgr. Wis. 92; 38,2.
*lofrœþandi á kné sín bœþi* Eyst. Ásgr. Wis. 94; 51,6 n. 6.
*hervœþr ara brœþis* Arn. jarl. Hkr. 515,16a.

ók : ók.

*rókilundr of tóki Ein. Skál. Wis.* 26; 3,4.
*geþfrökn ok til sókja Arn. jarl. Hkr.* 323,32b.
*vegrókjandi framat sókja Snorri Sturl. Kgs.* 281,18b.

ól : ól.

*ryþs hólibol góli Þjóþ. hv. Wis.* 11; 20,4 *(heyli : goli SnE* I, 284;
*heili : giæli W; heile : gole S).*

óm : óm.

*her's of slóm at dóma Hallarst. Wis.* 49; 24,2.
*goþ dómi mér sóma Sighv. sk. Hkr.* 430,7b.

ómd : ómd.

*dómdi herr sómda Sturla Kgs.* 473,14b.

ón : ón.

*allhóns viþ goþ bónir Ein. Skúl. Wis.* 57; 31,4.
*sónskr maþr af gram þrónzkinn Ein. Skúl. Wis.* 58; 44,4 [1]).
*þrónzkr jarl konung sónskan Þórþr Kolb. Hkr.* 170,33b [1]).

ór : ór.

*gnýstórandi fóri Þorbj. hornkl. Wis.* 14; 2,6.
*sorgóra mey fóra Þjóþ. hv. Wis.* 10; 9,2.
*Móra gramr til landa óri Arn. jarl. Wis.* 45; 5,8 (vgl. *Gísl. om helr.* 47).
*borþmórar skæ fórar Eyv. sk. Hkr.* 103,36a.
*órins golls á Móri Þórþr Kolb. Hkr.* 157,13b.
*snóridorr um skóru Þjóþ. sk. Hkr.* 538,6b.
*Móra gramr i snóri Þjóþ. sk. Hkr.* 541,18b.
*sóknstórir mér fóri Þjóþ. sk. Hkr.* 544,10a.
*hlór áþr hingat fórir Þjóþ. sk. Hkr.* 555,10b.

órr : órr.

*stórra oþrum fórri Hallarst. Wis.* 49; 26,8.

óst : óst.

*óstar þjóþár fnóstu Eil. Guþr. Wis.* 31; 5,8.

ót : ót.

*móþum fóti sál at bóta Mark. Skeggj. Wis.* 51; 12,6.
*dógr mótask fóti Sighv. sk. Hkr.* 274,32b.

---

[1]) Oder liegt hier ein Reim *ónskr : ónzkr* vor? resp. ist *nzk =
ntsk* zu *nsk* geworden?

ótsk : ótsk (ózk : ózk).

*fözk háleitri gózku* Ein. Skúl. Wis. 55; 14,8.

### óþ : óþ.

*góþingr muni föþask* Hallfr. v. Wis. 37; 28,6.
*óþiveþrs á skelfþan gróþi* Arn. jarl. Wis. 45; 7,2.
*hersa móþir sál at gróþa* Mark. Skeggj. Wis. 53; 28,4.
*alls gróþari fróþask* Ein. Skúl. Wis. 56; 21,4.
*armglóþr í brag rúþu* Ein. Skúl. Wis. 59; 45,4.
*hjalmskóþ Girkir flóþu* Ein. Skúl. Wis. 59; 52,8.
*bróþr síns ok rak flóþa* Guth. s. Hkr. 98,2b.
*góþinga vin skóþar* Þjóþ. sk. Hkr. 540,8b (*greiþlendinga skeiþum*
   Fms VI, 81).
*bróþr sínum ret tóþi* Þjóþ. sk. Hkr. 546,10a.
*bróþr und sól hin óþri* Ein. Skúl. Hkr. 738,11b.
*góþinga lið flóþi* Ein. Skúl. Hkr. 766,17b.

### ǫdd : ǫdd.

*rǫdd dynskotum kvǫddusk* Þorbj. hornkl. Wis. 14; 4,8.

### ǫf : ǫf.

*hǫfuþ fremstr jǫfurr* Sighv. sk. Wis. 40; 5,8 u. 6.
*hǫfuþskald fíra jǫfri* Ein. Skúl. Wis. 55; 12,8.
*jǫfurs bein þregit hǫfþu* Ein. Skúl. Wis. 56; 23,4.
*gǫfug lét Hǫrn ór hǫfþi* Ein. Skúl. Wis. 58; 37,1 (!).
*hǫfuþ sitt frǫmum jǫfri* Ein. Skúl. Hkr. 742,6b.
*gǫfugr oddviti jǫfra* Sturla Kgs. 325,7b.
*gǫfugr Skánunga jǫfri* Sturla Kgs. 443,4a.

### ǫfg : ǫfg.

*ǫfgast búendr gǫfgir* Sighv. sk. Wis. 43; 14,4.

### ǫfn : ǫfn.

*laukjǫfn af þeim nǫfnum* Sighv. sk. Wis. 41; 5,8.
*hǫfn langskipa stǫfnum* Anon. Hkr. 602,16a.
*hǫfn af skipstǫfnum* Sturla Kgs. 466,18b.

### ǫfþ : ǫfþ.

*líknarkrǫfþ ór hǫfþi* Ein. Skúl. Wis. 60; 59,6.

### ǫg : ǫg.

*mǫgr Sigurþar Hǫgna* Brage Wis. 2; 2,4.

### ǫgl : ǫgl.

*bryngǫgl í dyn* Skǫglar Þorbj. hornkl. Wis. 14; 5,4.
*døglingr ríþ bersǫgli* Sighv. sk. Wis. 42; 8,4.
*freim døglingum* Skǫglar Hallarst. Wis. 48; 20,6.

## ǫgn : ǫgn.

Rǫgnvalds í bó gǫynum Sighv. sk. Hkr. 275,4a.

## ǫgr : ǫgr.

mǫgr hafnýra fǫgru Ulfr Ugg. Wis. 29; 2,6.
Ulfs mǫgr ok hét fǫgru Þjóþ. sk. Hkr. 532,2a.
lǫgr gekk um skip fǫgru Bǫlv. Hkr. 570,14a.
lǫgr hin skaut fǫgru Sturla Kys. 472,35b.

## ǫgþ : ǫgþ.

hans brǫgþ í grǫf lǫgþu Ein. Skúl. Wis. 56; 22,8.
brǫgþ jarteignir sǫgþu Ein. Skúl. Wis. 59; 49,8.
herþibrǫgþ enn lǫgþis Jór. skaldm. Hkr. 77,23a.
flǫgþ baþk enn þau sǫgþu Sighv. sk. Hkr. 308,6b.

## ǫk : ǫk.

sǫkrammir mjǫk Þór. loft. Hkr. 440,33a (sǫkk- Fms V, 6; sac-
    Ohs 59).

## ǫkk : ǫkk.

varta hrǫkk enn niþr nam sǫkkva Arn. jarl. Wis. 44; 2,6 (sic Fms
    VI, 23).

## ǫkt : ǫkt.

hold er klǫkt enn andinn snǫktir Eyst. Ásgr. Wis. 94; 54,6.

## ǫl : ǫl.

ǫlvishaug frá bǫlvi Ein. Skúl. Wis. 55; 14,8 (Aulfis : baulfi Flb I, 2).
úfǫl búendr dvǫldu Þorl. f. Hkr. 574,21b.

## ǫld : ǫld.

ǫldum kunnr meþ hvíta skjǫldu Arn. jarl. Wis. 44; 3,6.
hǫfuþskjǫldunga fimm at gjǫldum Mark. Skeggj. Wis. 51; 21,4.
gjǫld festu þá grimmir hǫldar Mark. Skeggj. Wis. 52; 23,3 (!).
meginfjǫldi reis hǫlda Ein. Skúl. Wis. 54; 4,6.
þat sá ǫld í jǫldu Anon. Hkr. 151,22b (!).
ǫld þá's tókt viþ gjǫldum Ótt. sv. Hkr. 227,17a.
ǫld vann ossa skjǫldu Sighv. sk. Hkr. 253,15a (!).
skjǫldungs viþ ey tjǫlduþ Sighv. sk. Hkr. 274,20b.
ǫld þars herr klauf skjǫldu Sighv. sk. Hkr. 499,8b.
ǫld blóþroþna skjǫldu Þjóþ. sk. Hkr. 539,26a.
hæra skjǫld at gjǫldum Þjóþ. sk. Hkr. 544,10b.
Finna gjǫld í skjǫldum Þjóþ. sk. Hkr. 595,17b.
ǫld á stórvǫldum Sturla Kys. 467,8b (stórveldum Fms X, 125; Kph
    V, 361).
ǫld meþ herskjǫldum Sturla Kys. 473,3b.

ǫll : ǫll.

radfǫllum hlóþ rǫllu Ein. Skúl. Wis. 29; 23,1.
hǫll ok fremstr at ǫllu Hallarst. Wis. 47; 11,8 u. ö.
jǫrþ ok fjǫll at í heimi ǫllum Eyst. Ásgr. Wis. 96; 70,6.
hǫll ok prýdd meþ dáþum ǫllum Eyst. Ásgr. Wis. 99; 90,6.
hǫll's dýr meþ ǫllum Sighv. sk. Hkr. 310,4b.
rymvǫll und gram snjǫllum Hallr Sn. Kgs. 71,10b.

ǫln : ǫln.

gjǫlnar gulli mǫlnu Sighv. sk. Hkr. 414,10a (?).

ǫm : ǫm.

dauþum krǫmdum ærum lǫmdum Eyst. Ásgr. Wis. 93; 46,6.

ǫml : ǫml.

hǫmlu vigs ór porti gǫmlu Mark. Skeggj. Wis. 52; 21,2.

ǫn : ǫn.

Qnundr Dǫnum Sighv. sk. Wis. 40; 3,6.

ǫnd : ǫnd.

ǫndurgoþs í hǫndum Þjóþ. hv. Wis. 9; 7,4.
konungs ǫnd ofar lǫndum Hallfr. v. Wis. 37; 28,8.
úrga strǫnd ok svalri rǫndu Mark. Skeggj. Wis. 52; 24,4.
ǫnd lætr maþr á strǫndu Ein. Skúl. Wis. 60; 60,6.
leysir er ǫnd af holdsins bǫndum Eyst. Ásgr. Wis. 98; 83,8.
benvǫndr konungs hǫndum Eyv. sk. Hkr. 106,18a.
ǫndvert folk at lǫndum Þórþr Sjár. Hkr. 107,4b (rendo Fris. 120,25b).
lǫnd síns fǫður rǫndum Þórþr Kolb. Hkr. 155,11b.
ættlǫnd und þér gǫndlar Ótt. sv. Hkr. 284,31b.
rǫnd meþ gumna hǫndum Sighv. sk. Hkr. 491,8a.
ǫndverþan brum lǫndum Sighv. sk. Hkr. 520,29b.
hǫnd enn vel mátt lǫndum Sighv. sk. Hkr. 522,18a.
Sunnlǫnd Haraldr rǫndu Jllugi Brynd. Hkr. 550,7b.
ǫndu nemr eþa lǫndum Þorl. f. Hkr. 572,2b.
Haralds ǫnd ofar lǫndum Stúfr sk. Hkr. 572,19b.
lǫnd herskipa brǫndum Þjóþ. sk. Hkr. 592,28a.
sín lǫnd es verr rǫndu Magn. berf. Hkr. 654,21b.
flesta rǫnd á skeiþa brǫndum Sturla Kgs. 439,18b.
skattlǫnd megingrǫnduþs Anon. Kgs. 476,21a.
rǫnd veþrboþi gǫndlar Anon. Kgs. 476,21b.

ǫng : ǫng.

strǫng Herdala gǫngu Sighv. sk. Wis. 38; 3,2.
krapta þrǫng né lostinn ǫngvan Eyst. Ásgr. Wis. 99; 90,3.

*fǫng eru stór viþ gǫngur* Sighv. sk. Hkr. 309,6a.
*nær gǫngum vér stǫngum* Þjóþ. sk. Hkr. 542,16a.

### ǫnn : ǫnn.

*sǫnn Einriþa mǫnnum* Ein. Skál. Wis. 27; 8,2.
*fjǫrrǫnn at því mǫnnum* Hallfr. v. Wis. 36; 17,4.
*ǫnnur enn hézt mǫnnum* Sighv. sk. Wis. 42; 8,8.
*rǫnn um þingamǫnnum* Þórþr Kolb. Hkr. 232,25b.
*sǫnn at fá mun ǫnnur* Sighv. sk. Hkr. 516,27b.
*hófsk ǫnn af því lendum mǫnnum* Ól. hvít. Kgs. 339,17b.

### ǫr : ǫr.

*hjǫrs rakkliga fjǫrvi* Ein. Skál. Wis. 26; 2,8.
*hjǫrveþrs konung fjǫrvi* Ein. Skál. Wis. 27; 6,4.
*fǫr til Sogns of gǫrva* Ein. Skál. Wis. 28; 13,4.
*hjǫrdjarfr Gota fjǫrvi* Hallfr. v. Wis. 34; 4,6.
*liþu ǫrvar framm gǫrvar* Hallfr. v. Wis. 35; 4,2.
*ǫrva hríþir frókn of gǫrvar* Arn. jarl. Wis. 46; 15,8.
*hjǫrs berdraugar fjǫrvi* Glúmr Geir. Hkr. 110,19a.
*grams vǫr bláum hjǫrvi* Þórþr Kolb. Hkr. 214,24b.
*fǫr þín konungr gǫrva* Ótt. sv. Hkr. 220,4b.
*svǫrt skǫr viþ her gǫrva* Sighv. sk. Hkr. 252,30b.
*ǫrbeiþis fǫr* Þór. loft. Hkr. 440,31a u. 441,4a.
*skǫr baþ hann meþ hjǫrvi* Sighv. sk. Hkr. 453,13b.
*hjǫrgǫll vas þat fjǫrvi* Tryggvafl. Hkr. 513,15b.
*rógǫrs þvit veitk gǫrva* Arn. jarl. Hkr. 515,8a ʿ(*rógaurs : gerva*
   Fris. 168,2a; *rögaurs : gjörfa* Fms VI, 21).
*bǫrvar grjóts ok ǫrva* Þjóþ. sk. Hkr. 538,8a.
*fjǫrgriþ stǫfum hjǫrva* Þjóþ. sk. Hkr. 538,31b.
*fjǫr gnýstafir hjǫrva* Þjóþ. sk. Hkr. 538,35b.
*fjǫrvi grjót ok ǫrvar* Hallarst. Herd. Hkr. 595,10b.
*ófǫr konungs gǫrva* Trollk. Hkr. 613,15a.
*mǫrstrútr á þat gǫrva* Þór. stuttf. Hkr. 686,21b.

### ǫrg : ǫrg.

*hǫrgbrjótr í staþ mǫrgum* Hallfr. v. Wis. 31; 3,2.
*mǫrg nefbjǫrgum* Sighv. sk. Wis. 40; 4,4.
*hermǫrg hála tjǫrguþ* Hallarst. Wis. 46; 4,3 (!).
*firna mǫrg ok hǫrga* Hallarst. Wis. 47; 9,2.
*gunnhǫrga slǫg mǫrgum* Glúmr Geir. Hkr. 89,31a.

### ǫrl : ǫrl.

*hjǫrlautar kom Sǫrla* Ein. Skál. Wis. 29; 22,4.
*freguk gǫrla þat Sǫrla* Hallfr. v. Wis. 33; 8,6.

*ǫrlyndr faþur Sǫrla Haukr Vald. Wis. 79; 3,8.*
*ǫrleiks Dana jǫrþum Þjóþ. sk. Hkr. 596,22a.*

### ǫrn : ǫrn.

*okbjǫrn faþir Mǫrna Þjóþ. sk. Wis. 9; 6,4.*
*fǫrnuþr rǫþull stjǫrnu Ein. Skál. Wis. 54; 2,8.*
*Þorbjǫrn í gný fjǫrnis Haukr Vald. Wis. 80; 17,8.*
*hjǫrn ok eld sem merkistjǫrnur Eyst. Ásgr. Wis. 88; 10,6.*
*landrǫrn klóask ǫrnu Sighv. sk. Hkr. 445,6a.*
*fjǫrnis alfr und leiþarstjǫrnu Sturla Kgs. 459,6a.*

### ǫrr : ǫrr.

*hjǫrr fær hildiborrum Korm. Ǫgm. Wis. 26; 2,3 (!).*
*þreksgǫrr ok vigǫrr Ótt. sv. Wis. 44; 2,2.*
*ǫrr fylkir gaf sverþ ok knǫrru Mark. Skeggj. Wis. 51; 7,2.*
*mærþar ǫrr sem knǫrru Þórþr Kolb. Hkr. 155,9a.*
*reþrǫrr trá knǫrru Ótt. sv. Hkr. 234,13a.*
*ǫrr landreki dǫrrum Þjóþ. sk. Hkr. 541,20b.*
*ǫrr ok steinda knǫrru Steinn Herd. Hkr. 635,12a.*

### ǫrt : ǫrt.

*bjǫrtum eldi stalldræp hjǫrtu Arn. jarl. Wis. 45; 12,8.*
*gǫrt fengum hræ svǫrtum Sighv. sk. Hkr. 253,28b.*
*bjǫrtum langt hin svǫrtu Sighv. sk. Hkr. 309,15a.*
*gǫrt viy saman hjǫrtu Sighv. sk. Hkr. 480,23a.*

### ǫrþ : ǫrþ.

*geþrǫrþr und sik jǫrþu Þorbj. hornkl.Wis. 15; 6,4 (goþvarþr Kringla,*
    *Jǫfrask., vgl. Wis. 124, daher Thorkelss. 42 f. goþvarþr : jarþu).*
*Hǫrþarinr ór Gǫrþum Hallfr. r. Wis. 33; 1,4.*
*hǫrþ ok austr í Gǫrþum Hallfr. r. Wis. 34; 2,4.*
*rǫrþr þá fóstr i Gǫrþum Hallarst. Wis. 46; 2,2.*
*snekkjuborþ ór Gǫrþum Hallarst. Wis. 46; 4,2.*
*foldar rǫrþu austr i Gǫrþum Mark. Skeggj. Wis. 50; 4,2.*
*hélug borþ fyr Vinda gǫrþum Mark. Skeggj. Wis. 52; 16,4.*
*Hǫrþa gramr af jǫrþu Ein. Skál. Wis. 55; 15,8.*
*allhǫrþ i gras borþum Haukr Vald. Wis. 80; 12,8.*
*himin ok jǫrþ i fyrstu gǫrþi Eyst. Ásgr. Wis. 88; 6,2.*
*jǫrþ ok lopt þat er dróttinn gǫrþi Eyst. Ásgr. Wis. 88; 10,4.*
*landrǫrþr er brast Hǫrþa Eyv. sk. Hkr. 111,6a.*
*fjǫrþ ok gall viþ hjǫrþu Eyv. sk. Hkr. 123,32a.*
*svǫrþ víkinga hǫrþu Eyj. Dap. Hkr. 199,15b.*
*ǫrþigt reþr á fjǫrþum Sighv. sk. Hkr. 274,20a.*
*malma rǫrþs i Gǫrþum Sighv. sk. Hkr. 310,16a.*
*er vǫrþr drepinn Hǫrþa Sighv. sk. Hkr. 446,9a.*

svǫrþr þann's vóx í Gǫrþum Sighv. sk. Hkr. 508,30b.
Hǫrþa vinr ór Gǫrþum Arn. jarl. Hkr. 515,10b.
jǫrþ um fekk ór Gǫrþum Bjarni gullbr. Hkr. 519,18b.
erut um spǫrþ ór Gǫrþum Sighv. sk. Hkr. 522,10a.
skapvǫrþr himins jǫrþu Arn. jarl. Hkr. 535,12b.
hǫrþ þrifusk bǫrþ þar's bǫrþusk Þjóþ. sk. Hkr. 538,16b (!).
ǫrþiglyndr í Gǫrþum Bǫlv. sk. Hkr. 547,4b.
ǫrþigt vatn ór Gǫrþum Þjóþ. sk. Hkr. 559,23a.
vígskǫrþ ofan bǫrþut Þorbj. Skakk. Hkr. 740,14b.

## ǫst : ǫst.

fǫstumóþs á ýmsum lǫstum Eyst. Ásgr. Wis. 93; 45,2.

## ǫþ : ǫþ.

hǫþ glamma at mun stǫþva Brage Wis. 3; 10,4.
glǫþ djúprǫþuls ǫþla Brage Ger. 26; 24,2.
stǫþum valbastar rǫþli Ein. Skúl. Wis. 58; 43,3.
stǫþum kvaddi liþ bǫþvar Þorm. Kolbr. Hkr. 497,22a.

## á : á.

á hendr at há Sighv. sk. Wis. 40; 3,7.
grá hjalmunlá Sighv. sk. Wis. 40; 4,6.
blá segl viþ rá Sighv. sk. Wis. 41; 7,2.
fár má konungr svá Ótt. sv. Wis. 141; 6,2.
frák hvar fleina sjávan Eyj. Daþ. Hkr. 200,1a (!) (vgl. S. 23).

## ey : ey.

mey aftr Loki deyja Þjóþ. hv. Wis. 10; 11,8.
ey veybrautar heyja Þorbj. hornkl. Wis. 14; 2,4.
valmey konungr heyja Ein. Skál. Wis. 27; 12,6.
geirþey á Skáneyju Hallfr. v. Wis. 34; 4,8.
eyverskan her deyja Hallfr. v. Wis. 34; 9,2.
vígþey Heþins meyja Hallfr. v. Wis. 36; 15,4.
eysýslu gekk heyja Sighv. sk. Wis. 38; 2,4.
haukey lifa ok deyja Sighv. sk. Wis. 43; 15,8.
Gǫndlar þeys ok Eyjar Hallarst. Wis. 47; 11,4.
veþrheyjandi Skreyju Eyv. sk. Hkr. 106,5a.
Eysýslu liþ þeyja Ótt. sv. Hkr. 222,7b.
ey né danskar meyjar Hárekr. Hkr. 428,31a.
meyjar faþms at deyja Sighv. sk. Hkr. 521,4a.
Sikileyju gekk heyja Þjóþ. sk. Hkr. 550,4b.
ey baugs Dana meyjar Anon. Hkr. 570,25a.
meyjar supr í eyjum Bjǫrn krepph. Hkr. 646,35b.
fleyrangs til Ekreyja Sturla Kgs. 427,28a.
eyjar geirþeyjum Sturla Kgs. 472,2b.

### ó : ó.

sló hvern ok þó Sighv. sk. Wis. 40; 1,2.
mjó fyr ofan sjó Ott. sv. Wis. 44; 4,4.

### ý : ý.

svangbýjaþi at frýja Ein. Skál. Wis. 26; 2,4.
hjǫrva gnýs ok skýjum Hallfr. v. Wis. 33; 1,6.
fáglýjaþra þýja Eyv. sk. Hkr. 111,22b.
sverþa gnýs at frýja Sighv. sk. Hkr. 252,20a.
skýlauss rǫþull hlýja Sighv. sk. Hkr. 491,33a.
bǫþský framar knýja Þjóþ. sk. Hkr. 538,17b.
bý leggr reyk til skýja Anon. Hkr. 640,4b.

### æ : æ.

unz hrunsæva hræra Þjóþ. sk. Wis. 10; 11,1 (!).
hræ þess konungs ævi Sighv. sk. Wis. 41; 1,4.
fræ Hákonar ævi Eyv. sk. Hkr. 111,24a.
mæ viþ ǫrum sævar Eyv. sk. Hkr. 123,32b.
glæheims skriþu mævar Þórþr Kolb. Hkr. 157,13a.
læ Hákonar ævi Þórþr Kolb. Hkr. 170,28a.
slær þaut ulfr um hræri Þórþr Sjár. Hkr. 422,28b (slæfr : hrǽfi
        Kph II, 273; slægr Flb II, 281; sonst alle Lesarten slær).
læbaugs at þvl hlæja Hárekr Hkr. 428,29a.

### ó : ó.

lóbrautar varþ flója Þorbj. hornkl. Wis. 14; 8,8 (sic Gisl. Njál.
    II, 387; F-Jónss. 78 f.; lýbrautar : flýja Wis. a. a. O.; læbrautar :
    flója Hkr. 64,24b; lǫbrautar : flǫia Fris. 50,26b).

### Kurzer Vocal : langem Vocal.

Skáney Dana Sighv. sk. Wis. 40; 5,6.
fráneygr Dana Sighv. sk. Wis. 40; 6,4.
fæst rán Dana Sighv. sk. Wis. 41; 8,6.
Jórrik skorit Sighv. Wis. 41; 11,4 (Jorrik Gisl. Aarb. 1866, 279).
Griklands himinriki Þór. loft. Hkr. 440,15a (Griklands Kph.?).

# II.

## Endreime.

### addi : addi.

rǫdd engilsins kvennmann kvaddi ⎱ Eyst. Ásgr. Wis. 94; 55,1 f.
kvadda af engli dróttinn gladdi ⎰

### afa : afa.

fylki skal til frægþar hafa ⎱ Mkv. Wis. 73; 6,1 f.
fregna eignum langt til gafa ⎰

### afni : afni.

gnúþi hrafni ⎱ Eg. Skall. Wis. 21; 11,7 f.
á hǫfuþstafni ⎰

### ag : ag.

stefjum verþr at stæla brag ⎱ Mkv. Wis. 74; 11,1 f.
stuttligt hefk á kvæþi lag ⎰

dýrligra brag ⎱ Gunnl. ormst. Wis. 38; 3,7 f.
þat's drápulag ⎰

### aga : aga.

heyrinkunn's frá hánum saga ⎱ Mkv. Wis. 74; 9,7 f.
hvat þarf ok of slíkt at jaga ⎰

### agþr : agþr.

fasthaldr varþ á Fenri lagþr ⎱ Mkv. Wis. 75; 21,7 f.
fíkjum var mér ramligr sagþr ⎰

### aka : aka.

lætr snót saka ⎱
sverþ-Frey vaka ⎰ Eg. Skall. Wis. 22; 16,5 ff.
enn skæs Haka ⎱
skipgarþ braka ⎰

### akar : akar.

jafnan verþr at árflóþ stakar ⎱ Mkv. Wis. 76; 26,7 f.
auþfengnar 'ru gelti sakar ⎰

*al : al.*

*gagarres skaptr þvit geyja skal* | *Mkv. Wis.* 73; 4,3 f.
*gørva ætlak mér létt of tal* |

*alda : alda.*

*tili skaut óst alda* | *Þork. Gisl. Wis.* 66; 2,7 f.
*upr enn sviþ kalda* |

*aldr : aldr.*

*Hermóþr vildi auka aldr* | *Mkr. Wis.* 74; 9,3 f.
*Eljuþnir vann sólginn Baldr* |
*jók hilmir hjaldr* | *Ein. Skúl. Hkr.* 742,23a f.
*þar vas hjǫrva galdr* |

*ali : ali.*

*eigi spillir hyggins hjali* | *Mkr. Wis.* 75; 15,7 f.
*hefkat spurt at bersa kali* |

*almar : almar.*

*gnustu gráir malmar* | *Þork. Gisl. Wis.* 67; 7,5 f.
*gengu í sundr hjalmar* |

*alt : alt.*

*kvæþit skal meþ kynjum alt* | *Mkv. Wis.* 74; 13,7 f.
*konungs morgunn er langr dvalt* |
*yndil láta engvir falt* | *Mkv. Wis.* 75; 21,1 f.
*allopt verþr í hreggi svalt* |
*þrýtra þann er verr hefr valt* | *Mkv. Wis.* 76; 26,1 f.
*verþa kann á ýmsa halt* |
*Víkverjum galt* | *Ein. Skúl. Hkr.* 741,18 f.
*varþ þannug halt* |
*rann vísi alt* | *Ein. Skúl. Hkr.* 743,1b f.
*fyr vestan salt* |

*am : am.*

*ór hlátra ham (od færi eg fram K. 456. 929. Rk)*
*hróþr bark fyr gram*    *Eg. Skall. Wis.*
*svá fór þat fram (ur hlatra ham K. 456. 929. Rk.*   22; 20,5 f.
*at flestr of nam (man 128. 458)*
*óx hjǫrva hlam (hlǫm Bj. 252; hlǫmm 145. 426;*
     *glaum K: 456. 929. Rk)*
*riþ hlífar þram (þǫm 145. Bj. 426; þ(r)aum K:*   *Eg. Skall. Wis.*
    *456. 929. Rk)*     21; 4.1 ff.
*guþr óx umb gram*
*gramr sótti fram*

### aman : aman.

*féra ætlum forn orþ saman*
*flestir henda at nøkkvi gaman* } *Mkv. Wis.* 73; 1,5 f.

*allitit er ungs manns gaman*
*einum þykkir daufligt saman* } *Mkv. Wis.* 73; 5,1 f.

*etja vildi jǫfrum saman*
*ekki er mér at stúru gaman* } *Mkv. Wis.* 75; 22,3 f.

### ami : ami.

*bráþfengr þykkir brullaups frami*
*briyþalengi er hverr enn sami* } *Mkv. Wis.* 75; 18,7 f.

### amm : amm.

*auþsénna er annars vamm*
*engi kømsk of skapadógr framm* } *Mkv. Wis.* 76; 23,7 f.

### amr : amr.

*gǫrræþi gramr*
*gjǫfmildr ok framr* } *Ein. Skúl. Hkr.* 741,20 a f.

### anar : anar.

*flugu hjaldrtranar (trana Ks 456. 929. Rk; vaner W.*
    *128. 146. 158. 458. 459)*
*of hræs lanar (laner W. 128. 158. 458. 459; baner 146)* } *Eg. Skall. Wis.* 21; 11,1 ff.
*vǫrut blóþs vanar (vaner 128. 146)*
*benmás granar (graner 128. 146)*

### anda : anda.

*þrǫng at rym randa*
*til ræsis landa* } *Þork. Gísl. Wis.* 66; 3,3 f.

*neytti herr handa*
*hríþ vas snǫrp branda*
*fúst vas fár randa* } *Þork. Gísl. Wis.* 67; 6,1 ff.
*til fjǫrnis landa*

### andar : andar.

*brustu brandar*
*viþ bláſ randar* } *Eg. Skall. Wis.* 21; 7,7.

### anga : anga.

*búa frák greitt ganga*
*gladdisk svanr hanga* } *Þork. Gísl. Wis.* 67; 8,1 f.

*leiþ eigum vér langa*
*enn lendir menn ganga* } *Bjarni Kálfss. Kgs.* 73,18 f.

### ann : ann.

lof at vísu vann
rist mærik þann
hljóþs biþjum hann
þvít hróþr of fann (nam Kt 456. 929. Rk)
⎱ Eg. Skall. Wis. 21;
2,5 ff.

ǫll grétu þau eptir hann
aukit var þeim hlátrar bann
⎱ Mkv. Wis. 74; 9,5 f.

erfitt verþr þeim's illa kann
engan þarf at hjúfra mann
⎱ Mkr. Wis. 76; 25,5 f.

reitkak víst hvat verþa kann
villa's dælst of heimskan mann
⎱ Mkr. Wis. 76; 28,3 f.

### anna : anna.

hǫfuþ ok hendr manna
hræ nam vargr kanna
⎱ Þork. Gisl. Wis. 67; 5,3 f.

### ar : ar.

munstrandar mar
svás mitt of far
⎱ Eg. Skall. Wis. 20; 1,3 f.

þróask hér sem hvar
hugat mælik þar
frétt's austr of mar
Eiriks of far
⎱ Eg. Skall. Wis. 22; 14,5 ff.

auþigr þykkir einn sér hvar
annars róþir margr of far
⎱ Mkv. Wis. 75; 15,1 f.

### ara : ara.

traþ Nipt nara
náttverþ ara
⎱ Eg. Skall. Wis. 21; 10,7 f.

þess m(u)n grepp vara
gollhring spara
⎱ Gunnl. ormst. Wis. 38; 3,3 f.

fýsa munk ens fyrra vara
flestr mun sik til nǫkkurs spara
⎱ Mkv. Wis. 76; 27,7 f.

### arald : arald.

ekki varþat forþum farald
Finnan gat þó ǫrþan Harald
⎱ Mkr. Wis. 74; 11,5 f. u. ö.

### arar : arar.

lýtin þykkja skamme skarar
skrautligt kǫllum nafnit farar
trautt kallak þann valda's varar
verþa menn þeirs uppi fjarar
⎱ Mkr. Wis. 75; 19,1 ff.

### arir : arir.

sagt er frá hré neflauss narir
nú verþr sumt þaz manngi varir
⎱ Mkr. Wis. 76; 25,5 f.

arit : arit.

ekki hefk meþ flimtun farit ⎫
fullvel ættak til þess varit ⎭   *Mkv. Wis.* 73; 2,1 f.

arla : arla.

barþisk sveit snarla ⎫
á snekkjum jarla ⎭   *Þork. Gisl. Wis.* 67; 9,7 f.

armr : armr.

fekksk fyrþum harmr ⎫
fyriskógar garmr ⎭   *Ein. Skúl. Hkr.* 742,25 b f.

art : art.

Bjarki átti hugar korn hart ⎫
herliþ feldi Stǫrkuþr mart ⎭   *Mkv. Wis.* 74; 7,1 f.

arþa : arþa.

knúþi hvast harþa ⎫
hljópu marir barþa ⎭   *Þork. Gisl. Wis.* 66; 2,1 f.

asta : asta.

báru raukn rasta ⎫
rekka geþfasta ⎭   *Þork. Gisl. Wis.* 66; 3,1 f.

at : at.

hygg visir at
vel sómir þat
hvé'k þylja fat   [fet : get F. Jónss.]   (fær W. fæte ʒ)    *Eg. Skall.*
ek ef þǫgn of gat                       (gæti ʒ)    *Wis.* 21; 3,3 ff.
orþstir of gat (gar 146)           *Eg. Skall. Wis.* 21; 6,3 f.
Eirikr at þat (þar W. 146. 158. 458. 459) ⎭ u. 9,3 f.

þá v(a)s odda at ⎫
ok eggja gnat ⎭   *Eg. Skall. Wis.* 21; 9,1 f.

jǫfurr hyggi at ⎫
hvé'k yrkja fat ⎪
gótt þóttumk þat ⎬   *Eg. Skall. Wis.* 22; 19,1 ff.
es þǫgn of gat ⎪
eitt hǫfþusk at ⎫
Eilifr þar er sat ⎭   *Þjóþ. sk. Hkr.* 547,8 a f.

ata : ata.

skapleik skata ⎫
skal mærþ hvata ⎭   *Eg. Skall. Wis.* 22; 16,3 f.

ati : ati.

hjǫrleiks hvati ⎫
hann's blóþskati ⎭   *Eg. Skall. Wis.* 22; 14,3 f.

auga : auga.

njótiþ bauga ⎫
sem Brúnn auga ⎭   *Eg. Skall.* (?) *Wis.* 22; 21,1 f.

*aukar : aukar.*

*gullu hræs haukar*
*hvassir benlaukar* } *Þork. Gísl. Wis.* 67; 7,1 f.

*aupa : aupa.*

*hirþmenn skulu hlaupa*
*hér eru gott til kaupa* } *Bjarni Kálfss. Kgs.* 73,16 f.

*auþ : auþ.*

*ǫld festi auþ*
*sem ǫþlingr bauþ* } *Ein. Skúl. Hkr.* 741,24 f.

*aþar : aþar.*

*vasa villr staþar*
*vefr davraþar*
*of grams glaþar* (*glǫþom*)
*geirvangs sapar* (*rǫþom*) | *F. Jónss.*) } *Eg. Skall. Wis.* 21; 6,1 ff.

*aþr : aþr.*

*grandvarr skyldi enn góþi maþr*
*Gizurr varþ at rógi saþr* } *Mkv. Wis.* 75; 22,1 f.

*d : d.*

*flestr maþr of frd*
*hvat fylkir vd*
*enn Viþrir sd*
*hvar valr of ld* } *Eg. Skall. Wis.* 21; 3,5 ff.

*þar heyrþisk þd*
*þaut mækis d*
*malmhríþar spd*
*sús mest of ld* } *Eg. Skall. Wis.* 21; 4,5 ff.

*glepi minnar veit geipun sjd*
*griplur er sem hendi þd* } *Mkv. Wis.* 73; 1,7 f.

*annars barn's sem úlf at frjd*
*óþfúss mundi blindr at sjá* } *Mkv. Wis.* 73; 6,3 f.

*afli of deilir sízt viþ sjd*
*Sǫrli sprakk af gildri þrd*
*stundum þýtr í logni ld*
*lítlu verr at ráþak fd* } *Mkv. Wis.* 74; 13,1 ff.

*ástblindir 'ru seggir svd*
*sumir at þykkja mjǫk fds gd* } *Mkv. Wis.* 75; 20,1 f.

*órit þykkir viþkvæm vd*
*vinfengin eru miǫofn þd* } *Mkv. Wis.* 75; 21,5 f.

*allar girnisk dr í sjd*
*ekki er manni verra enn þrd* } *Mkv. Wis.* 76; 27,5 f.

ála : ála.

þá réþ þess dála ⎫ Þork. Gísl. Wis. 67; 12,5 f.
þrymr vas hár stála ⎰

álfr : álfr.

Ásmundr tamþi Gnoþ viþ gjálfr ⎫ Mkv. Wis. 74; 8,5 f.
gulli mældi Þjazi sjálfr ⎰

ár : ár.

ýmsir bjóþa oþrum fár ⎫ Mkv. Wis. 74; 6,5 f.
ormar skríþa ór hamsi á vár ⎰

skips láta menn skammar rár ⎫
skatna þykkir hugrinn grár ⎪
tungan leikr viþ tanna sár ⎬ Mkv. Wis. 74; 12,1 ff.
trauþla 's gengt á ís of vár ⎭

dra : ára.

géþir gunnskára ⎫
gladdisk nagr sára ⎪ Þork. Gísl. Wis. 67; 11,8 ff.
niþr kom bens bára ⎬
Búi nam sér hvára ⎭

árin : árin.

Márja littu klokk á tárin ⎫
· · · · · · · · · · · · · · ⎬ Eyst. Ásgr. Wis. 99; 91,6 u. 8.
Márja ber þú smyrsl í sárin ⎭

árri : ári.

Márja lífþu sæmd í hárri (ári AD. F·J.) ⎫ Eyst. Ásgr. Wis. 99;
· · · · · · · · · · · · · ⎬ 91,2 u. 4.
Márja léttu syndafári ⎭

áru : áru.

vagna váru (sára 145. 426; vára Guelf) ⎫ Eg. Skall. (?) Wis. 22;
eþr viþi táru (vilie tára Codd.) ⎰ 21,3 f.

árum : árum.

blóþ þó bens árum ⎫ Þork. Gísl. Wis. 67; 9,3 f.
ór bragna sárum ⎰

áþ : áþ.

jafnan segir enn ríki ráþ ⎫ Mkv. Wis. 76; 23,1 f.
roskvir menn gefa ornum bráþ ⎰

átr : átr.

Mardallar var glýsligr grátr ⎫ Mkv. Wis. 74; 8,3 f.
gleþr sá maþr er opt er kátr ⎰

#### efa : efa.

ró skyldu menn reiþi gefa
rannlítit kómsk opt á þrefa ⎱ Mkv. Wis. 73; 4,1 f.

#### efask : efask.

allmargr er til seinn at sefask ⎱
svá kǫllum vér ráþ sem gefask ⎰ Mkv. Wis. 74; 14,3 f.

#### efill : efill.

beit bengrefill ⎱
þat v(a)s blóþrefill ⎰ Eg. Skall. Wis. 21; 8,3 f.

#### efr : efr.

eik hefr þaz af ǫþrum skefr ⎱
ekki margt er slægra enn refr ⎰ Mkv. Wis. 76; 26,5 f.

geta má þess er gengit hefr ⎱
gǫrir sá betr er annan svefr ⎰ Mkv. Wis. 76; 28,1 f.

#### egar : egar.

upp at eins er ungum vegar ⎱
engi maþr er roskinn þegar ⎰ Mkv. Wis. 76; 23,3 f.

#### eggi : eggi.

stýfþu liþs leggi ⎱
lampi grjót seggi ⎰ Þork. Gísl. Wis. 67; 7,3 f.

#### eggja : eggja.

grimt kom él eggja ⎱
at gekk liþ seggja ⎰ Þork. Gísl. Wis. 61; 4,3 f.

#### egin : egin.

oddar gǫrva jarli megin ⎱
útsker verþa af báðrum þvegin ⎰ Mkv. Wis. 74; 6,3 f.

#### eginn : eginn.

vas almr dreginn ⎱
því v(a)s ulfr feginn ⎰ Eg. Skall. Wis. 22; 13,3 f.

#### egir : egir.

. . . . . . . . . þegir ⎱
dylja má þess's einnhverr segir ⎰ Mkv. Wis. 73; 1,1 f.

#### eggja : egja.

fremr munk segja ⎱
ef firar þegja ⎰ Eg. Skall. Wis. 21; 7,1 f.

#### egn : egn.

drap dǫglingr gegn ⎱
dreif strengjar regn ⎰ Ein. Skúl. Hkr. 742,30a f.

*eiddi : eiddi.*

klæddan meþ sér lǫngum leiddi  
leiddr af móþur faþminn breiddi } *Eyst. Ásgr. Wis.* 94; 55,5 f.

*eiki : eiki.*

Óþins eiki  
í jarnleiki } *Eg. Skall. Wis.* 21; 8,7 f.

*eim : eim.*

sitt mein þykkir sárast hveim  
sáttar gørþ er ætluþ tveim } *Mkv. Wis.* 74; 10,1 f.

*ein : ein.*

engi knettir of annars mein  
aldri lætk`at munni sein } *Mkv. Wis.* 76; 24,1 f.

*einn : einn.*

mjǫk fár er sér órinn einn  
eyvit týr þótt skyndi seinn } *Mkv. Wis.* 74; 12,5 f.

*eir : eir.*

hǫfþingjar tveir  
hamalt fylktu þeir } *Þjóþ. sk. Hkr.* 547,10 f.

*eira : eira.*

frágum fleira  
til frama þeira } *Eg. Skall. Wis.* 21; 7,3 f.  
vǫkþ vas gǫll geira  
gegnum liþ þeira } *Þork. Glsl. Wis.* 67; 8,3 f.

*eit : eit.*

ǫrgranns erum vér lengst á leit  
lund vær þykkir bezta sveit } *Mkv. Wis.* 75; 15,3 f.  
hugin gladdi heit  
hruþusk Engla beit } *Ein. Skúl. Hkr.* 742,16b f.

*eiti : eiti.*

hrafn enn hvassleiti  
hrundi á borþ sveiti } *Þork. Glsl. Wis.* 67; 12,3 f.

*eki : eki.*

sleit und freki (sualg und dreka W 128. 146. 158.  
458. 459)  
enn oddbreki } *Eg. Skall. Wis.* 21; 11,5 f.

*el : el.*

bana þóttusk þeir bíþa vel  
Brandingi svaf loks í hel } *Mkv. Wis.* 74; 8,1 f.

### elja : elja.

sá'r óþinn skal vandan velja
velr svá mọrg í kvæþi at selja ⎫
hulin fornyrþin at trautt má telja ⎬ Eyst. Ásgr. Wis. 100; 98,1 ff.
tel ek þenna svá skilning dvelja ⎭

### ell : ell.

frétt hefk at fell ⎫
folk brustu svell ⎬ Ein. Skúl. Hkr. 742,11 a f.

### elli : elli.

frák at felli ⎫
fyr fetils svelli (sverþi W) ⎬ Eg. Skall. Wis. 21; 8,5 f.

### engr : engr.

eigi at eins í fọgru 's fengr ⎫
fundit mun þaz reynt er lengr ⎬ Mkv. Wis. 75; 17,3 f.

### er : er.

vestr fórk of ver ⎫
enn ek Viþris ber ⎬ Eg. Skall. Wis. 20; 1,1 f.

varla sýnisk alt sem er ⎫
eigi gæfumaþr brýtr gler (ýtum þeim er ⎬ Mkv. Wis. 75; 17,1 f
    bægir drer Codd.) ⎭

undrum þykkir gagnsætt gler ⎫
glymjandi fellr hrọnn of sker ⎬ Mkv. Wis. 76; 17,3 f.

viþ Skọrpusker ⎫
skjaldkónan her ⎬ Ein. Skúl. Hkr. 742,30 b f.

### erki : erki.

herr bar hátt merki ⎫
á Hampis serki ⎬ Þork. Glsl. Wis. 66; 4,1 f.

### err : err.

yrkja kann ek vánu verr ⎫
vita þykkisk þat maþrinn hverr ⎬ Mkv. Wis. 73; 2,2 f.
gọfgask mætti af gengi hverr ⎫
gọrva þekkik súl hvé ferr ⎬ Mkv. Wis. 74; 12,7 f.

### erþ : erþ.

rauþ siklingr sverþ ⎫
sleit gyldis ferþ . ⎬ Ein. Skúl. Hkr. 743,1 a f.

### es : ess.

róa verþr fyrst á et næsta nes ⎫
nọkkut ættak kyn til þess ⎬ Mkv. Wis. 73; 2,7 f.

### est : est.

andaþs drjúpa minjar mest ⎱
magran skyldi kaupa hest[1]) ⎰ *Mkv. Wis.* 75; 21,3 f.

### esti : esti.

steig fyr húf hesti ⎱
hrófs enn þrekmesti ⎰ *Þork. Gisl. Wis.* 67; 11,1 f.

fant sék hvern á hesti ⎱ *Bjarni Kálfss. Kgs.* 73,16 f. *(vesti*
hér er nú siþr hinn ve(r)sti ⎰ *Fms.* VIII, 172).

### eti : eti.

verpr broddfleti (flœre W 128. 146. 158. ⎱
    458; fleire 459) ⎰ *Eg. Skall. Wis.* 22; 14,1 f.
meþ baugseti (baugz(s) eire (eyre) 128.
    146. 158. 458. 459)

### eygi : eygi.

stóþsk folk þeygi (hage Kε. 456. 929. Rk.; þeyge ⎱
    Gisl. Njál. II, 178; eigi 145. Bj. 426. 252) ⎰ *Eg. Skall. Wis.*
fyr fjǫrleygi (fiaullvge K. 456. 929. Rk. fiaul     22; 18,1 f.
    lagi 252)

### eyri : eyri.

hagl vd hvert eyri ⎱
hraut á lǫg dreyri ⎰ *Þork. Gisl. Wis.* 67; 9,1 f.

### eþit : eþit.

hugga skal þanns harm hefr beþit ⎱
helzti mjǫk's at flestu kveþit ⎰ *Mkv. Wis.* 76; 28,7 f.

### é : é.

mǫrgum þykkir fullgott fé ⎱
frœnuskammr's enn deigi lé ⎰ *Mkv. Wis.* 74; 13,5 f.

falls er ván at fornu tré ⎱
fleira þykkir gott enn sé ⎰ *Mkv. Wis.* 76; 23,5 f.

### ér : ér.

segi hildingr mér ⎱
ef heyrþi sér ⎰ *Gunnl. ormst. Wis.* 38; 3,5 f.

margar kunni slǫgþir sér ⎱
svá nǫkkut gafsk Rannveig mér ⎰ *Mkv. Wis.* 75; 18,3 f.

lengi hefr þat lýst fyr mér ⎱
litinn kost á margr und sér ⎰ *Mkv. Wis.* 76; 25,3 f.

---

[1]) mest bei *Wis.* wol Druckfehler.

**éttr : éttr.**

vasa Lœsum léttr }
lipsmanna réttr } Þjóþ. sk. Hkr. 547,10b f.

**ik : ik.**

muna gramr viþ mik }
venr gjǫfli sik } Gunnl. ormst. Wis. 38; 3,1 f.

nǫkkul varþ hón sýsla of sik }
svinneyg drós hvé fór viþ mik } Mkv. Wis. 73; 3,7 f.

engi of dómir sjálfan sik }
slíkt œtlak nú henda mik } Mkv. Wis. 74; 10,5 f.

**il : il.**

kannk máls of skil }
hvern mœra vil } Gunnl. ormst. Wis. 38; 2,1 f.

**ilja : ilja.**

enn munk vilja }
frá verum skilja } Eg. Skall. Wis. 22; 16,1 f.

vel þvít hér má skýr orþ skilja }
skili þjóþir minn ljósan vilja }
tal óbreytiligt veitt at vilja } Eyst. Ásgr. Wis. 100; 98,8.
vil ek at drápan heiti Lilja }

**ill : ill.**

þeygi var sjá aflausn ill }
eiga skal nú hverr er vill } Mkv. Wis. 76; 29,7 f.

**irþa : irþa.**

feldi Vagn virþa }
Valdi nái stirþa } Þork. Glsl. Wis. 67; 12,1 f.

**istu : istu.**

ferþ hykk friþar mistu }
frókn í hǫnd kistu } Þork. Glsl. Wis. 67; 11,7 f.

**it : it.**

hné firþa fít }
viþ fleina hnít } Eg. Skall. Wis. 21; 6,1 f.

misjafnir 'ru blinds manns bitar }
bǫl kǫllum vér ilt til litar } Mkv. Wis. 76; 26,3 f.

**ita : ita.**

brýtr bǫgvita }
bjóþr hrammþvita (slyta W. Ks. 128. 146. 158. 456. | Eg. Skall. Wis.
458. 459. 929. Rk) | 22; 17,1 f.

**ilt : ilt.**

*itu : itu.*

þjóþ spyrr alt þaz þrir menn vitu  }  *Mkv. Wis.* 73; 3,1 f.
þeir hafa verr er trygþum slitu

*iþ : iþ.*

jǫfurr eyddi friþ  }  *Ein. Skúl. Hkr.* 742,11b f.
Apardjónar liþ

*iþi : iþi.*

oddamaþr fæsk opt enn þriþi  }  *Mkv. Wis.* 74; 10,3 f.
jafntrúr skal sá hvárra liþi

*í : í.*

hermdar orþ munu hittask í  }  *Mkv. Wis.* 73; 3,6 f.
heimult ák at glaupsa of því

*ífa : ífa.*

gnýr vas hár hlífa  }  *Þork. Gísl. Wis.* 67; 10,7 f.
hregg ok loptdrífa

*ík : ík.*

prútt Porta lík  }  *Ein. Skúl. Hkr.* 743,3a f.
í Pílavík

*íka : íka.*

báru á vali víka  }  *Þork. Gísl. Wis.* 66; 1,1 f.
vel frák þeim líka

*íkjum : íkjum.*

gørþisk grimt fíkjum  }  *Þork. Gísl. Wis.* 67; 10,5 f.
at gumnum ríkjum

*íkt : íkt.*

rænir flýþu ríkt  }  *Ein. Skúl. Hkr.* 741,22b f.
ok reiddu slíkt

*ín : ín.*

óx vitnis vín  }  *Ein. Skúl. Hkr.* 742,18b f.
valbasta rín

*íþa : íþa.*

þar fell valr víþa  }  *Þork. Gísl. Wis.* 67; 9,5 f.
vé sá gyld ríþa

munkak mǫrgu kvíþa  }  *Bjarni Kálfss. Kgs.* 73,18 f.
enn matsveinar ríþa

*íþr : íþr.*

· · · · · · ta ek um at síþr  }  *Mkv. Wis.* 75; 16,7 f.
orþit ferr þás of munn líþr

oddar : oddar.

brustu broddar \
enn bitu oddar } *Eg. Skall. Wis.* 22; 13,5 f.

glumdu gráir oddar \
grjót ok skotbroddar } *Þork. Gísl. Wis.* 67; 4,7 f.

of : of.

bark þengils lof \
á þagnar rof } *Eg. Skall. Wis.* 22; 20,1 f.

ofa : ofa.

muna hodd-dofa (hoddafa W. 128. 146. 158. 458) \
hringbrjótr lofa } *Eg. Skall. Wis.* 22; 17,3 f.

ofi : ofi.

heldr hornklofi \
hann's næstr lofi } *Eg. Skall. Wis.* 22; 18,7 f.

ogi : ogi.

gall ýbogi \
at eggtogi } *Eg. Skall. Wis.* 22; 18,3 f.

oginn : oginn.

beit fleinn floginn \
þá v(a)s friþr loginn } *Eg. Skall. Wis.* 22; 13,1 f.

okks : oks.

væri betr at þeypak þokks (þoks Möbius) \
þat hefr hverr er verþr er loks } *Mkv. Wis.* 76; 27,7 f.

okum : okum.

engi of sér viþ ǫllum rokum \
jafnan spyrja menn at lokum } *Mkv. Wis.* 75; 19,7 f.

oll : oll.

hirþ fylgþist holl \
viþ Hjartapoll } *Ein. Skúl. Hkr.* 742,18a t.

on : on.

konungmanna kon \
hann's Kvárans son } *Gunnl. ormst. Wis.* 38; 2,2 t.

opt : opt.

bráþgett láta bragnar opt \
bregþr at þeim er heldr á lopt } *Mkv. Wis.* 74; 14,1 f.

orn : orn.

Niþjungr skóf á haugi horn \
helzti eru nú minni forn } *Mkv. Wis.* 74; 8,7 f.

orþ : orþ.

dýrt láta menn dróttins orþ  } Mkv. Wis. 73; 5,5 f.
drekarnir rísa opt á sporþ

ot : ot.

drók eik á flot  } Eg. Skall. Wis. 20; 1,5 f.
viþ ísa brot

ól flagþs gota  } Eg. Skall. Wis. 21; 10,5 f.
fárbjóþr Skota

otit : otit.

ekki er því til eins manns skotit  } Mkv. Wis. 73; 3,3 f.
ýmsir hafa þau dómi hlotit

otna : otna.

meiddu fjǫr flotna  } Þork. Gísl. Wis. 67; 4,5 f.
flest varþ hlíf brotna

oþa : oþa.

eyvit mun sjá atfrétt stoþa  } Mkv. Wis. 76; 29,5 f.
allmjǫk er mér lund til hroþa

ók : ók.

austrvindum ók  } Þjóþ. sk. Hkr. 547,8 b f.
í ǫngvan krók

enn gísla tók  } Ein. Skúl. Hkr. 741,24 f.
sás gjǫldin jók

ól : ól.

gullormr á sér brennheitt ból  } Mkv. Wis. 76; 27,1 f.
bjartast skínn í heiþi sól

óru : óru.

Márja lýtin mǫrg þvit vóru
. . . . . . . . . . . . . . .  } Eyst. Ásgr. Wis. 99; 91,5 u. 7.
Márja græþ þú mein hin stóru

ót : ót.

engi þarf at hræþask hót  } Mkv. Wis. 75; 16,1 f.
heldr kømr opt viþ sáran fót

ógipt verþr í umbúþ skjót  } Mkv. Wis. 75; 19,5 f.
élin þykkja mǫrgum ljót

flagþ et forljóta  } Þork. Gísl. Wis. 67; 10,3 f.
af fingrum skjóta

óll : óll.

fílinn gat hann í fylking sóll
fullstrǫng hefr sú mannraun þótt } Mkv. Wis. 74; 7,7 f.

vann siklingr sóll
við snarpa drótt } Ein. Skúl. Hkr. 741,18b f.

óþa : óþa.

eyþis unnglóþa
Eiríkr skip hrjóþa } Þork. Gísl. Wis. 67; 12,7 f.

óþi : óþi.

þars í blóþi
brimils af móþi } Eg. Skall. Wis. 21; 5,5 f.

ug : ug.

verit hafþi mér verra í hug
var þat nær sem kveisuflug } Mkv. Wis. 73; 4,5 f.

ökat þeim né einn á bug
Eljarnir var trúr at hug } Mkv. Wis. 74; 7,5 f.

ula : ula.

ella mun þat þykkja þula
þannig nær sem hendak mula } Mkv. Wis. 74; 11,3 f.

umþi : umþi.

vǫllr of þrumþi
und of glumþi } Eg. Skall. Wis. 21; 5,7 f.

und : und.

þannig hefr mér lagzk í lund
langviþrum skal eyþa grund } Mkv. Wis. 76; 24,7 f.

undir : undir.

óxtusk undir
við jǫfurs fundir } Eg. Skall. Wis. 21,5 f. (funde Cod.).

unn : unn.

orþa er leitat mér í munn
mælgin verþr oss heyrinkunn } Mkv. Wis. 76; 29,1 f.

unni : unni.

hrørþak munni
af munar grunni } Eg. Skall. Wis. 22; 19,5 f.

ut : ut.

hlóþk mærþar hlut
hugknarrar skut } Eg. Skall. Wis. 20; 1,7 f.

ú : ú.

jafnan fagnar kvikr maþr kú ⎱ *Mkv. Wis.* 73; 4,7 f.
kennir hins at gleþjumk nú ⎰

hánum þótti sólbjǫrt sú ⎱ *Mkv. Wis.* 74; 11,7 f. u. ö.
slíks dœmi verþr mǫrgum nú ⎰

úa : úa.

efnum þykkir bezt at búa ⎱ *Mkv. Wis.* 75; 18,1 f.
brǫgþótt reyndisk gemlu fúa ⎰

fládráþum má trautt of trúa ⎱ *Mkv. Wis.* 76; 28,5 f.
til sín skyldi enn betra snúa ⎰

úi : úi.

heimi heyrik sagt at snúi ⎱ *Mkv. Wis.* 76; 24,3 f.
sumir einir hykk at mér trúi ⎰

ún : ún.

brandr gall viþ brún ⎱ *Ein. Skúl. Hkr.* 743,3b f.
brent Langatún ⎰

yni : yni.

Friggjar þótti svipr at syni ⎱ *Mkv. Wis.* 74; 9,1 f.
sá var taldr ór miklu kyni ⎰

Yggjar bjór hverr eiga myni ⎱ *Mkv. Wis.* 76; 29,3 f.
ósýnt þykkir lýþa kyni ⎰

yrju : yrju.

varþ eigi vel viþ styrju ⎱ *Anon. Hkr.* 729,9 f.
vatnormr í Portyrju ⎰

yrst : yrst.

ýta liþ þótt alt fari byrst ⎱ *Mkv. Wis.* 74; 10,7 f.
engi læzk því valda fyrst ⎰

ý : ý.

jǫfurr sveigþi ý ⎱ *Eg. Skall. Wis.* 22; 15,15 f.
flugu unda bý ⎰

hjósk hildar ský ⎱ *Ein. Skúl. Hkr.* 742,25a f.
viþ Hvítabý ⎰

ýkr : ýkr.

illa hefr sás annan sýkr ⎱ *Mkv. Wis.* 75; 18,5 f.
eigi veit áþr hefndum lýkr ⎰

ýrum : ýrum.

blá þó hrǫnn hlýrum ⎱ *Þork. Gísl. Wis.* 66; 2,7.
hraut of brimdýrum ⎰

## æ : æ.

| | |
|---|---|
| *kom gríþar læ* ( *skíæ : læ* 145. *Bj.* 426. 252; ) | *Eg. Skall. Wis.* 22; |
| *á gjalpar skæ* ( *sæ W.* 128. 146. 158. 458. 459) | 12,1 ff. |

| | |
|---|---|
| *bauþ ulfum hræ* | *Eg. Skall. Wis.* 22; 12,3 f. u. 15,3 f. |
| *Eiríkr of sæ* | |

| | |
|---|---|
| *elr svöru skæ* | *Gunnl. ormst. Wis.* 38; 1,1 f. |
| *Sigtryggn viþ hræ* | |

## æddi : æddi.

| | |
|---|---|
| *gladdist mær þá'r frelsarann fæddi* | *Eyst. Ásgr. Wis.* 94; 55,3 f. |
| *fæddan sveininn reifum klæddi* | |

| | |
|---|---|
| *breiddr á krossinn gumna græddi* | *Eyst. Ásgr. Wis.* 94; 55,7 f. |
| *græddi oss er helstríþ mæddi* | |

## ægi : ægi.

| | |
|---|---|
| *Óþins ægi* | *Eg. Skall. Wis.* 22; 19,7 f. |
| *á jǫru fægi* | |

## ælt : ælt.

| | |
|---|---|
| *þannig verþr of mansǫng mælt* | *Mkv. Wis.* 75; 20,3 f. |
| *marga hefr þat hyggna tælt* | |

## ær : ær.

| | |
|---|---|
| *leyfþ er lýþum bær* | *Ein. Skúl. Hkr.* 741,20b f. (*kær Mork.* 225). |
| *Leikbergi nær* | |

## ærust : ærust.

| | |
|---|---|
| *Márja ertu móþir skærust* | *Eyst. Ásgr. Wis.* 99; 91,1 u. 3. |
| . . . . . . . . . . . . . . . . | |
| *Márja ertu af miskunn kærust* | |

## ætr : ætr.

| | |
|---|---|
| *vel hefr sás þat liþa lætr* | *Mkv. Wis.* 74; 6,7 f. |
| *langar eiga bersar nætr* | |

## ætt : ætt.

| | |
|---|---|
| *stolit væri mér ekki ór ætt* | *Mkv. Wis.* 73; 2,5 f. |
| *jafnan þótt ek kvæþa slætt* | |

| | |
|---|---|
| *flest folk var hrætt* | *Ein. Skúl. Hkr.* 741,22 f. |
| *áþr fengi sætt* | |

## æþi : æþi.

| | |
|---|---|
| *seggjum snarræþi* | *Þork. Gísl. Wis.* 66; 1,3 f. (*snerreiþi* Codd.). |
| *sverþ ok herklæþi* | |

| | |
|---|---|
| *hrutu fyr borþ bæþi* | *Þork. Gísl. Wis.* 67; 5,1 f. |
| *brustu herklæþi* | |

ørin : ørin.

sjaldin hittisk feigs vǫk frørin | Mkv. Wis. 76; 25,1 (frerin : kjörin
fljóþin verþa at ǫldrum kørin | Möb.).

ógr : ógr.

ekki var hann í hvíldum hógr | Mkv. Wis. 74; 7,3 f.
Hrómundr þótti garpr ok slógr |

ǫfnum : ǫfnum.

nýtt gafsk nest hrǫfnum | Þork. Gísl. Wis. 66; 3,7 f.
Nóregr skipstǫfnum |

ǫl : ǫl.

glaþar flotna fjǫl (fjǫlþ SnE.)
við Fróþa mjǫl                          } Eg. Skall. Wis. 22;
mjǫk's hilmi fǫl                             17,5 ff.
haukstrandar mǫl (mjǫl W. 128. 458. 459. 929)

ǫll : ǫll.

skammæ þykkja ofsin ǫll | Mkv. Wis. 75; 15,5 f.
ekki margt er verra enn trǫll[1] |

ǫllum : ǫllum.

hregg á hefils vǫllum | Þork. Gísl. Wis. 66; 2,3 f. (spjǫllum Cod
á humra fjǫllum | Am. 61 fol.).
hauks vasat friþr fjǫllum | Þork. Gísl. Wis. 67; 7,7 f.
í fjǫrnis stǫllum |

ǫndum : ǫndum.

verpr æ brǫndum (brande : lande Kt. 456.929. Rk)) | Eg. Skall. Wis.
enn jǫfurr lǫndum                                          22; 18,5 f.

ǫnn : ǫnn.

ríkt lék við rǫnn | Ein. Skúl. Hkr. 742,23b f.
rauþsk ylgjar tǫnn |

ǫr : ǫr.

rauþ hilmir hjǫr
þar v(a)s hrafna gjǫr | Eg. Skall. Wis. 21; 10,1 ff.
fleinn hitti fjǫr |
flugu dreyrug spjǫr |

---

[1] Vgl. F. Jónsson Aarb. 1890, S. 260, Änderung der Aussprache
troll in trǫll, welche, wenigstens dialectisch, schon ca. 1200 eingetreten
ist. Nor. aisl. Gr.² § 144 sieht Ablaut in trǫll : troll.

### ǫrgum : ǫrgum.

*við nam viþr mǫrgum*
*vápn eru grimm tǫrgum* | Þork. Gísl. Wis. 66; 3,5 f.

### ǫrpum : ǫrpum.

*ǫrum réþ sér snǫrpum* |
*slíkt es raun gǫrpum* | Þork. Gísl. Wis. 67; 10,1 f.

### ǫrr : ǫrr.

*beit buþlungs hjǫrr* |
*blóþ fell á dǫrr* | Ein. Skúl. Hkr. 742,16a f.

### ǫrum : ǫrum.

*kunna vildak sjá viþ snǫrum* |
*sjaldan hykk at gyggvi vǫrum* | Mkv. Wis. 76; 22,5 f.

### ǫrvar : ǫrvar.

*báru hǫrvar*
*af bogum ǫrvar* | Eg. Skall. Wis. 22; 13,7 f.

*fellu flein bǫrvar*
*flugu af streng ǫrvar*
*sungu hátt hjǫrvar* | Þork. Gísl. Wis. 67; 6,5 ff.
*viþ hlífar gǫrvar*

### ǫskr : ǫskr.

*ǫþlingr skyldi einkar rǫskr* |
*ópa kann í mǫrum frǫskr* | Mkv. Wis. 73; 5,7 f.

### ǫt : ǫt.

*kannk mála mjǫt* |
*of manna sjǫt* | Eg. Skall. Wis. 22; 20,3 f.

### ǫþ : ǫþ.

*buþumk hilmir lǫþ* |
*ák hróþrar kvǫþ* | Eg. Skall. Wis. 20; 2,1 ff. (hlod 145. Bj. 426.
*berk Óþins mjǫþ* | 252).
*á Engla bjǫþ* |

### ǫþull : ǫþul.

*hlam heinsǫþull (Codd. sóðul, sauðul, soðul,* | Eg. Skall. Wis 21;
    *F. Jónss. sǫðol)* | 8,1 f.
*viþ hjalmrǫþul*

———————

Druckerei der „Strassburger Neuesten Nachrichten", vorm. H. L. Kayser.

———————